Frankreichs Privat- und Handelsrecht

Von

Arthur Curti

Erster Band

Personen-, Familien- und Erbrecht

Springer-Verlag Berlin Heidelberg GmbH

ISBN 978-3-642-93944-0 ISBN 978-3-642-94344-7 (eBook)
DOI 10.1007/978-3-642-94344-7

Vorwort.

Wie meine Bücher über das englische Recht aus dem Bedürfnis der Praxis für die Praxis entstanden, ist dies auch mit meiner Darstellung des französischen Privatrechtes der Fall. Ich möchte vor allem eine Einführung und Übersicht dem Ausländer bieten, dem die französischen Rechtsquellen, die gerichtlichen Entscheidungen und die in französischer Sprache geschriebenen systematischen Handbücher nicht zur Verfügung stehen. Wer eingehender das Privatrecht Frankreichs kennen lernen will, sei auf die französische Literatur verwiesen, insbesondere die ausgezeichnete Darstellung von COLIN und CAPITANT in ihrem Cours Elémentaire de Droit Civil Français.

Während der vorliegende Band das Personen-, Familien- und Erbrecht behandelt, wird ein zweiter Band das Handels- und Obligationenrecht und das Recht des gewerblichen, literarischen und künstlerischen Rechtsschutzes umfassen. Ein dritter Band ist dem Sachenrecht vorbehalten.

Wer auf dem Gebiete des entwickelten internationalen Handels- und Rechtsverkehrs über Konflikte verschiedener Rechtsauffassung zu entscheiden hat, wird bei genauer Kenntnis des Rechtes anderer Länder eher eine Lösung finden, die den oft nur scheinbar widersprechenden Interessen entspricht, als derjenige, der nur das Recht des eigenen Landes versteht. Nähere Kenntnis der Besonderheiten des ausländischen Rechts, insbesondere auch der Rechtsprechung, führt zu besserem Verständnis der Mentalität und Eigenart der Angehörigen fremder Länder und fördert gemeinsame friedliche Arbeit, was zu gegenwärtiger Zeit nötiger ist denn je. Ich hoffe deshalb, daß auch diesem Buche eine ebenso freundliche Aufnahme beschieden sein möge wie meiner Darstellung des englischen Rechts.

Paris, 1. November 1933
in meinem Bureau Boulevard Haussmann 7.

Dr. **ARTHUR CURTI,**
Rechtsanwalt in Zürich und Paris.

Inhaltsverzeichnis.

Drittes Kapitel.

Ehehindernisse.

Viertes Kapitel.

Die Form der Eheschließung.

Fünftes Kapitel.

Anfechtbarkeit der Ehe wegen Nichtigkeit.

Zweiter Abschnitt.

Scheidung und Trennung von Tisch und Bett.

Erstes Kapitel.

Die Ehescheidung.

Zweites Kapitel.

Das Scheidungsverfahren.

Drittes Kapitel.

Trennung von Tisch und Bett.

Dritter Abschnitt.

Die persönliche Stellung der Ehefrau.

Vierter Abschnitt.

Die Kinder.

Erstes Kapitel.

Das eheliche Kind.

Zweites Kapitel.

Legitimation durch die nachfolgende Ehe der Eltern.

Drittes Kapitel.

Das uneheliche Kind.

Viertes Kapitel.

Adoption, Kindesannahme.

Fünftes Kapitel.

Rechte und Pflichten der Eltern.

Fünfter Abschnitt.

Die Vormundschaft über Minderjährige.

Erstes Kapitel.

Organisation.

Zweites Kapitel.

Vermögensverwaltung, Pflichten des Vormundes.

Sechster Abschnitt.

Die Vormundschaft über Geisteskranke.

Zweiter Titel.

Das eheliche Güterrecht.

Erster Abschnitt.

Übersicht.

Erstes Kapitel.

Die Güterstände.

Zweites Kapitel.

Der Ehevertrag.

Drittes Kapitel.

Das Heiratsgut (Mitgift).

Zweiter Abschnitt.

Die Gütergemeinschaft; Allgemeine Grundsätze.

Erstes Kapitel.

Übersicht.

Zweites Kapitel.

Die Aktiven der gesetzlichen Gütergemeinschaft, Gemeinschaftsmasse und Sondergut.

Drittes Kapitel.

Die Schulden der Gütergemeinschaft.

Dritter Abschnitt.

Modifikationen der Gütergemeinschaft.

Erstes Kapitel.

Errungenschaftsgemeinschaft.

Zweites Kapitel.

Gütergemeinschaft mit der Klausel „franc et quitte“.

Drittes Kapitel.

Erweiterte Gütergemeinschaft.

Vierter Abschnitt.

Verwaltung der Gütergemeinschaft.

Erstes Kapitel.

Verwaltung des Gemeinschaftsgutes.

Zweites Kapitel.

Verwaltung des Sondergutes der Frau.

Fünfter Abschnitt.

Auflösung und Liquidation der Gütergemeinschaft.

Erstes Kapitel.

Gütertrennung bei Auflösung der Ehe.

Zweites Kapitel.

Gerichtliche Gütertrennung.

Drittes Kapitel.

Die Gütertrennung zufolge Trennung von Tisch und Bett.

Viertes Kapitel.

Das Wahlrecht der Frau (Annahme oder Ausschlagung des Gemeinschaftsvermögens) bei Auflösung der Gemeinschaft.

Fünftes Kapitel.

Die Vergütungen.

Sechstes Kapitel.

Die Teilung des Gemeinschaftsvermögens.

Siebentes Kapitel.

Ausschlagung der Gemeinschaft durch die Frau.

Sechster Abschnitt.

Der Güterstand ohne Gütergemeinschaft.

Siebenter Abschnitt.

Der Güterstand der Gütertrennung.

Achter Abschnitt.

Der Güterstand des Dotalrechtes.

Erstes Kapitel.

Reines Dotalrecht; allgemeine Grundsätze.

Zweites Kapitel.

Der Genuß des Dotalvermögens, Nutznießung des Mannes.

Drittes Kapitel.

Das Verbot der Veräußerung und Belastung des Dotalvermögens.

Viertes Kapitel.

Gerichtliche Gütertrennung beim Güterstand des Dotalrechtes.

Fünftes Kapitel.

Rückerstattung des Heiratsgutes.

Sechstes Kapitel.

Das Paraphernalvermögen.

Neunter Abschnitt.

Dotalrecht mit Errungenschaftsgemeinschaft.

Dritter Teil.

Erbrecht.

Erster Abschnitt.

Terminologie und Übersicht.

Zweiter Abschnitt.

Eröffnung der Erbschaft und Berufung zur Erbfolge.

Erstes Kapitel.

Ort der Eröffnung; maßgebendes Recht.

Zweites Kapitel.

Berufung der Erben; die Blutsverwandten.

Drittes Kapitel.

Erbrecht des überlebenden Ehegatten (Mann oder Frau).

Viertes Kapitel.

Übersicht über die Erbfolge der Blutsverwandten und des Ehegatten.

Fünftes Kapitel.

Der Staat als Erbe.

Sechstes Kapitel.

Das Rückfallrecht.

Siebentes Kapitel.

Erbfähigkeit; Erbunwürdigkeit.

Dritter Abschnitt.

Der Übergang der Erbschaft.

Erstes Kapitel.

Saisine, Einweisung und Siegelung.

Zweites Kapitel.

Annahme oder Ausschlagung der Erbschaft.

Drittes Kapitel.

Rechtswohltat des Inventars.

Viertes Kapitel.

Ledige Erbschaften.

Vierter Abschnitt.

Liquidation und Teilung der Erbschaft.

Erstes Kapitel.

Teilungsbegehren und Art der Teilung.

Zweites Kapitel.

Teilungsmasse und Einwerfung.

Drittes Kapitel.

Retrait successoral, Eintrittsrecht.

Viertes Kapitel.

Folgen der Teilung. Gewährleistung unter den Miterben. Anfechtungsklage.

Fünftes Kapitel.
Liquidation der Schulden der Erbschaft.

Sechstes Kapitel.
Liquidation bei Rechtswohltat des Inventars.

Siebentes Kapitel.
Absonderung des Vermögens.

Fünfter Abschnitt.
Die letztwilligen Verfügungen.

Erstes Kapitel.
Das Testament.

Zweites Kapitel.
Das Universalvermächtnis.

Drittes Kapitel.
Das Vermächtnis à titre universel.

Zweites Kapitel.

Berechnung des Pflichtteils.

Drittes Kapitel.

Schutz der Kinder aus früheren Ehen.

Einführung.

Der Code Civil, das französische Zivilgesetzbuch, hat ein Alter von 130 Jahren. Durch das Machtwort Napoleons 1804 dem Volke gegeben, hat er alle politischen und wirtschaftlichen Krisen Frankreichs überdauert und ist noch heute ein gewaltiges bewundernswertes Werk. Auf seiner Grundlage spielen sich noch heute die meisten Vorgänge des menschlichen Lebens ab, im Gebiete des Familienrechtes, des Erbrechtes und des Vermögensverkehrs. Die tüchtigsten Juristen des Landes haben als Richter, Gesetzgeber und Anwälte das Recht des Code Civil weiter ausgebildet. Teils wurden veraltete Gesetzesartikel durch neue den modernen Bedürfnissen mehr entsprechende ersetzt, teils änderte sich die Auslegung entsprechend geänderter Lebensauffassung.

Was den Code Civil auszeichnet, ist die klare einfache Sprache (ganz im Gegensatz zur Sprache des 100 Jahre später in Kraft getretenen deutschen Bürgerlichen Gesetzbuches), und damit auch die leichte Verständlichkeit, was außerordentlich zu seiner Volkstümlichkeit beigetragen hat.

Über die Geschichte seiner Entstehung sei auf Spezialwerke verwiesen. Eine kurze Übersicht bietet Karl Heinsheimer in der Einleitung des Bandes „Frankreich, Code Civil" der „Zivilgesetze der Gegenwart".

Der Code Civil hat die in den verschiedenen Landesteilen vorher geltenden geschriebenen und ungeschriebenen Rechte zu einer für ganz Frankreich geltenden Einheit zusammengefaßt und die bleibenden Errungenschaften der Revolution damit in glücklicher Weise verbunden, so durch die gleichheitliche Erbteilung, die Befreiung von Grund und Boden, die Verweltlichung der Ehe.

Der Code Civil entspricht dem Charakter des französischen Volkes. Er ist auf die solide bürgerliche Familie zugeschnitten, sucht überall die ehemännliche und väterliche Gewalt zu festigen, der sich Frau und Kinder zu unterwerfen haben. Das ererbte Vermögen soll der Familie erhalten bleiben. Der Staat selbst mischt sich nur selten in die privatrechtlichen Beziehungen ein. Das zeigt sich insbesondere bei der Behandlung der Minderjährigen und Entmündigten.

Zur Volkstümlichkeit des Code Civil mag beigetragen haben, daß rein juristische Konstruktionen und die Terminologie der Juristensprache möglichst vermieden werden, was die allgemeine Verständlichkeit fördert, aber doch auch Unklarheiten zur Folge hat.

Der Gerichtspraxis ist es überlassen, Lücken des Gesetzes auszufüllen. Das hat denn auch die Rechtsprechung in weitem Maße getan und dabei in bewundernswerter Weise an der praktischen Ausgestaltung des Gesetzeswerkes beigetragen.

Dagegen hat der Gesetzgeber bis auf die neuere Zeit an der ursprünglichen Fassung des Code Civil nicht viel geändert, und nur soweit das Gesetz in einzelnen Vorschriften den modernen Lebensbedürfnissen ganz und gar widersprochen hat (so z. B. im absoluten Verbot der Vaterschaftsklage, in der rechtlosen Stellung der unehelichen Kinder und in der Handlungsunfähigkeit der verheirateten Frau), sind verschiedene Artikel ganz aufgehoben oder geändert worden. Trotz dieser Verbesserungen sind aber manche veraltete und reformbedürftige Vorschriften noch heute in Geltung, wie z. B. die grundsätzliche Handlungsunfähigkeit der verheirateten Frau, die komplizierte Gestaltung des ehelichen Güterrechts und viele Bestimmungen des Erbrechts, so die schwierige Berechnung des Pflichtteils der gesetzlichen Erben, sowie die Verkuppelung der Vorschriften über Schenkungen und Vermächtnisse.

In bezug auf das eheliche Güterrecht und die Vorschriften der Erbfolge mochte das große Werk vor 130 Jahren den damals stabileren Wirtschaftsverhältnissen bei vorherrschendem Grundbesitz entsprochen haben, während dies heute nicht mehr der Fall ist, seit der Verkehr mit Wertpapieren bei Vermögensanlagen eine maßgebende Rolle spielt, und die einzelne Familie nicht mehr so wie früher mit Grund und Boden verbunden ist.

Auch haben sich die Lebensanschauungen, insbesondere über die Rechte der Frau in den letzten Zeiten im Sinne der Gleichstellung mit dem Manne geändert, so daß der Code Civil an unseren heutigen Ansichten gemessen, konservativ und kompliziert ist, ganz im Gegensatz zum modernen schweizerischen Zivilgesetzbuch, dessen Verfasser es verstanden hat, trotz angemessener Berücksichtigung der Tradition und der alten Rechte der einzelnen Landesteile, ein einfaches, leicht verständliches Einheitswerk des Fortschrittes und der Freiheit zu schaffen, das jedermann befriedigt und den Bedürfnissen eines jeden entspricht.

Seinen großen Vorzügen verdankt aber der Code Civil die Aufnahme und Nachbildung in einer großen Zahl von andern Ländern. Es seien davon nur einzelne genannt: die französischen Kantone der Schweiz (bis zur Einführung des schweizerischen Zivilgesetzbuches), Belgien, Luxemburg, Kongreßpolen, die Niederlande, wie der Code civil natürlich auch in den französischen Kolonien und in Canada gilt, und wie er im Deutschen Reich im Rheinland und im Großherzogtum Baden zur Anwendung kam bis zur Einführung des deutschen Bürgerlichen Gesetzbuches im Jahre 1900.

Nähere Kenntnis des französischen Rechtes und seiner Entwicklung bis auf den heutigen Tag gewährt hohen Genuß nicht nur dem Juristen, sondern jedem, der ein psychologisches Interesse an der Eigenart des französischen Geistes- und Rechtslebens hat. Mit Recht sagt indessen KARL HEINSHEIMER, daß das französische Gesetzbuch den modernen Ansprüchen nicht mehr entspricht und sein veralteter Text nur mittels einer reichentwickelten Jurisprudenz lebendig bleibt, darum heute andern Ländern auch nicht mehr zur Übernahme empfohlen werden kann.

Literatur.

Es kann hier nur eine Übersicht über die gebräuchlicheren Bücher des französischen Rechtes gegeben werden. Literaturangaben über das Handelsrecht und Obligationenrecht wird der zweite Band bringen.

a) Privatrecht.

COLIN, A. et H. CAPITANT: Cours élémentaire de Droit Civil Français, 7. éd., Paris, 1931/32, drei Bände, wohl das am häufigsten benützte Handbuch, vor allem für den Studierenden und den Anwalt. Es ist auch vom Verfasser in weitgehendem Maße benutzt worden. — CAPITANT, H.: Introduction à l'étude du Droit Civil (notions générales), 5. éd., Paris 1929. — PLANIOL, M. et S. RIPERT: Traité Pratique de Droit Civil Français, Paris 1925—1932, 14 Bände. Der letzte Band ist zur Zeit (Sommer 1933) noch nicht erschienen. — PLANIOL, M. (avec la collaboration de Ripert): Traité Elémentaire de Droit Civil, 12. éd. Paris 1932, 3 Bände. Kleinere Publikationen, die in gedrängter Form das ganze Gebiet des französischen Rechtes wiedergeben, sind die *Petits Précis Dalloz*, besonders für das Privatrecht. — *Précis de Droit Civil*, 3. éd. Paris 1932, 3 Bändchen, ein Hilfsmittel vor allem in der Hand des Studenten. — ZACHARIAE VON LINGENTHAL: Handbuch des französischen Zivilrechts (eine systematische Darstellung), 8. (letzte) Auflage, Freiburg i. Br. 1894 (leider schon veraltet, aber für die Kenntnis der Grundzüge des französischen Rechtes immer noch wertvoll).

b) Internationales Privatrecht.

NIBOYET, J.-P.: Manuel de Droit International Privé, 2. éd.-Petits Précis Dalloz (siehe oben): Précis de Droit International Privé par P. LEREBOURS-PIGEONNIÈRE, 2. éd., Paris 1933. — Siehe auch M. GUTZWILLER (unten unter „Gesetze").

c) Sammlungen von gerichtlichen Entscheidungen, Gesetzen usw.

DALLOZ: Répertoire Pratique de Législation, de Doctrine et de Jurisprudence, Librairie Dalloz, erschienen in den Jahren 1910 bis 1926 in 12 Bänden und 3 Supplementbänden (bis 1931), gibt unter alphabetisch geordneten Stichwörtern die gesamte Gesetzgebung, Doktrin und Rechtsprechung wieder. — DALLOZ: Jurisprudence Générale, Recueil Périodique et Critique de Jurisprudence, de Législation et de Doctrine, eine Sammlung aller Gesetze, Dekrete, gerichtlichen Entscheidungen usw., erschienen seit dem Jahre 1847 in jährlichen Bänden eingebunden, die einzelnen Bände nach den verschiedenen Gerichten und Materien in mehrere Teile geteilt, Premiére Partie usw. Zitierart = D.P. 98. 1. 43 bedeutet: Recueil Périodique, Jahr 1898, erste Partie, S. 43. Die beiden Sammlungen Dalloz gehören zum eisernen Bestand der Bibliothek eines französischen Juristen.

d) Gesetze.

Code Civil, zitiert nach Artikeln, z. B. C. c. 440, oder Art. 440. Die beste französische Textausgabe ist DALLOZ, Code Civil, Paris 1933, Librairie Dalloz, gibt den ganzen Gesetzestext und den Text der Nebengesetze mit Anmerkungen, nach dem Stande der neuesten Zeit, also die durch neuere Gesetzgebung geänderten Artikel in der zur Zeit geltenden Redaktion. Die in diesem Buche zitierten Artikel beziehen sich auf die Ausgabe 1933. Jedes Jahr erscheinen neue Ausgaben nach dem Stande der neuesten Gesetzgebung. Sind im vorliegenden Buche nur Artikel mit der Ziffer (z. B. Art. 310) ohne besondere Angabe „C. c." (Code civil) angeführt, so ist immer der Code civil gemeint. — *Frankreich, Code Civil.* Der Gesetzestext in französischer und deutscher Sprache mit Kommentar, erschienen als Band I des Werkes „Die Zivilgesetze der Gegenwart", 1932, Verlag J. Bensheimer, Mannheim, Berlin, Leipzig. Darin „Die Grundzüge des zwischenstaatlichen Privatrechts Frankreichs", von M. GUTZWILLER. Dieser Kommentar ist eine außerordentlich tüchtige und verdienstvolle Arbeit, ein Werk gründlicher deutscher Wissenschaft. Von besonderem Werte ist die Gegenüberstellung des französischen Gesetzestextes und einer deutschen Übersetzung. — *Code de Procédure civile*, empfehlenswert ist die Ausgabe der Petite Collection Dalloz, 30. Auflage, 1933, welche mit zahlreichen Anmerkungen auch alle Nebengesetze gibt.

Erster Teil.

Das Personenrecht.

Erstes Kapitel.

Personen, Rechtsfähigkeit (capacité).

I. Begriff. Wer Rechte (droits) und rechtliche Pflichten haben kann, ist eine Person. Die Person ist rechtsfähig. Man spricht von capacité juridique im engern Sinne. Im weitern Sinn versteht das französische Recht unter „capacité juridique" oder einfach „capacité" Rechtsfähigkeit und Handlungsfähigkeit zusammen. Es wird danach die „capacité de jouissance", die Fähigkeit, Rechte zu haben, unterschieden von der „capacité d'exercice", der Handlungsfähigkeit. Wenn jemand nicht fähig ist, sich durch eigene Handlungen zu verpflichten, vielmehr eines Stellvertreters bedarf (des Vormundes, des Ehemannes, des conseil judiciaire), so liegt incapacité d'exercice vor. Das ist der Fall bei Minderjährigen, Entmündigten, aber auch bei der verheirateten Frau. Sie sind nicht capables, sondern incapables.

Rechtsfähig sind der Mensch und die juristischen Personen.

II. Der Mensch (la personne physique). Die Rechtsfähigkeit des Menschen beginnt mit seiner Geburt. Ein Kind vor seiner Geburt (l'enfant conçu) kann ebenfalls Rechte erwerben, vorausgesetzt, daß es lebend zur Welt kommt. Alle Rechte der Leibesfrucht sind bedingt durch die Lebendgeburt.

III. Juristische Personen (personnes juridiques oder morales). Außer dem einzelnen Menschen können auch Personenvereinigungen (z. B. der Staat, die Gemeinde, die Kirche, Korporationen, Gesellschaften) und Vermögen, die einem bestimmten Zwecke dienen (Stiftungen, fondations) rechtsfähig sein, soweit sie Gemeinschaftsrechte und -pflichten haben.

Das französische Recht kennt folgende Arten von juristischen Personen:

1. Juristische Personen des öffentlichen Rechtes (personnes juridiques du droit public). Dazu gehören der Staat und die unter ihm stehenden Gruppen: die Departemente (départements), Gemeinden (communes), Kolonien (colonies), ferner die Anstalten (établissements publics d'Etat),

wie das Institut, das Collège de France, die Universitäten, die Fakultäten, die Handelskammern, der staatliche Orden der Légion d'honneur, Spitäler.

2. Juristische Personen des Privatrechtes. a) Anstalten der öffentlichen Wohlfahrt (établissements d'utilité publique). Es sind Anstalten und Werke, die in uneigennütziger Weise (z. B. als fondation, Stiftung) gegründet worden sind, denen aber wegen ihres öffentlichen Zweckes durch besondere Entscheidung der Behörden nach den Vorschriften des Gesetzes vom 1. Juli 1901 die Rechtspersönlichkeit zuerkannt ist, wie wissenschaftliche Vereinigungen, sociétés de secours mutuels.

b) Die associations syndicales, wie die Verbände der Landeigentümer, die zu gemeinsamer Arbeit für Boden- und Straßenverbesserungen, Bewässerungsanlagen, für den Kampf gegen die Reblaus usw. gegründet wurden. Dazu gehören auch die Berufssyndikate, die Gesellschaften zur gegenseitigen Unterstützung in Krankheits- und Todesfällen (sociétés de secours mutuels, sociétés d'assurance mutuelle).

c) Die Gesellschaften des Privat- und Handelsrechtes (sociétés commerciales), wie die Aktiengesellschaften (sociétés anonymes).

Zweites Kapitel.

Die Handlungsfähigkeit.

I. Begriff. Der Unterschied der Handlungsfähigkeit von der Rechtsfähigkeit ist schon oben S. 5 erwähnt worden. Unter capacité, welche auch die Rechtsfähigkeit in sich faßt, versteht man regelmäßig die Handlungsfähigkeit allein. Wer sich durch eigene Handlungen berechtigen und verpflichten kann, hat die capacité.

Handlungsfähigkeit setzt Urteilsfähigkeit voraus (le discernement), d. h. die Fähigkeit, vernunftgemäß zu handeln. Es gibt rechtsfähige Personen, denen die Handlungsfähigkeit ganz oder teilweise abgeht, wie Minderjährige, Geisteskranke und Ehefrauen. Ein gemeinsamer Titel gibt die Vorschriften über diese ,,personnes incapables", behandelt also die Ehefrau auf der gleichen Stufe wie Minderjährige und Geisteskranke.

II. Der Minderjährige. Die Handlungsfähigkeit beginnt mit der Volljährigkeit, la majorité, d. i. mit dem vollendeten 21. Lebensjahr (Art. 388). Mit diesem Alter wird ein Franzose volljährig, majeur. Vorher ist er minderjährig, mineur, im Zustand der Minderjährigkeit, minorité. Geht im allgemeinen dem Minderjährigen auch die Handlungsfähigkeit ab, so bestehen doch folgende Ausnahmen:

1. Ein Jüngling kann nach vollendetem 18. Alterjahr, ein Mädchen nach dem 15. Altersjahr mit Zustimmung der gesetzlichen Vertreter heiraten. In diesem Falle hat der Minderjährige auch das Recht, die

mit der Heirat verbundenen Verträge zu zeichnen und sich daraus zu verpflichten (Art. 1309, 1398).

2. Der Minderjährige kann ohne besondere Zustimmung eines Vertreters sein uneheliches Kind anerkennen, sobald er im vollen Bewußtsein seines Verhaltens ist.

3. Ein minderjähriges Mädchen ist berechtigt, eine Vaterschaftsklage entsprechend dem Gesetz vom 16. November 1912 anzuheben.

4. Vom 16. Alterjahr an hat der Minderjährige das Recht, testamentarisch bis zum Betrage der Hälfte des Vermögens zu verfügen, über welches das Gesetz dem Volljährigen zu verfügen gestattet (Art. 904).

5. Der Minderjährige, selbst wenn er das Alter von 16 Jahren noch nicht erreicht hat, kann Mitglied einer société de secours mutuel werden und zwar auch ohne besondere Zustimmung seines gesetzlichen Vertreters (Gesetz vom 1. April 1888, Art. 3).

6. Ein über 16 Jahre alter Minderjähriger darf als Mitglied einem Berufssyndikat (syndicat professionel) beitreten.

7. Der Minderjährige haftet mit seinem Vermögen für den Schaden, den er aus Delikten oder Quasi-Delikten einem andern zufügt (Art. 1310), sofern ihn ein Verschulden trifft, d. h. sofern nachgewiesen wird, daß er die Erkenntnis der Rechtswidrigkeit seiner Handlung hatte (vgl. Colin et Capitant I, num. 440, S. 453).

8. Der Minderjährige hat das Recht, Rechtshandlungen vorzunehmen, die dazu bestimmt sind, seine Interessen zu schützen, ohne daß er sich verpflichtet, wie z. B. um eine Verjährung zu unterbrechen.

9. Nach neuern Gesetzen sind die Minderjährigen berechtigt, ohne Mitwirkung eines gesetzlichen Vertreters ein Konto auf einem Sparkassenheft bei einer Ersparnisbank zu eröffnen und vom 16. Alterjahr an Einzahlungen bei der Caisse nationale des retraites pour la vieillesse (für die Altersunterstützung) vorzunehmen (Gesetz vom 20. Juni 1886, Art. 13).

10. Als Vertreter anderer Personen ist auch der Minderjährige handlungsfähig, wenn er auch im allgemeinen für die in Vertretung für den andern abgeschlossenen Geschäfte selbst nicht haftbar wird. Art. 1990 sagt ausdrücklich: Der Vertretene hat gegen den minderjährigen Vertreter nur eine Klage nach den allgemeinen Bestimmungen über die Verpflichtungen von Minderjährigen (vgl. oben unter 7).

III. Geisteskrankheit (maladie mentale, aliénation mentale). Geisteskrankheit kann eine Person hindern, rechtsverbindliche Handlungen vorzunehmen. Bei schwerer Geisteskrankheit muß eine solche Person entmündigt werden, indem das Gericht erklärt, daß sie nicht handlungsfähig ist.

Das französische Recht unterscheidet drei Gruppen:

1. Geisteskranke, die weder entmündigt noch in einer Anstalt untergebracht sind, les aliénés non interdits ni internés.

2. Geisteskranke, welche zwar nicht entmündigt, aber in einer Anstalt untergebracht sind, les aliénés non interdits, mais internés.

Nach dem besonderen Gesetz über Geisteskranke (sur les aliénés) vom 30. Juni 1838 kann internierten Geisteskranken in Irrenanstalten, die nicht entmündigt sind, ein vorläufiger Verwalter, administrateur provisoire, gerichtlich bestellt werden. Ihre Rechtshandlungen können nach Art. 39 des erwähnten Gesetzes für nichtig erklärt werden (vgl. Art. 1304 C. c.).

3. Geisteskranke, welche entmündigt sind (les aliénés interdits). Sie sind entmündigt zufolge eines gerichtlichen Urteils. Man spricht von gerichtlicher Entmündigung (interdiction judiciaire).

Im Gegensatz zur gerichtlichen Entmündigung (interdiction judiciaire), liegt eine interdiction légale vor, d. h. eine Entmündigung, die von Gesetzes wegen automatisch eintritt, wenn Personen, die zu gewissen entehrenden Strafen verurteilt werden, ohne weiteres für die Dauer der Strafe wie Entmündigte behandelt werden (vgl. Code pénal 29—31).

Nach Art. 489 muß die Entmündigung gerichtlich ausgesprochen werden (interdiction judiciaire), wenn sich eine Person in einem fortdauernden Zustand von Blödsinn, Wahnsinn oder Raserei (un état habitueld 'imbécibilité, de démence ou de fureur) befindet, selbst wenn in diesem Zustande lichte Zwischenräume eintreten. Die Unterscheidung der drei im Gesetz genannten Krankheitsarten, die heute etwa als angeborener Schwachsinn, erworbener Schwachsinn, manischer Erregungszustand bezeichnet werden, ist nur insofern von Bedeutung, als die Staatsanwaltschaft zur Entmündigungsklage primär nur bei fureur (Raserei), d. h. bei Gefährlichkeit des Kranken, legitimiert ist (Art. 491). Im übrigen begründet jede Art schwerer dauernder geistiger Erkrankung die Entmündigung. In leichtern Fällen (Geistesschwäche) kann auf bloße Verbeiständung erkannt werden (Art. 499; vgl. Zivilgesetze der Gegenwart, Frankreich, Bemerkungen zu Art. 489 u. 512). (Siehe unten S. 73 ff.)

Eine bloß vorübergehende Geistesstörung oder bloßes körperliches Gebrechen genügen nicht, um jemanden zu entmündigen (Art. 489—512). (Siehe unten S. 73 ff.)

IV. Folgen der Entmündigung. Die entmündigte Person verliert ihre Handlungsfähigkeit, so daß sie sich nicht rechtswirksam verpflichten, aber auch keine Rechte erwerben kann. An ihrer Stelle handelt der ernannte Vertreter, regelmäßig ein Vormund (tuteur). (Siehe unten S. 66.)

V. Die Ehefrau. *1. Regel.* Das französische Recht macht einen großen Unterschied zwischen der unverheirateten Frau, der Witwe und der geschiedenen Frau einerseits und der Ehefrau andererseits. Erstere haben die gleichen Privatrechte wie die Männer, sie sind vollständig handlungsfähig, während die verheiratete Frau in der Regel handlungsunfähig ist.

Diese Rechtlosigkeit der französischen Frau im Gegensatz zu allen übrigen modernen Rechten fällt um so mehr auf, als die Französin mit ihrer hohen Intelligenz, ihrer Geschäftstüchtigkeit und ihrem Sinn für Unabhängigkeit im allgemeinen gewiß die erforderlichen Fähigkeiten besitzt, um ihre Interessen selbständig zu wahren. Es besteht deshalb heute kein vernünftiger Grund mehr, sie in bezug auf die Handlungsfähigkeit anders zu behandeln als ledige Frauen.

Schon lange hat man auch in Frankreich die unwürdige Stellung der verheirateten Frau als ungehörig empfunden; und zur Zeit (Sommer 1933) liegt vor dem Parlament ein Gesetzesentwurf, der darauf ausgeht, der Ehefrau die Handlungsfähigkeit zu geben, soweit sich dies nach der Auffassung des Gesetzgebers mit der Tatsache verträgt, daß der Ehemann das Oberhaupt der Familie bleibt. Vgl. Projet de loi portant modification des textes du Code civil relatifs à la capacité de la femme mariée und dazu Rapport von René Renoult, sénateur, im Namen der Kommission, welche den Gesetzesentwurf zu prüfen hatte (Annexe au procès-verbal de la séance du 24 juin 1933).

So sehr die vorgeschlagenen Änderungen zu begrüßen sind, so scheint mir eine befriedigende Lösung in der Praxis nur möglich zu sein, wenn auch das ganze Recht des Code civil über die vermögensrechtlichen Beziehungen während der Ehe (also die régimes matrimoniaux) geändert wird.

Der neu vorgeschlagene Art. 215 des Code civil soll zwar die volle Handlungsfähigkeit der Ehefrau aussprechen, so daß die Frau grundsätzlich weder der Zustimmung des Mannes noch gerichtlicher Ermächtigung bedarf, aber mit dem Vorbehalt der gesetzlichen Vorschriften über das eheliche Güterrecht. Nach dem neu vorgeschlagenen Art. 216 hat sodann der Ehemann das Recht, beim Gericht das Begehren zu stellen, die Handlungsfähigkeit der Frau einzuschränken oder ihr jedes Rechtsgeschäft zu verbieten, das den Interessen der Familie widersprechen könnte.

Es wird übrigens wohl noch längere Zeit vergehen, bis die Vorschläge Gesetz werden. Bis dahin gelten für die Frau die Bestimmungen des Code civil, die unter dem entscheidenden Einfluß von Napoleon selbst erlassen wurden.

Darnach schuldet die Frau dem Manne Gehorsam (Art. 213), denn der Mann ist das Haupt der Familie und der Gütergemeinschaft (Art. 1421, 1428). Er hat die ehemännliche Gewalt über die Frau, la puissance maritale sur la personne de la femme (Art. 1388, 213). So ist er sogar berechtigt, ihren persönlichen Verkehr und ihre Korrespondenz zu kontrollieren, soweit er es in seinem Interesse gelegen erachtet.

Diese Gewalt des Mannes zeigt sich vor allem darin, daß die Frau zur Vornahme von Rechtsgeschäften der Zustimmung des Mannes bedarf (Art. 217), ebenso zur Prozeßführung. Allerdings kann sie im Falle der

Weigerung oder Verhinderung des Mannes seine Zustimmung durch eine Ermächtigung des Gerichtes ersetzen (Art. 218, 219, 221 ff.).

Die incapacité der Frau besteht, wie diejenige des Minderjährigen, vor allem darin, daß sie regelmäßig keinerlei Vermögenstransaktionen selbständig durchführen kann (Erwerb oder Veräußerung usw.).

Die ehemännliche Gewalt ist ähnlich der väterlichen Gewalt und gibt dem Manne das Recht, der Frau auch Handlungen zu untersagen, die nicht rechtlicher Natur sind, z. B. sich einem Examen zu unterziehen, einen Identitätsausweis oder einen Paß zu verlangen usw.

2. Ausnahmen von der Regel. a) Die Zustimmung des Mannes ist nicht nötig für eine Handelsfrau, die selbständig auf ihren Namen Handel treibt (Art. 220). Sie kann sich in den Angelegenheiten ihres Geschäftsbetriebes selbständig verpflichten. Solange sie mit dem Manne in Gütergemeinschaft lebt, verpflichtet sie auch den Mann.

b) Frauen, die gestützt auf Gerichtsurteil von ihrem Manne von Tisch und Bett getrennt leben, sind nach dem Gesetz vom 6. Februar 1893 vollständig handlungsfähig, bedürfen also keiner Zustimmung des Mannes (Art. 311, al. 3).

c) Einlagen und Rückzüge in und aus der Postersparniskasse und andern Ersparniskassen kann die Frau ebenfalls ohne des Mannes Einwilligung besorgen (Gesetze vom 9. April 1881 und 20. Juli 1895 betr. la Caisse nationale d'épargne).

d) Das Gesetz vom 20. Juli 1886 über die Caisse nationale des retraites pour la vieillesse (Altersversicherungskasse) gibt den Frauen entsprechendes freies Verfügungsrecht für die Zahlungen an diese Kasse.

e) Frauen, die einen von dem Beruf ihres Mannes gesonderten selbständigen Beruf betreiben, sei es nun ein Handelsgewerbe oder ein anderes Unternehmen, sind nach dem Gesetz vom 13. Juli 1907 (loi sur le libre salaire de la femme mariée) über ihr Einkommen aus diesem Berufe vollständig frei verfügungsberechtigt, ohne an die Zustimmung des Mannes gebunden zu sein.

f) Nach dem Gesetz vom 1. April 1898 über die sociétés de secours mutuels kann die Frau einem solchen Verein auch ohne Zustimmung ihres Mannes beitreten. Gleiches ist der Fall mit der Mitgliedschaft einer Frau in einer Gewerkschaft (syndicat) (Gesetz vom 12. März 1920).

VI. Der Ausländer. Art. 11 des Code civil verkündet für das Privatrecht die Gleichheit des Ausländers mit dem Franzosen. Er ist ihm gleichberechtigt, soweit auch den Franzosen solche Gleichberechtigung in dem Lande gewährt wird, dem der Ausländer angehört.

Dieser Grundsatz erfährt indessen im Gesetz und in der Praxis verschiedene Ausnahmen. So erkennt die Rechtsprechung dem Ausländer kein rechtliches Domizil in Frankreich zu, sondern nur ein domicile de fait. (Siehe unten S. 17.)

Die Ausländerin wird von der gesetzlichen Hypothek am Immobiliarvermögen des Ehemannes ausgeschlossen (Art. 2121, Cass. D. P. 1903, 1. 249).

Ferner kann der Ausländer nicht Vormund eines französischen Kindes sein, es sei denn sein eigenes (Cass. 16 2. D. P. 1876, 1. 49).

Auch wird der Ausländer nicht als Testamentszeuge zugelassen (Art. 980).

Eine Vorzugsstellung erhält der Franzose gegenüber dem Ausländer durch Art. 14, nach welchem auch der Ausländer, der sich nicht in Frankreich aufhält, vor die französischen Gerichte geladen werden kann wegen Erfüllung der von ihm in Frankreich gegenüber einem Franzosen eingegangenen Verbindlichkeiten. Der Ausländer kann aber auch vor die Gerichte in Frankreich gezogen werden wegen Verpflichtungen, die er im Auslande gegenüber Franzosen eingegangen ist.

Es ist darnach gegen einen Ausländer (auch gegen eine ausländische juristische Person) für den Franzosen nach der den Art. 14 weit auslegenden Rechtsprechung stets ein Gerichtsstand in Frankreich gegeben, wenn er nicht vertraglich oder durch Staatsvertrag ausgeschlossen ist.

Nach Art. 15 kann ein Franzose vor ein Gericht in Frankreich gezogen werden wegen der von ihm im Auslande, wenn auch gegenüber einem Ausländer, eingegangenen Verpflichtungen.

Nach der ständigen Rechtsprechung bedeutet dieser Artikel aber nicht allein, daß der Kläger die Möglichkeit hat, einen Franzosen vor französischen Gerichten zu verklagen, sondern (entgegen dem klaren Wortlaut), daß der Franzose, wenn er Beklagter ist, berechtigt ist, vor französischen Gerichten Recht zu nehmen. Das ausländische Gericht ist, wenn seine Zuständigkeit nicht vereinbart war (was auch durch schlüssige Handlung geschehen kann) für die Klage gegen einen Franzosen schlechtweg unzuständig.

Entsprechend dem Grundgedanken, daß die Anrufung französischer Gerichte ein droit civil des Franzosen ist, sind die französischen Gerichte grundsätzlich für Streitigkeiten zwischen Ausländern unzuständig. Zahlreiche Ausnahmen, so bei einstweiligen Maßnahmen für in Frankreich gelegene Sachen und Handelssachen, schränken die Regel erheblich ein (s. PILLET et NIBOYET 227 ff., vgl. auch Zivilgesetze der Gegenwart [Frankreich] S. 6).

Drittes Kapitel.

Die Verwandtschaft.

I. Begriff. Verwandtschaft im weitern Sinne sind Blutsverwandtschaft, Ehe und Schwägerschaft. Der Franzose hat für das Verhältnis zwischen Kindern und Eltern die Bezeichnungen filiation und parenté und für die Schwägerschaft, d. h. für das Verhältnis eines Ehegatten zu den Blutsverwandten des andern Ehegatten die Bezeichnungen alliance und affinité.

II. Blutsverwandtschaft. Sie beruht auf der Abstammung voneinander oder von einem Dritten.

In gerader Linie (en ligne directe) sind zwei Personen miteinander verwandt, wenn die eine von der andern abstammt, also Urgroßeltern, Großeltern, Kinder, Enkel, Urenkel. Die ältern Personen, von denen die jüngern abstammen, sind die Aszendenten (les ascendants) und die jüngern sind die Deszendenten (les descendants).

Zur väterlichen Linie gehören der Vater, alle seine Aszendenten und alle seine Nachkommen, während die mütterliche Linie aus der Mutter mit ihren Aszendenten und Nachkommen gebildet wird.

In der Seitenlinie (en ligne collatérale) sind zwei Personen miteinander verwandt, wenn sie von einer dritten Person abstammen und unter sich nicht in gerader Linie verwandt sind, also Geschwister, Enkel und Neffe (Nichte), Tante und Nichte (Neffe). Die Geschwister sind entweder vollbürtige Geschwister — frères et soeurs germains —, wenn sie beide Elternteile gemeinsam haben, oder halbbürtige Geschwister, wenn sie nur einen Elternteil gemeinsam haben. Der Franzose unterscheidet dabei den Fall, da nur der Vater gemeinsam ist — dann sind die Geschwister consanguins — von dem Falle, da nur die Mutter gemeinsam ist — dann sind die Geschwister utérins —.

Man unterscheidet auch:

eheliche Verwandtschaft, die durch eine Ehe vermittelt wird (parenté et filiation légitime);

außereheliche Verwandtschaft zufolge einer freien Vereinigung der Eltern (la parenté et la filiation naturelle résultant de l'union libre); die aus einer solchen Vereinigung entsprossenen Kinder heißen fils naturels. Durch die nachfolgende Ehe der Eltern können sie legitimiert werden.

Die Adoptivverwandtschaft (parenté et filiation adoptive) zufolge einer Adoption.

III. Berechnung der Verwandtschaft. Die Verwandtschaft wird nach Graden (par degrés) gerechnet und zwar gilt die Berechnungsart des römischen Rechtes. Der Grad bestimmt sich nach der Zahl der sie vermittelnden Zeugungen.

Jede Zeugung bildet einen Grad. Daher sind im ersten Grad verwandt: Eltern und Kinder (Voraussetzung eine Geburt); im zweiten Grad: Großeltern und Enkel, sowie Geschwister (Voraussetzung zwei Geburten, die Geburt des Kindes und des Großkindes; des einen Kindes und des andern Kindes); im dritten Grad: Urgroßeltern und Urgroßenkel, Enkel und Neffen usw.

IV. Ehegatten. Die Ehegatten sind miteinander verwandt, obschon sie weder blutsverwandt noch verschwägert sind.

Viertes Kapitel.

Staatsangehörigkeit (nationalité).

I. Begriff. Unter Staatsangehörigkeit wird die Beziehung zwischen der natürlichen Person, dem Menschen, und demjenigen Staate verstanden, dem er angehört, dem er durch seine Pflichten und Rechte als Bürger verbunden ist. Ein Angehöriger des französischen Staates ist Franzose, wo immer er auch wohnen mag. Wer nicht Franzose ist, ist Ausländer, sei es nun daß er einem bestimmten andern Staate als Bürger angehört, oder daß er staatenlos ist.

II. Erwerb. Maßgebend ist das Gesetz vom 10. August 1927.

Die französische Staatsangehörigkeit wird auf verschiedene Weise erworben.

1. Staatsangehörigkeit zufolge Geburt. Es ist die nationalité française à titre originaire. Das Gesetz unterscheidet zwischen zwei Gruppen, je nachdem auf die durch Geburt erworbene Staatsangehörigkeit später verzichtet werden kann oder nicht.

A. Französische Staatsangehörigkeit, die einen Verzicht ausschließt.

Darunter fallen folgende Personen:

a) jedes legitime Kind eines Franzosen, ob es im In- oder Ausland geboren wurde,

b) jedes in Frankreich geborene Kind eines Mannes, der selbst in Frankreich geboren wurde,

c) jedes legitime Kind, das in Frankreich von einer Mutter geboren wurde, die zur Zeit der Geburt Französin war,

d) jedes außereheliche Kind, dessen Abstammung während der Zeit der Minderjährigkeit entweder durch Anerkennung oder durch Urteil festgestellt ist, wenn der Elternteil, mit Rücksicht auf welchen der Nachweis erbracht ist, Franzose ist. Wenn die Abstammung sich in bezug auf Vater und Mutter aus demselben Akt ergibt, so folgt das Kind der Nationalität des Vaters, wenn dieser Franzose ist.

Wenn die Eltern gesondert die Abstammung anerkennen oder gerichtliche Feststellung verlangen, so folgt das Kind der Staatsangehörigkeit desjenigen Elternteils, der es zuerst anerkannt hat.

Wenn der Elternteil, welcher das Kind zuerst anerkannt hat, selbst in Frankreich geboren ist, so ist das in Frankreich geborene Kind Franzose, welches auch immer die Staatsangehörigkeit des Elternteils sei.

Wenn der Elternteil, der das Kind zuerst anerkannt hat, nicht in Frankreich geboren wurde, wohl aber der andere Elternteil, so hat das Kind französische Nationalität.

e) Ferner ist Franzose jedes in Frankreich geborene Kind unbekannter Eltern oder von Eltern, deren Nationalität nicht bekannt ist. Gleich behandelt wird das Kind, das während seiner Minderjährigkeit nicht anerkannt wurde.

B. Französische Staatsangehörigkeit mit der Möglichkeit, darauf zu verzichten.

a) Jedes in Frankreich legitim geborene Kind einer Ausländerin, die selbst in Frankreich geboren wurde, ist Franzose. Doch kann dieses Kind im ersten Jahre der Volljährigkeit gemäß den bestehenden Vorschriften auf die französische Staatsangehörigkeit verzichten.

b) Ein solches Recht des Verzichtes besteht auch für das außereheliche Kind, wenn der Elternteil, der es zuerst anerkannt hat, ein im Ausland geborener Ausländer ist, der andere Elternteil, der es auch anerkannte, in Frankreich geboren wurde und zufolgedessen das Kind Franzose geworden ist.

Um von dem Rechte auf Verzicht Gebrauch zu machen, muß das Kind in den Fällen a und b durch ein Zeugnis der zuständigen Behörde seiner Eltern den Nachweis erbringen, daß es die Nationalität seiner Eltern erworben hat. Handelt es sich um einen jungen Mann, so muß er auch nachweisen, daß er den militärischen Pflichten seines Landes nachgekommen ist.

Das Recht auf den Verzicht der französischen Nationalität erlöscht

α) wenn während der Minderjährigkeit des Kindes der Elternteil, den es überlebt (sei es Vater oder Mutter), naturalisiert worden ist;

β) wenn während der Minderjährigkeit des Kindes auf das Recht zu verzichten selbst verzichtet wurde, sei es mit Zustimmung des gesetzlichen Vertreters vom Minderjährigen selbst nach erreichtem 16. Altersjahr oder in seinem Namen (auch ohne seine Zustimmung) vorher;

γ) wenn der minderjährige Sohn aus freiem Willen sich zur Rekrutierung gestellt hat

2. *Staatsangehörigkeit von Gesetzes wegen,* gestützt auf besondere Vorschriften des Gesetzes (Acquisition de la nationalité française par le bienfait de la loi):

a) während der Minderjährigkeit kann jede in Frankreich geborene und hier wohnende Person die französische Staatszugehörigkeit verlangen. Ist sie älter als 16 Jahre, so bedarf es hierzu der Zustimmung des Elternteils, der die väterliche Gewalt inne hat, oder des Vormundes, nach eingeholter Zustimmung des Familienrates. Ist der Interessent jünger als 16 Jahre, so genügt es, daß das Begehren in seinem Namen von seinem gesetzlichen Vertreter unterschrieben ist.

Die Erklärung muß beim Justizministerium eingetragen werden und kann nur wegen Unwürdigkeit des Gesuchstellers zurückgewiesen werden.

Der erwähnten Erklärung gleichwertig ist die Tatsache, daß sich ein in Frankreich geborener Ausländer freiwillig zur Rekrutierung stellt.

b) Eine Person, die in Frankreich Wohnsitz hat und in Frankreich als Sohn eines Ausländers geboren ist, wird ohne weiteres Franzose, wenn sie nicht im ersten Jahre nach erreichter Volljährigkeit die französische Staatszugehörigkeit ausdrücklich ausschlägt.

Doch ist diese Vorschrift nicht anwendbar auf Kinder, die von diplomatischen Vertretern anderer Länder in Frankreich geboren werden und auf Personen, die aus Frankreich ausgewiesen worden sind.

Sowohl die Erklärung zur Erlangung der französischen Nationalität als auch die Ausschlagung muß mit der Unterschrift des Interessenten dem Friedensrichter des Kantons eingereicht werden, wo er sein Domizil hat oder in Ermanglung eines solchen am Orte seines Aufenthaltes. Hält er sich im Auslande auf, so ist die Erklärung unterschriftlich vor den diplomatischen oder konsularischen Vertretern Frankreichs abzugeben. Ist die Erklärung nicht beim Justizministerium eingetragen, so gilt sie als nicht erfolgt.

3. Heirat. Nach dem Gesetz vom 10. Mai 1927 erhält die Ausländerin, die einen Franzosen heiratet, die französische Staatsangehörigkeit in der Regel nur dann, wenn sie dies ausdrücklich verlangt. Anderseits verliert eine Französin ihre Nationalität nicht, wenn sie einen Ausländer heiratet, es sei denn, daß sie ausdrücklich erklärt, sie wünsche die Nationalität ihres Mannes entsprechend den Gesetzen seines Landes zu erlangen. Dagegen hört sie auf, französische Bürgerin zu sein, wenn ihr erster ehelicher Wohnsitz außerhalb Frankreichs ist und sie nach dem Recht des Heimatstaates ihres Mannes dessen Nationalität erwirbt.

4. Naturalisation. Nach französischem Recht können naturalisiert werden alle volljährigen Ausländer und auch minderjährige, letztere mit ausdrücklicher Zustimmung ihres gesetzlichen Vertreters:

a) die Ausländer, die wenigstens 18 Jahre alt sind und den Nachweis eines ununterbrochenen Aufenthaltes von wenigstens drei Jahren in Frankreich liefern. Diesem Aufenthalt gleichgestellt ist der Aufenthalt im Auslande im Dienste der französischen Regierung oder in einem Lande, das mit Frankreich durch eine Zollunion verbunden ist;

b) die Ausländer, die wenigstens 18 Jahre alt sind und wenigstens ein Jahr ununterbrochen in Frankreich Aufenthalt hatten (oder entsprechend den Bestimmungen unter littera a im Ausland tätig waren), wenn sie Frankreich besonders wichtige Dienste geleistet haben, wenn sie besondere Fähigkeiten (talents) mitgebracht haben, wenn sie eine neue Industrie oder Erfindung eingeführt haben, wenn sie in der französischen oder einer alliierten Armee gedient haben, wenn sie Diplome an französischen Fakultäten erworben haben, wenn sie eine Person französischer Nationalität geheiratet haben, oder wenn sie, in Frankreich geboren, ihr Domizil zur Zeit ihrer Volljährigkeit in Frankreich genommen haben;

c) jedes außereheliche Kind, das im Ausland geboren wurde und zuerst von einer Ausländerin, nachher von einem französischen Vater anerkannt wurde;

d) jedes eheliche oder außereheliche Kind von einer Französin im Auslande geboren (das von einer Französin anerkannte außereheliche Kind ist schon von der Geburt an Franzose);

e) ein Kind, das in Frankreich oder im Auslande von Eltern geboren wurde, von denen ein Teil die französische Staatszugehörigkeit schon vor der Geburt des Kindes verloren hat, wenn die interessierte Person in Frankreich domiziliert ist.

In den Fällen c, d und e kann das Gesuch auf Naturalisation eines Minderjährigen von diesem selbst gestellt werden, wenn er mehr als 16 Jahre alt ist, unter diesem Alter von seinem gesetzlichen Vertreter.

Das gesetzliche Alter für die Naturalisation ist sonst auf 18 Jahre (anstatt wie früher auf 21 Jahre) festgesetzt, so daß ein Naturalisierter, der nicht in Frankreich geboren ist, doch noch in den französischen Schulen erzogen werden und an der militärischen Ausbildung teilnehmen kann.

5. Folgen der Naturalisation. Der Naturalisierte genießt alle Rechte des französischen Staatsangehörigen. Er kann aber erst 10 Jahre nach der Naturalisation in Ämter gewählt werden, es sei denn, daß er aktiven Militärdienst im französischen Heer geleistet hat, oder daß aus andern außerordentlichen Gründen diese Frist durch den Justizminister gekürzt wird.

Die Frau und die volljährigen Kinder des Naturalisierten nehmen an dieser Naturalisation nicht teil, es sei denn, daß sie besondere Naturalisationsgesuche eingereicht haben. Sie können die Naturalisation auch später verlangen. Es ist danach möglich, daß Mann und Frau verschiedene Staatszugehörigkeit haben.

In diesem Falle bestimmt das Gesetz, daß das minderjährige legitime oder legitimierte Kind während der Dauer der Ehe und auch nach der Scheidung die Staatsangehörigkeit des Vaters hat. Wenn der Vater oder die Mutter stirbt und der überlebende Elternteil Franzose wird, so wird auch das minderjährige Kind Franzose, sofern es nicht verheiratet ist.

Ein solches Kind — minderjährig und nicht verheiratet — wird ebenfalls französischer Staatsangehöriger, wenn der Elternteil, der für seine Staatsangehörigkeit maßgebend ist, sich naturalisieren läßt.

Dagegen sind Kinder von Naturalisierten von der gleichzeitigen Naturalisation ausgeschlossen, wenn sie aus Frankreich ausgewiesen sind oder im Heere ihres ursprünglichen Heimatstaates dienen oder gedient haben.

Fünftes Kapitel.

Der Wohnsitz (le domicile).

I. Begriff. Der Code civil bestimmt in Art. 102 das Domizil mit den Worten: Der Wohnort jedes Franzosen in Ansehung der Ausübung seiner Rechte ist an dem Orte, wo er seine Hauptniederlassung hat (Le domicile de tout Français, quant à l'exercice de ses droits civils, est au lieu où il a son principal établissement).

Damit will das Gesetz den Ort bezeichnen, wo ein Mensch den Mittelpunkt seiner rechtlichen Interessen hat, sei es nun seine Wohnung und die Familienbeziehungen oder der Sitz seiner geschäftlichen Interessen.

Meistens fallen der tatsächliche Wohnort, la résidence, und das domicile, der rechtliche Wohnsitz, zusammen. Es ist aber möglich, daß jemand an einem andern Orte „wohnt" als an dem Orte, wo er seine Hauptinteressen hat. Dann ist sein domicile, sein rechtlicher Wohnsitz, am letztern Orte. So hat ein Kaufmann, ein Industrieller sein Domizil in seinem Geschäftshaus, in seiner Fabrik, wogegen er mit seiner Familie in einer Nachbargemeinde leben und dort seine „résidence" haben kann. Neben dem Domizil kann es sogar mehrere „résidences" geben, während grundsätzlich nur *ein* Ort als rechtliches Domizil, als rechtlicher Wohnsitz, anerkannt wird. (Siehe Colin et Capitant I. num. 423, S. 436).

Im Zweifel bestimmt der Richter den rechtlichen Wohnsitz.

II. Praktische Bedeutung. Der Wohnsitz ist für folgende Rechtsverhältnisse von Bedeutung.

1. Bei einem zweiseitigen Vertrage ist die Zahlung am Wohnsitz des Schuldners zu leisten (Art. 1247, al. 2).

Wenn der Gläubiger sich weigert, die Zahlung entgegenzunehmen, so hat der Schuldner die Zahlung am Domizil des Schuldners anzubieten.

2. Die Vorladung vor Gericht hat am Wohnsitz des Vorgeladenen zu erfolgen.

3. In der Regel ist bei Klagen gegen eine Person das Gericht am Domizil des Beklagten zuständig (Art. 59 C. proc. civ.).

4. Die Heirat findet am Domizil oder am Aufenthaltsort eines der Brautleute statt (Art. 74).

5. Der Adoptionsvertrag wird vor dem Friedensrichter des Domizils des adoptierenden Elternteils abgeschlossen (Art. 353).

6. Die Erbfolge wird am letzten Domizil des Erblassers eröffnet, und dort hat die Liquidation und Teilung der Erbschaft stattzufinden (Art. 110).

7. Der Konkurs über einen Kaufmann wird am Orte seines Domizils ausgesprochen und durchgeführt.

III. Arten des Domizils. 1. Freiwilliges Domizil. Jede volljährige Person kann regelmäßig durch eigenen Entschluß ihr Domizil wählen. Doch gibt es Personen, die in Abhängigkeit von andern stehen und nicht selbständig ein Domizil begründen können, sondern dasjenige einer andern Person teilen.

2. Notwendiges Domizil.

a) Der Minderjährige hat sein Domizil bei Vater und Mutter oder bei seinem Vormund.

b) Der entmündigte Volljährige hat sein Domizil bei seinem Vormund.

c) Die Ehefrau teilt das Domizil mit dem Manne (Art. 108). Ist sie von Tisch und Bett geschieden, so hat sie ihren selbständigen Wohnsitz.

d) Volljährige, die im Familiendienst bei andern sind, in deren Haus sie leben, haben den Wohnsitz der Person, der sie dienen (Art. 109).

e) Beamte, die auf Lebenszeit ernannt sind, haben ihr Domizil am Orte, wo sie ihre Funktionen ausüben (Art. 107). Dahin gehören die Richter der Zivilgerichte, der Appellationsgerichte, des Kassationshofes, des Rechnungshofes.

IV. Änderung des Domizils. Abgesehen von den Personen, die ein notwendiges Domizil haben (s. oben unter 2), ist jederzeit eine Änderung des Domizils möglich. Erfordernisse dieser Änderung sind:

1. daß die in Frage stehende Person tatsächlich an einen andern Ort zieht, und

2. daß sie die feste Absicht hat, dort den Mittelpunkt ihrer Interessen zu begründen.

Wenn nur das erste Erfordernis erfüllt ist, so handelt es sich um einen bloßen Wechsel der résidence, des Aufenthaltsortes.

Der Wille der Änderung des Domizils ergibt sich aus den Umständen, meistens, aber nicht immer, daraus, daß eine Person sich bei der Gemeindebehörde des Ortes, den sie verläßt, abmeldet und bei der Behörde des Ortes, wohin sie den Wohnsitz verlegt, anmeldet.

V. Ein einziges Domizil. Nach französischem Recht kann eine Person grundsätzlich nur *ein* eigentliches Domizil haben. Selbst wenn eine Person mehrere „établissements" hat, so ist eine dieser geschäftlichen Niederlassungen „son domicile principal", d. h. ihr rechtlicher Wohnsitz. Eine strikte Anwendung dieses Grundsatzes würde in der Praxis indessen oft geradezu einer Rechtsverweigerung gleichkommen, so z. B. wenn ein weit von Paris entfernt wohnender kleiner Gläubiger einer Bank, welcher nur mit der Filiale seiner Pariser Bank an seinem Wohnort verkehrt, Differenzen mit dieser Filiale hat und genötigt wäre, die Bank an ihrem Hauptsitz, dem eigentlichen Domizil, in Paris zu belangen. Die Rechtsprechung hat deshalb in der Praxis in bezug auf juristische Personen, Gesellschaften, doch Nebensitze (sièges secondaires) zugelassen, wo z. B. eine Bank gerichtlich belangt werden kann (vgl. Colin et Capitant, I. num. 246, S. 441).

VI. Ohne Domizil. Logischerweise müßte eine physische Person immer ein Domizil haben, wenigstens am Orte ihrer Geburt, bei ihren Eltern, also ihr Ursprungsdomizil. Das ist aber praktisch doch nicht immer der Fall und würde bei nomadisierenden Personen tatsächlich ein gerichtliches Vorgehen gegen sie unmöglich machen. Die Art. 2 und 29 des c. proc. civ. bestimmen deshalb, daß solche Personen am Orte ihres Aufenthaltes vor Gericht gezogen werden können.

VII. Besondere Domizile. Neben dem allgemeinen Domizil kennt das französische Recht noch besondere Domizile zur Ausübung besonderer Rechte, ohne daß das Hauptdomizil untergeht.

1. Für die Eheschließung. Zuständig ist der Zivilstandsbeamte am Domizil des Bräutigams oder der Braut. Doch kann auch in jeder Gemeinde geheiratet werden, wo Bräutigam oder Braut zur Zeit des Aufgebotes wenigstens einen Monat hindurch Domizil oder Aufenthalt hatten. Das ist dann das besondere Domizil der Eheschließung.

2. Die verheiratete Handelsfrau hat für ihre Handelsgeschäfte (aber nur für diese) ein besonderes Domizil, wenn sie ihren Beruf in einer andern Gemeinde ausübt als da, wo der Ehemann seinen Wohnsitz hat.

3. Der zu Deportation Verurteilte hat ein besonderes Domizil für die Ausübung der Privatrechte am Orte der Strafverbüßung, während sein Hauptdomizil bei seinem Vormund ist.

VIII. Wahl des Domizils (élection de domicile). Regelmäßig muß ein Gläubiger seinen Schuldner am Gerichte seines Domizils gerichtlich belangen. Nach Art. 59 c. proc. civ. kann aber ein Gläubiger mit dem Schuldner vereinbaren, daß im Falle eines Prozesses das Gericht am Domizil des Gläubigers entscheiden soll. Zu diesem Zwecke muß der Schuldner Domizil bei einer Person nehmen, die im Gerichtsbezirk des Gläubigers ihren rechtlichen Wohnsitz hat.

Sechstes Kapitel.

Anfang und Ende der Persönlichkeit.

I. Geburt. Die Persönlichkeit eines Menschen beginnt mit der Geburt und endet mit dem Tode. Die Geburt muß vollendet sein, d. h. das Kind muß nach der Trennung vom Mutterleibe gelebt haben. Ausnahmsweise hat ein Kind schon Rechte bevor es geboren wird. Es ist vom Zeitpunkt der Empfängnis an unter dem Vorbehalt rechtsfähig, daß es lebensfähig geboren werde. Trifft diese Vermutung zu, so kann ein Kind, das erst nach dem Tode des Vaters geboren wird, diesen beerben.

II. Tod. Die Persönlichkeit hört mit dem Tode auf und damit auch ihre Rechte. Diese gehen auf den Erben über.

In der Regel bietet die Feststellung des Todesdatums keine Schwierigkeit. Für den Fall, daß aber zwei Personen in derselben Gefahr umkommen (z. B. bei Feuersbrunst, Bergsturz, Schiffsuntergang) stellen die Gesetze Vermutungen auf, um zu bestimmen, welche der beiden Personen zeitlich vor der andern gestorben ist. Es ist dies nötig, um die Erbfolge zu bestimmen, namentlich in den Fällen, da von zwei in derselben Gefahr umgekommenen Personen die eine Erbe der andern ist. Der Code civil gibt diese gesetzlichen Vermutungen in seinem Art. 720 und 721, nämlich:

Art. 720: Wenn man nicht feststellen kann, welche von mehreren Personen, die bei demselben Ereignis umgekommen sind, zuerst gestorben ist, so bestimmt sich die Vermutung für das Überleben nach den besonderen Umständen, und in Ermanglung solcher nach der Stärke des Alters oder des Geschlechtes.

Art. 721: Wenn diejenigen, welche zusammen umgekommen sind, unter 15 Jahre alt waren, so wird vermutet, daß der älteste am längsten gelebt habe.

Wenn sie über 60 Jahre alt waren, so wird vermutet, daß der jüngste am längsten gelebt habe.

Wenn die einen unter 15, die andern über 60 Jahre alt waren, so wird vermutet, daß die ersteren am längsten gelebt haben.

Nach Art. 721 müßte angenommen werden, daß ein Kind, das nur vier Tage alt war, den 60 Jahre und einen Tag alten Großvater, der bei demselben Ereignis umkam, überlebt habe und zufolgedessen sein Erbe geworden sei. Wäre der Großvater aber zwei Tage weniger alt gewesen, so müßte angenommen werden, er habe das Kind überlebt.

Die Rechtsprechung scheint sich nicht an diese gesetzlichen Vermutungen zu halten. Sie werden allgemein als unzweckmäßig bezeichnet (s. Colin et Capitant III S. 371, Planiol III 1712, Pr cis Dalloz III num. 413).

III. Verschollenheit. Eine Person, von der man nicht weiß, wo sie wohnt, wo sie sich aufhält, ob sie noch am Leben ist oder nicht, ist nach deutschem Sprachgebrauch verschollen. Der Franzose hat dafür keine besondere Bezeichnung und nennt sie einfach „absent". In den Artikeln 112 bis 143 werden Vorschriften darüber aufgestellt, wie es mit den Vermögensverhältnissen der „Absents" zu halten ist.

„Absent" ist der Verschollene, dessen Leben zufolge seiner Abwesenheit und des Ausbleibens von Nachrichten zweifelhaft geworden ist. Den Gegensatz dazu bilden der „non présent", der bloß von einem in Frage stehenden Orte abwesend ist, ohne daß Zweifel an seinem Leben besteht (Art. 819, 840).

Zu einer dritten Gruppe von „nicht anwesenden" Personen gehört der „disparu", der bei einem bestimmten gefährlichen Ereignis verschwunden ist und dabei vermutlich den Tod fand. Nur für solche Fälle kennt das französische Recht eine Todeserklärung (jugement déclaratif de décès). Dazu gehören:

die Seeverschollenheit (disparition en mer), bei welcher die Todeserklärung an keine besondere Wartefrist gebunden ist (Art. 87—92);

die Luftverschollenheit nach dem Gesetz vom 31. Mai 1924 (Todeserklärung frühestens drei Monate seit der letzten Nachricht);

die Kriegsverschollenheit für den Krieg von 1914—1918 (Wartefrist sechs Monate nach der Einstellung der Feindseligkeiten und zwei Jahre seit dem Verschwinden) nach dem Gesetz vom 25. Juni 1919.

Eine allgemeine Todeserklärung für jede Art des Verschwindens in besonderer Gefahr (Theaterbrand, Bergsturz u. dgl.) besteht nicht.

Abgesehen von den erwähnten besondern Gesetzesvorschriften gibt es für die Verschollenheit, mag sie auch noch so lange gedauert haben, keine Todeserklärung, sondern nur eine Erklärung der Abwesenheit (déclaration d'absence). Anderseits besteht auch keine Lebensvermutung (Art. 135). Die Abwesenheitserklärung hat nur die Besitzeinweisung der vermutlichen Erben in das Vermögen des Verschollenen zur Folge. Deshalb ist es für den zurückgebliebenen Ehegatten des Verschollenen auch nicht möglich, eine neue Ehe einzugehen (Art. 139).

Der Code civil unterscheidet drei Perioden der „absence":

1. Während der ersten Periode besteht die Vermutung der Verschollenheit (la présomption d'absence). Sie beginnt mit dem Verschwinden oder den letzten Nachrichten und dauert fünf oder elf Jahre, je nachdem der Verschwundene jemanden zurückgelassen hat, der mit der Verwaltung seines Vermögens beauftragt war oder nicht (Art. 112 bis 114). In dieser Periode werden vorsorgliche Maßnahmen getroffen, indem ein Verwalter für sein Vermögen bestimmt wird.

2. Nach Ablauf der erwähnten Frist kann die provisorische Einweisung der vermutlichen Erben in das Vermögen des Verschollenen erfolgen gegen Garantieleistung. Diese Periode dauert 30 Jahre.

3. Nachdem die 30 Jahre verflossen sind, erfolgt die definitive Besitzeinweisung zugunsten der Erben (l'envoi en possession définitive). Die Erben erlangen damit alle Verfügungsrechte über das Vermögen, müssen aber, wenn der Verschollene doch noch zurückkehren sollte, diesem das Vermögen wieder herausgeben (Art. 130—132).

Es kann kein Zweifel bestehen, daß diese Vorschriften veraltet sind und den Bedürfnissen und Verhältnissen der Gegenwart nicht mehr genügen. Historisch sind sie von Interesse, weil sie gleich in der Zeit nach den großen Napoleonischen Kriegen von 1792—1804 entstanden sind, also nach einer Zeit außerordentlich zahlreichen Verschwindens von Franzosen ohne daß die Möglichkeit bestand, ein sicheres Datum ihres Todes festzustellen, wohl aber die Möglichkeit, daß (bei den damaligen rückständigen Verkehrsverhältnissen) ein Verschwundener erst viele Jahre später wieder zurückkehrte. Heutzutage aber ist die Zahl der Verschollenen nur noch eine geringe, selbst nach großen Kriegen und zwar dank des selbst in die entferntesten Weltteile dringenden entwickelten Nachrichtendienstes der modernen Zeit (Post, Telegraph, drahtlose Telegraphie, Telephon, Polizeiorganisation usw.).

Siebentes Kapitel.

Namensrecht.

I. Der Familienname. Zur näheren Bezeichnung einer Person dient ihr Name, der Familienname (nom de famille oder nom patronymique). Er wird auf verschiedene Weise erworben.

1. Durch die Geburt erhält das eheliche Kind den Namen des Vaters, ebenso das uneheliche, wenn es vom Vater anerkannt wurde. Ist es nur von der Mutter anerkannt, so trägt es den Familiennamen der Mutter. Dies ist auch der Fall für das im Ehebruch erzeugte Kind, soweit der Ehebruch festgestellt ist.

Hat zwar die Mutter das uneheliche Kind nicht ausdrücklich anerkannt, ist aber ihr Name in der Geburtsurkunde erwähnt, so wird angenommen, daß das Kind auf den Namen der Mutter zu nennen ist.

Wenn das uneheliche Kind von Mutter und Vater anerkannt wurde, so erhält es nach dem Gesetz vom 2. Juli 1907 den Namen des Elternteils, der es zuerst anerkannte.

Colin et Capitant I, num. 356 sind der Ansicht, es wäre de lege ferenda angezeigt, in allen Fällen der Anerkennung durch beide Elternteile dem Kinde den Familiennamen des Vaters zu geben.

2. Durch Adoption erlangt das adoptierte Kind den Familiennamen des Adoptierenden. Erfolgt diese Adoption durch eine verheiratete Frau allein, so wird deren ursprünglicher Familienname auch der des Kindes. Adoptieren aber beide Ehegatten gemeinsam, so bekommt das Kind den Namen des Adoptivvaters.

3. Dem Findelkind gibt das Zivilstandsamt einen Namen nach Vereinbarung mit der Verwaltung des Spitals, wo das Kind untergebracht ist.

4. Durch Heirat erhält die Frau den Familiennamen ihres Mannes. Das ist indessen in keinem französischen Gesetz vorgeschrieben, sondern beruht lediglich auf jahrhundertelanger Übung. Jedenfalls verliert die Frau mit der Heirat nicht das Recht, den Familiennamen zu verwenden, den sie als Mädchen getragen hat.

Im Falle der Scheidung ist sie nicht mehr berechtigt, unter dem Namen des Mannes zu leben (vgl. Colin et Capitant I. num. 359, S. 369).

II. Vorname (le prénom). Er dient dazu, verschiedene Mitglieder derselben Familie voneinander zu unterscheiden. Er wird gleichzeitig mit dem Familiennamen in das Zivilstandsregister eingetragen. Es steht dem Vater zu, einen beliebigen Vornamen zu wählen.

Wenn auch nach einem ministeriellen Rundschreiben von 1865 eine Liste der zulässigen Vornamen aufgestellt würde, so halten sich die Standesbeamten nicht daran. Colin et Capitant bezeichnen die herrschende Praxis als „une véritable anarchie tempérée par l'arbitraire administrative".

III. Namensänderung. Der rechtmäßige Inhaber eines Familiennamens kann seinen Namen nicht eigenmächtig ändern. Ausnahmsweise wird aber beim Vorliegen wichtiger Gründe (z. B. wenn ein Name eine Person dem Gespött, Gelächter und Haß anderer preisgibt oder entehrend wirkt, oder andere wichtige Interessen in Frage stehen) vom Präsidenten der Republik die Führung eines andern Namens gestattet.

Das Verfahren ist durch Titel II des Gesetzes vom 11. Germinal des Jahres XI. geordnet. Das Dekret, das den neuen Namen verleiht, erlangt aber Rechtskraft erst nach Ablauf eines Jahres, da innerhalb Jahresfrist Personen, die sich in ihren Rechten verletzt glauben, beim Conseil d'Etat Einspruch erheben können.

IV. Pseudonyme. Mehr als in irgendeinem andern Lande legen sich Künstler und Schriftsteller Frankreichs in ihrer beruflichen Tätigkeit einen besonderen vom Familiennamen verschiedenen Namen, einen nom de guerre oder surnom, bei. Die Gerichte schützen einen solchen Namen, wenn er durch gewohnheitsmäßige Anwendung erworben wurde.

V. Aristokratische Titel. Frankreich hat alle Vorrechte des Adels abgeschafft. Deshalb bilden auch aristokratische Titel bei Familiennamen, wie sie noch oft gebraucht werden (prince, marquis, comte, baron, chevalier), sowie auch die Particule „de" nur noch einen Teil des Familiennamens, ohne daß sie besondere Vorrechte geben. Immerhin sind sie, wenn man von der particule „de" absieht, rechtlich auch heute noch von Bedeutung sofern der Adelstitel als ein Teil des Familiennamens (also ohne andere Rechte) auf den ältesten Sohn übergeht, so daß in einer Familie mit Adelstitel stets nur eine Person das Recht hat, den Adelstitel zu führen. Soweit die mondaine Welt auch andern Mitgliedern derselben Familie einen Adelstitel gibt, genießen solche Titel keinen rechtlichen Schutz (vgl. Colin et Capitant I. num. 364. 365, S. 375 ff.).

VI. Schutz des Namens. Es gibt keine allgemeinen Regeln. Die Besonderheit des einzelnen Falles ist entscheidend. So gibt es Urteile, die dem Manne das Recht geben, mit Erfolg dagegen zu protestieren, daß seine Frau, selbst wenn sie von ihm weder getrennt noch geschieden ist, unter seinem Namen auf der Bühne auftritt, während es ihr nicht verwehrt wird, unter einem angenommenen nom de guerre als Künstlerin zu arbeiten. (So Urteil des Seine-Gerichtes vom 15. Dezember 1897 [D. P. 98. 2. 496].) — Siehe Colin et Capitant I S. 371 unten.

Achtes Kapitel.

Die Beurkundung des Personenstandes.

I. Anmeldung und Register. Die Anmeldung und Eintragung aller Vorgänge auf dem Gebiete des Zivilstandes ist obligatorisch vorgeschrieben. Dazu gehören Geburten, Heiraten, Scheidungen, Kindesanerkennung, Legitimation, Adoption und Todesfälle.

Die Eintragungen hat der Zivilstandsbeamte, der Officier de l'état civil, vorzunehmen. Als solcher ist der Gemeindepräsident (le maire) bezeichnet, der aber damit auch einen oder mehrere Hilfsbeamten (adjoints) oder Mitglieder des Gemeinderates beauftragen kann.

Die Register sind in Doppel zu führen, um die Gefahr einer Zerstörung zu verhindern. Am Ende eines jeden Jahres wird ein Exemplar im Gemeindearchiv niedergelegt, während das andere zur Aufbewahrung dem Gerichtsschreiber des Gerichtes erster Instanz übergeben wird.

II. Registerauszüge. Die Register sind öffentlich und stehen jedermann zur Einsicht offen. Jedermann kann auch Auszüge daraus verlangen.

Ein Registerauszug, z. B. über eine Geburt, über eine Heirat, über einen Todesfall, muß, um Beweiskraft zu haben, vom Zivilstandsbeamten mit der Bemerkung unterschrieben werden „copie conforme au registre".

Von der Regel der allgemeinen Öffentlichkeit der Zivilstandsregister gibt es indessen nach dem Gesetz vom 30. November 1906 eine Ausnahme zugunsten unehelicher Kinder. Um zu vermeiden, daß Drittpersonen, die kein rechtliches Interesse daran haben, erfahren, daß ein Kind unehelich ist, wird eine „copie conforme", d. h. ein vollständiger Auszug aus dem Geburtsregister, nur an Aszendenten und Deszendenten, dem Vormund oder gesetzlichen Vertreter eines Kindes gegeben. Drittpersonen erhalten einen vollständigen Auszug nur mit Zustimmung des Friedensrichters. Mangels dieser Zustimmung enthält der Auszug keine Angaben darüber, ob Vater und Mutter des Kindes verheiratet waren, ob das Kind ehelich oder unehelich ist, ob es anerkannt wurde oder nicht.

III. Geburtenregister. Jede Geburt muß innerhalb drei Tagen dem Zivilstandsbeamten bekannt gegeben werden. Art. 55 des Code civil verlangte ursprünglich sogar, daß das neu geborene Kind dem Beamten persönlich vorgewiesen werden müsse. Nach dem Gesetz vom 20. November 1919 ist dies nicht mehr der Fall.

Die Eintragung hat das Geschlecht des Kindes, seinen Familien- und Vornamen anzugeben, ebenso wie Familien- und Vornamen, Alter und Beruf von Vater und Mutter (Art. 57, al. 1).

Handelt es sich um ein uneheliches Kind, so wird der Name des Vaters nur erwähnt, wenn dieser selbst persönlich die Geburt anmeldet.

Die Angabe seines Familiennamens und seine Unterschrift gelten als Anerkennung der Vaterschaft, also auch als Anerkennung des Kindes durch den Vater.

IV. Totenregister. Bei Todesfällen hat der Beamte nicht nur den Tod zu konstatieren und die Eintragung vorzunehmen, sondern auch die Erlaubnis zur Beerdigung zu geben. In der Praxis ersetzt das ärztliche Zeugnis die Feststellung durch den Beamten.

Liegen Anzeichen eines gewaltsamen Todes vor, so darf die Erlaubnis zur Beerdigung erst gegeben werden, nachdem die Polizei ein Protokoll über den Zustand des Leichnams aufgenommen hat.

Ist ein Leichnam verschwunden, so muß das Gericht den Tod gestützt auf die ihm vorgelegten Beweise feststellen, und die Beerdigung kann erst nachher stattfinden.

Zweiter Teil.

Das Familienrecht.

Erster Titel.

Die persönlichen Beziehungen.

Erster Abschnitt.

Die Eheschließung.

Erstes Kapitel.

Das Verlöbnis.

I. Begriff. Verlobung (fiançailles oder promesse de mariage) ist das gegenseitige Versprechen eines Mannes und einer Frau, zukünftig eine Ehe abzuschließen. Eine besondere Form ist nicht vorgeschrieben.

II. Verlöbnisbruch (rupture de fiançailles). Der Verlöbnis begründet noch keine gegenseitigen obligatorischen Verpflichtungen. Es können deshalb jederzeit Braut oder Bräutigam vom Verlöbnis zurücktreten.

Nach der Rechtsprechung gibt ein Rücktritt nur dann das Recht auf Schadenersatz, wenn er unter solchen Umständen erfolgte, daß der zurücktretende Teil schuldhafterweise den andern geschädigt hat, sei es in seinem Rufe oder in seinem Vermögen (vgl. den Entscheid Req. 16. Januar 1877, D. P. 1877, 1. 85, S. 1877, 1. 165, sowie Urteil der Chambre civile vom 30. Mai 1838 [Dalloz, J. S. unter „Mariage" num. 82, Note]).

Der Richter stützt sich dabei auf Art. 1382 („jede Handlung eines Menschen, die einem andern einen Schaden verursacht, verpflichtet denjenigen, durch dessen Verschulden er entstanden ist, zu Schadenersatz"). Klageberechtigt ist derjenige Teil, der nachweist, daß ein durchaus unbegründeter und leichtfertiger Verlöbnisbruch vorliegt, und daß er dem andern Teil absolut keinen Grund zum Rücktritt gegeben hat, und daß deshalb ein Anspruch auf Genugtuung in Form einer Geldentschädigung angezeigt erscheint.

III. Das Brautkind. Eine rechtliche Wirkung hat das Verlöbnis, indem es nach dem Gesetze vom 16. November 1912 die Vermutung begründet, daß der Verlobte Vater eines von seiner Braut geborenen unehelichen

Kindes ist. Deshalb ist dem Kinde eine selbständige Vaterschaftsklage gegeben (vgl. Art. 340, al. 2). („Die außereheliche Vaterschaft kann gerichtlich erklärt werden im Falle der vermittels arglistiger Manöver, Mißbrauchs der Autorität, *Versprechung der Ehe* oder des Verlöbnisses bewirkten Verführung, falls der Anfang eines schriftlichen Beweises nach den Bestimmungen von Art. 1347 vorhanden ist.“)

Zweites Kapitel.

Ehefähigkeit.

Um eine Ehe einzugehen, bedarf es folgender Erfordernisse:

I. Alter der Ehemündigkeit (puberté):

a) der Bräutigam muß das 18. Altersjahr zurückgelegt haben,

b) die Braut kann nach Abschluß des 15. Alterjahres heiraten.

Durch den Präsidenten der Republik wird ausnahmsweise bei Vorliegen wichtiger Gründe Dispens erteilt, so daß unter diesen Altersgrenzen geheiratet werden kann (Art. 184, 185).

II. Zurechnungsfähigkeit. Die Brautleute müssen urteilsfähig sein, da zur Ehe die freie Einwilligung (consentement libre) beider Teile nötig ist (Art. 180, 181). Dagegen bilden die Umstände, die einen solchen freien Willen ausschließen (wie Geisteskrankheit, Zwang, Irrtum in der Person), nur einen Anfechtungsgrund, machen also die Ehe nicht von vornherein nichtig.

Entmündigung als solche bildet noch kein Ehehindernis. Deshalb ist die von einem wegen Geisteskrankheit Entmündigten, in einem lichten Zwischenraum geschlossene Ehe gültig und zwar auch ohne Zustimmung des Vormundes (vgl. Cass. D. P. 45 1. 119, Planiol et Ripert I, 692).

Ebenso kann der verbeiständete Verschwender heiraten (Art. 513).

III. Zustimmung der Verwandten (consentement de parents). Die Zustimmung der Verwandten, die das französische Recht zur Eheschließung verlangt, ist zweifacher Natur, nämlich

a) die Zustimmung zur Ehe von Minderjährigen ist absolutes Erfordernis für den Abschluß einer Ehe von Minderjährigen, also bis zu deren vollendetem 21. Alterjahr;

b) die Zustimmung der Eltern mußte bis vor kurzem (siehe unten) auch von Volljährigen eingeholt werden solange sie nicht das 25. Alterjahr vollendet hatten. Da eine Weigerung der Eltern in diesem Falle aber kein Ehehindernis war, die Kinder also gleichwohl die Ehe abschließen konnten, so bedeutete hier das Begehren um Zustimmung an die Eltern nur einen Höflichkeitsakt, es sollte ihnen die Möglichkeit gegeben werden, über die beabsichtigte Ehe der Kinder informiert zu werden, damit sie Gelegenheit hatten, die Kinder zu beraten.

ad a. Zustimmung zur Heirat Minderjähriger. Sind die Brautleute volljährig geworden, so können sie ohne Zustimmung der Eltern heiraten. Sind sie aber minderjährig, so bedarf es der elterlichen Zustimmung.

Ist nur ein Elternteil (Vater oder Mutter) mit der beabsichtigten Ehe einverstanden, so genügt die Einwilligung dieses Elternteils, des Vaters oder der Mutter (Gesetz vom 17. Juli 1927, jetzt Art. 148, C. c.), während früher die Zustimmung des Vaters unbedingt erforderlich war.

Der minderjährige Ehekandidat, ob Bräutigam oder Braut, hat dem Zivilstandsbeamten formell den Nachweis zu liefern, daß beide Eltern oder doch wenigstens ein Elternteil der Ehe zustimmt. Das geschieht durch Vorlage einer notariellen Urkunde oder durch die Tatsache, daß die Eltern an der Trauung persönlich anwesend sind (Art. 73).

Wenn auch die Zustimmung eines Elternteils zur Eheschließung genügt, so muß bei Fehlen der Zustimmung des andern in vorgeschriebener Weise noch nachgewiesen werden, daß der andere Elternteil die Zustimmung verweigert. Dies geschieht durch Vorlage einer formellen Verweigerungserklärung des nicht zustimmenden Elternteils oder dadurch, daß durch einen notariellen Notifikationsakt diese Verweigerung festgestellt wird. Das Kind gibt in diesem Falle den Eltern seine Absicht zu heiraten durch eine notarielle Urkunde bekannt, mit der Angabe von Namen, Beruf, Domizil und Aufenthaltsort der zukünftigen jungen Eheleute und ihrer Eltern, sowie dem Orte der Trauung, gleichzeitig mit der Androhung, daß, wenn dieser Elternteil binnen 15 Tagen keine Antwort gibt, gleichwohl geheiratet werde (Art. 148 u. 154).

Verweigern beide Eltern die Zustimmung, so kann nicht geheiratet werden. Mangelnde Zustimmung der Eltern kann weder durch den Familienrat noch durch das Gericht ersetzt werden.

Wenn ein Elternteil tot, erklärungsunfähig oder abwesend ist, so genügt die Zustimmung des andern Elternteils.

Sind beide Eltern tot, erklärungsunfähig oder abwesend, so bedarf es der Einwilligung der Großeltern, in deren Ermanglung der Urgroßeltern (Art. 150). Fehlt es an Aszendenten und Deszendenten, so hat der Familienrat zuzustimmen (Art. 159, al. 1).

Kommen Aszendenten und Deszendenten in Frage, so genügt die Zustimmung der einen Linie (der väterlichen oder der mütterlichen).

ad b. Für Volljährige kam nach Art. 154 noch eine Einwilligung bis zum 25. Alterjahr in Frage, und zwar nur bei ihrer ersten Eheschließung, und nur von Seite der Eltern, nicht mehr der Voreltern. An Stelle der ehrerbietigen Anfrage des Minderjährigen trat die einfache, aber ebenfalls durch einen Notar zu bewirkende notification, die Anzeige der Absicht zur Eheschließung. Nach Ablauf von 14 Tagen konnte zur Heirat geschritten werden, ob die Zustimmung der Eltern erfolgt war oder nicht.

Nach dem Gesetze vom 2. Februar 1933 ist eine solche rechtlich bedeutungslose Zustimmung der Eltern zur Ehe Volljähriger nicht mehr einzuholen.

Drittes Kapitel.

Ehehindernisse (empêchements au mariage).

I. Verwandtenehe. Zwischen folgenden Verwandten ist die Ehe verboten:

1. zwischen *Blutsverwandten* in gerader Linie, Vater und Tochter, Mutter und Sohn usw. ,,A man may not marry his grand-mother" sagt auch das englische Prayer Book.

2. Zwischen folgenden Verwandten der Seitenlinie: zwischen Bruder und Schwester (Art.162), Onkel und Nichte, Tante und Neffe (Art. 163), wozu auch gerechnet werden Großonkel und Großnichte, Großtante und Großneffe.

3. Für die *Schwägerschaft* (alliance) bestehen dieselben Ehehindernisgründe, wie bei der Verwandtschaft in direkter Linie, also unbeschränkt. Zufolgedessen ist die Ehe verboten zwischen allen Aszendenten und allen Deszendenten des einen Ehegatten mit dem andern Ehegatten (Art. 161).

Dagegen gilt in der Seitenlinie der Schwägerschaft nur das Verbot der Ehe zwischen Schwägerin und Schwager (Art. 161), aber nach dem Gesetz vom 1. Juli 1914 nur dann, wenn die Ehe, durch welche die Schwägerschaft begründet war, durch ein Scheidungsurteil aufgehoben wurde, keineswegs im Falle der Auflösung der früheren Ehe durch den Tod des einen Ehegatten.

4. *Adoptivverwandten* ist nach Art. 354 aus rein moralischen Gründen die Heirat in folgenden Fällen verboten:

a) zwischen Adoptivvater (Mutter) und dem Adoptivkind, sowie seinen Nachkommen,

b) zwischen den Adoptivkindern derselben Person,

c) zwischen dem Adoptivkind und den Kindern, die nach der Adoption geboren werden,

d) zwischen dem adoptierten Kind und der Ehefrau (dem Ehemann) der Person, welche adoptiert hat und entsprechend zwischen letzterer Person und dem Ehegatten des adoptierten Kindes (z. B. nach der Scheidung oder nach dem Tode).

5. *Dispens.* Durch den Präsidenten der Republik kann, abgesehen von dem Ehehindernis der Verwandtschaft in direkter aufsteigender und absteigender Linie und zwischen Bruder und Schwester, in allen Fällen der Verwandtschaft Dispens von dem bestehenden Verbot erteilt werden.

II. Bestehende Ehe (mariage antérieur non dissous). Wer verheiratet ist, kann keine zweite Ehe eingehen (Art. 147). Wer dies gleichwohl tut, macht sich der Doppelehe (bigamie) schuldig. Die zweite Ehe ist ungültig, und zwar selbst dann, wenn sie bona fide eingegangen war, in der Meinung, die frühere Ehe sei durch den Tod eines Teiles (z. B. des Mannes im Krieg) gelöst worden.

III. Wartefrist (délai de viduité). Wie in den andern kontinentalen Rechten (im Gegensatz zum englischen Recht, vgl. CURTI, Englands Privat- und Handelsrecht I, S. 37, 38) müssen die Frauen, deren frühere Ehe durch den Tod oder ein gerichtliches Urteil aufgelöst wurde, eine Wartefrist einhalten, bevor sie eine neue Ehe eingehen können. Es soll, wenn die Frau bald nach der Auflösung der ersten Ehe in der ersten Zeit der nachfolgenden Ehe in andere Umstände gelangt und einem Kinde das Leben schenkt, die Ungewißheit darüber, ob der Gatte aus früherer Ehe oder der neue Ehemann Vater des Kindes ist, verhütet werden. Der Franzose nennt diese Wartefrist einer Witwe le délai de viduité. Entsprechend liegt der Fall einer sich wieder verheiratenden Frau nach der Auflösung der Ehe aus einem andern Grunde. Es gilt folgendes Recht:

1. Witwen ist der Abschluß einer neuen Ehe während der Dauer von 300 Tagen nach dem Tode des früheren Ehemannes untersagt (Art. 296). Diese Frist nimmt indessen ein vorzeitiges Ende, wenn die Frau nach dem Tode ihres Mannes einem Kinde das Leben schenkt (Art. 228, 296).

2. Geschiedene Frauen sind ebenfalls an eine Wartefrist von 300 Tagen gebunden. Die Frist beginnt aber von dem Tage an, da anzunehmen ist, daß die engeren Beziehungen zwischen den Ehegatten aufgehört haben. Darnach unterscheidet das Gesetz folgende Fälle:

a) Die Frist beginnt schon während des Scheidungsprozesses von dem Tage an, da das Gericht den klagenden Ehegatten ermächtigte, eine getrennte Wohnung zu haben. Ist keine solche Ermächtigung gegeben worden, so fällt der Beginn der Frist auf das Datum des ersten ergangenen gerichtlichen Entscheides, ob er nun vorbereitenden Charakter hatte, oder ob es ein Zwischenentscheid war oder die Fällung des Urteils erster Instanz. Auch in diesem Fall hört die Wartefrist auf mit der Niederkunft der Frau (Art. 296).

b) Wenn ein Urteil auf Trennung von Tisch und Bett gemäß Art. 310 in ein Urteil auf Scheidung umgewandelt wurde, so kann die Frau sofort wieder heiraten, da sie dann schon drei Jahre getrennt vom Manne gelebt hat (Art. 279).

3. Dispens. Nach dem Gesetz vom 4. Februar 1928 kann der Vorsitzende des Gerichtes, in dessen Bezirk die Ehe abgeschlossen werden soll, die Frist abkürzen, wenn sich aus den Umständen ergibt, daß der Ehemann der früheren Ehe seit 300 Tagen seiner Frau nicht mehr beigewohnt hat.

Viertes Kapitel.

Die Form der Eheschließung.

I. Zivilehe, Ort der Trauung. Nach französischem Recht wird die Ehe in Form einer Zivilehe in Gegenwart des Standesbeamten geschlossen. Die kirchliche Trauung ist Privatsache der Brautleute und rechtlich für den Staat von keiner Bedeutung. Eine kirchliche Trauung darf nicht vor der zivilen stattfinden.

Zuständig ist der Standesbeamte am Domizil des Bräutigams oder der Braut. Doch kann in jeder Gemeinde geheiratet werden, wo Bräutigam oder Braut zur Zeit des Eheaufgebotes während eines Monats ihren Wohnsitz oder ihren Aufenthalt hatten (Art. 74).

II. Formale Erfordernisse vor der Trauung. 1. Folgende Urkunden sind dem Standesbeamten vorzulegen:

a) die Geburtsurkunde (acte de naissance) (Art. 70).

Kann ein Ehekandidat keinen Geburtsschein beibringen, so genügt eine Erklärung des Friedensrichters des Geburtsortes oder des Wohnsitzes, gestützt auf das Zeugnis von drei Zeugen (Art. 71, 72);

b) die Zustimmungsurkunden der Personen, die ihre Einwilligung zur Heirat zu geben haben (s. oben S. 27), also von Vater, Mutter oder andern Aszendenten und mangels solcher des Familienrates. Dies aber nur, wenn diese Personen der Trauung nicht persönlich beiwohnen;

c) die Notifikationsurkunde, die an den Vater oder an die Mutter gerichtet wurde, welche nicht zustimmen wollen (Art. 150) (s. oben S. 28);

d) die Todesurkunde in bezug auf verstorbene Aszendenten, die, wenn sie lebten, zustimmen müßten, oder, wenn sie noch leben, eventuell ein Urteil über deren Entmündigung oder eine Verschollenheitserklärung. Die letztgenannten Urkunden sind indessen nicht erforderlich, wenn noch Aszendenten vorhanden sind, welche den Tod, die Entmündigung oder die Verschollenheit der nächstberufenen Aszendenten bezeugen.

Sind keine Aszendenten vorhanden, so können die Brautleute eidlich erklären, daß sie den Todesort und das letzte Domizil ihrer Aszendenten nicht kennen;

e) die Todesurkunde über den Tod des früheren Ehegatten, wenn ein Witwer oder eine Witwe wieder heiratet;

f) die Urkunde über das öffentliche Aufgebot in andern Gemeinden, wenn eine solche Bekanntgabe auch in andern Gemeinden stattgefunden hat, nebst zugehöriger Erklärung des Standesbeamten, daß keine Einrede erhoben worden ist;

g) ein Zeugnis des Notars, wenn ein Ehevertrag abgeschlossen wurde (Art. 1394, al. 2 gemäß Gesetz vom 10. Juli 1850).

2. Das Aufgebot. Die öffentliche Bekanntgabe der bevorstehenden Heirat, das standesamtliche Aufgebot, heißt les bans de mariage.

Der Standesbeamte hat die erforderliche Publikation vorzunehmen und zwar durch Anschlag des Aufgebotes an der Türe des Gemeindehauses während der Dauer von 10 Tagen (Art. 63).

Das Aufgebot bringt alle Angaben, die nötig sind, um Drittpersonen die Identität der Heiratskandidaten bekannt zu geben (Art. 63).

Die Publikation erfolgt in der Gemeinde, wo die Trauung stattfinden soll, bei Minderjährigen auch am Wohnsitz der Aszendenten (Eltern, Großeltern), unter deren Gewalt sie stehen, in bestimmten Fällen am letzten Domizil oder letzten Aufenthaltsort oder am Geburtsort der Brautleute (Art. 167). So ist oft eine größere Reihe von Aufgeboten an verschiedenen Orten nötig.

Erst nach Ablauf der auf den ersten Tag des Anschlages folgenden zehn Tage kann die Trauung durch den Zivilstandsbeamten stattfinden. Die Publikation hat nur Wirkung auf die Dauer eines Jahres (C. c. 64, 65). Wird während dieser Zeit nicht geheiratet, so muß das Aufgebot neuerdings erfolgen.

Die Vorschriften über die Beibringung der vielen Urkunden in Verbindung mit den vielen Gebühren, Stempelabgaben usw., machen eine Heirat in Frankreich weit umständlicher und kostspieliger als in andern Ländern, wie z. B. der Schweiz oder England. Um armen Leuten das Heiraten zu erleichtern, haben deshalb die Gesetze vom 10. Dezember 1850 und vom 31. März 1929 Erleichterungen verordnet, die aber nur den „indigents" zugute kommen, d. h. Leuten, die den amtlichen Nachweis liefern, daß sie vermögenslos sind. Mit Recht wird dieses Erfordernis eines amtlichen Nachweises der Armut als „un peu humiliant" bezeichnet, was meistens davon abhält, die gesetzlichen Erleichterungen zu beanspruchen (vgl. Colin et Capitant I. Nr. 135, S. 154).

III. Eheeinsprache (opposition au mariage). Beim Vorliegen gesetzlicher Ehehindernisgründe können die im Gesetz besonders genannten Personen gegen die Ehe Einsprache erheben. Diese Personen sind:

1. der Ehegatte eines Verlobten;

2. seine Eltern oder Voreltern wegen jedes Ehehindernisses;

3. und 4. in deren Ermanglung Seitenverwandte bis zum dritten Grad, sowie der Vormund, diese Personen aber nur wegen mangelnder Einwilligung des Familienrates oder wegen Geisteskrankheit;

5. nach feststehender Praxis: der Staatsanwalt aus Gründen des öffentlichen Interesses.

Die Einsprache muß die Eigenschaft angeben, die dem Einsprechenden das Recht zur Einsprache gibt, ferner die Wahl des Domizils des Einsprechenden für das gerichtliche Verfahren beim Gericht des Ortes, wo die Ehe geschlossen werden soll. Es müssen ferner die Gründe der Einsprache bekanntgegeben werden. Der Gesetzestext, auf welchen sich der Einsprecher beruft, ist wörtlich anzuführen (Art. 176).

Die Einspracheurkunde muß vom Einsprecher und vom Beamten, der sie verfaßt hat (dem Gerichtsvollzieher [huissier]), unterschrieben sein und soll den Verlobten durch den Standesbeamten zugestellt werden.

Die Einsprache verpflichtet den Standesbeamten, die Eheschließung auszusetzen. Wenn die Einsprache von den Verlobten nicht anerkannt oder wenn sie nicht zurückgezogen wird, so muß sie ein Verlobter auf dem Klagewege wegen Nicht-Vorliegens des behaupteten Ehehindernisses durch gerichtliche Entscheidung aufheben lassen (Art. 67, 68).

Es ist dafür ein verkürztes Verfahren angeordnet, so daß der erstinstanzliche Richter binnen zehn Tagen und der Richter im Berufungsverfahren binnen einer Frist von zehn Tagen von der Ladung an entscheiden muß (Art. 177—179).

Im übrigen gibt es keine gesetzlichen Vorschriften für das Verfahren.

Gründe der Einsprache: Es sind die Ehehindernisse, welche oben genannt sind, bestehende Ehe, zu nahe Verwandtschaft, entgegenstehende Wartefrist der Witwe und der geschiedenen Frau, mangelnde Ehemündigkeit, mangelnde Zurechnungsfähigkeit, mangelnde Zustimmung der Verwandten.

Fünftes Kapitel.

Anfechtbarkeit der Ehe wegen Nichtigkeit.

I. Unterschied von der Scheidung. Wird eine Ehe gerichtlich nichtig erklärt, so wird sie so beurteilt, wie wenn sie von Anfang an nicht bestanden hätte, während ein Scheidungsurteil den Bestand der Ehe bis zur Rechtskraft des Urteils anerkennt. Dementsprechend sind auch die Folgen.

II. Fälle der Nichtigkeit. Das französische Recht kennt acht Fälle der Nichtigkeit einer schon abgeschlossenen Ehe und unterscheidet dabei die Fälle von absoluter und von relativer Nichtigkeit (Art. 184).

1. Relativ nichtige Ehen sind solche, welche nur von einer beschränkten Zahl von Personen als nichtig angefochten werden können, sei es von den Ehegatten oder (bei mangelnder Zustimmung) von den Personen, deren Zustimmung zur Ehe nötig war. Alle andern Personen sind in diesen Fällen von der Geltendmachung der Nichtigkeit ausgeschlossen. Es bestehen bei dieser Gruppe folgende Nichtigkeitsgründe:

a) Mangelnde freie Zustimmung (Zwang).

Die Ehe, welche ohne die freie Zustimmung eines der Brautleute abgeschlossen wurde, ist nichtig. Doch muß die Nichtigkeit durch das Gericht ausgesprochen werden. Freie Zustimmung liegt nicht vor, wenn sie durch die Geisteskrankheit eines der Verlobten ausgeschlossen war, aber auch in allen Fällen von Zwang (violence).

Der maßgebende Art. 180, al. 1 lautet:

„Eine Ehe, die ohne die freie Einwilligung beider Ehegatten oder eines derselben abgeschlossen wurde, kann nur von den Ehegatten oder von demjenigen von ihnen angefochten werden, dessen Einwilligung nicht frei war.

Zwang (violence) liegt nach Art. 1112 nur vor, ,,wenn er geeignet war, einen vernünftigen Menschen zu beeinflussen und bei ihm Furcht zu erwecken, seine Person oder sein Vermögen einem erheblichen und gegenwärtigen Übel auszusetzen. Bei Beurteilung dieser Frage sind das Alter, das Geschlecht und die besondern Verhältnisse der betroffenen Personen zu berücksichtigen".

Was den Mangel freier Einwilligung zur Heirat wegen *Geisteskrankheit* betrifft, so liegt nach der herrschenden Auffassung lediglich relative Nichtigkeit vor, die nur von dem kranken Ehegatten selbst, oder im Falle seiner Entmündigung von seinem Vormund geltend gemacht werden kann, dagegen nicht von seinen Verwandten und Erben, vor allem auch nicht von dem andern Ehegatten, von diesem auch nicht unter dem Gesichtspunkt des Irrtums (s. unter litt. c), wie es auch nicht eine Ehescheidung wegen Geisteskrankheit gibt.

b) Verwirkung des Anfechtungsrechtes bei relativer Nichtigkeit.

Die Nichtigkeitsklage ist nicht mehr zulässig, wenn seit dem Zeitpunkt, in welchem der Ehegatte seine volle Freiheit erlangt oder seinen Irrtum erkannt hat, ein ununterbrochenes Zusammenwohnen (cohabitation continuée) während sechs Monaten stattgefunden hat (Art. 181).

c) Irrtum. Eine nichtige Ehe liegt auch vor bei wesentlichem Irrtum eines der Verlobten. Maßgebend ist Art. 180 al. 2:

,,Hat ein Irrtum in der Person stattgefunden, so kann nur derjenige Ehegatte die Ehe anfechten, der sich im Irrtum befunden hat."

Da über die physische Identität kaum ein Irrtum bestehen kann, so handelt es sich hier um den Irrtum über wesentliche Eigenschaften eines Ehepartners. Solcher ist nach der Rechtsprechung nur gegeben, wenn ein Verlobter einen falschen Zivilstand vorgetäuscht hat, wenn er sich einen falschen Namen zugelegt hat, um den andern Teil glauben zu machen, er gehöre einer Familie an, der er tatsächlich ferne steht.

Jeder andere Irrtum, sei es über körperliche Eigenschaften, physische Integrität, körperliche Gesundheit, das sittliche Verhalten, selbst über das Strafregister eines Verlobten, wird nicht als ein wesentlicher Irrtum über die Person im Sinne von Art. 180, al. 2 betrachtet.

Deshalb hat auch das Kassationsgericht in seinem Urteil D. P. 62. 1. 153 (S. 62. 1. 341) vom 24. April 1862 sich geweigert, die Heirat zwischen einer Frau und einem zu Zwangsarbeit vorbestraften Individuum nichtig zu erklären.

So kann sich eine Frau auch nicht auf Irrtum berufen bei völliger Impotenz des Mannes (Cass. D. P. 1904, 1, 395), so wenig als ein Mann wegen mangelnder Jungfräulichkeit oder wegen Schwangerschaft der Braut.

Die französischen Juristen geben zu, daß diese strenge Rechtsprechung reformbedürftig ist. Die Klage auf Nichtigkeit der Ehe wird in solchen Fällen abgewiesen, weil das französische Recht eine Nichtigkeit wegen *Täuschung* eines der Ehegatten nicht zuläßt. Eine Abhilfe wird dadurch geboten, daß beim Vorliegen solcher Täuschungen die Trennung von Tisch und Bett, sowie die Scheidung erleichtert wird. Im Scheidungsverfahren wird das Verhalten des Eheteils, der wesentliche Mängel seiner Person (in bezug auf Gesundheit, Strafregister usw.) verschwiegen hat, als eine schwere Beleidigung des andern beurteilt, was einen Grund zur Scheidung bildet.

d) Mangelnde Zustimmung. Die Ehe, die ohne die Einwilligung der Eltern, der Voreltern oder des Familienrates, in den Fällen, wo diese notwendig war, eingegangen wurde, kann nur von denjenigen Personen angefochten werden, deren Einwilligung erforderlich war, oder von dem Ehegatten, der ihrer bedurfte (Art. 182).

Dieses Klagerecht fällt aber dahin, wenn sie die Ehe ausdrücklich oder stillschweigend bestätigt haben, oder, wenn dies nicht der Fall ist, wenn ein Jahr verflossen ist, seit ihnen der Abschluß der Ehe bekannt war.

Ebenso fällt das Klagerecht für den Ehegatten dahin, wenn er binnen eines Jahres, nachdem er volljährig geworden ist, keinen Einspruch erhoben hat (Art. 183).

2. Absolut nichtige Ehen können von allen Personen angefochten werden, die ein Interesse daran haben. Solche Ehen sind:

a) die Ehe eines Unmündigen (impuberté d'un époux) (Art. 144);

b) die Doppelehe, d. h. die Ehe, die eingegangen wurde, obschon das frühere Eheband eines der Ehegatten noch weiter besteht (bigamie) (Art. 147);

c) die Ehe, deren Eingehung wegen zu naher Blutsverwandtschaft der Ehegatten verboten ist (inceste, Inzucht) (Art. 161), also die Ehe von Verwandten in auf- und absteigender Linie, die Ehe zwischen Geschwistern, aber auch zwischen Schwager und Schwägerin nach Scheidung der ersten Ehe. Im letzterwähnten Fall ist bei Vorliegen wichtiger Gründe Dispens möglich, ebenso wie bei der Ehe zwischen Onkel und Nichte, Tante und Neffe;

d) die Ehe, welche ohne die vom Gesetz vorgeschriebene Publikation abgeschlossen wurde (Ehe ohne Aufgebot);

e) die Ehe, die von einem Standesbeamten abgeschlossen wurde, der nicht zuständig war;

f) Geisteskrankheit ist dagegen nur wegen relativer Nichtigkeit durch den Geisteskranken oder seinen Vertreter anfechtbar (S. 34 u. 40).

III. Das Verfahren. Die Nichtigkeit der Ehe, relative und absolute, muß von berechtigter Seite im Wege der Klage (demande en action en nullité) geltend gemacht werden. Das Urteil, das die Klage gutheißt, ist ein jugement constitutif d'état mit Wirkung gegen jedermann. Es spricht die absolute Nichtigkeit der Ehe von Anfang an aus.

IV. Die Folgen des Urteils. Die Folgen der Nichtigerklärung einer Ehe sind verschieden, je nachdem die „Ehe" in gutem Glauben abgeschlossen wurde oder nicht.

1. Fehlt der gute Glaube bei Mann und Frau, so ist die Ehe von Anfang an als nicht eingetreten zu betrachten, wie wenn Mann und Frau miteinander im Konkubinat gelebt hätten. Das hat zur Folge:

a) Die Frau hat ihre Handlungsfähigkeit durch die Heirat nie verloren. Rechtsgeschäfte, die sie ohne Zustimmung ihres Partners gegenüber Dritten eingegangen hat, sind rechtsgültig.

b) Vereinbarungen zwischen Mann und Frau in bezug auf das eheliche Güterrecht werden als nicht erfolgt betrachtet. Geschenke, welche Dritte oder welche sie sich gegenseitig mit Rücksicht auf die Ehe gemacht haben, werden hinfällig.

c) Das gegenseitige Erbrecht fällt dahin. Ein bereits mit Rücksicht auf den Tod des andern Teiles zugefallenes Vermögen (was nach dem Tode des einen vor dem Urteilsspruch möglich ist) muß zurückerstattet werden.

d) Die Kinder aus der als nichtig erklärten Vereinigung sind als unehelich zu behandeln. Ist der Grund der Nichtigkeit Ehebruch (Doppelehe), so sind sie im Ehebruch erzeugte Kinder (adulterins), ist er Blutschande (Verwandtenehe), so sind sie in der Blutschande erzeugte Kinder (incestueux).

2. Die Putativehe. Waren die beiden an einer solchen als nichtig erklärten Ehe beteiligten Personen oder auch nur eine zur Zeit des Eheabschlusses in gutem Glauben, d. h. im Glauben, daß eine gültige Ehe abgeschlossen werde, so liegt eine sog. Putativehe vor (un mariage putatif). Wenn in diesem Falle die Ehe ebenfalls als nichtig zu betrachten ist, so übt dieser „Eheabschluß" aber doch einzelne rechtliche Wirkungen aus.

a) Die Putativehe hat, wenn beide Ehegatten in gutem Glauben waren, sowohl für die beiden Ehegefährten wie auch für die Kinder, die aus dieser Verbindung hervorgegangen sind, die gleichen privatrechtlichen Wirkungen wie eine gültige Ehe (Art. 201).

Das ist z. B. der Fall, wenn beide Ehegatten in einem als Ehehindernis bezeichneten Grade Blutsverwandte sind, dies aber nicht wußten; ferner im Falle einer Doppelehe, wenn die Brautleute des guten Glaubens waren, eine frühere Ehe sei rechtskräftig geschieden (z. B. von einem ausländischen Gericht, während das ausländische Scheidungsurteil in Frankreich nicht anerkannt wird).

b) War nur einer der Ehegatten in gutem Glauben, so übt die nichtig erklärte Ehe privatrechtliche Wirkungen nur zugunsten dieses Ehegatten und zugunsten der Kinder aus, die aus der Ehe hervorgegangen sind, nicht aber zugunsten des bösgläubigen Ehegatten (Art. 202).

Das hat zur Folge, daß die Kinder die Rechte ehelicher Kinder genießen und sie nicht nur die Mutter, sondern auch den Vater wie eheliche Kinder beerben. Dagegen hat der bösgläubige Vater keine Rechte über die Kinder, welche dem Vater einer gültigen Ehe oder einer von ihm in gutem Glauben abgeschlossenen, aber nichtig erklärten Ehe zustehen. Entsprechend stehen dem Ehepartner, der in gutem Glauben in die nichtig erklärte Ehe eingetreten ist, alle Rechte einer verheirateten Person gegenüber dem bösgläubigen Teil zu, während dieser keine Rechte gegenüber dem andern Teile hat. Dies gilt insbesondere in bezug auf das gegenseitige Erbrecht, das nach dem Gesetz den Ehegatten zusteht.

Zweiter Abschnitt.

Scheidung und Trennung von Tisch und Bett.

Das französische Recht unterscheidet zwischen Scheidung (divorce) und Trennung von Tisch und Bett (séparation de corps). Während die Scheidung die Ehe auflöst, hat ein Urteil auf Trennung von Tisch und Bett zur Folge, daß die beiden Ehegatten getrennt voneinander leben sollen, ohne daß die Ehe aufgelöst wird. Die Trennung hebt zwar die Pflicht zum intimen Zusammenwohnen auf, während die übrigen Verpflichtungen zwischen den Ehegatten, insbesondere die Pflicht zur gegenseitigen ehelichen Treue und zur Unterstützung fortbestehen.

Erstes Kapitel.

Die Ehescheidung (le divorce).

I. Die Scheidungsgründe. Es gibt vier Scheidungsgründe:

1. der Ehebruch,
2. die Verurteilung eines Ehegatten zu einer entehrenden Leibesstrafe,
3. Mißhandlung und andere gewalttätige Behandlung eines Ehegatten,
4. schwere Ehrverletzung.

Bei allen diesen Gründen bedarf es einer Schuld des fehlbaren Teiles. Wenn ein Ehegatte eine Handlung begeht, die an sich unter die genannten Tatbestände fällt, ihm aber wegen Geisteskrankheit keine Schuld zugemessen werden kann, so darf die Scheidung nicht ausgesprochen werden (Req. 7. Juni 1901, sol. impl., D. P. 1901. 379, S. 1902. 1. 176).

II. Ehebruch (adultère) (Art. 229, 230). Ehebruch von Mann und Frau werden heute privatrechtlich gleich beurteilt. Jeder Ehegatte kann wegen Ehebruchs des andern auf Scheidung klagen. Früher, vor 1884, war der Ehebruch des Mannes nur dann ein Scheidungsgrund, wenn ein erschwerender Umstand das Verhalten des Mannes besonders verwerflich erscheinen ließ, so wenn er den Ehebruch in der ehelichen Wohnung begangen hatte. Heute noch macht das Strafgesetz in Art. 337 und 339 einen Unterschied zwischen dem Ehebruch des Mannes und der Frau, so daß die Frau bei jedem Ehebruch, den sie begeht, mit Gefängnis bestraft wird, während ein ehebrecherischer Mann nur dann strafrechtlich verurteilt wird, wenn er seine Konkubine in der ehelichen Wohnung unterhalten hat, und auch dann lautet die Strafe nur auf Buße und nicht auf Gefängnis.

Der Beweis des Ehebruches kann durch irgendein Beweismittel (Zeugen, Korrespondenz usw.) erbracht werden. Ein dem französischen Recht besonderes Beweismittel ist das Feststellungsprotokoll, das vom Polizeikommissär aufgenommen wird. Der herbeigerufene Vertreter der Polizei begibt sich in das Zimmer, wo er das ehebrecherische Paar in flagranti überrascht und darüber das Protokoll aufnimmt. (In Lustspielen und Romanen spielt diese Protokollaufnahme eine große Rolle, so z. B. bei Maupassant in seinem Roman ,,Bel Ami", Feststellung des Ehebruches der Frau mit Laroche-Mathieu, dem Minister der auswärtigen Angelegenheiten.)

Die Frau ist in bezug auf solche Protokollaufnahme dem Manne gegenüber im Nachteil, weil der Polizeikommissär das Protokoll verweigern darf, wenn der schuldige Ehemann außerhalb der ehelichen Wohnung den Ehebruch begeht, da die Polizeiorgane zu einer solchen Feststellung nur verpflichtet sind, wenn es sich um ein Verbrechen handelt, das strafrechtlich verfolgbar ist, was beim ehebrecherischen Ehemann nur dann der Fall ist, wenn er die eheliche Wohnung als Schauplatz seiner Untreue gewählt hatte. Im Gegensatz dazu verfällt die Frau dem Strafgesetz selbst dann, wenn sie den Mann auch außerhalb ihrer Wohnung betrogen hat.

Nach der Rechtsprechung hat der Richter in allen Fällen von nachgewiesenem Ehebruch die Scheidung auszusprechen und zwar selbst dann, wenn mildernde Umstände zugunsten des schuldigen Teiles sprechen, so z. B. beim Vorliegen eines provokatorischen Verhaltens der Frau (vgl. Req. 5. August 1901, D. P. 1901, 1. 470. S. 1901, 1—400). Immerhin gibt es auch entgegenstehende Entscheidungen (Paris 18. Juli 1893, D. P. 1893. 2. 471. S. 1893. 2. 267).

III. Verurteilung zu einer Leibes- und Ehrenstrafe (peine afflictive et infamante) (Art. 232). Die Bestrafung des schuldigen Eheteils muß eine Leibesstrafe sein, die ihn entehrt. Dahin gehören die Todesstrafe, das Zuchthaus, Deportation und die übrigen im Strafgesetzbuch Art. 6 angegebenen schweren und entehrenden Strafen.

Dagegen sind Strafen wegen rein politischer Vergehen, wie die Verbannung (bannissement) und die „dégradation civique“ allein, also nicht verbunden mit anderer (entehrender) Strafe nicht entehrend, ebensowenig wie korrektionelle Strafen, Polizeistrafen und Bußen.

Immerhin mag eine solche Bestrafung eine schwere Ehrenkränkung für den andern Ehegatten bedeuten, so daß dieser Scheidungsgrund geltend gemacht werden kann (s. unten).

IV. Schwere Angriffe, Mißhandlungen (excès, sévices graves) (Art. 231). Excès und sévices sind gleichbedeutend: Mißhandlungen, tätliche Angriffe, pflichtwidriges Verhalten gegen die Person des andern Ehegatten, Nachstellung nach dem Leben. Die excès und sévices müssen aber schwerwiegender Natur sein. Es ist alo das gewaltsame Verhalten eines Ehegatten gegenüber dem andern.

Nicht nur Schläge und Körperverletzungen werden hierher gezählt, sondern auch das Einsperren, la séquestration, ferner brutales Verhalten eines Mannes zur Geltendmachung seiner ehelichen Rechte, geeignet, die Frau in ihrer Gesundheit zu schädigen (Poitier, 3. Dezember 1894, D. P. 1895, 2. 64, S. 1895, 2. 36).

V. Schwere Ehrverletzung (injures graves) (Art. 231). Die meisten Klagen stützen sich auf diesen Scheidungsgrund. Die Ehrverletzung kann in Wort und Schrift geschehen, wie die Ehrverletzungen im engern Sinne.

Hierzu wurde auch gerechnet ein bewußt unwahres Scheidungsbegehren wegen Ehebruchs (Cass. D. P. 97. 1. 232).

Die schwere Ehrverletzung kann aber auch in einem pflichtwidrigen Verhalten bestehen (s. die Zusammenstellung in den Zivilgesetzen der Gegenwart, Frankreich, zu Art. 231): Verweigerung der ehelichen Pflicht, mißbräuchlicher Geschlechtsverkehr, insbesondere bei Krankheit, Verletzung der ehelichen Treue, wenn auch ohne eigentlichen Ehebruch, aber auch Verweigerung der ehelichen Pflicht, Verweigerung des Unterhaltes, Ausstoßung oder Verlassung in kränkender Art, Einsperren, Mißbrauch der ehemännlichen Autorität, z. B. durch Zumutung von Arbeiten, die einer Hausfrau nicht zukommen.

Endlich ehrloses oder sittenwidriges Verhalten an sich, das als ein Verstoß gegen das Wesen der ehelichen Gemeinschaft beurteilt werden muß, z. B. Straftaten außerhalb des Art. 232, Trunksucht und Mißbrauch von Betäubungsmitteln, Spielleidenschaft.

Wenn es im Gesetz auch nicht ausdrücklich gesagt wird, so kann die Scheidung auch ausgesprochen werden, wenn beiderseitiges Verschulden der Ehegatten vorliegt, also bei torts réciproques.

Der Richter entscheidet nach freiem Ermessen in Würdigung der besondern Umstände des Falles, insbesondere der beruflichen und gesellschaftlichen Stellung der Ehegatten. Was bei höherstehenden gebildeten

Leuten als Beleidigung empfunden wird, ist es oft nicht bei Eheleuten, die einer niedern Klasse angehören.

VI. Gegenseitiges Einverständnis der Ehegatten (consentement mutuel) bildet nach dem heutigen französischen Recht keinen Scheidungsgrund und zwar im Gegensatz zum ursprünglichen Text des Code civil.

Doch gibt es viele Juristen, die für die Wiedereinführung dieses Grundes plaidieren, namentlich mit Rücksicht auf die allbekannte Tatsache, daß es in der Praxis den Anwälten leicht ist, eine Scheidung aus einem andern Grunde zu erlangen, sobald die beiden Ehegatten darüber einig sind, daß unter allen Umständen geschieden werden soll. Das gilt nicht nur für Frankreich, sondern auch für andere Länder, wo das gegenseitige Einverständnis der Ehegatten als Scheidungsgrund ausdrücklich verboten ist, wie z. B. in England, wo der Richter, selbst wenn er von der Unhaltbarkeit der ehelichen Verhältnisse überzeugt ist, ein Scheidungsurteil verweigert, sobald er merkt, daß die beiden Ehegatten sich verständigt haben.

Ein vernünftiger Grund ist hierfür gar nicht gegeben, denn die beiden Ehegatten müssen selbst am besten wissen, ob die Notwendigkeit einer Scheidung nicht nur im eigenen Interesse, sondern auch im Interesse der Kinder besteht. In einem solchen Falle sprechen doch Vernunftsgründe dafür, den beiden Ehegatten zu erlauben, ein gemeinsames Scheidungsbegehren einzureichen. Das ist auch nach schweizerischem Recht möglich, wobei aber im allgemeinen öffentlichen Interesse, vor allem auch im Interesse der Kinder, der Richter an die Erklärungen der Parteien nicht gebunden ist, sondern objektiv nach freiem Ermessen festzustellen sucht, ob wirklich ein Grund zur Scheidung besteht, so daß eine Fortdauer der Ehe mit dem Wesen der Ehe unvereinbar erscheint.

VII. Geisteskrankheit ist ebenfalls kein Scheidungsgrund nach französischem Recht. Geisteskrankheit bildet nur einen Grund, die Ehe wegen Nichtigkeit anzufechten, wenn schon zur Zeit des Eheabschlusses bei einem Verlobten zufolge der Geisteskrankheit eine freie Zustimmung zur Ehe ausgeschlossen war. Doch kann nur der Geisteskranke selbst oder sein Vertreter, nicht aber der gesunde Teil die Ehe wegen Nichtigkeit anfechten. (Siehe darüber oben S. 34.) Berechtigt Geisteskrankheit in sehr beschränkten Grenzen danach zur Nichtigerklärung einer eingegangenen Ehe, merkwürdigerweise aber nur von Seite des Geisteskranken, so ist sie doch kein Scheidungsgrund.

Mag auch von einem ethischen Standpunkt aus ein solches Verbot begreiflich erscheinen, da Mann und Frau in gesunden und kranken Tagen ihr Schicksal für immer teilen sollen, so wäre doch in der Mehrzahl der Fälle die Zulassung des Scheidungsgrundes Geisteskrankheit praktisch auch im Interesse eines geisteskranken Ehegatten selbst, den gesunden Ehegenossen, vor allem aber auch des der Kinder unbedingt vorteilhafter. Man denke sich das Schicksal einer jungen Frau, die schon in den ersten Jahren ihrer Ehe die Entdeckung macht, daß ihr Mann an unheilbarer Geisteskrankheit leidet, die ihn zu jeglicher Arbeit untauglich macht, so daß er selbst für die Familie eine schwere Last ist und das Fortkommen Frau und Kindern nur erschwert. Man denke, daß sehr oft der Mann selbst an dieser geistigen Erkrankung, die noch viele Jahre dauern kann, die Schuld trägt. Ist es da nicht ein großes Unrecht, die gesunde Frau und die Kinder für immer an einen solchen Mann gekettet zu lassen?

VIII. Erlöschen der Scheidungsklage. Die Scheidungsklage fällt in folgenden Fällen dahin und es wird dem Klagebegehren keine weitere Folge gegeben — der Franzose spricht von fin de non-recevoir contre la demande en divorce:

1. Wenn die Ehefrau, die das Scheidungsbegehren gestellt hat, den ihr vom Richter zu Beginn des Verfahrens zugewiesenen Aufenthaltsort ohne wichtige Gründe verläßt, so kann der beklagte Mann verlangen, daß der Klage keine weitere Folge mehr gegeben werde (Art. 241).

2. Wenn einer der Ehegatten während der Dauer des Verfahrens stirbt, d. h. bevor ein Urteil rechtskräftig geworden ist (Art. 244, al. 3).

3. Bei Versöhnung der Ehegatten (réconciliation). Wenn sich die Ehegatten, bevor ein rechtskräftiges Urteil vorliegt, wieder versöhnen, sei es nun, daß der nicht schuldige Teil dem andern den Schuldgrund schon vor Einreichung der Klage oder aber erst nachher verziehen hat.

Ob die Wiederaufnahme intimer Beziehungen als Versöhnung aufgefaßt werden kann, beurteilt der Richter nach freiem Ermessen. Bald wird darin eine Verzeihung erblickt, oft auch nicht (Art. 244, al. 1).

Die Versöhnung schließt die Einreichung einer neuen Scheidungsklage nicht aus, wenn ein neuer Scheidungsgrund seit der Versöhnung eingetreten oder bekannt geworden ist (Art. 244, al. 2).

Eine Verjährung in bezug auf die Scheidungsgründe kennt das französische Recht nicht; immerhin wird aus der Tatsache, daß trotz des fehlbaren Verhaltens eines Ehegatten der andere längere Zeit hindurch keine Klage eingereicht hat, auf Versöhnung geschlossen.

Zweites Kapitel.

Das Scheidungsverfahren.

Die Besonderheiten des Scheidungsverfahrens sind durch die Art. 234 bis 294 des Code civil, also nicht im Code de procédure civile, geordnet.

A. Das Vorstadium.

I. Das Scheidungsgesuch (la requête). Der Ehegatte, der die Scheidung wünscht, muß dem Vorsitzenden des Gerichtes zunächst ein von seinem Anwalt (avoué) verfaßtes Scheidungsgesuch (la requête de l'époux demandeur) einreichen. Der Gesuchsteller muß das Gesuch persönlich übergeben (Art. 234, al. 1).

Ist er verhindert, so begibt sich der Richter in Begleitung des Gerichtsschreibers in die Wohnung des klagenden Ehegatten (Art. 234, al. 2).

Diese Vorschriften sollen den Richter in die Lage setzen, persönlich mit der klagenden Partei zu sprechen und ihr Ratschläge zu erteilen, wie z. B. eine Versöhnung oder eine Rücknahme der Klage zu empfehlen; wenn nicht genügende Gründe vorzuliegen scheinen.

II. Der Sühneversuch. Besteht der klagende Ehegatte auf seinem Begehren, so ordnet der Richter am Fuße dieses Gesuches an, daß die Parteien zu einer von ihm bestimmten Stunde vor ihm zu erscheinen haben und beauftragt einen Gerichtsvollzieher (huissier) mit der Zustellung der Vorladung (Art. 235).

Schon in der Verfügung, durch welche der Richter die Erlaubnis zur Vorladung gibt, kann er den klagenden Ehegatten ermächtigen, getrennt vom andern zu wohnen. Handelt es sich um die Frau, so kann er ihr den Ort ihres Aufenthaltes anweisen (Art. 236).

Die Vorladung, die vom Gerichtsvollzieher dem beklagten Ehegatten zugestellt wird, muß das Scheidungsbegehren und die gerichtliche Verfügung enthalten. Sie ist in verschlossenem Umschlage zu übergeben und zwar mindestens drei Tage vor dem gerichtlichen Termin, evtl. mit Gewährung einer längern Frist, wenn die beklagte Person weiter entfernt sich aufhält (Art. 237).

Vom Tage der erwähnten gerichtlichen Vorladung an ist es dem Ehemann untersagt, zu Lasten des Gemeinschaftsvermögens irgendwelche Verpflichtungen einzugehen und dazu gehörende Grundstücke zu veräußern. Solche Verfügungen sind nichtig, wenn sie in betrügerischer Benachteiligung der Rechte der Frau erfolgten (Art. 243).

In dem festgesetzten Verhandlungstermin verhört der Richter beide Ehegatten und sucht sie für eine Versöhnung zu gewinnen. Ist es einer Partei unmöglich, persönlich vor dem Richter zu erscheinen, so bestimmt dieser einen andern Ort, wo die Versöhnung versucht werden soll, z. B. die Wohnung des Beklagten.

Wohnt er außerhalb seines Gerichtsbezirkes, so ist der Präsident des Gerichtes des Arrondissement, wo der Beklagte sich aufhält, mit dem Sühneversuch zu beauftragen.

Der Gesetzgeber hat an diese Vorschriften über eine Sühneverhandlung große Hoffnungen geknüpft. Die Praxis lehrt aber, daß sie nicht viel nützen. Regelmäßig leistet der beklagte Ehegatte der Vorladung zur Sühneverhandlung keine Folge. Dies ist natürlich meistens der Fall, wenn er nicht am Gerichtsort wohnt, vor allem wenn er sich im Auslande aufhält.

Die beiden Ehegatten müssen der Vorladung des Gerichtspräsidenten persönlich Folge leisten (Art. 238). Die Parteien dürfen also nicht von Rechtsanwälten begleitet sein (Art. 877) (C. proc. civ.).

III. Ermächtigung zur Klage. Kommt es nicht zu einer Versöhnung oder bleibt eine Partei aus, so erläßt der Richter eine Verfügung, durch welche er den Kläger ermächtigt, die Vorladung vor Gericht ergehen zu lassen (Art. 238).

Eine solche Ermächtigung ist vor allem zugunsten der Frau nötig, da sie sonst nicht handlungsfähig wäre und nicht vor Gericht auftreten dürfte.

Nach Art. 238, al. 7 sollte der klagende Ehegatte die Klage innerhalb zehn Tagen anhängig machen. Tut er es nicht, so verliert er zwar nicht das Klagerecht, wohl aber die Begünstigungen aus den vorsorglichen Maßnahmen, die der Richter anordnet, insbesondere das Recht auf besonderes Domizil. Immerhin kann das Gericht diese vorsorglichen Maßnahmen wieder erneuern.

IV. Vorsorgliche Maßnahmen (mesures provisoires). Es kommen folgende Maßnahmen in Betracht:

1. Getrennte Wohnung. Wie erwähnt, kann der Richter schon nach Eingang des Scheidungsgesuches, der requête, in seiner Vorladung zur Sühneverhandlung den Gesuchsteller ermächtigen, eine getrennte Wohnung zu beziehen (Art. 236) und den andern Ehegatten verpflichten, ihm die Kleider herauszugeben.

Hat die Frau vom Richter eine bestimmte Wohnung angewiesen erhalten, so muß sie dort verbleiben. Sonst läuft sie Gefahr, daß ihr Scheidungsbegehren auf Verlangen des Mannes von der Hand gewiesen würde und der Ehemann ihr keine weiteren Unterstützungsgelder mehr bezahlt (Art. 241). Immerhin kann der Richter der Frau jederzeit eine neue Wohnung bewilligen.

2. Unterstützungspflicht. Der Richter wird, wenn es nötig erscheint, den einen Ehegatten verpflichten, den andern während des Verfahrens mit Geld zu unterstützen (Art. 240, al. 2).

3. Zuteilung der Kinder. Zu den vorsorglichen Maßnahmen gehört auch die Zuweisung der Kinder an einen der Ehegatten. Der Richter wird dabei nach freiem Ermessen in Würdigung der Umstände, vor allem auch im Interesse der Kinder, entscheiden (Art. 238, al. 2).

4. Vermögensrechtliche Maßnahmen. Solche sind anzuordnen, wenn der Ehemann als Verwalter des ehelichen Vermögens nicht das erforderliche Vertrauen verdient. Das ist oft der Fall, wenn die Ehegatten im Güterstand der Gütergemeinschaft leben.

Die Verwaltung kann ihm entzogen werden, z. B. durch Versiegelung des Gemeinschaftsvermögens oder auch des Sondervermögens der Frau (Art. 242), sei es ganz oder teilweise.

Der Richter wird die Frau ermächtigen können, die Erträgnisse aus ihrem Frauengut direkt einzuziehen.

5. Weitere Maßnahmen. Nach Art. 242 ist der Richter im allgemeinen zuständig, um auch andere vorsorgliche Maßnahmen zu treffen, die unter Ziffer 1—4 oben nicht erwähnt sind, sofern die Umstände es notwendig erscheinen lassen.

B. Das Hauptverfahren.

I. Prozeßvorschriften. Das weitere Verfahren unterliegt den allgemeinen Vorschriften der Zivilprozeßordnung (C. proc. civ. 239, al. 1). Doch gelten für den Scheidungsprozeß folgende besondere Bestimmungen.

1. Die Gerichte können den Ausschluß der Öffentlichkeit anordnen (Art. 239, al. 4).

Wiedergabe der Verhandlungen in der Presse ist bei Strafe (Buße) untersagt (Art. 239, al. 5).

2. Die Anerkennung der Behauptungen und Begehren der klagenden Partei durch die beklagte ist für den Richter nicht bindend. Es ergibt sich dies aus dem Verbot der Scheidung gestützt auf gegenseitiges Einverständnis (consentement mutuel).

3. Entgegen den Bestimmungen des ordentlichen Prozeßverfahrens sind die Verwandten (ausgenommen die Nachkommen) und die Dienstboten der Ehegatten im Scheidungsprozesse als Zeugen zulässig (Art. 245, al. 2).

4. Die Vorlage von sog. lettres missives, d. h. von Briefen, die zwischen einem Ehegatten und einer dritten Person gewechselt wurden, ist zulässig entgegen der allgemeinen Prozeßregel, da Briefe das Recht auf Geheimhaltung in sich schließen, es sei denn, daß der Briefempfänger mit deren Bekanntgabe einverstanden ist. Solche Briefe, die an den andern Ehegatten gerichtet sind, dürfen jedoch nicht durch unerlaubte Mittel, z. B. durch das Aufbrechen eines Schreibtisches, erlangt worden sein.

5. Um möglichst zu verhüten, daß ein Scheidungsurteil gegen einen abwesenden Ehegatten ergeht, ohne daß dieser Kenntnis von dem gegen ihn eingeleiteten Verfahren hat, kann das Gericht durch eine Publikation in Zeitungen die Einreichung der Klage bekannt geben (Art. 247, al. 1).

Wenn das Urteil nicht direkt der Partei zugestellt werden kann, so verordnet der Gerichtspräsident auf einfachen Antrag die Bekanntgabe eines Auszuges in den von ihm bezeichneten Zeitungen (Art. 247, al. 3).

Nach einem Gesetze vom 13. April 1932 kann eine Partei, die schuldhafterweise dem andern Ehegatten den angehobenen Scheidungsprozeß verheimlicht hat, mit Gefängnis und Buße bestraft werden.

6. Eine Besonderheit des französischen Scheidungsprozesses ist die Bestimmung von Art. 246, wonach das Gericht, wenn es die Scheidungsklage für begründet hält, die Fällung des Urteils doch hinausschieben kann in der Erwartung, daß sich binnen sechs Monaten die Ehegatten noch aussöhnen.

Ein solches Zuwarten ist indessen ausgeschlossen, wenn der Scheidungsgrund die Verurteilung der beklagten Partei zu entehrender Strafe ist. Erfolgt in andern Fällen der Aufschub (l'atermoiement), so ist jede

Partei berechtigt, nach Ablauf der sechs Monate die andere neuerdings vor Gericht zu laden, um die Urteilsverkündung entgegenzunehmen. Der Richter selbst hat dem Begehren zu entsprechen (Art. 246, al. 6).

II. Rechtsmittel. Gegen das Urteil erster Instanz sind die ordentlichen Rechtsmittel gegeben, nämlich Berufung (appel) an das Berufungsgericht (cour d'appel), des Widerspruchs (opposition) an das erstinstanzliche Gericht. Letzteres Rechtsmittel steht einer Partei zu, welche verhindert war, an der Verhandlung teilzunehmen. Es besteht darin, daß das Gericht ersucht wird, auf die Entscheidung zurückzukommen.

In Betracht kommen ferner die außerordentlichen Rechtsmittel des Kassationsbegehrens (le pourvoir en cassation) und der requête civile (hauptsächlich wegen Formfehlern, Art. 480 des code de proc. civ.).

Die Berufung, die opposition und das Kassationsbegehren haben aufschiebende Wirkung.

Nach Art. 249 ist ein Verzicht (acquiescement) auf ein Rechtsmittel nicht zulässig, wohl weil die Scheidung gestützt auf gegenseitiges Einverständnis nicht zugelassen wird. Ausgenommen davon ist nur der Verzicht auf ein Urteil, das in der Umwandlung einer Trennung von Tisch und Bett in Scheidung besteht (s. unten).

III. Publikation des Urteils. Für das Scheidungsurteil ist zweifache Publikation vorgeschrieben:

a) Ein Auszug aus dem Urteil ist in die Tabelle einzutragen, die sowohl im Gerichtssaale der Zivil- und Handelsgerichte, als auch in den Zimmern der Anwälte ausgelegt ist (Art. 250, al. 1), ferner muß ein Auszug des Urteils in einer der am Sitze des Gerichtes erscheinenden Zeitungen veröffentlicht werden (Art. 250, al. 2).

b) Das Dispositif des Urteils wird im Zivilstandsregister des Ortes eingetragen, wo die Trauung stattgefunden hatte. War dies im Auslande, so erfolgt die Eintragung im Zivilstandsregister des letzten Wohnsitzes der Ehegatten (vgl. Colin et Capitant I. num. 204, S. 235/236).

Der Anwalt (avoué) der obsiegenden Partei hat binnen 15 Tagen nach Eintritt der Rechtskraft das Scheidungsurteil dem Standesbeamten bekannt zu geben.

IV. Rechtskraft des Urteils. Das Urteil wird rechtswirksam mit dem Tage, da es definitiv geworden ist, d. h. an welchem keine Rechtsmittel mehr möglich sind. Doch ist zu unterscheiden zwischen den Wirkungen auf das Verhältnis zwischen den Ehegatten und gegenüber Drittpersonen:

a) Unter den Ehegatten schafft es sofort Recht, also schon vor der Publikation.

b) Was das Vermögen der Ehegatten betrifft, d. h. in bezug auf die vermögensrechtlichen Wirkungen gegenüber Dritten, wird das Urteil erst wirksam mit der Publikation und Eintragung (vgl. Colin et Capitant I. num. 206, S. 238/39).

V. Folgen des Scheidungsurteils.

1. Der Familienname. Jeder Teil übernimmt wieder den eigenen Namen (Art. 299, al. 2). Danach darf die geschiedene Frau (im Gegensatz zur Witwe) nicht mehr den Namen des geschiedenen Mannes tragen. Hatte der Ehemann bis zur Scheidung seinem eigenen Familiennamen denjenigen der Frau beigefügt, so muß er diesen in Zukunft fallen lassen.

2. Wieder-Verheiratung. Jeder Teil kann wieder heiraten, die Frau mit Beobachtung der gesetzlichen Wartefrist (s. oben S. 30). Die Geschiedenen können sich auch selbst wieder heiraten.

Während nach anderen Rechten (z. B. dem Schweizerischen Zivilgesetzbuch Art. 150) der Richter dem schuldigen Teile verbieten kann, während einer Zeit bis zu drei Jahren gleich wieder eine neue Ehe einzugehen, ist ein solches Verbot dem französischen Recht unbekannt. Verboten ist lediglich, und zwar für immer, zufolge Gesetz (Art. 298), daß eine Person, die wegen Ehebruches geschieden wurde, die andere Person heiratet, mit der sie den Ehebruch begangen hat.

3. Vermögensrecht. a) Art. 252, Abs. 5 (neu) bestimmt, daß in bezug auf die vermögensrechtliche Liquidation das Scheidungsurteil zwischen den Ehegatten schon mit dem Tage der Klageeinleitung (der requête) Recht schafft. Das Urteil hat also rückwirkende Kraft. Zweck dieser Bestimmung ist, zu verhüten, daß ein Ehegatte zum Nachteil des andern aus dessen Vermögen Nutzen zieht. Gegenüber Dritten hat das Urteil keine solche rückwirkende Kraft.

b) Der Ehegatte, zu dessen Ungunsten die Scheidung ausgesprochen wurde, verliert alle Vermögensvorteile, die ihm vom andern, sei es im Ehevertrag, sei es nach dem Eheabschluß, zugewendet worden sind (Art. 299, al. 1).

c) Der Ehegatte, zu dessen Gunsten das Scheidungsurteil lautet, behält die ihm vom andern zugewendeten Vermögensvorteile, und zwar auch dann, wenn sie gegenseitig vereinbart waren und die Gegenseitigkeit nicht mehr stattfindet.

Dahin gehören die durch Ehevertrag zugesicherten Zuwendungen, da sie unwiderruflich sind, also auch mit der Scheidung zugunsten des begünstigten Teiles nicht dahinfallen.

Als Beispiel führen Colin et Capitant (I. num. 209, S. 244) den Fall an, daß gemäß Ehevertrag ein überlebender Ehegatte das Recht auf die ganze oder halbe Nutznießung des Vermögens des Verstorbenen nach dessen Tode haben soll.

d) Unterhaltsbeiträge. Hat indessen der eine Ehegatte nichts erhalten oder genügt das, was er erhielt, nicht zu seinem Lebensunterhalt, so kann ihm das Gericht zu Lasten der Gegenpartei Unterhaltsbeiträge zusprechen, welche indessen den dritten Teil des Vermögens des andern Ehegatten nicht übersteigen dürfen. Dieser Anspruch auf Unterstützungsbeiträge fällt dahin, sobald sie nicht mehr nötig erscheinen (Art. 301). Unterhaltsbeiträge dürfen selbst einem schuldigen Ehegatten gewährt werden, wenn er ihrer bedürftig ist.

e) Gegenseitige erbrechtliche Ansprüche unter den Ehegatten fallen insgesamt mit der Scheidung dahin.

4. Zuteilung der Kinder. Die Kinder werden demjenigen Elternteil zugeteilt, welcher im Scheidungsprozeß obsiegte, es sei denn, daß das Gericht auf das Verlangen der Familie oder des Staatsanwaltes (ministère public) es für richtiger hält, sie dem andern Elternteil oder einer dritten Person anzuvertrauen (Art. 302).

Wem auch die Kinder zugeteilt werden, so behält doch auch der andere Elternteil das Recht, den Unterhalt und die Erziehung der Kinder ebenfalls zu überwachen, und nach Maßgabe seiner Fähigkeiten daran beizutragen. Das Gericht wird das Besuchsrecht des einen Elternteils bestimmen, der nicht mit den Kindern zusammenwohnt.

Die Kinder selbst bewahren gegenüber den Eltern dieselben Rechte, wie sie ihnen zukämen, wenn die Eltern nicht geschieden wären (Art. 304).

Drittes Kapitel.

Trennung von Tisch und Bett (séparation de corps).

I. Allgemeines. Statt die Scheidung der Ehe zu verlangen, kann ein Ehegatte auch Klage auf Trennung von Tisch und Bett (séparation de corps) einreichen (Art. 306). Es ist zulässig, daß ein Ehegatte, der Scheidungsklage eingereicht hat, in jedem Stadium des Prozesses, selbst vor dem Berufungsgericht, das Scheidungsbegehren in ein Begehren auf Trennung von Tisch und Bett umwandelt (Art. 239, al. 2). Dagegen ist eine Umwandlung des zuerst eingereichten Begehrens auf Trennung in ein solches auf Scheidung nicht statthaft.

II. Die Gründe für eine Trennungsklage sind dieselben wie diejenigen, die zur Scheidung berechtigen. Andere werden nicht zugelassen. So ist auch das bloße consentement mutuel kein Grund für die gerichtliche Trennung.

Gehen die Ehegatten freiwillig ohne Richterspruch auseinander, so bewirkt eine solche Trennung keine Änderung der für die Ehe geltenden Rechte und jeder Eheteil kann jederzeit wieder das gemeinsame Leben aufnehmen.

III. Das Verfahren ist nicht ganz übereinstimmend mit dem Scheidungsprozeß, indem Art. 307 vorschreibt, daß die Artikel des Code de procédure civile, des gewöhnlichen Zivilprozesses, gelten. Immerhin sind die Artikel 236—244 und 245, al. 2 und 247 des Code civil anwendbar, d. h. betreffend die Gewährung eines besonderen Wohnsitzes für den klagenden Eheteil, die Bestimmungen für den Sühneversuch durch den

Gerichtspräsidenten, die Möglichkeit vorsorglicher Maßnahmen und die Zulassung von Verwandten (mit Ausnahme der Nachkommen) und Dienstboten als Zeugen.

IV. Klage gegen einen abwesenden Ehegatten. Das Gericht kann die Einreichung der Klage durch eine Zeitung bekannt geben, wie auch, wenn die beklagte Partei nicht erschienen ist, ein Auszug des Urteils in einer Zeitung veröffentlicht werden soll (Art. 247).

V. Folgen des Urteils. Die Ehe wird nicht aufgelöst. Zufolgedessen schulden sich Mann und Frau weiterhin Treue und gegenseitige pekuniäre Hilfe. Dagegen ist die Verpflichtung zum Zusammenwohnen aufgehoben und die Frau hat wieder ihren eigenen Wohnsitz, sowie ihre volle Handlungsfähigkeit.

Grundsätzlich behält die Frau den Namen des Mannes. Nach einem Gesetz vom 6. Februar 1893 (Art. 311, al. 1) kann aber auch in einem Urteil auf Trennung das Gericht der Frau verbieten, den Namen des Mannes weiterzuführen, wie auch dem Manne, weiterhin den Namen der Frau dem seinigen beizufügen.

Die Vermögen von Mann und Frau werden getrennt und der Ehemann hat der Frau ihr Vermögen herauszugeben und eine Gütergemeinschaft ist aufzulösen.

Der durch das Urteil über die Trennung von Tisch und Bett für schuldig erkannte Teil erfahrt die gleiche Behandlung wie im Scheidungsurteil. Er verliert vor allem auch jedes Erbrecht gegenüber dem Ehegatten.

In bezug auf die Kinder gelten ebenfalls die gleichen Bestimmungen wie für den Fall der Ehescheidung.

VI. Umwandlung der Trennung in Scheidung. Wenn die Trennung drei Jahre gedauert hat, so kann jeder Ehegatte an das Gericht das Begehren richten, an Stelle der Trennung die Scheidung treten zu lassen und das Gericht muß diesem Gesuch entsprechen. Haben sich in der Zeit von drei Jahren des Getrenntlebens die Ehegatten nicht versöhnt, so ist anzunehmen, daß eine solche Wiedervereinigung auch in Zukunft nicht eintreten wird. Es liegt deshalb im Interesse aller Beteiligten, die tatsächliche Trennung in eine Scheidung definitiv umzuwandeln. Dieser Ordnung der Dinge entspricht auch das schweizerische Recht, das sich allerdings mit einer Trennung von zwei Jahren begnügt, um darauf ohne weiteres auf Begehren eines Ehegatten die Scheidung eintreten zu lassen.

VII. Beendigung der Trennung. Die Trennung hört auf: mit dem Tode eines Ehegatten, mit einer Scheidung gestützt auf neue Tatsachen, zufolge Versöhnung der Ehegatten und zufolge Umwandlung in Scheidung (s. oben).

Mit der Versöhnung hören die Wirkungen des Trennungsurteils auf.

Davon ist einzig ausgenommen die Vorschrift, daß die Ehegatten unter dem Güterstand der Trennung weiterleben, solange sie nicht eine neue besondere Vereinbarung treffen, wonach das frühere Gütersystem ohne irgendwelche Änderung wieder aufzunehmen ist. Doch muß diese Wiederaufnahme durch einen notariellen Akt festgestellt und dieser öffentlich angeschlagen werden, um die Interessen Dritter zu schützen (Art. 1451, al. 2).

Ganz abgesehen davon ist in jedem Falle der Wiederversöhnung die Tatsache zu veröffentlichen, daß nunmehr die Frau ihre Handlungsfähigkeit wieder verloren hat (Art. 311, al. 4).

Dritter Abschnitt.

Die persönliche Stellung der Ehefrau.

I. Mangelnde Handlungsfähigkeit. Nicht verheiratet ist die Französin vollständig handlungsfähig. Mit der Heirat verliert sie in der Regel ihre Handlungsfähigkeit, und wird zu irgendwelcher rechtswirksamen Handlung unfähig, es sei denn, daß ihr Mann zustimmt (Art. 213—226).

Der Ehemann hat nur die Pflicht, seine Frau zu schützen. Sie schuldet ihm aber Gehorsam. „Le mari doit protection à sa femme, la femme obéissance à son mari" (Art. 213).

Die Frau ist ihrem Manne rechtlich nicht gleichgestellt wie dies in anderen Ländern der Fall ist. Allerdings sind die Handlungen der Frau, für welche die Zustimmung des Mannes fehlt, nur relativ ungültig, da sich auf die Ungültigkeit nur berufen können die Frau selbst, der Ehemann und deren Erben (Art. 225).

Diese unwürdige Stellung der Ehefrau entspricht nicht mehr der modernen Lebensauffassung, da die Frau heute nicht mehr „le faible sexe" der veralteten napoleonischen Denkweise ist. Warum soll nicht auch in Frankreich die verheiratete Frau nach dem Grundsatz der liberté, égalité und fraternité behandelt werden?

Im Falle der Minderjährigkeit des Mannes bleibt die Frau handlungsunfähig. An Stelle der ehemännlichen Zustimmung tritt diejenige des Richters, damit die Frau Verträge abschließen und vor Gericht gehen kann (Art. 224).

Erst in neuerer Zeit hat der Gesetzgeber in die Allmacht des Mannes einige Breschen gelegt und der Frau einige Verfügungsfreiheit gegeben. Im einzelnen sind folgende Fälle zu unterscheiden:

a) *Prozeßfähigkeit.* Ohne Zustimmung ihres Mannes kann die Frau nicht vor Gericht gehen, weder als Klägerin noch als Beklagte, welches immer auch ihr Interesse sei, selbst dann nicht, wenn es sich darum handelt, ihr Vermögen zu verteidigen.

Selbst die in Gütertrennung lebende Frau bedarf der Zustimmung.

Auch die Frau, welcher der Mann die Ausübung eines selbständigen Handelsberufs bewilligt hat, bedarf im einzelnen Falle der besonderen Ermächtigung des Mannes, um vor Gericht ihre Interessen zu verteidigen.

Selbständig prozeßfähig — also ohne Zustimmung des Mannes — ist dagegen die Frau, wenn sie Beklagte im Berufungs- oder Kassationsverfahren ist, ferner als Prozeßgegnerin ihres Mannes im Scheidungsprozeß und im Verfahren auf Trennung von Tisch und Bett, ebenso wenn sie strafrechtlich belangt wird (Art. 216), ferner in Streitigkeiten, die ihren Lohn betreffen (Gesetz vom 13. Juli 1907, Art. 6).

b) *Die selbständige Berufsfrau.* Der Frau ist mit allgemeiner Ermächtigung des Mannes die Ausübung eines Berufes einer Handelsfrau, einer marchande publique, gestattet. Dann bedarf sie für die einzelnen Geschäfte ihres Berufes keiner besonderen Zustimmung. Aus wichtigen Gründen (d'ordre moral) kann aber der Mann die allgemeine Ermächtigung wieder widerrufen (vgl. Colin et Capitant I, num. 613, S. 647).

Analog liegen die Verhältnisse bei der Ermächtigung zur Ausübung eines anderen Berufes (Ärztin, Hebamme, Advokat, Schauspielerin, Lehrerin usw.).

c) Das Amt einer *Vormünderin* (curatrice) oder eines Mitgliedes eines Familienrates kann die Frau ohne Zustimmung ihres Mannes nicht annehmen (Art. 405, al. 2; 420, al. 2).

d) Zur Ausübung höchst persönlicher Rechte und Pflichten, z. B. zur Anerkennung eines unehelichen Kindes, das die Frau vor ihrer Heirat hatte, und zur Ausübung der elterlichen Gewalt über ein solches Kind oder über Kinder einer früheren Ehe, ist keine Zustimmung des Mannes erforderlich.

e) *Testierfähigkeit.* Die Frau ist bei Abfassung eines Testamentes nicht an die Zustimmung des Mannes gebunden (Art. 226, 905, al. 2). Sie hat auch das selbständige Recht, ein Testament jederzeit zu widerrufen.

f) Rechtshandlungen, die nur dazu bestimmt sind, ihr Vermögen vor Schaden zu bewahren, bedürfen ebenfalls nicht der ehemännlichen Zustimmung. Art. 2139 sagt dies ausdrücklich in bezug auf die Eintragung einer gesetzlichen Hypothek auf das Grundstück des Mannes.

g) Verpflichtungen aus Delikten und Quasidelikten auf Schadenersatz bestehen natürlich selbständig, ohne Mitwirkung des Mannes (Art. 1382, 1383).

h) Über das Recht der Frau, ohne Zustimmung des Mannes Einlagen und Rückzüge bei Sparkassen zu machen, ferner über ihr freies Verfügungsrecht in bezug auf das Einkommen aus ihrem besonderen Berufe und über ihr Recht des freien Eintrittes in eine Société de secours oder in eine Gewerkschaft siehe oben S. 10.

i) *Eheliches Güterrecht und Handlungsfähigkeit der Frau.* Im ehelichen Güterrecht, régime matrimonial, ist in bezug auf die Handlungsfähigkeit der Frau und die Notwendigkeit der ehemännlichen Zustimmung zwischen den verschiedenen Güterständen zu unterscheiden:

Bei der Gütergemeinschaft, dem gesetzlichen Güterstand, hat der Ehemann allein die Verwaltung und Verfügung auch über das persönliche Vermögen der Frau (Art. 1428). Die Frau bedarf für alle Geschäfte, die ihr persönliches Vermögen betreffen, seiner Zustimmung.

Beim Dotalrecht bestehen zwei Vermögensgruppen: das Dotalvermögen, das als Heiratsgut bestellt ist, und die Paraphernalgüter (Art. 1511, 1574), d. h. das Vermögen, das nicht Heiratsgut ist. Über das Heiratsgut (Dotalvermögen) hat der Mann allein die Verwaltung und den Genuß (Art. 1549, al. 1), während die Frau ohne Zustimmung des Mannes über das Paraphernalvermögen frei verfügen darf (Art. 1576).

Beim Güterstand der Gütertrennung, séparation de biens (Art. 1449), steht der Frau die freie Verfügung über ihr ganzes Vermögen zu.

Allerdings kann sich die Frau auch bei der Gütergemeinschaft und beim Dotalrecht im Ehevertrag das Recht ausbedingen, daß sie, und nicht ihr Mann, die Verwaltung des ganzen von ihr eingebrachten Vermögens hat. Es ergibt sich dies aus Art. 223:

„Jede allgemeine Ermächtigung, wäre sie auch im Ehevertrag erteilt, ist nur wirksam in bezug auf die Verwaltung der Güter der Frau."

Das bedeutet, daß der Frau zwar die Verwaltung überlassen werden kann, nicht aber weitergehende Verfügungsgewalt, also nicht das Recht zur Veräußerung.

Bei allen Güterständen steht der Frau das Recht zu, eine gerichtliche Entscheidung zu erwirken, die schon während der Dauer der Ehe die Gütertrennung anordnet, so daß die Frau in bezug auf ihr Vermögen die gleiche Handlungsfähigkeit erlangt, wie wenn von vornherein Gütertrennung vereinbart worden wäre. Der Richter wird diesem Begehren Folge leisten, wenn der Mann durch seine schlechte Verwaltung die Interessen der Frau schädigt.

Die Frau, auf deren Begehren der Richter die Trennung von Tisch und Bett angeordnet hat, ist fast vollständig handlungsfähig. Sie kann über ihr bewegliches Vermögen verfügen und es veräußern. Doch bedarf sie für die Veräußerung von Grundstücken der Zustimmung des Mannes oder bei dessen Weigerung der Ermächtigung des Gerichtes (Art. 1449).

k) *Die Schlüsselgewalt der Frau.* Die Praxis läßt es zu, daß eine Ehefrau auch ohne die Zustimmung ihres Ehemannes nachweisen zu müssen, Einkäufe für den Haushalt, für sich selbst und für die Kinder macht, und daß sie Dienstboten anstellt. Sie tut dies aber nach französischer Rechtsauffassung doch nur als Vertreterin ihres Mannes, der auch dieses Recht der Frau widerrufen kann. Der Widerruf ist Dritten gegenüber nur dann wirksam, wenn er den Dritten zur Kenntnis gebracht wurde.

Die Rechtsprechung schützt auch den Mann, der sich gegen die von der Frau für sich, die Kinder und den Haushalt eingegangenen Verpflichtungen wehrt soweit sie ein angemessenes Maß überschreiten. Der Richter urteilt nach freiem Ermessen, indem er seiner Entscheidung bald das Vermögen der Ehegatten zugrunde legt, bald die nach außen in die Erscheinung tretende gesellschaftliche Stellung.

l) *Die Form der Zustimmung des Mannes.* Eine allgemeine Ermächtigung des Mannes auch im Ehevertrag ist in der Regel nicht zulässig, sondern nur die Zustimmung von Fall zu Fall (Art. 220). Eine Ausnahme ist in diesem Artikel selbst genannt, nämlich die allgemeine Ermächtigung in bezug auf die Verwaltung der Güter der Frau, worin aber das Recht auf Veräußerung nicht inbegriffen ist.

Die zweite Ausnahme ist die Ermächtigung an die Frau, einen besonderen Handelsberuf zu betreiben (Art. 220).

Eine logische Interpretation läßt auch eine allgemeine Ermächtigung für jeden anderen Beruf zu. So kann eine Ehefrau, welche Schauspielerin ist, ein Engagement an einem Theater eingehen, ohne daß sie hierzu der besonderen Autorisation des Mannes bedarf (Req. 11. November 1907, D. P. 1908. 1. 25).

In der Regel ist die Zustimmung an keine Form gebunden; oft kann sie auch aus dem stillschweigenden Verhalten des Mannes geschlossen werden.

Ausdrückliche schriftliche Zustimmung des Mannes ist durch Art. 217 vorgeschrieben, wenn die Frau — selbst wenn sie ohne Gütergemeinschaft oder in Gütertrennung lebt — die Absicht hat, zu schenken, zu veräußern, Hypotheken zu bestellen, oder etwas zu erwerben, sei es entgeltlich oder unentgeltlich. Es genügt nicht, daß der Mann Kenntnis davon hat, daß die Frau diese Geschäfte abschließen wollte oder abgeschlossen hat und sich mündlich damit einverstanden gegeben hat. Wenn das Geschäft durch eine Urkunde abgeschlossen wird, so bedarf es darauf nicht nur der Unterschrift des Mannes, sondern auch der Erwähnung, daß der Ehegatte bei dem Abschluß zugegen war, da die Unterschrift ja auch erst nachträglich hätte beigefügt werden können. So verschiedene Entscheidungen: Cir., 22. Februar 1893, D. P. 93. 1. 295, S. 95. 1. 182; Req., 30. Dezember 1902, D. P. 1903. 1. 150, S. 1903. 1. 188; Reg., 19. Mai 1908, D. P. 1908. 1. 359; 11. Dezember 1929, Gaz. Pal., 17. Januar 1930.

Dagegen wird in anderen Fällen, namentlich dann, wenn der Ehemann gleichzeitig an der Handlung teilnimmt, die stillschweigende Zustimmung genügen.

m) *Verweigerung der ehemännlichen Zustimmung.* Wenn der Ehemann die Zustimmung verweigert, so kann die Frau bei ungerechtfertigter Weigerung das Gericht ersuchen, sie zu ermächtigen (Art. 218 u. 219).

Wird die Frau von einem Dritten bei Gericht eingeklagt, so wird der Kläger gleichzeitig den Ehemann vorladen müssen, damit er zustimmt, daß die Frau sich vor Gericht verteidigt. Weigert sich der Mann, oder bleibt er aus, so wird der Kläger das Gericht ersuchen, der Frau die Ermächtigung zu erteilen.

n) Bei Handlungsunfähigkeit des Mannes, wenn er verschollen ist (Art. 222), wenn er geisteskrank ist (Art. 222), oder wenn er minderjährig ist (Art. 222), wird die fehlende Ermächtigung auf Begehren der Frau ebenfalls durch den Richter gegeben. Das gilt auch für den Fall, daß der Mann zu einer entehrenden Leibesstrafe verurteilt ist (Art. 221).

II. Der Name. Mit der Heirat erhält die Frau den Namen des Mannes. Es ist dies im Gesetz nicht ausdrücklich gesagt, ist aber selbstverständliches Gewohnheitsrecht. Oft fügt auch der Mann seinem eigenen Namen den Familiennamen der Frau bei.

Der Tod des Mannes ändert den Namen der Frau nicht, während nach der Scheidung jeder Teil wieder den alten Familiennamen annimmt. Bei der Trennung von Tisch und Bett kann der Richter der Frau verbieten, den Familiennamen des Mannes weiterzuführen (s. oben unter Namensrecht).

III. Domizil. Die Frau hat die Pflicht, mit ihrem Manne zu wohnen und ihm dahin zu folgen, wo er es für angezeigt erachtet (Art. 214). Sie teilt daher sein Domizil. Der Mann dagegen muß die Frau in seine Wohnung aufnehmen und für sie sorgen und zwar in einer seinem Stande entsprechenden Weise.

Die Frau erhält indessen ihren besondern Wohnsitz wieder bei der Trennung von Tisch und Bett. Schon nach Einreichung des Scheidungsbegehrens und der Klage auf Trennung von Tisch und Bett kann ihr das Gericht ein besonders getrenntes Domizil von ihrem Manne gewähren.

Die Pflicht, dem Manne zu folgen, fällt dahin, wenn der Mann ein Nomadenleben führt oder sonst nicht in der Lage ist, der Frau eine Wohnung entsprechend seinem Stande und seinen Vermögensverhältnissen zu gewähren (Art. 214).

Die Gerichte haben entschieden, daß die Frau das Recht auf eine getrennte Wohnung und auf eine Unterstützung in Geld hat, wenn ihr der Mann nicht eine Wohnung anbietet, die nach ihren Verhältnissen angemessen erscheint.

Gleiches ist der Fall, wenn er ihr nicht eine ihrer sozialen Stellung entsprechende Behandlung zuteil werden läßt, sondern an sie Ansprüche stellt, die ihrer Würde als Hausfrau widersprechen. Der Mann kann in solchen Fällen gezwungen werden, der Frau eine Pension zu zahlen, auch in Fällen, da sie weder Scheidungs- noch Trennungsklage eingeleitet hat (Req., 2. Januar 1877, D. P. 77. 1. 162, S. 77. 1. 257; Limoges, 4. April 1921, Gaz. Pal., 1921, 2. 403).

IV. Die Korrespondenz der Frau. Aus der ehemännlichen Gewalt des Mannes hat die Rechtsprechung auch das Recht des Mannes abgeleitet, die Korrespondenz der Frau zu überwachen und sich von der Post Briefe,

Karten und Telegramme, die an die Frau adressiert sind, aushändigen zu lassen. Doch besteht darüber Meinungsverschiedenheit. Dieses Recht wird insbesondere bestritten, wenn die Frau vom Manne gerichtlich getrennt lebt, ebenso nach Einleitung einer Klage auf Getrenntleben oder Scheidung, ferner wenn sie einen selbständigen Beruf ausübt in bezug auf ihre Berufsgeschäfte (vgl. COLIN et CAPITANT I., Nr. 608, S. 642 ff., ferner M. GÉNY: Des droits sur les lettres missives, Bd. II, S. 208 ff.)

V. Nationalität der Frau. Die Frau folgt in der Nationalität nicht immer dem Manne. Siehe näheres darüber oben S. 13 unter Nationalität.

Vierter Abschnitt.

Die Kinder.

Das französische Recht unterscheidet zwischen ehelichen und unehelichen Kindern, wozu noch die Adoptivkinder kommen. Nur die ersten beiden begründen die Blutsverwandtschaft. Bei den ehelichen Kindern spricht man von einer filiation légitime. Sie begründet die eheliche Familie, während die Geburt außerhalb einer Ehe, der unehelichen oder natürlichen Kinder, eine filiation naturelle, außereheliche Verwandtschaft, zur Folge hat. Es ist wohl zu beachten, daß die uneheliche Verwandtschaft im Sinne des Gesetzes, also rechtlich, nicht schon durch die Tatsache der Zeugung und der Geburt des unehelichen Kindes begründet wird, sondern erst durch die freiwillige Anerkennung vonseiten der Mutter oder des Vaters (reconnaissance volontaire) oder durch die Feststellung der Vaterschaft oder Mutterschaft im Klagewege (reconnaissance judiciaire, gerichtliche Feststellung), soweit eine solche zulässig ist.

Man unterscheidet danach anerkannte und nicht anerkannte uneheliche Kinder (fils naturels reconnus et non reconnus).

Erstes Kapitel.

Das eheliche Kind.

I. Begriff. Ein Kind, das von zwei verheirateten Eltern abstammt, ist regelmäßig ehelich (légitime). Man spricht von filiation légitime.

II. Vermutung der Ehelichkeit. Als Vater des Kindes gilt der Mann, welcher mit der Mutter des Kindes zur Zeit der Conception verheiratet war (Art. 312); (pater est is quem nuptiae demonstrant). Eheliches Kind ist danach ein Kind, das frühestens am 181. Tage seit Beginn der Ehe, aber spätestens am 300. Tage nach Beendigung der Ehe geboren wurde. Wurde indessen eine Klage auf Scheidung oder Trennung eingereicht, so beginnt die Frist von 300 Tagen am Tage, da das Gericht der Frau das Recht zugesprochen hat, getrennt von ihrem Manne zu leben (s. oben S. 47). Wird die Klage endgültig abgewiesen oder kommt es zur Wiederversöhnung, so kann der Ehemann die Ehelichkeit bestreiten, wenn das Kind vor dem 181. Tage nach Abweisung der Klage oder der Wiederversöhnung zur Welt kommt (Art. 313, Abs. 2).

Ging die Mutter nach der Scheidung eine neue Ehe ein und legitimierte sie das Kind gemäß Art. 331, so fällt die Vermutung der Vaterschaft des früheren Mannes ohne weiteres dahin, auch wenn er sie nicht ausdrücklich bestreitet (Art. 313, al. 2).

Haben sich die Ehegatten tatsächlich wieder vereinigt, so wird die Bestreitung der Vaterschaft durch den Vater nicht zugelassen (Art. 313, al. 3).

Ein Kind, das schon in den ersten 180 Tagen nach Ehebeginn geboren wird, ist nach Colin et Capitant, I. num. 242, S. 276 als legitimiert zu betrachten, wenn der Ehemann der Mutter die Vaterschaft nicht bestreitet.

III. Bestreitung der Ehelichkeit. Bestreitung seiner Vaterschaft, also Beseitigung der Vermutung der Ehelichkeit des Kindes, obgleich das Kind in der gesetzlichen Frist geboren wurde, ist dem Ehemann nur in zwei Fällen möglich:

a) wenn er nachweist, daß es physisch ausgeschlossen war, daß er in der kritischen Zeit mit seiner Frau sexuell verkehrte. Dieser Einwand ist aber nur auf zwei Fälle beschränkt, und zwar nach Art. 312

α) wenn dauernde Abwesenheit ihn daran verhinderte, oder

β) wenn er zufolge eines Unfalles daran verhindert war. Unter Unfall ist eine tatsächliche Verletzung der Organe zufolge einer Verwundung, einer Verstümmelung oder einer chirurgischen Operation zu verstehen. Es gibt indessen Juristen, die den Ausdruck „accident“ (Unfall) extensiv auslegen in dem Sinne, daß jede Krankheit darunter zu verstehen ist, die eine Zeugung ausschließt (vgl. Colin et Capitant I. num. 248, S. 281). Art. 313, al. 1 erklärt aber ausdrücklich, daß der Ehemann das Kind nicht unter Berufung auf seine natürliche Impotenz verleugnen kann.

b) Erfolgreiche Bestreitung der Ehelichkeit eines Kindes ist ferner möglich wenn die Geburt des Kindes dem Vater verheimlicht wurde und er Tatsachen vorbringen kann, die geeignet sind, darzutun, daß er nicht der Vater des Kindes ist (Art. 313, al. 1). Der Nachweis des Ehebruches der Frau allein genügt nicht, um ein Kind unehelich zu erklären. Es muß dem Ehemann die Geburt des Kindes auch verheimlicht worden sein.

IV. Bestreitungsfrist. Wenn der Ehemann am Geburtsort des Kindes wohnt, beträgt die Frist zur Bestreitung der Ehelichkeit des Kindes einen Monat, war er abwesend, zwei Monate vom Tage seiner Rückkehr an, und wenn man ihm die Geburt verheimlicht hat, zwei Monate nach Entdeckung des Betruges (Art. 316).

Ist der Ehemann innerhalb einer der genannten Fristen gestorben, so geht das Recht der Bestreitung auf seine Erben über, die es innerhalb zwei Monaten vom Zeitpunkt an geltend zu machen haben, da das Kind in den Besitz des Vermögens des Verstorbenen gelangt ist oder die Erben durch das Kind in diesem Besitz gestört worden sind (Art. 318).

V. Verwirkung. Die Bestreitungsklage wird nicht zugelassen

a) wenn unter den Ehegatten trotz der richterlichen Bewilligung getrennten Wohnsitzes im Prozeß auf Scheidung oder auf Trennung eine tatsächliche Wiedervereinigung stattgefunden hat (Art. 313, al. 3);

b) wenn ein Kind schon vor dem 181. Tage seit Beginn der Ehe geboren wurde, der Ehemann aber bei der Eheschließung Kenntnis von der Schwangerschaft hatte, oder wenn er bei der Aufnahme in die Geburtsurkunde zugegen war und diese Urkunde entweder von ihm unterzeichnet wurde, oder wenn sie seine Erklärung enthält, daß er nicht zu unterzeichnen verstehe; ferner, wenn das Kind als nicht lebensfähig erklärt worden ist (Art. 314).

c) Jeder außergerichtliche Akt, der eine Bestreitung des Kindes durch den Ehemann enthält, wird als nicht geschehen betrachtet, wenn er nicht innerhalb der Frist von einem Monat von einer gerichtlichen Klage gefolgt ist, die gegen einen dem Kinde ad hoc zu bestellenden Vormund in Gegenwart der Mutter zu richten ist (Art. 318).

Zweites Kapitel.

Legitimation durch die nachfolgende Ehe.

I. Voraussetzungen. Durch die nachfolgende Ehe ihrer Eltern können deren vor der Ehe geborenen oder erzeugten Kinder legitimiert werden, so daß sie rechtlich vollständig als eheliche behandelt werden. Das ist die légitimation par mariage subséquent.

Man unterscheidet dabei die einfachen unehelichen Kinder (les enfants naturels simples), ferner die in der Blutschande erzeugten Kinder (les enfants incestueux), und schließlich in den vom Gesetz besonders bezeichneten Fällen auch die im Ehebruch erzeugten Kinder (les enfants adultérins).

Zu den enfants incestueux werden auch die unehelichen Kinder von Eltern gezählt, die zwar so nahe verwandt sind, daß ihre Verwandtschaft ein Ehehindernis bildet, das aber doch durch Dispens beseitigt werden kann, wie die Kinder von Onkel und Nichte, Tante und Neffe. Im Interesse der Kinder wird auch in einem solchen Falle die Legitimation durch die nachfolgende mit Dispens eingegangene Ehe zugelassen.

Die Rechtsprechung läßt aber die Legitimation auch aller weiteren in Blutschande erzeugten Kinder zu soweit überhaupt eine Ehe irgendwie möglich ist, wie z. B. bei der sog. Putativehe (s. oben S. 36).

Bei einer nichtigen Ehe zwischen Geschwistern ist dies jedoch absolut ausgeschlossen.

Auch Kinder, die ihr Leben dem Ehebruch eines Elternteils zur Zeit einer früheren Ehe verdanken, können in einzelnen Fällen legitimiert werden. Die Legitimation ist möglich

a) wenn der Ehemann der früheren Ehe (der von seiner Frau betrogen wurde) oder an seiner Stelle seine Erben die Ehelichkeit bestreiten (Art. 331, al. 1). Fehlt es an einer solchen Bestreitung, so gilt das Kind als eheliches Kind der früheren Ehe;

b) wenn das Kind erzeugt wurde zur Zeit, da der ehebrecherische Vater oder die ehebrecherische Mutter gemäß gerichtlicher Verfügung getrennte Wohnung hatte (Art. 331, Ziff. 2), denn in diesem Falle trifft die Vermutung pater est quem nuptiae demonstrant nicht zu (Art. 331, al. 2);

c) wenn ein Kind dem Ehebruch seines Vaters das Leben verdankt, aber nur dann, wenn zur Zeit der Legitimation aus der Ehe des Vaters, während welcher er den Ehebruch begangen, kein Kind oder kein legitimer Nachkomme vorhanden ist (Art. 331, Ziff. 3).

II. Verfahren der Legitimation (Art. 331). Zur Legitimation ist nötig, daß beide Eltern das Kind als ihr Kind anerkannt haben. Das ist möglich schon vor der Eheschließung, aber auch im Moment des Eheabschlusses bei der Trauung vor dem Standesbeamten. Im ersteren Falle wird ein Kind ohne weiteres automatisch durch die Ehe der Eltern legitimiert. Erfolgt die Anerkennung aber erst bei der Trauung, so muß der Standesbeamte die Anerkennung und Legitimation in besonderer Urkunde feststellen. Es soll aus der Heiratsurkunde selbst nicht hervorgehen, daß das Kind ursprünglich ein außereheliches war.

Auch nach Abschluß der Ehe ist die Legitimation möglich, aber nur gestützt auf gerichtliche Entscheidung (jugement de légitimation), in welcher festgestellt ist, daß das Kind seit Beginn der Ehe der Eltern wie ein eheliches Kind bei ihnen lebte, von ihnen unterhalten und erzogen wurde (Art. 331).

Die Legitimation kann auch nach dem Tode des unehelichen Kindes erfolgen, wenn dieses Nachkommen hinterlassen hat. Sie wirkt dann zugunsten dieser Nachkommen (Art. 332).

Drittes Kapitel.

Das uneheliche Kind (enfant naturel).

I. Allgemeines. Das außerhalb der Ehe erzeugte und geborene Kind steht zu Mutter und Vater in natürlicher Verwandtschaft. Man spricht von filiation naturelle, nach französischem Recht mit Rechtsfolgen aber nur, wenn die Mutter es anerkannt hat (filiation maternelle), oder wenn es der Vater anerkannt hat (filiation paternelle), oder wenn es von beiden Eltern anerkannt wurde.

Die freiwillige Anerkennung kann auf dem Klageweg durch gerichtliche Feststellung ersetzt werden. Während die außergerichtliche Anerkennung reconnaissance volontaire heißt, hat die gerichtliche Feststellung den Namen reconnaissance judiciaire.

Ohne solche Anerkennung oder Feststellung hat das Kind rechtlich keine Eltern und ist rechtlich nicht das Kind des Mannes, der es erzeugt hat, ja nicht einmal der Mutter, die es geboren hat (s. Code civil, Zivilgesetze der Gegenwart zu Art. 331—342).

Ein Kind, das nicht anerkannt ist, hat zur Feststellung der Mutterschaft eine Klage, die action en recherche de la filiation maternelle, wie ihm auch eine Klage auf Feststellung der Vaterschaft zukommt, die action en recherche de la filiation paternelle. Bis zum Erlaß des Gesetzes vom 16. November 1912, das die recherche de la paternité zuläßt, war indessen diese Klage verboten.

Ein Verbot bestand früher auch in bezug auf die Anerkennung oder gerichtliche Feststellung der Mutterschaft und Vaterschaft an Kindern, die im Ehebruch oder in der Blutschande erzeugt waren.

Die beiden Gesetze vom 7. November 1907 und vom 30. Dezember 1915 lassen unter bestimmten Voraussetzungen auch die Legitimation von Kindern zu, die im Ehebruch erzeugt wurden (s. oben S. 57).

Soweit die filiation naturelle von seiten der Mutter oder des Vaters oder von beiden Seiten anerkannt oder gerichtlich festgestellt ist, genießen die Kinder gegenüber der natürlichen Mutter oder dem natürlichen Vater oder gegenüber beiden Eltern das Recht auf Unterhalt und Erziehung, sowie ein Erbrecht.

Die natürlichen Kinder erlangen dieselben Rechte wie eheliche, wenn sie durch die nachfolgende Ehe der Eltern legitimiert werden (s. darüber unter Legitimation).

II. Freiwillige Anerkennung (reconnaissance volontaire). Sowohl Mutter als Vater können das Kind als ihr eigenes anerkennen und zwar nicht nur die Mutter unabhängig vom Vater, sondern auch der Vater unabhängig von der Mutter. Die Anerkennung muß von dem anerkennenden Elternteil persönlich erfolgen. Die Anerkennung kann nur in einer besonderen öffentlichen Urkunde, einem acte authentique, entweder vor einem Notar (hier auch durch Testament) erfolgen, oder vor dem Standesbeamten, sei es in der Geburtsurkunde selbst, sei es in einer besonderen Urkunde, wie sie auch im Laufe eines Prozesses zu richterlichem Protokoll erklärt werden kann. Die bloße Nennung der Mutter in der Geburtsurkunde ohne ausdrückliche Anerkennung genügt noch nicht.

Anderseits genügt eine notarielle Urkunde ohne Eintragung, so daß es wohl möglich ist, daß im Zivilstandsregister von der Anerkennung nichts erwähnt ist, obwohl das Kind zufolge eines andern acte authentique als uneheliches Kind mit allen Rechten gegenüber seinem Vater oder seiner Mutter oder gegenüber beiden behandelt werden muß (vgl. COLIN et CAPITANT I, num. 264, S. 297).

Die Anerkennung hat nur deklarative Bedeutung.

Auch eine handlungsunfähige Person kann ein uneheliches Kind als ihr eigenes anerkennen, wenn sie nur die nötige Vernunft hat, um zu wissen, was sie tut. Deshalb ist auch die Anerkennung durch einen minderjährigen Vater oder durch eine minderjährige Mutter zulässig und zwar ohne den Beistand eines Vormundes, wie auch eine verheiratete Frau der Zustimmung ihres Mannes nicht bedarf (COLIN et CAPITANT, I. num. 260, S. 293).

Nach Art. 337 kann die Anerkennung eines (vorehelichen) natürlichen Kindes auch während der Ehe des inzwischen verheirateten Elternteils von diesem erklärt werden. Eine solche Anerkennung begründet aber kein Erbrecht neben den Kindern aus dieser Ehe und darf überhaupt weder dem Ehegatten noch den legitimen Kindern aus dieser Ehe zum Nachteil gereichen. Dagegen erzeugt diese natürliche Verwandtschaft ihre Wirkung nach Auflösung der Ehe, wenn aus derselben keine Kinder vorhanden sind.

Die Anerkennung, sei sie von seiten des Vaters oder der Mutter oder von beiden erfolgt, sowie das Begehren eines Kindes, als uneheliches Kind gerichtlich anerkannt zu werden, kann von allen Personen bestritten werden, die ein Interesse daran haben (Art. 339). Interessiert sind das Kind selbst, seine wirkliche Mutter, sein wirklicher Vater, und diejenigen weiteren Personen, die durch die Anerkennung in ihren Rechten verletzt werden. Dieses Bestreitungsrecht hat auch der Mann, der die Vaterschaft anerkannt hat, wenn sich nachträglich herausstellt, daß er sich geirrt hatte.

Das Gesetz (Art. 331, al. 1) schließt die Anerkennung von Kindern, die in der Blutschande oder im Ehebruch erzeugt sind, von der Anerkennung aus. Dagegen können im Ehebruch erzeugte Kinder durch die nachfolgende Ehe der Eltern (s. S. 56) in folgenden Fällen legitimiert und damit anerkannt werden:

a) wenn der Ehemann der ehebrecherischen Frau oder seine Erben die Vaterschaft bestritten haben,

b) wenn ein Kind deshalb nicht als ehelich gilt, weil es in der Zeit erzeugt wurde, während welcher, gestützt auf gerichtliche Verfügung im Scheidungs- oder Trennungsprozeß die ehebrecherische Frau oder der ehebrecherische Mann eine von dem Ehegenossen getrennte Wohnung hatte (s. oben S. 57).

c) Ebenso kann in allen anderen Fällen ein von einem ehebrecherischen Ehemann erzeugtes Kind durch seine spätere Ehe legitimiert werden, wenn keine Kinder oder Nachkommen aus der früheren Ehe vorhanden sind.

III. Folgen der Anerkennung. Die durch die Legitimation anerkannten Kinder genießen alle Rechte der ehelichen Kinder. Die Anerkennung begründet Rechte und Pflichten zwischen dem anerkennenden Elternteil und dem natürlichen Kinde. Wer anerkennt, Mutter oder Vater, hat für den Unterhalt und die Erziehung des Kindes zu sorgen.

Es entsteht auch ein gegenseitiges Erbrecht. Ist der anerkennende Elternteil verheiratet, so darf die Anerkennung die Rechte des andern Ehegatten und der ehelichen Kinder nicht beeinträchtigen. Doch tritt die volle Wirkung der Anerkennung erst nach Auflösung der Ehe ein, wenn keine Kinder mehr aus dieser Ehe vorhanden sind (Art. 337).

IV. Die Vaterschaftsklage, d. h. gerichtliche Feststellung, daß ein Mann außerehelicher Vater eines Kindes ist.

1. Gründe. Der bekannte Grundsatz des Code civil in seiner ursprünglichen Fassung „la recherche de la paternité est interdite" gilt heute nicht mehr. Vielmehr kann die Vaterschaft in folgenden Fällen gerichtlich festgestellt werden und damit die Rechtsfolgen der natürlichen Verwandtschaft zwischen Vater und Kind begründen (Art. 340):

a) im Falle der Entführung und Notzucht, wenn sie zeitlich mit der Conzeption zusammen fallen;

b) wenn ein Mädchen durch Täuschung und Betrug verführt wurde, d. h. durch arglistige Manöver, Mißbrauch der Autorität, Versprechen der Ehe oder des Verlöbnisses, und wenn der Anfang eines schriftlichen Beweises nach den Bestimmungen von Art. 1347 gegeben ist. Dazu ist jedes Schriftstück geeignet, das vom Beklagten oder der klägerischen Partei herrührt und behauptete Tatsachen wahrscheinlich macht;

c) wenn Briefe oder irgendwelche andere persönliche Schriftstücke vorhanden sind, aus welchen ein klares Geständnis der Vaterschaft hervorgeht,

d) wenn der Vater mit der Mutter während der gesetzlichen Empfängniszeit in offenkundigem Konkubinat gelebt hat,

e) wenn der angebliche Vater für den Unterhalt und die Erziehung des Kindes in seiner Eigenschaft als Vater gesorgt oder dazu beigetragen hat.

2. Bestreitung der Vaterschaft. Die Vaterschaftsklage wird nicht zugelassen

a) wenn festgestellt ist, daß die Mutter während der gesetzlichen Empfängniszeit einen offenkundig schlechten Lebenswandel geführt oder mit einem andern Manne Verkehr gehabt hat,

b) wenn der angebliche Vater während derselben Zeit, sei es infolge Abwesenheit oder irgendeines Unfalls in der natürlichen Unmöglichkeit war, Vater des Kindes zu sein.

3. Legitimation zur Klage. Zur Klage legitimiert ist das Kind. Während seiner Minderjährigkeit wird es durch seine Mutter vertreten, evtl. durch einen Vormund (Art. 340).

4. Klagefrist (Art. 340). Die Klage kann in der Regel nur innerhalb der zwei auf die Geburt folgenden Jahre erhoben werden. Lebten Vater und Mutter zur Zeit der Empfängnis im Konkubinat oder sorgte der Vater ganz oder teilweise für Unterhalt und Erziehung des Kindes, so ist die Klagefrist verlängert, indem sie erst zwei Jahre nach Aufhören des Konkubinates oder der Beiträge des Vaters an die Kosten des Kindes zu Ende geht.

Fehlt die Anerkennung seitens der Mutter oder ist sie gestorben, entmündigt oder abwesend, so ist an deren Stelle der Vormund berechtigt, die Klage gegen den Vater zu erheben.

Ist die Klage nicht während der Minderjährigkeit des Kindes erhoben worden, so kann das Kind im ersten Jahr nach seiner Volljährigkeit klagen.

V. Gerichtliche Festsetzung der außerehelichen Mutterschaft. Art. 341 handelt von der Nachforschung nach der Mutterschaft. Das kann im Falle eines Findelkindes praktisch werden. Das Kind, das durch eine Klage verlangt, daß festgestellt werde, daß eine bestimmte Frau seine Mutter ist, muß beweisen, daß es von dieser Frau geboren wurde. Zur Führung dieses Beweises wird es nur dann zugelassen, wenn der Beweis durch Schriftstücke geführt werden kann. Nur das Kind persönlich ist legitimiert, keineswegs seine Erben, ebensowenig wie der Staatsanwalt.

Viertes Kapitel.

Die Adoption; Kindesannahme.

Die Kindesannahme (adoption) ist in den Art. 343—370 des Code civil gestützt auf ein Gesetz vom 19. Juni 1923 geordnet.

Eine Adoption ist nur zulässig, wenn anerkennenswerte Beweggründe vorliegen und sie dem Adoptierten Vorteile bietet (Art. 343).

1. Voraussetzungen in der Person des Adoptierenden: sie muß über 40 Jahre alt sein, mindestens 15 Jahre älter als das Adoptivkind und darf im Zeitpunkt der Adoption keine ehelichen Kinder oder Nachkommen haben (Art. 344). Wenn zwei Personen adoptieren, müssen sie verheiratet sein (Art. 346).

Eine verheiratete Person kann nur mit Zustimmung des andern Ehegatten adoptieren, es sei denn daß dieser außerstande ist, seinen Willen zu erklären, oder daß zwischen den beiden Ehegatten Trennung von Tisch und Bett besteht (Art. 347).

2. Voraussetzungen in der Person des Adoptivkindes: Ist das Adoptivkind minderjährig, so müssen beide Elternteile, und wenn nur noch ein Elternteil lebt oder nur einer imstande ist, seinen Willen zu erklären, so muß dieser zustimmen. Sind die Eltern geschieden oder von Tisch und Bett getrennt, so genügt die Zustimmung desjenigen Ehegatten, dem die Sorge für das Kind zusteht (Art. 348).

Hat das minderjährige Kind keine Eltern mehr oder sind diese in der Unmöglichkeit, ihren Willen zu erklären, so wird die Zustimmung vom Familienrat erteilt (Art. 350). Gleiches ist der Fall, wenn das minderjährige Kind nicht anerkanntes uneheliches Kind ist (Art. 350).

3. Verfahren der Adoption. Die Kindesannahme beruht auf dem übereinstimmenden Willen der Parteien, ist also ein Vertrag. Die adoptierende Person und das Kind, das angenommen wird, müssen persönlich vor dem Friedensrichter des Adoptivvaters (oder der Adoptivmutter) oder vor dem Notar erscheinen, um das gegenseitige Einverständnis zu erklären.

Ist das Kind jünger als 16 Jahre, so wird es durch seinen gesetzlichen Vertreter vertreten (Art. 360).

Der Beamte nimmt darüber eine Urkunde auf, die von dem Anwalt (avoué) dem Gericht am Wohnsitz des Adoptivvaters (oder der Adoptivmutter) mit dem Antrage auf Genehmigung vorgelegt wird. Das Gericht wird nach Anhörung des Staatsanwaltes die Kindesannahme genehmigen, wenn die gesetzlichen Erfordernisse gegeben sind und das Interesse des Kindes gewahrt ist (Art. 364).

Mit der Genehmigung durch das Gericht sind die beiden Parteien gebunden und die Adoption ist vollzogen.

Gegen die gerichtliche Bestätigung kann der Staatsanwalt Berufung einlegen (Art. 365). Ebenso können die Parteien an das Appellationsgericht gelangen, wenn die erste Instanz die Genehmigung verweigert hat (Art. 365).

Der gerichtliche Entscheid, der die Adoption zuläßt, ist öffentlich bekannt zu machen und der Anwalt, der das Begehren auf Kindesannahme gestellt hat, ist verpflichtet, den Entscheid über die Adoption sofort zur Eintragung ins Standesregister anzumelden (Art. 367).

4. Folgen der Adoption. Das Adoptivkind behält seine Staatsangehörigkeit. Ein Franzose kann von einem Ausländer als Kind angenommen werden; es kann aber auch ein Franzose einen Ausländer adoptieren (Art. 345).

Das angenommene Kind fügt seinem Familiennamen denjenigen der adoptierenden Person bei. Haben sie gleiche Familiennamen, so tritt keine Änderung ein (Art. 351).

Ist das Adoptivkind ein nicht anerkanntes uneheliches Kind, so kann es auch nur den Namen des Adoptivvaters oder der Adoptivmutter annehmen (Art. 351).

Der Adoptierte bleibt in seiner natürlichen Familie und behält dort alle seine Rechte. Jedoch erhält der Adoptivvater, resp. die Adoptivmutter die elterliche Gewalt über das Adoptivkind, so auch das Recht der Zustimmung zu seiner Heirat, solange es minderjährig ist (Art. 352, al. 1).

Im Falle der Entmündigung, des gerichtlich festgestellten Verschwindens (Verschollenheit) oder des Todes der Person, welche ein Kind angenommen hat, kehrt die elterliche Gewalt zu den natürlichen Eltern und Aszendenten zurück (Art. 352, al. 2).

Die Adoption schafft Ehehinderungsgründe, indem die Heirat verboten ist zwischen dem Adoptivvater und der Adoptivtochter, der Adoptivmutter und dem Adoptivsohn, sowie deren Nachkommen, ferner zwischen dem Adoptivkind und dem Ehegenossen des Adoptivvaters, resp. der Adoptivmutter, sowie zwischen dem Ehegenossen des Adoptivkindes und dem Adoptivvater, resp. der Adoptivmutter, ferner zwischen den verschiedenen Adoptivkindern desselben Adoptivvaters (derselben Adoptivmutter), und schließlich zwischen dem Adoptierenden und allfälligen Kindern des Adoptivkindes.

Sonst besteht kein Hindernis, also auch nicht zwischen dem Kinde des Adoptivvaters und einem Kinde des Adoptivkindes.

5. Widerruf der Adoption (révocation de l'adoption). Aus ganz wichtigen Gründen ist ein Widerruf der Kindesannahme möglich. Das hat aber durch gerichtliches Urteil zu geschehen. Das Klagerecht steht sowohl den Adoptiveltern als auch dem Adoptivkinde zu (Art. 370). Wichtige Gründe sind: andauernde ungehörige Lebensführung, intimer Verkehr zwischen dem Adoptivvater und der Adoptivtochter, wenn z. B. der Vater die Tochter verführt hat.

Der Widerruf bringt alle Wirkungen der Adoption für die Zukunft in Wegfall.

Die elterliche Gewalt kann dem Adoptivvater oder der Adoptivmutter entzogen werden, wenn das Kind mißhandelt oder verwahrlost ist (Gesetz vom 24. Juli 1889, abgeändert durch das Gesetz vom 15. November 1921 über den Schutz mißhandelter oder sittlich verwahrloster Kinder, das auch auf eheliche Kinder anwendbar ist).

Fünftes Kapitel.

Rechte und Pflichten der Eltern.

I. Die elterliche Gewalt. Der Code civil spricht von puissance paternelle, väterlicher Gewalt. Trotz dieser Bezeichnung ist darunter aber die elterliche Gewalt zu verstehen, welche dem Vater und der Mutter gemeinsam zukommt. Wenn der Vater stirbt oder verhindert ist, z. B. durch Krankheit oder wegen Abwesenheit, so übt die Mutter die elterliche Gewalt allein aus.

Die elterliche Gewalt gibt Vater und Mutter das Recht und die Pflicht, die persönlichen und Vermögensinteressen der Kinder zu wahren, sie zu schützen.

II. Dauer. Die elterliche Gewalt endet mit der Volljährigkeit des Kindes oder schon vorher, wenn der Vater oder in seiner Ermangelung die Mutter das minderjährige Kind — selbst wenn es noch nicht verheiratet ist — aus der Gewalt entläßt.

Die vorzeitige Entlassung aus der elterlichen Gewalt kann aber erst erfolgen, nachdem das Kind das 15. Alterjahr vollendet hat. Das Kind wird zufolge dieser Gewaltentlassung, émancipation genannt, ein enfant émancipé. Die Gewaltentlassung erfolgt durch eine Erklärung des Vaters oder der Mutter vor dem Friedensrichter in Gegenwart des Gerichtsschreibers (Art. 477).

Gleiche Folgen hat die Heirat eines Minderjährigen. Die elterliche Gewalt hört mit seiner Heirat auf.

Es ist auch möglich, daß ein Vater durch gerichtlichen Entscheid gezwungen wird, das Kind aus seiner Gewalt zu entlassen. Das kommt vor, wenn er es schlecht behandelt, z. B. nicht die erforderliche Nahrung gibt, sowie aus andern wichtigen Gründen (s. Ziff. V unten).

III. Inhalt der elterlichen Gewalt. Sie umfaßt folgende einzelne Rechte.

1. Das Recht der Aufsicht und Leitung (le droit de garde et de direction). Das Kind schuldet seinen Eltern Achtung und Ehrerbietung. Es bleibt unter ihrer Gewalt bis zu seiner Volljährigkeit oder seiner Emanzipation (Gewaltentlassung) (Art. 372).

Das Gesetz sagt zwar in Art. 373, daß während der Ehe der Vater allein die elterliche Gewalt ausübt. Die Praxis gibt aber die elterlichen Rechte auch der Mutter, wenn schon natürlich der Vater das maßgebende Wort spricht.

2. Das Recht, disziplinarisch zu strafen. Um den elterlichen Willen durchzusetzen sind die Eltern berechtigt, die Kinder disziplinarisch zu strafen. Gibt das Verhalten des Kindes zu ganz besonderer Unzufriedenheit Anlaß, so hat der Vater sogar das Recht, das Kind für eine Zeit, die einen Monat nicht übersteigen darf, einsperren zu lassen. Der Vorsitzende des Gerichtes hat auf seinen Antrag einen Haftbefehl zu erlassen. Ist das minderjährige Kind älter als 16 Jahre, so kann der Vater nur den Antrag auf Verhaftung von höchstens sechs Monaten stellen, worauf der Gerichtspräsident nach Besprechung mit dem Staatsanwalt den Verhaftungsbefehl erteilen oder auch verweigern wird (Art. 377).

Es ist dies eine Reminiszenz aus der Zeit des ancien règime, die dem Vater selbst das Recht zur Verhaftung gab (es sei daran erinnert, daß der junge Mirabeau wiederholt von seinem Vater verhaftet wurde).

Dieses Recht wird heute kaum mehr ausgeübt werden, um so weniger, als die Kosten des Aufenthaltes im Gefängnis vom Vater getragen werden müssen (Art. 376—379).

Ist der Vater gestorben und will die Mutter dieses Recht auf Einsperrung ausüben, so müssen noch zwei Verwandte der väterlichen Seite ihren Antrag unterstützen (Art. 381).

3. Der Vater hat die gesetzliche Vertretung des minderjährigen Kindes (Art. 388).

4. Die Verwaltung des Kindesvermögens steht dem Vater zu (Art. 389).

So lange die Eltern leben, bildet diese Vermögensverwaltung einen Teil der elterlichen Gewalt. Wenn aber ein Elternteil, sei es Vater oder Mutter, stirbt, so geht zwar die elterliche Gewalt, soweit sie nicht die Verwaltung des Kindesvermögens betrifft, unbeschränkt an den überlebenden Elternteil über; er kann aber die Verwaltung des Kindesvermögens nur in der Eigenschaft als Vormund (en qualité de tuteur légal) ausüben, d. h. mit den beschränkten Befugnissen des Vormundes.

In diesem Falle gibt überdies das Gesetz dem Kinde eine gesetzliche Hypothek auf das Grundstück des überlebenden Elternteiles als Ersatz der größern Sicherheit, die beide Eltern zusammen gewährten solange beide am Leben waren.

5. Der Vater hat die Nutznießung am Vermögen des Kindes bis es 18 Jahre alt geworden ist oder bis zu seiner evtl. früheren Entlassung aus der elterlichen Gewalt im Falle der Emanzipation oder Heirat (Art. 384—387).

IV. Der Inhaber der elterlichen Gewalt. Wenn auch die elterliche Gewalt grundsätzlich beiden Eltern zusteht, so hat während der Ehe doch der Vater das entscheidende Recht (Art. 373).

Ist der Vater aus wichtigen Gründen verhindert (er hat sich vom Domizil der Familie entfernt, ist geisteskrank, entmündigt, oder verbüßt eine Freiheitsstrafe, oder ist mobilisiert), so tritt die Mutter an seine Stelle, immerhin mit der schon erwähnten Ausnahme in bezug auf die Verwaltung des Kindesvermögens.

Nach dem Tod eines Elternteiles tritt an seine Stelle der überlebende Ehegatte, der auch nach Eingehung einer neuen Ehe die elterliche Gewalt nicht verliert. Nur übt er sie in bezug auf die Verwaltung des Kindesvermögens bloß als gesetzlicher Vormund aus.

Im Falle einer Trennung von Tisch und Bett bezeichnet das Gericht den Elternteil, dem die elterliche Gewalt zustehen soll, wobei es sich durch die Interessen des Kindes leiten läßt. Diese gerichtliche Entscheidung kann indessen später bei Änderung der Verhältnisse im Interesse der Kinder jederzeit durch das Gericht wieder geändert werden (Art. 389).

Nach der Scheidung oder der Trennung von Tisch und Bett steht die Nutznießung einzig dem Elternteil zu, zu dessen Gunsten das Urteil ergangen ist (Art. 386).

V. Entzug der elterlichen Gewalt. Beim Vorliegen wichtiger Gründe kann ein Elternteil der elterlichen Gewalt verlustig erklärt werden. So der Vater, wenn er durch Strafurteil seine bürgerlichen Rechte verloren hat (Code pénal Art. 7 u. 29), während der Strafdauer, ferner wenn der Vater ein Kind zur Prostitution verleitete oder sie begünstigte (Art. 335, Al. 2 Code pénal), wenn die Eltern ihre Kinder Jahrmarktsleuten oder Berufsbettlern überlassen haben (nach einem Gesetz vom 7. Dezember 1874), sowie auch, wenn Vater oder Mutter sich des Vergehens des „abandon de famille“ schuldig gemacht haben (Gesetze vom 7. Februar 1924 und vom 3. April 1928), wenn sie drei Monate hindurch die Unterhaltsbeträge, die sie den Kindern schulden, nicht bezahlt haben.

Ist einem Vater die elterliche Gewalt entzogen worden, so kann das Gericht sie ausschließlich der Mutter übertragen oder einen besonderen Vormund bestellen (Gesetz vom 24. Juli 1889).

Fünfter Abschnitt.

Die Vormundschaft (la tutelle) über Minderjährige.

Erstes Kapitel.

Organisation.

I. Allgemeines. Wer volljährig und geistig normal ist, ist handlungsfähig und bedarf zufolgedessen keines Vertreters. Der Vertreter der minderjährigen Kinder ist der Vater und nach seinem Tode die Mutter. Eines besonderen gesetzlichen Vertreters bedürfen deshalb nur die Minderjährigen, wenn beide Eltern zufolge Todes oder eigener Unfähigkeit außer Betracht fallen, sowie geisteskranke Personen, auch wenn sie volljährig sind. Ihr gesetzlicher Vertreter ist der Vormund (le tuteur).

Während in andern Ländern eine besondere Organisation der Vormundschaftsbehörden mit verschiedenen Instanzen besteht (Vormund, Vormundschaftsbehörde [Waisenamt] und Vormundschaftsoberbehörde) und der Vormund von einer besonderen Verwaltungsbehörde, dem Waisenamt, ernannt wird, welcher dieser Behörde Rechenschaft schuldig ist, die ihn beaufsichtigt und wichtige Beschlüsse im Interesse des Kindes auch selbst faßt, ist dies in Frankreich nicht der Fall. Vielmehr ist die Vormundschaft mehr eine interne Institution der Familie und der Vormund wird einfach als der Übernehmer der elterlichen Gewalt betrachtet, bei deren Ausübung er von einem Familienrat unterstützt wird.

Nur ausnahmsweise, in wichtigen Fällen, hat das Gericht bei der Vormundschaft zu intervenieren, sei es als Genehmigungs- oder Beschwerdeinstanz, so bei Erbteilungen.

II. Die Organe der Vormundschaft. *1. Der Conseil de famille, der Familienrat* (Art. 407—417). a) Mitgliedschaft und Beschlüsse. Er besteht aus Verwandten und Freunden der Familie, die über wichtige Fragen zu beraten haben, welche im Interesse des Minderjährigen zu erledigen sind. Der Familienrat hat den Vormund zu ermächtigen, besonders wichtige Geschäfte zu besorgen, welche die Person des Mündels und sein Vermögen betreffen.

Der Conseil de famille ist nicht ein ständiges Kollegium, er wird vielmehr von Fall zu Fall einberufen.

Vorsitzender des Familienrates ist der Friedensrichter, der juge de paix (Art. 416). Dieser ernennt aus der Reihe der Blutsverwandten und Schwägerschaft sechs Mitglieder, so daß mit ihm sieben Personen den Familienrat bilden (Art. 407, al. 1).

Da alle volljährigen Geschwister des Minderjährigen das Recht auf einen Sitz im Familienrat haben, so ist die Zahl der Mitglieder größer, wenn die Zahl der Geschwister sechs übersteigt.

Auch Frauen können Mitglieder des Familienrates sein.

Der Friedensrichter hat in den Familienrat die nächsten Verwandten zu berufen. Unter gleich nahen Verwandten hat der Blutsverwandte gegenüber dem Verwandten der Schwägerschaft den Vorzug und sonst von mehreren der ältere.

Ehemann und Ehefrau können nicht gleichzeitig dem Familienrat angehören.

Fehlt es an Verwandten, so werden Freunde und Bekannte der Familie gewählt.

Der Vormund hat regelmäßig nur eine beratende Stimme.

Damit der Familienrat beschlußfähig sei, müssen drei Viertel seiner Mitglieder an einer Beratung teilnehmen, wobei Stimmenmehrheit entscheidet.

b) Aufgaben des Familienrates.

α) Er ernennt den Vormund, wenn er nicht schon durch Gesetz oder Testament des Vaters oder der Mutter ernannt ist. Er wählt auch den subrogé-tuteur — Gegenvormund (s. unten). Es steht ihm auch das Recht zu, den Vormund oder Gegenvormund abzusetzen.

β) In einzelnen Fällen gibt der Familienrat die Zustimmung zu einer Heirat (Art. 159, al. 1). Er beschließt über die Entlassung aus der elterlichen Gewalt, über die Bestrafung des Minderjährigen mit Einsperrung (Art. 468).

γ) Dem Familienrat stehen besonders Entscheidungen über die Verwaltung des Vermögens zu. Er bestimmt die Beträge für den Unterhalt und die Erziehung des Kindes, über die Anlage von Kapitalien, die Konversion von Wertschriften, die Veräußerung von Vermögen, die Aufnahme von Darlehen, die Annahme oder Ausschlagung einer Erbschaft, einer Schenkung usw. (Art. 457).

2. Das Gericht. Die Beschlüsse des Familienrates, welche nicht einstimmig gefaßt wurden, können von jedem Mitglied an die erste Gerichtsinstanz weitergezogen werden (Code de procédure Civile Art. 883).

Einzelne Beschlüsse des Familienrates bedürfen der Genehmigung (homologation) durch die erste Gerichtsinstanz, z. B. der Verkauf und die Verpfändung von Grundstücken (Art. 457, 458).

Kommen uneheliche Kinder in Frage, so übernimmt das Gericht selbst die Aufgaben des Familienrates (Art. 389, al. 13).

3. Der Vormund (le tuteur). a) Seine Aufgaben. Er übt im allgemeinen dieselben Rechte aus wie der eheliche Vater eines Kindes. Er handelt im Namen des Kindes als sein Vertreter, sorgt für sein persönliches Wohl und verwaltet sein Vermögen.

Über die Vermögensverwaltung hat er Rechnung abzulegen. Er leistet als Vermögensverwalter durch eine gesetzliche Hypothek auf seine Grundstücke Garantie (Art. 2121).

b) Ernennung. Es gibt Fälle, da neben dem Inhaber der elterlichen Gewalt ein Vormund bestellt wird. Das hat zu geschehen, wenn ein Elternteil gestorben ist und der überlebende Ehegatte die elterliche Gewalt übernimmt. Da sich diese nicht auch auf das Vermögen bezieht, so muß wegen des Kindesvermögen ein Vormund ernannt werden (Art. 390).

Der verstorbene Ehegatte kann in seinem Testament den überlebenden Ehegefährten selbst als Vormund bezeichnen, als sog. tuteur testamentaire. Dann übt der überlebende Elternteil die elterliche Gewalt aus, soweit es sich nur um die Person, nicht aber um das Vermögen des Kindes handelt. Soweit letzteres in Betracht kommt, ist er Vormund und untersteht als solcher den Vorschriften, die für den Vormund gelten. Es besteht also auf seinen Grundstücken ebenfalls eine gesetzliche Hypothek zugunsten des Kindes.

Fehlt es an der testamentarischen Ernennung des überlebenden Ehegatten als Vormund, so fällt die Vormundschaft einem gesetzlichen Vormund zu, dem tuteur légal. Als solchen bezeichnet das Gesetz den nächsten Aszendenten (Art. 402 ff.). Fehlt es an Aszendenten, so hat der Familienrat den Vormund zu ernennen (Art. 405). Man spricht dann von tutelle dative.

Die zum Vormund bezeichnete Person kann das Amt nicht ausschlagen, es sei denn, es liege ein im Gesetz genannter Grund hierfür vor.

Ein Angehöriger der Armee, gewisse Beamte, alte oder schwer kranke Leute, der Vater einer zahlreichen Familie usw. dürfen indessen nicht zur Übernahme des Amtes gezwungen werden (vgl. Art. 427—441).

Die Art. 442—444 nennen die Personen, welche unfähig sind, Vormünder oder Mitglieder eines Familienrates zu werden, nämlich

a) Minderjährige, ausgenommen der Vater oder die Mutter,

b) Entmündigte,

c) alle Personen, welche selbst (oder deren Vater oder Mutter) mit dem Minderjährigen in einem Prozesse stehen, der seinen Familienstand oder sein Vermögen zum Gegenstand hat,

d) wer zu einer Leibes- oder Ehrenstrafe verurteilt wurde,

e) Leute von notorisch schlechter Lebensführung,

f) Personen, deren Geschäftsführung als unzuverlässig beurteilt werden muß.

Vormünderin kann auch eine Frau werden, wie z. B. die Mutter nach dem Tode ihres Mannes in bezug auf die Verwaltung des Kindesvermögens. Frauen können indessen in der Regel zur Übernahme einer Vormundschaft nicht gezwungen werden. Verpflichtet das Amt zu übernehmen ist indessen die Mutter des unehelichen Kindes (Art. 389).

Wenn ein Vater befürchtet, daß nach seinem Tode die Verwaltung des Kindesvermögens für seine Frau als Vormünderin eine zu schwierige Aufgabe sei, kann er ihr im Testament einen besonderen Berater, Beistand, einen conseil spécial, beigeben, der ihr mit seinem Rate beistehen soll, ohne daß dieser indessen selbständig Vormundschaftsgeschäfte erledigen darf (Art. 391 u. 392).

4. Der Gegenvormund (*subrogé-tuteur*). Vom Familienrat ernannt, ist er eine Art Gehilfe des Vormundes, beauftragt, ihn zu überwachen und ihn in Vertretung des Minderjährigen zu ersetzen, wenn es sich um Geschäfte handelt, bei welchen die Interessen des Vormundes und des Mündels entgegengesetzt sind; so bei Prozessen zwischen dem Vormund und dem Mündel.

Besondere Aufgaben des subrogé tuteur sind: er hat an der Aufnahme des Inventars teilzunehmen, das bei Beginn der Vormundschaft errichtet wird (Art. 451, al. 1), ferner bei der öffentlichen Versteigerung von Vermögensteilen des Mündels mitzuwirken (Art. 452, 459, al. 1). Er muß auch die gesetzliche Hypothek zugunsten des Minderjährigen eintragen lassen (Art. 2137).

Zweites Kapitel.

Vermögensverwaltung; Pflichten des Vormundes.

Dem Vormund fallen verschiedene Aufgaben zu, zunächst bei Beginn der Vormundschaft, sodann während der Vormundschaft.

I. Geschäfte zu Beginn der Vormundschaft. a) Der Vormund hat ein Inventar über das Vermögen des Mündels in Gegenwart des Gegenvormundes (subrogé tuteur) aufzunehmen (Art. 451, al. 1).

b) Er ist verpflichtet, seine eigenen Forderungen gegenüber dem Mündel (welche er vielleicht zunächst gegenüber seinen Eltern hatte) genau anzugeben.

c) Der Vormund hat innerhalb eines Monats die beweglichen Sachen des Mündelvermögens auf dem Wege öffentlicher Versteigerung zu verkaufen, soweit nicht der Familienrat ihn ermächtigt, davon abzusehen (Art. 452).

Nur die Eltern des Kindes sind zu einem solchen Verkauf nicht verpflichtet, wenn sie die Nutznießung an diesem Vermögen haben. Nach Ablauf des Nutznießungsrechtes müssen diese Sachen aber in natura zurückgegeben werden, oder ihr Schätzungswert ist zu ersetzen (Art. 453).

Die gesetzliche Vorschrift, die beweglichen Sachen seien sofort zu verkaufen, wirkt sehr oft unbillig und führt leicht zu Verkäufen unter dem wahren Werte. Ein schweizerischer Kaufmann, der in Paris Wohnung hatte, starb plötzlich mit Hinterlassung eines anerkannten unehelichen Kindes. Ohne Aufnahme eines Inventars, das auch die Passiven umfaßt hätte, ohne Befragung der Familienangehörigen und ohne daß die Gläubiger Gelegenheit hatten, zu intervenieren, wurden kurz nach dem Tode des Eigentümers seine sämtlichen beweglichen Sachen versteigert, Kleider, Wäsche, Mobiliar, Kunstgegenstände. Der Erlös war kläglich. Hätte man bessere Zeiten abgewartet und die Sachen bei eintretender besserer Gelegenheit veräußert, so wäre wohl ein größerer Erlös, insbesondere für die Gemälde eines berühmten japanischen Malers, erzielt worden.

d) Der Vormund muß Werttitel, die dem Mündel gehören und welche auf den Inhaber lauten, wenn sie nicht schon im ersten Monat verkauft wurden, innerhalb drei Monaten in Namenpapiere umwandeln (Gesetz vom 27. Februar 1880, Art. 5, al. 1 loi relative à l'aliénation).

Durch diese Vorschrift soll vermieden werden, daß der Vormund mit den Werttiteln auf eigene Rechnung spekuliert.

e) Der Vormund hat dafür zu sorgen, daß der Familienrat darüber Beschluß faßt, welcher Teil der Erträgnisse des Kindesvermögens für den Minderjährigen und für die Vermögensverwaltung ausgegeben werden darf (Art. 454).

Den darüber hinausgehenden Überschuß muß der Vormund binnen sechs Monaten fest anlegen (Art. 455). Tut er es nicht, so hat er die ausgefallenen Zinsen aus seiner eigenen Tasche zu ersetzen (Art. 456).

Im übrigen ist der Vormund verpflichtet, das Vermögen des Mündels innerhalb drei Monaten anzulegen. Bei Unterlassung hat er die Zinsen zu ersetzen (Gesetz vom 27. Februar 1880, Art. 6).

II. Geschäfte während der Vormundschaft. *1. Allgemeines.* Der Vormund ist verpflichtet, die Geschäfte wie ein guter Familienvater zu führen. Der Code civil wie auch das Gesetz vom 27. Februar 1880 unterscheiden zwischen Geschäften, die der Vormund selbst besorgen kann, und solchen, für welche ein Beschluß des Familienrates nötig ist und in manchen Fällen noch der Genehmigung des Gerichtes bedürfen. Gewisse Geschäfte sind dem Vormund ganz verboten.

2. *Selbständige Geschäfte.* Der Vormund ist ermächtigt, alle diejenigen Geschäfte selbständig vorzunehmen, für welche das Gesetz nicht einen Beschluß des Familienrates verlangt. Demnach steht es im Ermessen des Vormundes allein:

a) alles zu tun, was zur Erhaltung des Vermögens nötig ist,

b) Verträge abzuschließen in bezug auf die landwirtschaftliche Ausnützung von Grundstücken, den Verkauf der Ernte, Unterhalt und Reparaturen der Immobilien,

c) Vermietung von Grundstücken, immerhin nicht über eine vom Gesetz bestimmte Zeit hinaus,

d) Empfangnahme von Geldern, die dem Mündel geschuldet sind und Ausstellung von Quittungen,

e) Anlage der Ersparnisse, während er in bezug auf die Anlage von Kapitalien auf einen Beschluß des Familienrates angewiesen ist,

f) Zahlung von Schulden,

g) Vertretung des Mündels vor Gericht,

h) Verkauf von beweglichen Vermögen.

3. *Zustimmung des Familienrates* ist für folgende Geschäfte nötig:

a) Annahme einer Erbschaft, eines Vermächtnisses,

b) Annahme einer Schenkung,

c) für das Begehren auf Teilung einer Erbschaft, die dem Mündel gemeinsam mit anderen Personen zugefallen ist,

d) Vertretung vor Gericht in einem Streit, der sich auf Immobiliarrechte des Mündels bezieht (Art. 464).

e) der Vormund selbst kann persönlich keine Vermögensstücke vom Minderjährigen kaufen oder pachten, es sei denn, daß der Familienrat den Gegenvormund (le subrogé tuteur) zum Vertragsschluß mit ihm ermächtigt hat (Art. 450, al. 3),

f) zur Umwandlung von Werttiteln auf den Namen in solche auf den Inhaber bedarf es ebenfalls der Zustimmung des Familienrates (Gesetz vom 27. Februar 1880, Art. 10),

g) für die Veräußerung von Wertpapieren bedarf es der Zustimmung des Familienrates bis zum Werte von 7500 französischen Franken; darüber hinaus auch derjenigen des Gerichtes (Gesetz vom 9. Juli 1931),

h) zur Anlage von Kapitalien.

4. *Gerichtliche Genehmigung* der Beschlüsse des Familienrats ist in folgenden Fällen vorgeschrieben:

a) Zum Verkauf von Grundstücken. Nach Art. 457, al. 2 dürfen Grundstücke, die im Eigentum des Mündels stehen, nur verkauft werden bei unbedingter Notwendigkeit, oder wenn ein offenbarer Vorteil erzielt wird. Der Familienrat bestimmt die Grundstücke, die in erster Linie verkauft werden dürfen, ebenso die Bedingungen des Verkaufes (Art. 457 am Schluß).

Erst nachdem das Gericht Zustimmung zu einem bezüglichen Beschluß des Familienrates gegeben hat, kann verkauft werden, und zwar nur auf dem Wege öffentlicher Versteigerung nach vorausgegangener dreimaliger Publikation und in Gegenwart des Gegenvormundes, des subrogé tuteur.

b) Hypothekarische Belastungen sind ebenfalls nur zulässig gestützt auf Beschluß des Familienrates, genehmigt vom Gericht (Art. 457).

c) Die Veräußerung von beweglichem Gut bedarf, wenn der Wert von 7500 Franken überschritten wird, ebenfalls der gerichtlichen Genehmigung des Beschlusses des Familienrates (Gesetz vom 27. Februar 1880, Art. 2).

d) Die Anlage einer Summe von über 7500 Frs.

e) Abschluß von Vergleichen ist dem Vormund als Vertreter des Minderjährigen nur gestattet, nachdem er dazu durch den Familienrat ermächtigt wurde und auf ein Gutachten von drei Juristen, die vom Staatsanwalt des Gerichtes erster Instanz ernannt wurden. Der Vergleich ist nur gültig, wenn er vom Gericht nach Anhörung des Staatsanwaltes bestätigt worden ist (Art. 467).

5. Geschäfte, die dem Vormund verboten sind. a) Der Vormund darf keine Grundstücke kaufen, die dem Mündel gehören. Eine Ausnahme davon macht nur der Fall, da das Mündel und der Vormund Miterben sind. Auch dann hat aber an seiner Stelle ein besonderer Vormund zu amten, der ad hoc ernannt wird.

b) Es ist dem Vormund verboten, eine Forderung oder einen Anspruch eines Dritten gegen das Mündel zu kaufen.

c) Er darf auf den Namen des Mündels keine Schenkung vornehmen. Zulässig ist nur ein einziger Fall einer Schenkung eines Minderjährigen, nämlich in seinem Ehevertrag zugunsten seines Ehepartners (Art. 1095), in welchem Fall aber der Vormund nicht zu intervenieren hat.

d) Die Annahme einer Erbschaft oder eines Vermächtnisses, das zugunsten des Mündels lautet.

e) Verboten ist dem Vormund ferner die Eingehung eines Schiedsgerichtsvertrages (compromis) in bezug auf Rechte, die das Mündel betreffen (Proc. Civ. Art. 1004).

III. Rechnungslegung (reddition du compte de tutelle) (Art. 469—475). Nach französischem Recht hat der Vormund in der Regel nur am Ende der Vormundschaft Rechnung zu stellen, sei es, daß das Mündel volljährig geworden ist an dieses, oder sei es nach seinem vorzeitigen Tod an seine Erben.

Auffallenderweise hat bei der Rechnungsstellung weder ein Gegenvormund noch auch der Familienrat mitzuwirken (Art. 469).

Während der Vormundschaft *kann* der Vormund, ausgenommen wenn Vater oder Mutter die Vormundschaft inne haben, vom Familienrat angehalten werden, dem Gegenvormund (subrogê tuteur) eine Aufstellung über die Lage seiner Geschäftsführung zu geben. Doch darf er nicht gezwungen werden, jährlich mehr als eine Aufstellung zu geben.

Gibt die Rechnung zu Streitigkeiten Anlaß, so hat darüber das Gericht im gewöhnlichen Prozeßverfahren zu entscheiden.

Zum Schutze des Mündels bestimmt Art. 472, daß jede Vereinbarung zwischen dem Vormund und dem Mündel (wenn dieses volljährig geworden ist) über das Mündelgut nichtig ist, wenn das Mündel vorher nicht eine ins Einzelne gehende Abrechnung mit Belegen erhalten hat. Eine bezügliche Vereinbarung vor Rechnungsablegung kann vom Mündel und seinen Erben angefochten werden. Die Anfechtungsklage verjährt in zehn Jahren (Art. 1034).

Diese Vorschriften schützen die Interessen des Kindes nur ungenügend. In der Regel ist das erst volljährig gewordene Kind allein nicht in der Lage, in richtiger Weise die Rechnungslegung, die der Vormund nur ihm vorlegt, zu prüfen. Auch steht es regelmäßig noch zu sehr unter dem Einfluß des gewesenen Vormundes. Es ist unbegreiflich, daß hier nicht auch genaue Prüfung und Genehmigung der Rechnung durch das Gericht oder eine Administrativbehörde vorgeschrieben ist wie in andern Ländern. Die Vorschrift der möglichen Anfechtbarkeit von Vereinbarungen zwischen Vormund und Mündel vor der Rechnungslegung, ist kein genügender Schutz der aus der Vormundschaft entlassenen Person.

Sechster Abschnitt.

Die Vormundschaft über Geisteskranke.

I. Die Gründe, die zu einer Entmündigung wegen Geisteskrankheit führen, sind schon früher genannt worden. Das französische Recht unterscheidet zwischen zwei Klassen von Geisteskranken. Die eine Gruppe fällt unter den Begriff der aliénation oder folie (Irrsinn) und zieht gänzliche oder fast gänzliche Handlungsunfähigkeit nach sich. Sie hat deshalb die Entmündigung zur Folge.

Die andere Gruppe umfaßt die einfache Geistesschwäche (faiblesse d'esprit) und die Verschwendung (la prodigalité). Es erfolgt nur eine teilweise Beschränkung der Handlungsfähigkeit, indem der geistesschwachen Person oder dem Verschwender ein conseil judiciaire, ein Beistand, gegeben wird, ohne dessen Mitwirkung der Schutzbefohlene einzelne Geschäfte nicht rechtsgültig vornehmen kann (s. Colin et Capitant I, Nr. 588, 589).

II. Das Verfahren. Die Entmündigung wegen Geisteskrankheit kann von dem Ehegatten und jedem Verwandten verlangt werden (Art. 490).

Fehlt es an einem Begehren von dieser Seite, so hat der Staatsanwalt einzuschreiten, wenn Blödsinn, Wahnsinn oder Raserei vorliegt, d. h. wenn der Kranke gefährlich wird (Art. 491).

Der Staatsanwalt kann nach einem Gesetz vom Jahre 1883 auch die Internierung eines Geisteskranken ohne Entmündigung veranlassen (vgl. Colin et Capitant, I. Nr. 576).

Maßgebend für das Verfahren sind die Art. 492—501 des Code civil und die Vorschriften von Art. 890—897 des Code de procédure civile.

Die Personen, welche die Entmündigung eines Geisteskranken verlangen können, sind berechtigt, auf dem Klagewege auch nur die Bestellung eines conseil judiciaire, eines Beistandes, zu begehren (Art. 514).

Der Antragsteller reicht sein Begehren mit dem Nachweis des Grundes der Entmündigung und Angabe der Beweismittel beim Gerichtspräsidenten ein. Dieser übergibt es zunächst dem Staatsanwalt (ministère public) und ernennt einen Richter als Berichterstatter. Nach Vernehmlassung dieser beiden Amtspersonen holt das Gericht die Ansicht des Familienrates ein, wobei Art. 495 bestimmt, daß die Personen, welche die Entmündigung verlangten, im Familienrate keine entscheidende Stimme haben dürfen. Doch werden Ehegatten und Kinder, wenn das Begehren von ihnen ausgeht, zur Beratung zugelassen.

Der Ehegatte kann übrigens auch in andern Fällen am Familienrat nicht teilnehmen, so wenn eine Klage von Tisch und Bett gegen den andern Ehegatten anhängig ist.

Das Begehren auf Entmündigung und die Ansicht des Familienrates werden der Person mitgeteilt, die entmündigt werden soll. Sie muß vom gesamten Gericht einvernommen werden. Hält das Gericht zur Wahrung der persönlichen und Vermögensverhältnisse es für angezeigt, so kann es gleich nach der ersten Einvernahme einen vorläufigen Verwalter (un administrateur judiciaire) ernennen, der sein Amt bis zur Wahl eines Vormundes ausübt. Er kann übrigens auch selbst als solcher bestellt werden.

Der provisorische Verwalter darf nur Verwaltungshandlungen vornehmen, es sei denn, daß das Gericht ihn auch zu andern Geschäften ermächtigt (Art. 497).

Es kommt oft vor, daß das Verfahren schon mit diesen Anordnungen beendigt ist. In den übrigen Fällen findet aber eine öffentliche Verhandlung vor Gericht statt, bei welcher die zu entmündigende Person die Rolle des Beklagten spielt. Das Gericht erläßt ein Urteil, gegen welches die Berufung an die höhere Instanz möglich ist (Art. 500 Code civil und Art. 894 Code de prov. civ.).

Das Gericht kann das Begehren im ganzen Umfange abweisen oder aber die Entmündigung aussprechen. Es ist auch möglich, daß zwar von einer Entmündigung abgesehen wird, daß es aber doch für nötig erachtet wird, der Person, gegen welche das Verfahren eröffnet wurde, einen Beistand, einen conseil judiciaire, zu geben (Art. 499).

Ist ein solcher bestellt, so kann der Beklagte ohne die Mitwirkung dieses Beistandes nicht mehr vor Gericht auftreten, keinen Vergleich abschließen, kein Darlehen geben, kein bewegliches Kapital erheben, noch auch quittieren und seine Güter weder veräußern noch hypothekarisch belasten.

Das Urteil über die Entmündigung wird öffentlich bekanntgegeben und zwar nach den Vorschriften von Art. 501. Der Gerichtsschreiber trägt die Entmündigung in ein besonderes Buch ein, von welchem jedermann Einsicht und Abschriften verlangen kann.

Ist das Urteil rechtkräftig geworden, so erfolgt die Ernennung eines Vormundes (tuteur) und eines Gegenvormundes (subrogé tuteur) nach den Vorschriften über die Vormundschaft Minderjähriger, es sei denn, daß das Gericht die Bestellung eines conseil judiciaire zum Schutze der Interessen des Geisteskranken für genügend erachtet.

Zweiter Titel.

Das eheliche Güterrecht (régimes matrimoniaux).

Erster Abschnitt.

Übersicht.

Erstes Kapitel.

Die Güterstände.

I. Vertragsfreiheit. Die künftigen Ehegatten können ihr eheliches Güterrecht (régime matrimonial) im Ehevertrag nach freiem Ermessen bestimmen. Nur dürfen solche Vereinbarungen nicht gegen die guten Sitten verstoßen und nicht die vom Gesetz aufgestellten Schranken überschreiten (Art. 1387). Im übrigen gibt das Gesetz nur Vorschriften soweit als die Ehegatten über die Wahl des Güterstandes oder über einzelne Fragen des gewählten Güterrechtes nichts besonderes vereinbart haben.

Diese Vertragsfreiheit erlaubt den Ehegatten zur Ordnung ihrer Vermögensverhältnisse einen der verschiedenen Güterstände zu wählen. Sie können auch die vom Gesetz aufgestellten Normen abändern, immerhin innerhalb der vom Gesetz gezogenen Grenzen. So ist es zulässig, daß sie für den Güterstand der Gütergemeinschaft auch die Klausel der Unveräußerlichkeit des Heiratsgutes, der biens dotaux, aufnehmen, welche für das Dotalrecht charakteristisch ist.

Es ist auch nicht verboten, ein in Frankreich nicht übliches Gütersystem anzunehmen, jedoch immer wieder mit Berücksichtigung der vom Code civil aufgestellten Schranken.

Folgendes sind die verschiedenen in Frankreich üblichen Güterstände:

a) die Gütergemeinschaft (la communauté de biens). Sie ist der gesetzliche Güterstand, wenn die Ehegatten keinen Ehevertrag abgeschlossen haben;

b) das Dotalrecht (le régime dotal);

c) die Gütertrennung (la séparation de biens);

d) der Güterstand ohne Gemeinschaft (le régime sans communauté).

II. Die Gütergemeinschaft (la communauté de biens). Bei der Gütergemeinschaft bildet das Ganze oder ein Teil des Vermögens, das von den Ehegatten zur Zeit der Heirat besessen oder während der Ehe erworben wird, eine Einheitsmasse, vom Ehemann verwaltet, dazu bestimmt, am Ende der Ehe bei Auflösung der Gemeinschaft unter die Ehegatten oder ihre Erben verteilt zu werden. Die Gemeinschaftsmasse kann nach dem Ermessen der Ehegatten ausgedehnter oder weniger ausgedehnt sein, und danach werden verschiedene Arten unterschieden:

a) Die Universalgemeinschaft. Sie umfaßt alles Vermögen, das die Ehegatten bei Abschluß der Ehe besaßen, und das ihnen während der Ehe, sei es aus irgendwelchem Rechtsgrunde, entgeltlich oder durch Schenkung oder durch Testament oder sonstwie zugekommen ist. Man spricht von communauté universelle.

b) La communauté des meubles et acquêts, Gütergemeinschaft des ganzen beweglichen Vermögens und des während der Ehe erworbenen Vermögens (des beweglichen und der Grundstücke). Es ist dies die Gemeinschaft, welche in sich vereint alles bewegliche Vermögen, das die Eheleute zur Zeit der Heirat besessen haben, aber auch alles den Ehegatten aus irgendeinem Grunde während der Ehe zugefallene und erworbene bewegliche und unbewegliche Vermögen. Außerhalb des Gemeinschaftsvermögens bleiben nur die Grundstücke, welche die Ehegatten schon vor der Eingehung der Ehe besaßen. Verwalter des Gemeinschaftsvermögens, aber auch der Sondervermögen (die nur aus Grundstückbesitz aus der Zeit vor der Ehe bestehen) ist der Ehemann.

Diese communauté des meubles et acquêts wird auch communauté légale, gesetzliches Güterrecht oder gesetzlicher Güterstand, genannt, weil sie nach französischem Recht für alle diejenigen Eheleute Anwendung findet, die keinen Ehevertrag abgeschlossen oder im Ehevertrag den Güterstand nicht bezeichnet haben.

Frankreich zählt gegenwärtig jährlich mehr als 300 000 Eheschließungen. Eheverträge werden aber nicht mehr als 70 000 abgeschlossen.

Es kommt deshalb dem gesetzlichen Güterstand eine überragende Bedeutung zu, denn von den 300 000 Ehepaaren, die jährlich heiraten, haben nicht weniger als 230 000 diesen Güterstand, zu welchen noch diejenigen Eheleute zuzuzählen sind, die zwar einen Ehevertrag abschlossen, darin aber den gesetzlichen Güterstand wählten oder vom Güterstand überhaupt nichts erwähnten.

c) Die Errungenschaftsgemeinschaft (la communauté réduite aux acquêts) beschränkt die Gemeinschaft nur auf das, was die beiden Ehegatten während der Ehe an beweglichem Vermögen oder an Grundstücken entgeltlich erwerben. Ausgeschlossen von der Gemeinschaft sind danach die beweglichen Güter und die Grundstücke, welche die Eheleute schon zur Zeit des Eheabschlusses besessen haben, sowie das, was ihnen durch Erbschaft oder Schenkung während der Ehe zufällt. Der Ehemann ist der Verwalter sowohl des Gemeinschaftsvermögens als auch der Sondervermögen der beiden Ehegatten.

III. Das Dotalrecht (régime dotal). Dieser Güterstand ist in Frankreich im Süden des Landes üblich. Man fügt ihm gern eine Errungenschaftsgemeinschaft bei (société d'acquêts oder communauté aux acquêts).

Das Dotalrecht charakterisiert sich dadurch, daß das Vermögen der Frau in zwei Teile zerfällt: in das Dotalvermögen (les biens dotaux), d. h. das, was sie als Heiratsgut (dot) eingebracht hat, und in das übrige Vermögen, die Paraphernen, das Paraphernalvermögen. Es ist das Vermögen, das nicht Heiratsgut ist.

Die erste Vermögensmasse, das Heiratsgut, ist dazu bestimmt, mit ihren Erträgnissen an den Kosten der Ehe beizutragen, so daß zufolgedessen der Ehemann die Verwaltung und den Genuß daran hat. Um zu verhindern, daß das Heiratsgut (la dot) durch das Ehepaar aufgebraucht wird, erklärt das Gesetz, daß dieses Heiratsgut unveräußerlich bleibt. Im Interesse der Gläubiger ist es auch unwandelbar, grundsätzlich in seinem Bestande und seinem Werte also stets gleichbleibend. Das Paraphernalvermögen dagegen bleibt in der Verwaltung und dem Genuß der Frau.

IV. Gütertrennung (la séparation de biens). Sie ist der einfachste Güterstand, denn jeder Ehegatte bleibt unbeschränkbarer Eigentümer seines eigenen Vermögens mit dem Recht der eigenen Verwaltung und des eigenen Genusses. Doch ist jeder Ehegatte verpflichtet, an die gemeinsamen Kosten des Haushaltes beizutragen. Dieser Güterstand, der in England und Amerika üblich ist, kommt in Frankreich selten vor.

V. Güterstand ohne Gemeinschaft (le régime sans communauté). Er ist noch weniger gebräuchlich als die Gütertrennung und ist der ungünstigste Güterstand für die Frau, da das ganze Vermögen beider Ehegatten ohne Ausnahme in der Verwaltung des Mannes steht, der auch den persönlichen Genuß aller Erträgnisse daraus hat, allerdings mit der Pflicht, für die Kosten des Haushaltes aufzukommen. Macht er Ersparnisse aus dem Vermögen, so gehören sie ihm allein, wie er auch grundsätzlich alleiniger Eigentümer von dem ist und bleibt, was während der Ehe verdient wird.

VI. Das freie Einkommen der Frau. Soweit bei den verschiedenen Güterständen der Ehemann die ausschließliche Verwaltung und den ausschließlichen Genuß auch der von seiten der Frau eingebrachten Vermögensteile hat, sind die Güterstände des französischen Rechtes sehr unbillig.

Ganz besonders ist dies natürlich der Fall beim gesetzlichen Güterrecht der Gütergemeinschaft, da alles, was die Frau z. B. von ihren Eltern, an Geld, an Wertpapieren und anderen beweglichen Gütern erhält, vollständig in die Hände des Mannes gelangt, der auch die volle Nutznießung davon hat, während der Frau oder ihren Erben nur nach Auflösung der Ehe der Anspruch auf die Hälfte des Vermögens zukommt.

Ob sie diesen Anteil erhält, hängt natürlich ganz davon ab, ob er dann noch vorhanden ist, d. h. ob die Verwaltung des Mannes eine gute und gewissenhafte war oder nicht, denn wo nichts ist, hat auch der Kaiser sein Recht verloren.

Je mehr die Frau in neuerer Zeit dazu kam, selbständig einen Beruf auszuüben und durch ihre Arbeit selbständig zu erwerben, um so mehr hat sich auch die Unbilligkeit der Behandlung ihres Arbeitslohnes geltend gemacht, der nach dem Gesetz zur Hälfte dem Manne zufiel und über dessen andere Hälfte er bis zur Auflösung der Ehe die Verwaltung hatte. Es war eine Abhilfe und ein Schutz der Frau in bezug auf ihren Arbeitslohn dringend nötig, namentlich wenn man bedenkt, daß ein Mann den ganzen Lohn seiner Frau an sich nehmen konnte, ohne über die Verwendung irgendwie Rechenschaft geben zu müssen. Ein Trunkenbold konnte ihn vertrinken.

Abhilfe brachte das Gesetz vom 13. Juli 1907 (loi relative au libre salaire de la femme mariée et à la contribution des époux aux charges du ménage).

Dieses Gesetz gibt der Frau, wie immer auch der eheliche Güterstand sein möge, wenn sie einen Beruf ausübt, der von dem ihres Mannes verschieden ist, das Recht, über das Einkommen, das sie daraus hat, frei zu verfügen, es nach freiem Ermessen anzulegen und es auch zu veräußern. Dadurch sind alle Güterstände mehr oder weniger modifiziert worden, vor allem die Gütergemeinschaft, die auf absoluter Unterordnung der Frau unter den Mann aufgebaut ist.

Zweites Kapitel.

Der Ehevertrag (le contrat de mariage).

I. Begriff, Gegenstand. Der Ehevertrag ist ein Formvertrag, den die Ehegatten in der Zeit vor ihrer Heirat eingehen können. Während der Ehe ist der Abschluß eines Ehevertrages ausgeschlossen, da für die unter den Ehegatten bestehenden vermögensrechtliche Beziehungen, für ihren Güterstand, der Grundsatz der Unwandelbarkeit (immutabilité) besteht.

Durch den Ehevertrag werden die vermögensrechtlichen Verhältnisse unter den Ehegatten geordnet. Es kann vor allem bestimmt werden, welcher Güterstand gelten soll, sei es, indem sie einfach die hierfür aufgestellten gesetzlichen Vorschriften anwendbar erklären oder sei es, daß sie Abänderungen treffen, soweit sie gesetzlich zulässig sind.

Vor allem erfolgt durch den Ehevertrag auch die Bestellung von Heiratsgut, die Zusicherung von Vermögenszuwendungen an den einen oder anderen Ehegatten oder an beide.

Die Hingabe eines Heiratsgutes, einer Mitgift (la dot genannt) erfolgt oft in der Form der Schenkung unter Lebenden, handle es sich nun um bewegliches Gut oder um Grundstücke. Zuweilen ist es aber eine Schenkung künftigen Vermögens, durch welche der Schenkgeber einem der künftigen Ehegatten oder den Kindern, die aus der Ehe hervorgehen, sein ganzes Vermögen oder einen Teil desselben zuwendet.

Ist diese Zuwendung durch den Ehevertrag zugesagt, so kann sie nicht mehr widerrufen werden, ganz im Gegensatz zur allgemeinen Regel, daß eine Person über ihre Hinterlassenschaft nie durch Vertrag, sondern nur durch Testament verfügen kann, was die Möglichkeit jederzeitigen Widerrufs gibt.

Auch Brautleute selbst können sich durch den Ehevertrag Vermögen zuwenden, um nach dem Tode des einen die Lage des andern zu sichern. Der in Betracht kommende Artikel 1094 lautet:

„Ein Ehegatte kann sowohl durch Ehevertrag als auch während der Ehe für den Fall, daß er keine Nachkommen hinterläßt, zugunsten des andern Ehegatten dem Eigentum nach über alles das verfügen, worüber er zum Vorteil eines Fremden verfügen könnte und überdies über das nackte Eigentum (also nicht über die Erträgnisse daraus) des den Aszendenten nach Art. 1914 gewährten Pflichtteils. Und für den Fall, daß der schenkende Ehegatte Nachkommen hinterlassen sollte, kann er dem andern Ehegatten entweder ein Viertel zu Eigentum oder ein anderes Viertel zum Nießbrauch oder die Hälfte seines ganzen Vermögens zum Nießbrauch allein zuwenden."

Um solche Zuwendungen zu erleichtern, sind verschiedene Vorschriften, die sonst für Schenkungen gelten, nicht anwendbar. So kann vor allem auch ein Minderjähriger, der heiratet, seinen zukünftigen Ehegenossen beschenken (Art. 1095, 1398).

II. Vertragsfähigkeit. Fähig, einen Ehevertrag einzugehen, sind alle volljährigen Brautleute, die für den Abschluß der Ehe keiner Zustimmung einer andern Person bedürfen.

Der Minderjährige, der ehefähig ist, kann sich durch einen Ehevertrag verpflichten, wenn die Personen zustimmen, die zur Ehe selbst die Zustimmung geben müssen.

Personen, denen ein gerichtlicher Beistand, ein conseil judiciaire, beigegeben ist (z. B. Verschwender, schwachsinnige Personen) bedürfen der Mitwirkung dieses Beistandes.

Wegen Geisteskrankheit entmündigte Personen (les interdits judiciaires) können nur in lichten Zwischenräumen eine Ehe und auch einen Ehevertrag abschließen. Natürlich bedürfen sie der Mitwirkung des Vormundes.

III. Schranken der Vertragsfähigkeit. Die Art. 1387 ff. beschränken die Vertragsfreiheit wie folgt:

a) Es ist den Ehegatten verboten, die Vorschriften über die ehemännliche Gewalt abzuändern (Art. 1388 am Anfang). So ist es nicht zulässig, daß im Ehevertrag bestimmt wird, daß die Frau von der Pflicht, mit ihrem Manne zusammenzuwohnen, entbunden sei (Art. 214), oder daß sie mit einer allgemeinen Ermächtigung oder ohne Zustimmung ihres Mannes Verträge eingehen dürfe.

b) Die Ehegatten können nicht auf Rechte verzichten, die dem Manne als Oberhaupt der Familie zukommen (Art. 1388).

Es ist ganz unzulässig, der Frau bei der Gütergemeinschaft die Verwaltung zu überlassen oder zu vereinbaren, der Mann bedürfe zur Verwaltung der Zustimmung der Frau.

Ein Gesellschaftsvertrag zwischen Ehegatten ist ungültig, weil eine Personenverbindung wie eine Gesellschaft jedem Gesellschafter regelmäßig gleiche Rechte gibt, was im Widerspruch steht mit dem Grundsatz, daß der Mann das Haupt der ehelichen Gemeinschaft ist.

c) Die Ehegatten können auch nicht die Vorschriften über die elterliche Gewalt ändern (Art. 1388). So wäre eine Klausel im Ehevertrag, wonach Kinder einer gemischten Ehe in einer bestimmten Religion erzogen werden müssen, ungültig, weil dies ein Verzicht des Vaters auf das Recht wäre, das Art. 373 ihm allein zuweist, wonach er während der Ehe die elterliche Gewalt ausübt.

d) Die Brautleute können nichts vereinbaren und auf nichts verzichten, was eine Änderung der gesetzlichen Erbfolge bedeuten würde, sei es in bezug auf sie selbst bei der Beerbung ihrer Kinder oder Nachkommen, sei es in bezug auf ihre Kinder untereinander (Art. 1389).

Danach ist es in der Regel nicht zulässig, daß die Brautleute im Ehevertrag in bezug auf ihre eigene Hinterlassenschaft verfügen, denn eine solche Verfügung auf den Todesfall darf nur durch Testament geschehen. Noch auch sind sie dazu berechtigt, über die künftige Hinterlassenschaft ihrer Kinder zu verfügen, welche vor ihnen sterben sollten, weil man überhaupt über eine noch nicht eröffnete Erbschaft nach Art. 1130 nicht verfügen kann. Soweit ausnahmsweise gegenseitige Zuwendungen der Brautleute auf den Todesfall im Ehevertrag zulässig sind, ist auf Art. 1094 zu verweisen (s. oben unter I).

e) Die Vereinbarungen der Brautleute dürfen nicht gegen die guten Sitten verstoßen (Art. 1387), ebensowenig gegen ausdrückliche Verbote des Gesetzes (Art. 1388).

Da nach Auflösung der Gütergemeinschaft der Frau und ihren Erben das Recht zusteht, die Gemeinschaft anzunehmen oder auszuschlagen, so wäre jede entgegenstehende Vereinbarung nichtig (Art. 1453).

Nach den Art. 1482 u. 1483 haftet jeder Ehegatte zur Hälfte für die Schulden der Gütergemeinschaft, die Frau aber höchstens in der Höhe des Erlöses aus ihrem Anteil gestützt auf ein getreues Inventar. Auf dieses Vorrecht kann die Frau nicht verzichten.

Auch auf das Recht, frei über ihr Einkommen zu verfügen gemäß Art. 1 des Gesetzes vom 13. Juni 1907, darf die Frau nicht verzichten.

IV. Form des Ehevertrags. a) *Notarielle Urkunde.* Der Ehevertrag muß vor der Heirat in notarieller Urkunde, also durch die Parteien vor dem Notar, abgeschlossen werden (Art. 1394). Nach Eheabschluß ist eine Änderung des Ehevertrages nicht mehr zulässig (Art. 1395).

Kam der Ehevertrag vor der Heirat nicht formgemäß zustande, so tritt der gesetzliche Güterstand der Gütergemeinschaft ein.

Notarielle Beurkundung ist vorgeschrieben, damit die Parteien von einem rechtskundigen Mann beraten werden.

Die am Ehevertrag beteiligten Personen sind die Brautleute und die Schenkgeber, und wenn die Brautleute selbst „incapables“ sind, ihre gesetzlichen Vertreter. Es ist nicht nötig, daß diese verschiedenen beteiligten Personen persönlich bei der Redaktion der Vereinbarung anwesend sind. Sie können sich vertreten lassen und zwar durch einen Vertreter, der im Besitz einer Vollmacht ist, einer procuration authentique, d. h. vor dem Notar erklärt, sie muß auch „spéciale“ sein, d. h. den Text des Ehevertrags selbst wiedergeben.

Die beteiligten Personen (oder ihre Vertreter) müssen dem Ehevertrag gleichzeitig zustimmen. Das Gesetz läßt es nicht zu, daß sie zu verschiedenen Zeiten nacheinander die Einwilligung erklären. Es ergibt sich dies aus Art. 1396, welcher vorschreibt, daß keine Änderung des Ehevertrags Gültigkeit hat, ohne die gleichzeitige Anwesenheit und die gleichzeitige Zustimmung aller Personen, die am Ehevertrag beteiligt waren.

Auch wenn Braut und Bräutigam minderjährig sind, ist doch deren persönliche Zustimmung nötig (Art. 1398).

Änderungen des Vertrages vor der Trauung sind zulässig, ebenso Ergänzungen (z. B. durch eine neue Schenkung) und zwar durch einen ergänzenden Akt, contre-lettre genannt. Dieser Ergänzungsakt unterliegt denselben Formvorschriften, wie der Ehevertrag (Art. 1396, al. 1). Er muß durch einen Notar in Gegenwart und mit Zustimmung aller Personen aufgesetzt sein, die am Ehevertrag teilgenommen haben (Art. 1396, al. 2), also der Brautleute und evtl. der Personen, die einen Minderjährigen vertreten, sowie der Geschenkgeber.

Wird diese Form nicht beachtet, so ist die Verfügung im ergänzenden Akt ungültig.

Die Ergänzungsurkunde muß dem Original des Ehevertrages am Schlusse beigefügt werden (Art. 1397, al. 2). Wird dies unterlassen, so schafft diese Ergänzung zwar Recht unter den Parteien, kann aber Drittpersonen nicht entgegengehalten werden.

Der Notar darf weder beglaubigte Abschriften (des grosses), noch auch Ausfertigungen (des expéditions) des Ehevertrags ausliefern, ohne daß eine Abschrift der Ergänzungsurkunde mit aufgenommen ist.

b) *Publikation des Ehevertrages.* Damit Drittpersonen, die mit den Eheleuten geschäftlich verkehren, wissen, in welchem Güterstand sie leben, ist öffentliche Bekanntgabe vorgeschrieben und zwar:

Nach Gesetzen betr. das Handelsregister vom 18. März 1919 und vom 28. März 1931 muß, wenn einer der Ehegatten Handel treibt, ein Auszug des Ehevertrages im Handelsregister veröffentlicht werden. Es hat daraus hervorzugehen, in welchem Güterstand die Ehegatten leben. Der Notar und die Ehegatten müssen für die Eintragung besorgt sein. Im übrigen schreibt ein Gesetz vom 10. Juli 1850 vor, daß der Notar nach Abschluß des Vertrages einen Auszug davon den Ehegatten mit der Weisung zu übergeben hat, dieses Zeugnis dem Zivilstandsbeamten vor der Trauung vorzuweisen.

Der Standesbeamte ist verpflichtet, vor der Trauung die Brautleute zu fragen, ob sie einen Ehevertrag abgeschlossen haben. Liegt ein solcher Vertrag vor, so wird der Beamte das Datum des Vertrags und den Namen des Notars in der Heiratsurkunde vormerken.

V. Unwandelbarkeit (immutabilité) des Ehevertrages. Wie ein Ehevertrag nur vor Abschluß der Ehe zulässig ist, so bleiben auch seine Bestimmungen über das eheliche Güterrecht während der Dauer der Ehe grundsätzlich unveränderlich, unwandelbar. Art. 1395 sagt dies ausdrücklich. Es ist dies die règle de l'immutabilité des conventions matrimoniales.

Diese Vorschrift steht im Gegensatz zu der Gesetzgebung der Schweiz und Deutschlands, welche die Änderung des ehelichen Güterstandes auch während der Dauer der Ehe zulassen.

Der Code civil schreibt die Unwandelbarkeit zum Schutze der Frau und im Interesse der Gläubiger vor. Die Frau soll nicht Gefahr laufen, unter dem vorherrschenden Einfluß des Mannes in ihren Vermögensrechten benachteiligt zu werden, und Dritte, die mit Mann und Frau geschäftlich verkehren, sollen über die vermögensrechtlichen Verhältnisse der Ehe genau informiert sein. Die Möglichkeit der Änderung würde große Unsicherheit schaffen.

Dieser Grundsatz der Unveränderlichkeit des Ehevertrages ist indessen seit Erlaß des Code civil in manchen Teilen durchbrochen, so z. B. durch die Zulassung von Schenkungen während der Ehe (s. unten).

Folgen der Unveränderlichkeit. Die Unwandelbarkeit hat folgende Wirkungen:

a) Auf Geschenke und Zuwendungen, welche sich die Eheleute im Ehevertrag gemacht haben, kann nachträglich nicht verzichtet werden, auch dann nicht, wenn sich die Eheleute tatsächlich trennen. So ist es nicht zulässig, daß die Frau auf Zuwendungen verzichtet, die ihr der Mann zum besonderen Zweck der Sicherung ihrer Existenz nach seinem Tode versprochen hat.

b) Nicht zulässig sind Vereinbarungen unter den Ehegatten, welche geeignet wären, die Rechte des einmal angenommenen Güterstandes zu ändern. So sind „sociétés" unter Ehegatten verboten, weil sie eine Änderung im Sinne der Gleichstellung von Mann und Frau bedeuten würden, was dem französischen Familienrecht widerspricht.

Ausgeschlossen ist auch eine Änderung des Heiratsguts beim Dotalsystem. Es kann während der Ehe keine solche geben, also ein bestehendes Heiratsgut weder vermehrt noch vermindert werden.

So ist es den Eheleuten untersagt, einen Vermögensteil der Frau, der zu ihrem Paraphernalvermögen gehört, nachträglich als Heiratsgut zu behandeln, wie es auch ausgeschlossen ist, das Heiratsgut dadurch zu verkleinern, daß ein von der Frau erworbenes Gut in Abänderung des Ehevertrages als Paraphernalgut behandelt würde.

Entsprechend können beim Güterstand der Gütergemeinschaft die Ehegatten nicht ein Vermögensstück, das zum gemeinsamen Vermögen oder zum persönlichen Vermögen des einen Ehegatten zu zählen ist, von dieser Bestimmung ausschließen.

Davon besteht allerdings eine Ausnahme zufolge der Zulassung von Schenkungen unter Ehegatten, indem das geschenkte Gut regelmäßig dem Gemeinschaftsvermögen entnommen wird.

c) Das Gebot der Unwandelbarkeit übt seine Wirkung auch gegenüber den dritten Geschenkgebern aus, die am Ehevertrag teilgenommen haben und deshalb ebenfalls an die im Ehevertrag gegebenen Versprechungen unwiderruflich gebunden sind.

Anders verhält es sich natürlich mit Zuwendungen und Geschenken, die erst während der Ehe, also außerhalb des Ehevertrages gemacht werden. Dem Schenkgeber steht es in diesem Falle frei zu bestimmen, zu welcher Vermögensgruppe seine Zuwendung fallen soll, zum Gemeinschaftsgut oder zum persönlichen Vermögen eines der Ehegatten.

Eine einzige Ausnahme besteht im Interesse Dritter wegen der Unveräußerlichkeit des Dotalvermögens. Ein Schenkgeber kann nicht verlangen, daß das von ihm geschenkte Gut Dotalvermögen sein soll, wenn nach dem Ehevertrag das von den Ehegatten in der Zukunft erworbene Vermögen Paraphernalgut sein muß.

d) Anfechtbarkeit von Vereinbarungen, die den Grundsatz der Unwandelbarkeit verletzen. Solche Vereinbarungen sind absolut ungültig. Jeder Interessent kann sich auf die Ungültigkeit berufen. Dieses Anfechtungsrecht unterliegt keiner Verjährung.

VI. Hinfälligkeit des Ehevertrages. Da der Ehevertrag im Hinblick auf die Ehe der Parteien abgeschlossen wird, so untersteht er auch dem Schicksal des Hauptvertrags, des Eheabschlusses. Kommt die Ehe nicht zustande, so fällt der Ehevertrag ohne weiteres dahin. Immerhin wird eine Anerkennung eines außerehelichen Kindes durch den Bräutigam oder die Braut im Ehevertrag nicht hinfällig werden, denn es handelt sich hier um eine Erklärung, die mit der Ehe selbst nichts zu tun hat.

Kommt die Ehe zustande, so werden im übrigen die Bestimmungen des Ehevertrages erst rechtswirksam vom Tage des Eheabschlusses an.

Hinfällig wird natürlich der Ehevertrag auch, wenn die Ehe selbst nichtig ist.

VII. Das Güterrecht der Ausländer [1]**.** Frankreich hat keine ausdrücklichen Vorschriften über das auf ausländische Ehegatten anwendbare Güterrecht. Die Praxis der französischen Gerichte stellt in bezug auf die Frage, welches Güterrecht die Ausländer haben, auf den Willen der Ehegatten ab (s. die Urteile in Niemeyers Z. Bd. 36, 436/37 und Bd. 38, 398; CLUNET 1927, 1106; Bulletin de l'Inst. interméd. Bd. 20, 110 und Bd. 23, 83; SURVILLE, F.: Cours élémentaire de droit international privé (7. Aufl.) Nr. 372).

Beim Fehlen eines Ehevertrages wird untersucht, ob anzunehmen ist, daß die ausländischen Ehegatten sich dem französischen oder aber dem heimatlichen Güterrecht unterstellen wollten. Je nachdem im einzelnen Falle die Anzeichen für den Willen der Ehegatten, sich dem französischen oder dem heimatlichen Güterrecht zu unterstellen, überwiegen, wird der französische oder der heimatliche ordentliche Güterstand als maßgebend betrachtet.

So wird in bezug auf Schweizer angenommen, daß sie das schweize-

[1] Siehe ANLIKER: Die erbrechtlichen Verhältnisse der Schweizer im Auslande und der Ausländer in der Schweiz.

rische Güterrecht angenommen haben, wenn sie in der Schweiz geheiratet haben (Urteil der Cour d'Appel von Besançon vom 28. Juli 1930, Bulletin de l'Institut intermédiaire international 25, 106).

Nach französischem Recht kann ein Ehevertrag nur vor Eingehung der Ehe geschlossen werden. Nach Abschluß der Ehe ist eine Änderung des Güterstandes nicht mehr zulässig.

Französische Urteile bezeichnen den Grundsatz der Unwandelbarkeit der Eheverträge als eine „règle du statut personnel", der auf Ausländer nicht anzuwenden ist (Urteil des Tribunal de la Seine vom 2. Juni 1902, Niemeyers Z. 29, 404/5; CLUNET 1902, 361 u. 1925, 1039).

Gleichwohl betrachten die französischen Notare, welche den Ehevertrag aufsetzen, die Art. 1394 u. 1395 des Code civil als „ordre public interne" und lehnen es ab, einen Ehevertrag während der Ehe zu verurkunden, selbst wenn das Heimatrecht der Ehegatten dies zuläßt. Dagegen wird in Frankreich ein Ehevertrag zugelassen, welchen Ausländer während der Ehe in ihrer Heimat abgeschlossen haben. Doch sind von dieser Praxis auch schon Ausnahmen vorgekommen. So hat in einem Falle das Gericht von Amiens einen zweiten, während der Ehe in der Schweiz abgeschlossenen Ehevertrag von Schweizern für Frankreich als unwirksam erklärt (Clunet 1927, 388).

Drittes Kapitel.

Das Heiratsgut; Mitgift (la dot).

I. Begriff. Die „dot" des französischen Rechtes hat zwei Bedeutungen. Grundsätzlich entspricht die „dot" der „dos" des römischen Rechtes. Es ist das Vermögen, das Heiratsgut, das dem Manne von Seiten der Frau zukommt, oder es sind deren Vermögenserträgnisse, die dazu bestimmt sind, an die Kosten des gemeinsamen Lebens in der Ehe einen Beitrag zu leisten, wie immer auch der Güterstand sein möge.

Die Frau kann dieses Heiratsgut aus ihrem eigenen Vermögen stiften, oder es kann von ihren Eltern oder auch von Drittpersonen gegeben werden.

Die zweite Bedeutung des im französischen Recht gebrauchten Ausdrucks „la dot" ist das Vermögen, das durch eine Drittperson, gewöhnlich vom Vater oder von der Mutter oder von den Großeltern, durch den Ehevertrag *dem einen oder andern* der zukünftigen Eheleute, *sei es nun dem Manne oder der Frau*, zugewendet wird, um ihnen eine finanzielle Hilfsquelle zu verschaffen. In diesem Sinne spricht man von einer Bestellung eines Heiratsguts, der constitution de la dot. „Constituer la dot" heißt „ein Heiratsgut bestellen", sei es, daß man das Gut sofort gibt oder die Hingabe verspricht.

II. Inhalt der Verpflichtung bei Bestellung eines Heiratsguts. Da die Mitgift, welche von den Eltern oder auch von Drittpersonen gegeben oder versprochen wird, dazu bestimmt ist, die Existenz der jungen Familie zu sichern, verordnet das Gesetz zur Sicherheit der bedachten Eheleute folgendes:

a) Die Schenkungen, die durch den Ehevertrag gemacht wurden, können wegen Undankbarkeit nicht widerrufen werden (Art. 959);

b) die Zinsen der Mitgift laufen vom Tage des Eheabschlusses an, wenn nichts anderes vereinbart wurde (Art. 1440, 1548);

c) wer ein Heiratsgut bestellt, ist zur Gewährleistung verpflichtet wie der Verkäufer einer Sache, im Gegensatz zum gewöhnlichen Schenkgeber (Art. 1440, 1547).

d) Die Rechtsprechung behandelt die Bestellung einer dot wie ein entgeltliches (oneroses) Rechtsgeschäft. Das hat zur Folge, daß, wenn sich Gläubiger des Bestellers durch die Hingabe des Heiratsgutes in ihren Rechten beeinträchtigt fühlen (wenn z. B. ihr Schuldner, der Besteller, zahlungsunfähig wird), sie die Dosbestellung nur durch den Nachweis anfechten können, daß beide Ehegatten (auch wenn die Dos nur zugunsten des einen bestellt wurde) Kenntnis von der Zahlungsunfähigkeit des Bestellers hatten. Mit Recht wird diese Rechtsprechung von der Doktrin bekämpft.

Wenn der Vater allein oder die Mutter allein ein Heiratsgut gibt, so fällt diese Verpflichtung zu persönlichen Lasten dieses einen Elternteiles, welcher den andern nicht dazu verhalten kann, die Hälfte zu übernehmen (vgl. Art. 1544, al. 2 für das Dotalrecht). Anders verhält es sich, wenn die Eltern in Gütergemeinschaft leben, da in diesem Falle der Vater als Verwalter des Gemeinschaftsgutes das Recht hat, dem Kinde eine Aussteuer zu Lasten dieses Gemeinschaftsvermögens zu bestellen (Art. 1422, al. 1).

Immerhin kann bei Gütergemeinschaft der Eltern der Vater im Ehevertrag des Kindes ausdrücklich erklären, daß die von ihm bestellte Mitgift ausschließlich von ihm allein einzubringen ist (Art. 1439, am Ende).

Wenn die beiden Eltern zusammen eine Aussteuer geben, so muß von jedem Ehegatten je die Hälfte getragen werden. Hat gleichwohl einer alles gegeben, so kann er vom andern Ersatz der Hälfte verlangen (Art. 1438, 1544, al. 1).

Zweiter Abschnitt.

Die Gütergemeinschaft (la communauté de biens). Allgemeine Grundsätze.

Erstes Kapitel.

Übersicht.

I. Die rechtliche Natur. Die Gütergemeinschaft vereinigt die Vermögen von Mann und Frau zu einer unteilbaren Masse, ohne daß sie den Charakter von Miteigentum oder Gemeinschaftseigentum hat, wie es z. B. unter Miterben besteht. Der Ehemann hat vielmehr fast unbeschränktes Verfügungsrecht über das Gemeinschaftsgut, aber weder der eine, noch der andere Ehegatte kann während der Gütergemeinschaft eine Teilung verlangen. Während das gemeinsame Eigentum der Miterben nur vorübergehender Natur ist, besteht die eheliche Gütergemeinschaft unwiderruflich und unauflösbar bis zur Auflösung der Ehe oder bis zur gerichtlichen Gütertrennung.

II. Arten. Das französische Recht unterscheidet zwei Arten von Gütergemeinschaft, nämlich

1. Die gesetzliche Gütergemeinschaft (communauté légale), auch genannt communauté des meubles et acquêts (Gemeinschaft an allem beweglichen Vermögen und an der Errungenschaft, in letzterer inbegriffen bewegliches Vermögen und Grundstücke);

2. Die vertragliche Gütergemeinschaft (la communauté conventionelle). In diesem Falle beruht die Gütergemeinschaft auf Ehevertrag, der das gesetzliche eheliche Güterrecht mehr oder weniger modifiziert.

Das gesetzliche Recht, das Geltung hat, wenn kein Ehevertrag besteht, ist die Gütergemeinschaft, welche das bewegliche Vermögen und das während der Ehe erworbene Vermögen (gleichgültig ob Grundstücke oder Fahrnis) umfaßt, also die communauté des meubles et acquêts.

Vor hundert Jahren mochte diese gesetzliche Ordnung der Vermögen in der Ehe den damaligen wirtschaftlichen und sozialen Verhältnissen wohl entsprechen, da damals die Frau wohl eher Eigentum an Grundstücken hatte und das Mobiliarvermögen, namentlich auch die Anlage von Vermögen in Wertpapieren, eine untergeordnete Rolle spielte. Auch war damals die Frau wohl weniger zur selbständigen Geschäftsführung befähigt. Heute sind die allgemeine wirtschaftliche Lage und vor allem auch die Stellung der Frau vollständig verändert, und es ist ein großes Unrecht, wenn auch jetzt noch das Gesetz in der Regel in bezug auf das eigene Vermögen der Frau diese ganz der Willkür des Mannes ausliefert.

Durch Ehevertrag können die gesetzlichen Vorschriften modifiziert werden, teils in bezug auf die Zusammensetzung des Gemeinschaftsvermögens, teils in bezug auf die Art der Teilung. Die Brautleute können im Ehevertrag den Kreis des Gemeinschaftsgutes erweitern und zwar so weit, daß überhaupt die beiden Vermögen von Frau und Mann ganz zusammenfallen. Dann liegt eine communauté universelle vor, eine Universalgütergemeinschaft.

Sie können aber den Umfang des Gemeinschaftsgutes auch beschränken. Man begnügt sich dann meistens mit ausschließlicher Gemeinschaft der Errungenschaft, in welchem Falle der Güterstand communauté réduite aux acquêts genannt wird.

Die Universalgütergemeinschaft ist in Frankreich selten, während die auf die Errungenschaft beschränkte Gemeinschaft oft vorkommt und die empfehlenswerteste Form der Gemeinschaft ist, sei es, daß sie für sich allein besteht oder in Verbindung mit dem Dotalsystem.

Der Ehevertrag darf auch Bestimmungen treffen, die eine Abänderung der vom Gesetz vorgesehenen Art der Teilung zur Folge haben. So kann der Ehevertrag einem der Ehegatten für den Fall seines Überlebens das ganze Gemeinschaftsvermögen oder mehr als die Hälfte oder bestimmte einzelne Vermögensstücke zuhalten.

Soweit aber der Ehevertrag nichts anderes bestimmt, gelten die Vorschriften der gesetzlichen Gütergemeinschaft (Art. 1528).

Zweites Kapitel.

Die Aktiven der gesetzlichen Gütergemeinschaft. Gemeinschaftsmasse und Sondergut.

I. Rechtsvermutung. Nach Art. 1402 u. 1499 besteht die Rechtsvermutung, daß alle Güter der beiden Ehegatten, bewegliche Sachen und Grundstücke Gemeinschaftsgut sind, wenn ein Ehegatte nicht den Beweis liefert, daß sie ihm allein gehören. Damit letzteres der Fall ist, hat er bei Grundstücken nachzuweisen, daß es sich um ein Grundstück handelt, an welchem er schon vor der Ehe Eigentum oder rechtmäßigen Besitz hatte, oder daß ihm seit Eheabschluß das in Frage stehende Vermögen (sei es bewegliches oder Grundstücke) durch Erbschaft oder Schenkung angefallen ist und der Erblasser oder Schenkgeber ausdrücklich bestimmte, daß es nicht in die Gemeinschaftsmasse fallen, sondern Sondergut des einen Ehegatten bleiben soll.

II. Die Aktiven der Gemeinschaftsmasse sind nach Art. 1401:

1. das gesamte bewegliche Vermögen, das die Ehegatten am Tage der Eheschließung besaßen, sowie alles bewegliche Vermögen, das ihnen während der Ehe durch Erbschaft oder durch Schenkung anfällt, falls nicht der Schenkgeber ausdrücklich das Gegenteil bestimmt hat.

Aus dieser wörtlich wiedergegebenen Fassung von Ziff. 1 des Art. 1401 geht nicht klar hervor, ob auch das übrige bewegliche Vermögen, das während der Ehe aus irgendeinem anderen Grunde (also nicht als Schenkung oder als Erbschaft) einem Ehegatten zugekommen ist, Gemeinschaftsgut wird. Es kann aber kein Zweifel darüber bestehen, daß dem so ist;

2. alle während der Ehe erworbenen oder zugefallenen Früchte, Einkünfte und Zinsen, welcher Natur sie auch sein mögen, aus dem Vermögen, das beim Eheabschluß einem Ehegatten gehörte oder ihm während der Ehe aus irgendeinem Grunde zugekommen ist; und

3. alle während der Ehe erworbenen Grundstücke.

III. Das bewegliche Vermögen. *1. Das bewegliche Vermögen, das zum Gesamtgut gehört:* Aus Art. 1401, wörtlich angeführt unter II, ergibt sich der Umfang des beweglichen Gutes, das zur Gemeinschaftsmasse gehört. Grundsätzlich gehört dahin alles bewegliche Vermögen, ob es nun den Ehegatten schon am Tage des Eheabschlusses gehörte (le mobilier présent) oder ihnen aus irgendeinem Grunde während der Ehe zugefallen ist (le mobilier futur). Vor allem ist dazu auch alles andere Vermögen zu zählen, das während der Ehe erworben wurde, wenn dies im Gesetz auch nicht ganz klar zum Ausdruck kommt.

Auf den Erwerbstitel, die Art und Weise des Erwerbs, kommt dabei nichts an.

Insbesondere gehört hierher auch der Arbeitserwerb beider Ehegatten. Das Gesetz vom 13. Juli 1907 sur le libre salaire de la femme mariée ändert hieran grundsätzlich nichts (vgl. PLANIOL et RIPERT IX, Nr. 1361).

Die Rechtsprechung hat eine feste Praxis darüber geschaffen, was als bewegliches Vermögen zu betrachten ist, das zum Gesamtgut gehört. Bald geht es weiter, bald weniger weit als der Begriff der körperlichen Sache.

Es ergibt sich dies aus einigen Beispielen:

Als bewegliche Güter, die dem Gesamtgut gehören, werden auch behandelt:

Der fonds de commerce (das Handelsgeschäft), der in sich begreift die Firma, die Geschäftsbezeichnung, die Kundschaft, dagegen nicht das Warenlager (vgl. Gesetz vom 17. März 1909 in der Fassung des Gesetzes vom 31. Juli 1913); ferner das literarische und künstlerische Eigentum. Sogar der Wert eines office ministériel ist eine bewegliche Sache (gewisse Ämter können nach dem Tode eines Funktionärs durch dessen Frau an einen andern Anwärter verkauft werden, wie z. B. das Amt eines huissier, eines Notars (vgl. Gesetz vom 28. April 1816, Art. 91).

Sachen, die dem persönlichen Gebrauch der Ehegatten dienen, wie Kleider, Schmucksachen, Bücher, Arbeitsinstrumente, fallen ins Gesamtgut.

2. Sondergut eines Ehegatten, also nicht Gesamtgut, sind:

a) Dinge, die rein persönlicher Natur sind (Briefe, Familientitel und -papiere, Porträts, Wappen usw.) und Dinge, welche keine Sachen im Rechtssinne sind, wie unveröffentlichte Manuskripte, Fabrikationsgeheimnisse oder noch nicht patentierte Erfindungen. Ausgenommen vom Gemeinschaftsgut sind auch Alters- und Invaliditätsunterstützungen und Unterhaltsbeiträge, sowie Unfallgelder.

b) Sondergut ist ferner bewegliches Vermögen, das dem einen oder andern Ehegatten geschenkt oder testamentarisch zugekommen ist unter der ausdrücklichen Bedingung, daß es nicht Gemeinschaftsgut werde (Art. 1401, Ziff. 1).

Gleiches gilt von Geschenken, die sich die Eheleute gegenseitig machen, sei es durch den Ehevertrag oder während der Ehe.

Die Zuwendung durch einen Dritten unter der Bedingung, daß sie einem Ehegatten als persönliches, außerhalb des Gemeinschaftsvermögen fallendes Gut zukomme, unterliegt dann einer Beschränkung, wenn der bedachte Ehegatte ein pflichtteilsberechtigter Erbe des Schenkgebers ist und durch die Schenkung sein Pflichtteil reduziert würde. Soweit der Pflichtteil in Betracht kommt, kann der Schenkgeber diesen Teil seines Vermögens nicht von der gesetzlichen Behandlung als Gemeinschaftsgut ausschließen. Über die Pflichtteile siehe unten.

3. Hat ein Ehegatte eine *Lebensversicherung* in der Weise abgeschlossen, daß die Versicherungssumme ihm selbst zufällt, wenn er ein bestimmtes Alter erlebt, so gehört im Erlebensfall die Versicherungssumme in die Gemeinschaftsmasse.

Bestimmt der Vertrag aber, daß im Falle seines Todes die Versicherungssumme an den überlebenden Ehegatten fallen soll, so ist sie persönliches Sondergut des überlebenden Ehegatten. Gesetz vom 13. Juli 1930 über den Versicherungsvertrag.

Ähnlich wird es mit einer *Leibrente* gehalten, die aus dem Gemeinschaftsgut bezahlt wird. Solange die Gemeinschaft dauert, gehört die Leibrente zur Gemeinschaftsmasse, nach Auflösung der Ehe fällt sie dem überlebenden Ehegatten als Sondergut zu (s. Précis, Dalloz II, Nr. 67 S. 40).

IV. Die Grundstücke. *1. Sondergut* (biens propres) eines Ehegatten. Grundsätzlich gehören die Grundstücke zum Sondergut eines der beiden Ehegatten, fallen also nicht in das Gesamtgut. Zu diesem kommen vielmehr nur die nach Abschluß der Ehe von den Eheleuten selbst neu erworbenen oder durch Erbschaft und Schenkung zugekommenen Liegenschaften.

Es verbleiben insbesondere im persönlichen Sondereigentum eines Ehegatten:

a) die Grundstücke, die ihm vor der Heirat gehört haben, wovon nur diejenigen ausgenommen sind, die in der Zeit zwischen dem Abschluß des Ehevertrages und der Heirat erworben wurden. Letztere fallen in das Gemeinschaftsvermögen, es sei denn im Ehevertrag etwas anderes vereinbart (Art. 1404, al. 2 u. Art. 1404, al. 2);

b) Grundstücke, die einem Ehegatten zufolge Erbschaft zufallen (Art. 1402);

c) Grundstücke, die einem Ehegatten als Geschenk oder als Vermächtnis zugekommen sind (Art. 1402 u. 1405).

d) Wird ein Grundstück von einem Aszendenten seinem Deszendenten unter der Bedingung überlassen, daß diese Überlassung an Zahlungs Statt für eine Schuld an den Aszendenten angerechnet wird, oder daß der Deszendent als Entgelt Schulden des Aszendenten gegenüber Dritten zu zahlen hat — der französische Ausdruck dafür ist immeubles acquis par accomodement de famille —, so fällt das Grundstück ebenfalls in das Sondergut des Erwerbers des Grundstücks (Art. 1406).

Handelt es sich um die Abtretung unter gleichen Bedingungen durch eine Drittperson, die nicht Aszendent ist, so kommt das Grundstück in die Gemeinschaftsmasse.

e) Erwerb von Grundstücken nach Art. 1408, al. 1. Hat einer der Ehegatten, sei es der Mann oder die Frau, als Sondergut ein Miteigentumsrecht — gewöhnlich als Erbe — an einem Grundstück, und erwirbt er während der Ehe einen oder mehrere oder alle Anteile seiner Miterben, so gilt dieser Erwerb nicht als Errungenschaft, fällt also nicht in das Gesamtvermögen. Dagegen hat er der Gütergemeinschaft den Betrag, welchen sie ihm zu diesem Erwerb gegeben hat, zu ersetzen.

f) Art. 1408, al. 2 behandelt den Fall, daß der Ehemann auf seinen persönlichen Namen ganz oder teilweise ein Grundstück erwirbt, an welchem seine Frau Miteigentum hat. In diesem Falle hat die Frau das Wahlrecht, entweder den Teil, den der Mann gekauft hat, der Gemeinschaft zu überlassen oder ihn aber als ihr persönliches Sondergut an sich zu ziehen.

Im ersten Fall wird die Gemeinschaft Schuldnerin der Frau für den ihr gehörenden Anteil am Erwerbspreis. Im letzteren Fall hat sie der Gütergemeinschaft den Erwerbspreis zu vergüten (Art. 1408, al. 2).

Die Frau kann das Wahlrecht bei Auflösung der Gütergemeinschaft ausüben; nach verschiedenen Gerichtsentscheidungen und Autoren schon vorher (vgl. Colin et Capitant III, Nr. 92, S. 88).

Ein solches Recht zugunsten der Frau besteht indessen auch bei den übrigen Güterständen, so insbesondere beim Dotalrecht und beim Güterstand ohne Gemeinschaft, immer wenn der Ehemann ganz oder teilweise ein Grundstück erwirbt, an welchem die Frau Miteigentum hat (vgl. Colin et Capitant III, Nr. 93, S. 89).

g) Grundstücke durch Austausch erworben.

Wird ein Grundstück, das einem Ehegatten als Sondergut gehört, in der Weise veräußert, daß an Stelle des Kaufgeldes ein anderes Grundstück tritt, so fällt das eingetauschte Grundstück wieder an das Sondergut (Art. 1407).

h) Grundstücke, die mit der Klausel „emploi et remploi" erworben werden. Wird Geld, das zum Sondergut gehört, zum Ankauf eines Grundstückes verwendet, z. B. eine Geldsumme, die jemand einem Ehegatten geschenkt oder vermacht hat, mit der Auflage, daß es als Sondergut angelegt werde, so hat dafür der Franzose den Rechtsausdruck „faire emploi ou remploi".

In allen Fällen, da Geld, das zum Sondergut eines der Ehegatten gehört, zum Ankauf eines Grundstückes verwendet wird, muß in der Vertragsurkunde ausdrücklich gesagt werden, daß das Grundstück wieder Sondergut sein soll, da es sonst ins Gemeinschaftsgut fällt. Man spricht in diesem Falle von employer et remployer. Diese Klausel emploi (Verwendung des Geldes, das aus dem Sondergut herrührt zum Kauf eines Grundstückes) und remploi (Verwendung des Geldes aus dem Verkauf eines Grundstückes, das zum Sondergut gehört, zum Ankauf eines andern Grundstückes, das wieder Sondergut sein soll) hat den Zweck, den Ehemann zu verpflichten, den Erlös aus dem Sondergut der Frau so anzulegen, daß das daraus erworbene Gut wieder Sondergut ist, während die Klausel remploi besagt, daß der Kaufpreis aus einem der Frau gehörenden Grundstück wieder als Sondergut behandelt werde, ebenso wie ein mit diesem Preise gekauftes neues Grundstück.

Emploi ou remploi facultatif liegt vor, wenn diese Art der Anlage erfolgt, ohne daß eine bezügliche Bedingung im Ehevertrag oder vom Schenkgeber oder Testatoren aufgestellt wurde.

Damit das Sondergut in den erwähnten Fällen wieder Sondergut wird und nicht ins Gemeinschaftsgut fällt, ist das „emploi et remploi" in folgender Weise durchzuführen:

Die Erwerbsurkunde muß ausdrücklich erwähnen, daß der Erwerb aus dem Geld erfolgte, das den Charakter von Sondergut hatte, ferner daß das daraus erworbene Gut wieder Sondergut sein soll (Art. 1434). Es handelt sich also um eine zweifache Erklärung. Der Zweck dieser Vorschrift ist, Dritten bekannt zu geben, daß das erworbene Grundstück nicht zum Gemeinschaftsgut gehört.

Es ist keineswegs nötig, daß bei Abgabe der erwähnten zweifachen Erklärung zur Geltendmachung des emploi oder remploi die aus dem Sondergut kommenden Gelder für den Kaufpreis zur Zeit des Grundstückserwerbs gleich zur Verfügung stehen. Es kommt vielmehr vor, daß ein Ehemann bei günstiger Gelegenheit ein Grundstück kauft, bevor er das Geld aus dem Sondergut erhalten hat oder bevor das Sondergut verkauft ist, dessen Preis zur Zahlung des gekauften Gutes dienen soll. Dann genügt es, um das Sondergut zu sichern (pour tenir lieu de remploi ou d'emploi), daß in der Vertragsurkunde erklärt wird, daß der Kaufpreis mit dem Gelde bezahlt werde, das aus dem Verkauf des Sondergutes kommt. Man spricht dann von remploi ou emploi par anticipation.

Zu der Erklärung des Mannes kommt das weitere Erfordernis, daß die Frau in einer besonderen Urkunde ausdrücklich erklären muß, daß sie damit einverstanden ist, das erworbene Gut als Sondergut für sich zu beanspruchen. Die Tatsache allein, daß die Frau die Erwerbsurkunde unterzeichnet hat, wird noch nicht als Annahmeerklärung ausgelegt. Es bedarf hierfür vielmehr einer Erklärung in einer besonderen Urkunde. Dagegen ist die Frau nicht genötigt, sich sofort zu erklären — wennschon dies in der Regel geschieht —, sondern es genügt, daß sie während der Dauer der Gütergemeinschaft, aber vor deren Auflösung, das erworbene Gut als Sondergut annimmt. Unterläßt sie dies, so hat sie nur das Recht auf Ersatz des Preises, der aus dem Verkauf ihres Grundstückes erzielt wurde (Art. 1435 am Ende).

Wenn die Frau die Annahme im Zeitpunkt des Erwerbes erklärt, so wird sie sofort Sondereigentümerin des Grundstückes.

i) Wird auf dem im Sondereigentum eines Ehegatten stehenden Grundstück ein Haus gebaut, so wird dieses auch Sondereigentum, nach dem Grundsatz superficies solo cedit (Art. 552, al. 1). Doch muß der Grundeigentümer dafür dem Gemeinschaftsvermögen Ersatz leisten, soweit die Mittel für den Hausbau aus diesem entnommen wurden.

2. *Übersicht über die zur Gütergemeinschaft* (nicht zum Sondereigentum) *gehörenden Grundstücke.*

Nach den oben gegebenen Ausführungen gehören zur Gütergemeinschaft:

a) die Grundstücke, die von einem Ehegatten in der Zeit zwischen dem Ehevertrag und der Ehe entgeltlich erworben wurden;

b) alle Grundstücke, die während der Ehe entgeltlich erworben wurden, ohne daß Bezug genommen wurde auf die Herkunft des Kaufpreises, ausgenommen die oben erwähnten Fälle (arrangement de famille, indivision, échange, remploi de propres);

c) die Grundstücke, die während der Ehe durch Geschenke oder Vermächtnisse den Ehegatten gemeinsam zugefallen sind.

V. Früchte, Zinsen, Einkommen. Die Früchte, Zinsen und das Einkommen aus dem persönlichen Sondergut der beiden Ehegatten fallen während der Dauer der Gemeinschaft ebenso in die Gütergemeinschaft wie das Einkommen aus der Arbeit der beiden Ehegatten. Das Gesetz über den freien Lohn der verheirateten Frau vom 13. Juli 1907 (s. oben S. 78) macht davon keine Ausnahme.

Zu den Früchten, die dem Gemeinschaftsvermögen zukommen, zählt man indessen nur diejenigen, welche periodisch aus einer Sache gezogen werden, aber nicht die sog. fruits extraordinaires, denen der Charakter des Periodischen abgeht.

Beispiele: Bäume, die geschlagen werden müssen, weil ein Wald zu dicht geworden ist, der Ertrag von Steinbrüchen und Minen. Wenn der Wald, der Steinbruch und die Mine im Sondereigentum des einen Ehegatten stehen, so gehören auch deren „fruits" zum Sondereigentum.

VI. Sondereigentum der Eheleute. Übersicht. Bei der gesetzlichen Gütergemeinschaft bleiben im Sondereigentum der Ehegatten folgende Vermögensstücke:

a) Bestimmte Gruppen von Mobiliar, nämlich: die beweglichen Sachen, die ihrer Natur nach ausschließlich persönliche sind; diejenigen, die von der Gemeinschaft zufolge des ausdrücklichen Willens eines Schenkgebers oder eines Testators ausgeschlossen sind; diejenigen, die an Stelle von Sondergut getreten sind; ferner die Versicherungssummen aus einer Lebensversicherung, sowie eine Lebensrente zugunsten des überlebenden Ehegatten;

b) die Grundstücke, die schon vor der Heirat einem Ehegatten gehörten;

c) die Grundstücke, die während der Ehe einem Eheteil aus Erbschaft, Schenkung, als Vermächtnis oder par arrangement de famille zugekommen sind.

d) die Grundstücke, an welchen ein Ehegatte Miteigentümer war, und die er à titre privatif selbst oder durch einen Vertreter erworben hat;

e) die Grundstücke, die ein Ehegatte während der Ehe im Austausch gegen ein eigenes Grundstück erworben hat oder zufolge der Klausel „d'emploi ou de remploi".

Drittes Kapitel.

Die Schulden der Gütergemeinschaft.

I. Allgemeines. Die Schulden der Eheleute sind entweder Schulden der Gemeinschaft oder persönliche Schulden des einen oder anderen Ehegatten, je nachdem sie von der Gemeinschaft oder von dem einen oder andern Ehegatten (dessen persönlichem Vermögen) zu tragen sind. Doch kann eine und dieselbe Schuld eine Gemeinschaftsschuld und eine persönliche Schuld des einen oder des andern Ehegatten zugleich sein (z. B. Art. 1426), indem entweder die Gemeinschaft die persönliche Schuld des einen oder andern Ehegatten, oder umgekehrt der letztere gewisse Schulden der Gemeinschaft zahlen muß.

Für die Schulden, welche die Ehegatten eingehen, kommen drei Vermögensmassen in Betracht: das Gemeinschaftsvermögen, das Vermögen des einen und das des andern Ehegatten.

II. Die Schulden, welche die Gemeinschaft zu tragen hat:

1. alle Schulden, welche die beiden Ehegatten zur Zeit der Eingehung der Ehe hatten (Art. 1407),

2. alle Schulden, welche der Ehemann während der Gütergemeinschaft eingegangen ist (Art. 1409, Ziff. 2).

Es ergibt sich aus 1. u. 2., daß die Gemeinschaftsmasse als Schuldnerin aller Schulden des Ehemanns einzustehen hat, ob er sie vor oder während der Ehe einging, während die Gemeinschaft in bezug auf die Schulden der Frau nur für deren voreheliche Schulden verpflichtet wird. Um zu verhüten, daß durch ein betrügerisches Vordatieren eine erst während der Ehe kontrahierte Schuld die Gemeinschaft belastet, bestimmt Art. 1410, daß nur dann eine Schuld der Frau als voreheliche vermutet wird, wenn das Datum der Eingehung der Schuld durch eine Urkunde festgestellt ist (vgl. auch Art. 1328).

Doch wird diese Vorschrift gemildert durch Art. 1341, al. 1 und 1348 des Code civil, sowie durch Art. 109 des Code de commerce. Danach wird ein Gläubiger, welcher keine schriftliche Schuldurkunde hat, zum Beweise durch Zeugen darüber zugelassen, daß die Schuld der Frau schon vor der Ehe bestand.

Auch wenn der Ehemann eine Schuld der Frau, die kein sicheres Datum hat, ohne Vorbehalt bezahlt, so fällt diese Zahlung zu Lasten der Gemeinschaft, und er kann weder von der Frau noch von ihren Erben Vergütung hierfür verlangen (Art. 1410, al. 3).

Ebensowenig wird der Mann, wenn er in anderer Weise die Richtigkeit des vorehelichen Entstehungsdatums der Schuld anerkennt, die Zahlung an den Gläubiger zu Lasten der Gemeinschaft bestreiten können (s. COLIN et CAPITANT II Nr. 117, S. 109.

Was die Schulden des Ehemanns betrifft, so haftet das Gemeinschaftsvermögen für alle, also auch für solche aus Delikten. Es können deshalb alle Gläubiger des Mannes auf das Gemeinschaftsvermögen greifen. Dagegen können die Gläubiger, welche persönliche Forderungen gegen den Ehemann haben, nie gegen das persönliche Sondergut der Frau vorgehen, wie auch der Ehemann das Sondergut der Frau nicht verpflichten kann.

3. Auch einzelne Schulden, welche die Frau allein eingeht, verpflichten das Gemeinschaftsgut, nämlich:

Schulden, welche die Frau als Vertreterin des Mannes eingeht, sei es mit seiner Ermächtigung oder gemeinsam mit ihm. In zwei besonderen Fällen kann sie aber auch gestützt auf eine gerichtliche Ermächtigung Schulden kontrahieren, für welche die Gemeinschaft haftet, nämlich:

a) als stillschweigende Vertreterin des Mannes im Interesse des Haushaltes. Es sind dies die Fälle der Schlüsselgewalt. Es handelt sich dabei vor allem um die notwendigen Ankäufe für den Haushalt, Lebensmittel für den Unterhalt und die Kleider für sich selbst und die Kinder, sowie um die Anstellung von Dienstboten;

b) Schulden, welche die Frau mit Zustimmung des Mannes macht. Einfache Zustimmung, auch stillschweigende, genügt, wenn es sich z. B. darum handelt, daß die Frau eine ihr zugefallene Erbschaft annehme, ferner zur Ausübung des Gewerbes einer Handelsfrau (marchande publique) (Art. 1426).

In vielen Fällen wird sich ein Gläubiger nicht mit der bloßen stillschweigenden oder schriftlichen Zustimmung des Mannes begnügen, sondern verlangen, daß die beiden Ehegatten sich solidarisch verpflichten.

Zufolge der Zustimmung des Mannes haften dem Gläubiger die verschiedenen Vermögensteile, d. h. sowohl die Gütergemeinschaft als auch die beiden persönlichen Vermögen des Ehepaares (Art. 1419). Diese gleichzeitige Haftung des Mannes auch mit seinem persönlichen Vermögen bei Zustimmung zu Handlungen der Ehefrau besteht nur beim Güterstand der Gütergemeinschaft, nicht aber bei andern Güterständen.

In einem Falle haftet der Mann trotz seiner Zustimmung nicht mit seinem persönlichen Vermögen, noch auch das Gemeinschaftsgut:

Es ist dies der Fall, wenn die Frau eine nur aus Grundstücken bestehende Erbschaft antritt (Art. 1413) in bezug auf deren Schulden.

4. Solidarische Schulden.

Verpflichten sich die beiden Ehegatten solidarisch (Art. 1431), so kann der Gläubiger sowohl direkt gegen das ihm haftende Gemeinschaftsvermögen vorgehen, als auch gegen Mann und Frau. Wird die Frau belangt, so hat sie das Recht, Ersatz des bezahlten Betrages aus dem Gemeinschaftsgut zu verlangen, da sie im Verhältnis zu ihrem Manne nur als Garantin behandelt wird. Der Mann hat in einzelnen Fällen allerdings gegen diese Vermutung die Einrede, daß es sich bei dem betreffenden Geschäfte um ausschließlich persönliche Interessen der Frau gehandelt hatte.

5. Mit Ermächtigung des Gerichtes kann die Frau nach Art. 1427 in zwei Fällen das Gemeinschaftsvermögen verpflichten:

a) wenn es sich darum handelt, ihren Mann aus dem Gefängnis zu befreien, besteht doch noch heute in Frankreich eine Schuldhaft bei ausbleibender Zahlung von Bußen und Schadenersatz in Strafprozessen und für Gerichtskosten;

b) wenn der Mann abwesend (verschollen) ist und einem Kinde eine Ausstattung aus dem Gesamtgut gewährt werden muß.

III. Schulden der Frau, die nur ihr Sondergut verpflichten. Es besteht die Regel, daß für jede Schuld der Frau, die sie während der Dauer der Ehe ohne Zustimmung des Mannes einging, ausschließlich ihr persönliches Sondergut haftet.

Dahin gehören:

1. die Schulden der Frau, die sie mit Ermächtigung des Gerichts eingegangen ist (Art. 1426),

2. außerkontraktliche Verpflichtungen, wie aus Geschäftsführung ohne Auftrag, ungerechtfertigter Bereicherung,

3. Schulden aus Delikten und Quasidelikten, wie Bußen (Art. 1424), aber auch Entschädigung an Personen, die durch das Verhalten der Frau Schaden erlitten haben.

Wenn indessen durch das Verhalten der Frau das Gemeinschaftsgut bereichert wurde, so ist im Umfang der Bereicherung doch das Gemeinschaftsvermögen dem Gläubiger gegenüber haftbar.

Handelt es sich um Feld-, Fischerei- oder Waldvergehen, so sind die Bußen gegen den Ehemann vollstreckbar, da die Vermutung besteht, daß die Gemeinschaft davon Nutzen gezogen hat (Art. 7, Titel II des Gesetzes vom 28. September 1791 concernant la police rurale, Art. 206, C. forestier, Art. 74, loi du 15 Avril 1829 relative à la pêche fluviale).

IV. Erbschaftsschulden. *1. Verteilung der Schulden auf das Gesamtvermögen und das Sondergut.* Bestehen Erbschaften, welche dem einen oder andern der Ehegatten oder beiden zufallen, nur aus beweglichem Vermögen, so fallen die darauf lastenden Schulden ganz der Gemeinschaft zur Last (Art. 1411).

Dagegen haftet für Schulden aus Erbschaften, die ausschließlich aus Grundstücken bestehen, nur der eine erbende Ehegatte, keineswegs die Gemeinschaft (Art. 1412, al. 2).

In bezug auf Erbschaften, die teils aus beweglichem, teils aus unbeweglichem Vermögen bestehen, bestimmt Art. 1414, daß die darauf haftenden Schulden im Verhältnis des Wertes der Mobilien und Immobilien auf diese zu verteilen sind und dementsprechend zu Lasten des Gesamtgutes oder des Sondergutes des einzelnen Ehegatten fallen, der Erbe ist.

Um dieses Verhältnis festzustellen hat der Ehemann die Pflicht, ein Inventar mit einer Schätzung aufzunehmen (Art. 1414, al. 2). Kommt er dieser Vorschrift nicht nach, so darf die Frau darunter nicht leiden, und die Folgen der Unterlassung treffen den Mann allein.

Nachträglich kann sich dieser zur Feststellung der Erbschaftswerte nur beschränkter Beweismittel bedienen (schriftlicher Urkunden, Zeugeneinvernahmen, unterstützt vom Anfang eines schriftlichen Beweises usw. (s. darüber unten S. 122).

Hat er die Inventarisation und Schätzung gänzlich unterlassen, so können die Ehefrau oder ihre Erben bei Auflösung der Gütergemeinschaft jeden rechtlich begründeten Ersatzanspruch geltend machen und sowohl durch Urkunden und Familienpapiere, wie durch Zeugen und nötigenfalls „par la commune renommée“ den Beweis von Bestand und Wert des nicht inventarisierten beweglichen Vermögens führen, während der Mann niemals zu diesem Beweise zugelassen wird (Art. 1415).

Was über die rechtliche Behandlung von Erbschaften gilt, findet auch Anwendung auf Schenkungen und Vermächtnisse zugunsten der Ehegatten während der Ehe (Art. 1418).

2. Rechte der Gläubiger. Gläubiger, welche Forderungen gegenüber Erbschaften haben, können sich immer an das ganze Erbschaftsvermögen halten.

In bezug auf das übrige Vermögen der Ehegatten ist die Haftung verschieden, je nachdem die Erbschaft an den Mann oder an die Frau gefallen ist. Sodann besteht in bezug auf die der Frau zugefallene Erbschaft eine Verschiedenheit, je nachdem sie dieselbe mit Zustimmung des Mannes oder mit Ermächtigung des Gerichtes angetreten hat.

a) Ist der Mann Erbe, so haben die Gläubiger das Recht auf Bezahlung aus dem Sondergut des Mannes und aus dem Gemeinschaftsgut und zwar selbst dann, wenn die Erbschaft bloß aus Grundstücken besteht. Ist letzteres der Fall, so haben die Frau oder ihre Erben bei Auflösung der Gütergemeinschaft einen Ersatzanspruch (Art. 1412, al. 2 u. Art. 1416, al. 1).

b) Ist die Frau Erbin, so besteht für die Rechte der Gläubiger ein Unterschied, je nachdem die Frau mit Zustimmung des Mannes oder mit gerichtlicher Ermächtigung angenommen hat:

α) Hat der Mann der Annahme zugestimmt, und besteht die Erbschaft ausschließlich aus beweglichem Vermögen (Art. 1411) oder gemischt aus Fahrnis und Grundstücken (Art. 1416, al. 1), so können die Gläubiger gegen das Gemeinschaftsgut wie auch gegen das Sondergut des Mannes vorgehen.

Anders liegt der Fall bei einer ausschließlich aus Grundstücken bestehenden Erbschaft, für welche Art. 1413 vorschreibt, daß die Gläubiger sich an das gesamte persönliche Vermögen der Frau halten können.

β) Ist aber die Erbschaft nach vorausgegangener Weigerung des Mannes nur mit gerichtlicher Ermächtigung von der Frau angenommen worden, so können sich die Gläubiger, wenn die zur Erbschaft gehörenden Grundstücke unzureichend sind, nur an das nackte Eigentum (la nue propriété) des übrigen Sondervermögens der Frau halten (Art. 1413) (nue propriété, d. h. das nackte Eigentum an der Sache ohne das Recht auf Nutznießung daraus, die dem Ehemann zusteht).

V. Die Kosten der Haushaltung fallen zu Lasten des Gemeinschaftsvermögens.

Dazu gehören: die Wohnungsmiete, die Auslagen für die Nahrung, den Unterhalt, die Krankheiten der Ehegatten und Kinder. Inbegriffen sind auch die Auslagen für Unterhalt und Erziehung der Kinder einer früheren Ehe oder außerehelicher Kinder, die von einem Ehegatten vor der Ehe anerkannt wurden.

VI. Reparatur- und Unterhaltskosten, Steuern, Zinsen. Da die Gemeinschaft den Genuß der Sondervermögen hat, so fällt zu Lasten des Gemeinschaftsvermögens auch alles, was ein Nutznießer zu bezahlen hat, wie Unterhaltskosten (vgl. Art. 605, 606) in bezug auf die eigenen Liegenschaften des einen oder des andern Ehegatten (Art. 1409, Ziff. 4), ferner die Zinsen und Renten, die von dem einen oder dem andern Ehegatten während der Dauer der Gemeinschaft zu entrichten sind (Art. 1409, Ziff. 2 u. 3), ebenso wie die Steuern, die auf dem Sondergut lasten.

Dritter Abschnitt.

Modifikationen der Gütergemeinschaft.

Die gesetzliche Gütergemeinschaft, wie sie nach dem Gesetze zur Anwendung kommt, wenn die Eheleute keinen Ehevertrag abschließen, entspricht nicht mehr den Bedürfnissen der neueren Zeit. Soweit Eheverträge mit Gütergemeinschaft abgeschlossen werden, enthalten sie deshalb zahlreiche Modifikationen.

Am meisten wird dabei die Gütergemeinschaft auf das während der Ehe neu erworbene Vermögen der Eheleute beschränkt, also auf die communauté réduite aux acquêts.

Es kommen vier Varianten vor:

1. die Errungenschaftsgemeinschaft (communauté aux acquêts),
2. die Gütergemeinschaft mit der Erklärung „franc et quitte" (schuldenfrei),
3. die Gütergemeinschaft mit ganzem oder teilweisem Ausschluß des beweglichen Gutes,
4. die Gütergemeinschaft mit der clause de séparation des dettes.

Die beiden letzten sind selten.

Erstes Kapitel.

Die Errungenschaftsgemeinschaft (la communauté aux acquêts).

Dieser Güterstand (Art. 1498, 1499) wird in den Eheverträgen am meisten gewählt.

I. Bestandteile der Errungenschaftsgemeinschaft. Das Gemeinschaftsvermögen besteht aus:

a) den Erträgnissen der persönlich von den beiden Ehegatten eingebrachten beweglichen Güter, welch letztere auch während der Ehe Eigentum des einzelnen Ehegatten bleiben. Von der Gemeinschaft ausgeschlossen sind indessen die Vermögen, welche die beiden Ehegatten schon vor Eheabschluß besessen haben; ein jeder Teil bleibt auch während der Ehe Eigentümer dieser Sachen, also sowohl der beweglichen Güter als auch der Grundstücke (Art. 1498);

b) das Vermögen, das von einem oder beiden Ehegatten während der Ehe erworben wird, sei es aus ihrer Arbeit oder aus den Ersparnissen, sowie die Sachen, die aus diesen Erträgnissen angeschafft werden, gehören zum Gemeinschaftsgut.

Auch während der Ehe entgeltlich erworbenes bewegliches oder unbewegliches Gut ist Gemeinschaftsgut, es sei denn im Austausch mit Sondergut erworben oder en remploi aus solchem gekauft (s. oben S. 92).

Dagegen ist von der Gemeinschaft von künftig erworbenem Gut das ausgeschlossen, was die Ehegatten während der Ehe an beweglichem Vermögen und an Grundstücken unentgeltlich (à titre gratuit) erhalten, also als Geschenk oder durch Erbschaft.

Jeder Ehegatte bleibt Eigentümer seines Sondervermögens. Der Ehemann kann deshalb das Sondervermögen der Frau nicht veräußern und seine Gläubiger können es nicht pfänden.

Bestimmte Arten von beweglichen Sachen, die als persönliches Sondergut eingebracht werden, verschmelzen zufolge ihrer Natur mit dem Gemeinschaftsgut, so daß der Ehepartner, welcher Eigentümer der Sachen war, nur noch im Werte dieser Sachen eine Forderung an die Masse hat, nämlich

a) Sachen, die man nicht gebrauchen kann, ohne sie zu verbrauchen, wie Geld, Getreide, Getränke, also Sachen, welche die Gemeinschaft als „quasi usufrutière" konsumiert (vgl. Art. 587);

b) die Sachen, für deren Wert im Ehevertrag ein Schätzungsbetrag eingesetzt wird (Art. 1551, 1851, al. 3 per Analogie). Eine solche Schätzung findet man häufig für die Aussteuer, die von den Brautleuten eingebracht wird;

c) die Sachen, die zum Verkauf bestimmt sind (Art. 1851, al. 2 per Analogie).

II. Die Schulden bei der Errungenschaftsgemeinschaft. *1. Haftung eines Ehepartners allein.* Von den Schulden verbleiben natürlich die zur Zeit des Eheabschlusses bestehenden persönlichen Schulden eines Ehegatten ausschließlich Schulden desselben auch während der Ehe; ebenso wie die Schulden, die zwar nach der Heirat entstehen, aber auf einer Erbschaft oder Schenkung lasten, ausschließlich den empfangenden oder beschenkten Eheteil verpflichten.

2. Haftung des Gemeinschaftsvermögens. Die oben unter 1. genannten Schulden ausgeschieden, kommen als Schulden der Gemeinschaft folgende in Betracht:

a) die Schulden des Haushalts (s. oben S. 98),

b) die Auslagen, die einen Nutznießer eines Vermögens belasten, wie Steuern und Abgaben, Reparaturkosten, Unterhaltskosten, Zinsen (s. oben S. 98),

c) die Schulden, die der Ehemann eingeht, inbegriffen Schulden aus Delikten (s. oben S. 95),

d) die Schulden, eingegangen von der Frau mit Zustimmung des Mannes (Art. 1419),

e) die Schulden von der Frau mit Ermächtigung des Gerichts eingegangen in den Ausnahmefällen von Art. 1427 (s. oben S. 96).

3. Die Rechte der Gläubiger. Für alle Schulden des Mannes haftet auch das Gemeinschaftsvermögen. Seine Gläubiger können deshalb gegen dieses Vollstreckung verlangen, also auch für Schulden, die der Ehemann in die Ehe mitbrachte und für Schulden, mit denen eine Erbschaft belastet ist, die ihm während der Ehe zufiel. Natürlich kann für Schulden des Mannes auch gegen sein Sondergut vorgegangen werden.

Für die persönlichen Schulden der Ehefrau haftet dagegen das Gemeinschaftsvermögen nicht. Dies gilt auch für den Fall, daß die Frau mit bloß gerichtlicher Ermächtigung mit einer Erbschaft auch die darauf lastenden Schulden übernommen hat (Art. 1417, 1416, al. 2). Hat der Ehemann in diesem Falle es unterlassen, ein Inventar über die Erbschaft zu errichten, so können die Gläubiger sich auch an das Gemeinschaftsvermögen halten (Art. 1416, al. 2).

Wurde die der Frau zugefallene Erbschaft von ihr mit Zustimmung des Mannes angenommen, so können die Gläubiger der Erbschaftsmasse auch gegen das Gemeinschaftsvermögen und gegen das Sondervermögen des Mannes vorgehen (Art. 1416, al. 1, vgl. auch Nancy, 26. März 1895, D. P. 95. 2. 471, ferner Colin et Capitant II Nr. 148, S. 131).

Wird in diesem Falle aus dem Gemeinschaftsgut bezahlt, so hat immerhin die Gemeinschaft eine Rückforderungsklage gegen den einen Ehegatten persönlich.

Zweites Kapitel.

Gütergemeinschaft mit der Klausel „franc et quitte".

Oft enthalten Eheverträge die Erklärung, daß die eingebrachten Vermögen „ledig und frei" von Schulden sind. Das ist die „clause de franc et quitte" (vgl. Art. 1513). Diese Klausel enthält die Versicherung, daß ein Ehegatte zur Zeit der Heirat keine andern Schulden hatte als diejenigen, die im Ehevertrag ausdrücklich angegeben sind. Sie wird fast immer abgegeben nicht von dem künftigen Ehegenossen, sondern von Dritten, von Vater, Mutter, den Großeltern, dem Vormund, ist aber auch durch einen Dritten möglich. Es wird damit eine Bürgschaft zugunsten des andern Ehepartners übernommen. Diese Klausel findet man nicht nur bei der Errungenschaftsgemeinschaft, sondern auch bei allen andern Güterständen.

„Un époux est déclaré franc et quitte de toutes dettes antérieures au mariage." Diese Erklärung hindert indessen die Gläubiger, deren Forderung schon vor der Ehe bestand, nicht, ihre Rechte sowohl gegenüber dem Sondervermögen des schuldnerischen Ehegatten, als auch gegenüber dem Gemeinschaftsgut geltend zu machen (Art. 1409, Ziff. 1). Sie ist vielmehr nur wirksam unter den Ehegatten. Wenn das Gemeinschaftsvermögen für Schulden des Ehemannes belangt wird, der die erwähnte Erklärung persönlich abgegeben hat, so hat die Frau das Recht auf eine Entschädigung aus dem Gemeinschaftsanteil des schuldnerischen Ehegatten oder aus dessen Sondervermögen. Erfolgte die Erklärung von einer dritten Person, so hat der geschädigte Ehegatte dasselbe Recht gegenüber dem Vermögen des Mannes und seinem Anteil am Gemeinschaftsgut, kann aber überdies für den beim Vorgehen gegen den Mann nicht gedeckten Teil des Schadens gegen den Dritten vorgehen, der das eingebrachte Vermögen des Mannes von Schulden frei und ledig erklärt hat.

Drittes Kapitel.

Erweiterte Gütergemeinschaft (communauté universelle und clause d'ameublissement).

Durch den Ehevertrag kann der Umfang der gesetzlichen Gütergemeinschaft erweitert werden, entweder zu einer Universal-Gütergemeinschaft (communauté universelle) (Art. 1526), oder durch Beifügung der clause d'ameublissement (Art. 1505—1509).

Durch die „clause d'ameublissement" werden in das Gemeinschaftsgut, in die Gütergemeinschaft, auch alle oder ein Teil der Grundstücke eingebracht[1].

Diese Klausel kommt nur selten vor.

Ebenso selten ist die Universalgütergemeinschaft, bei welcher gestützt auf den Ehevertrag sämtliches bewegliche und unbewegliche Gut beider Ehegatten Gemeinschaftsgut wird. Entsprechend haftet dann auch das Gemeinschaftsgut in erweitertem Maße für die Schulden, mit welchen Erbschaften und Schenkungen, die an die Ehegatten fallen, belastet sind.

Für die Schulden der Ehefrau bleibt es bei der Regel, daß die Frau die Gemeinschaft nur bei Zustimmung des Mannes verpflichten kann.

Vierter Abschnitt.

Verwaltung der Gütergemeinschaft.

Es ist zu unterscheiden zwischen der Verwaltung des Gemeinschaftsgutes und der Verwaltung der Sondergüter von Mann und Frau.

[1] Ameublissement bedeutet Mobiliarisierung, wie das Verbum ameubler „zum Mobiliarvermögen schlagen", „wie das Mobiliarvermögen behandeln" bedeutet (ameublement = Mobiliar).

Erstes Kapitel.

Die Verwaltung des Gemeinschaftsgutes.

I. Allgewalt des Mannes. Der Ehemann ist beinahe ausschließlicher absoluter Verwalter des Gemeinschaftsgutes. Er kann darüber ohne seine Frau zu befragen vollständig frei verfügen, er kann es veräußern, verpfänden, und er hat seiner Frau keine Rechenschaft darüber abzulegen (Art. 1421).

Art. 1388 verbietet sogar ausdrücklich eine entgegenstehende Vereinbarung. Eine solche wäre nichtig. Zufolgedessen ist der Mann der Frau gegenüber für Pflichtvernachlässigung nicht haftbar, selbst nicht wenn er Gemeinschaftsgut verschwendet hat.

Die Frau kann höchstens als vom Manne beauftragte Stellvertreterin Verwaltungshandlungen vornehmen. Doch ist ein solcher Auftrag jederzeit widerruflich (Art. 2003).

II. Ausnahmen. Es ist dem Ehemann verboten, Grundstücke, die zur Gemeinschaft gehören, auf dem Wege der Schenkung an andere zu geben, ebensowenig wie er schenkungsweise über das Ganze oder einen Bruchteil der Fahrnis verfügen darf (Art. 1422, al. 1).

Über bewegliche Sachen im einzelnen kann er jedoch zu jedermanns Gunsten verfügen (Art. 1422, al. 2).

Das Verbot der unentgeltlichen Weggabe von Liegenschaften oder des Ganzen oder des Bruchteiles des Fahrnisvermögens besteht indessen nicht, wenn diese Hingabe zur Ausstattung gemeinsamer Kinder erfolgt (Art. 1422, al. 1). Dann hat der Ehemann auch als Schenkgeber freie Verfügung über Grundstücke und das Ganze oder Bruchteile der Mobilien, ohne irgendwie an die Zustimmung oder Mitwirkung der Frau gebunden zu sein, ja selbst gegen ihren Protest. Doch darf er in dieser Weise nicht zugunsten eines Kindes aus einer früheren Ehe verfügen.

Da das Verbot der Schenkungen im Interesse der Frau erfolgt, so fällt das dem Manne auferlegte Verbot dahin, wenn die Frau zustimmt. Schenkungen, die entgegen dem Verbot vorgenommen sind, können nur von der Frau und ihren Erben angefochten werden, auch nur zur Zeit der Auflösung der Gemeinschaft.

Was die Verfügungen durch Testament betrifft, so kann der Ehemann über seinen Anteil am Gemeinschaftsgut — jedoch nicht darüber hinaus — testamentarisch verfügen (Art. 1423) und zwar auch über einzelne bestimmte Objekte (der Frau dagegen ist letzteres untersagt, s. unten S. 104, Ziff. 2).

III. Verfügungsrecht der Frau über das Gemeinschaftsgut. Nur in zwei Fällen steht der Frau einseitige Verfügung zu Lasten des Gemeinschaftsgutes zu:

1. mit Ermächtigung des Gerichts:

a) um den Ehemann aus dem Gefängnis zu befreien (s. oben S. 96),

b) um den Kindern eine Ausstattung zu geben im Falle da der Mann abwesend ist;

2. um durch Testament über ihren Anteil am Gemeinschaftsgut zu verfügen.

Doch kann sie (im Gegensatz zum Rechte des Mannes) nicht über ein bestimmtes einzelnes Vermögensstück des Gesamtgutes eine solche Verfügung treffen. Tut sie es gleichwohl, so ist dies nur wirksam, wenn der betreffende Gegenstand bei Auflösung und Verteilung des Gemeinschaftsvermögens auf ihre Seite fällt.

IV. Schutz der Frau bei schlechter Verwaltung des Mannes. Nur bei ganz schlechter Geschäftsführung des Mannes in bezug auf das Gemeinschaftsvermögen stehen der Frau einzelne, aber nur unzulängliche Mittel zur Verfügung, nämlich:

a) sie kann ein Geschäft des Mannes gerichtlich ungültig erklären lassen, wenn er es in der betrügerischen Absicht abgeschlossen hat, ihr zu schaden;

b) sie kann Gütertrennung verlangen (s. unten S. 110);

c) sie kann auf die Gütergemeinschaft verzichten (s. unten S. 114).

Colin et Capitant III, num. 174, S. 146 führen als Beispiele schlechter Vermögensverwaltung an: Ein Ehemann schloß einen Leibrentenvertrag mit dem Gelde, das der Gemeinschaft gehörte, ab (D. P. 79. 2. 124, S. 78. 2. 258); ein anderer machte seiner Mätresse ein Geschenk; ein dritter verkaufte eine Liegenschaft zu einem lächerlich kleinen Preis, in der Absicht zu schenken, und zwar entgegen dem Verbot von Art. 1422.

Solche Fälle sind indessen in der Praxis selten, da in der Regel der Ehemann, indem er die Frau schädigt, sich auch selbst schädigt.

Colin et Capitant III, Nr. 178, S. 150, sind der Ansicht, daß in der Praxis die Frau doch besser geschützt sei als es nach dem Gesetze den Anschein habe. Sie verweisen darauf, daß nach Art. 2121 die Frau eine gesetzliche Hypothek an allen Grundstücken ihres Mannes hat, und zwar ohne Rücksicht auf den Güterstand, zur Sicherung aller Forderungen, die ihr gegen den Mann erwachsen, gleichviel aus welchem Rechtsgrund, sei es aus Vertrag oder unerlaubter Handlung. Wenn nun der Ehemann irgendein Grundstück veräußern oder verpfänden wolle, so werde der Käufer oder Geldgeber nicht verfehlen zu verlangen, daß die Frau auf den Vorteil verzichte, den ihr die Hypothek gebe. Deshalb bedürfe in solchen Fällen der Ehemann doch der Mitwirkung der Frau, ohne welche er tatsächlich die beabsichtigten Geschäfte nicht durchführen könne.

Ein Gläubiger, der mit dem Manne ein Geschäft abschließe, habe auch sonst ein Interesse daran, seine Sicherheit auszudehnen, so daß nicht nur das Gemeinschaftsgut und das Sondervermögen des Mannes hafte, sondern auch das Sondergut der Frau, vor allem auch, damit er nach Auflösung der Gütergemeinschaft die Frau ebenfalls für seine ganze Forderung belangen könne. Auch in solchen Fällen werde also die Mitwirkung der Frau gewünscht, so daß der Ehemann nicht hinter ihrem Rücken handeln könne.

Diese Ansicht von Colin et Capitant mag im allgemeinen in bezug auf Grundstücke zutreffen, aber gerade in den schlimmsten Fällen, namentlich wenn es sich um bewegliches Vermögen handelt, erfährt die geschädigte Frau erst zu spät, d. h. wenn schon großer Schaden vorliegt, daß sie rechtliche Schritte einleiten muß, und das langdauernde Prozeßverfahren ermöglicht ebenfalls bloß verspätete Hilfe. Nur ein rasches summarisches Verfahren, ein sofortiger Befehl des Richters, könnte helfen, noch besser natürlich eine Änderung des Gesetzes.

V. Gesetzliche Erweiterung der Verfügungsrechte der Frau. Verschiedene Gesetze der neueren Zeit haben der Frau das freie Verfügungsrecht über einzelne Vermögensteile gegeben.

a) Das Gesetz vom 9. April 1881 über die Ersparniskasse der Post und das Gesetz vom 20. Juli 1895 über die gewöhnlichen Sparkassen berechtigen die Frau, Sparhefte ohne Zustimmung des Mannes anzulegen und darauf Bezüge zu machen.

b) Das Gesetz vom 20. Juli 1886 über die Kasse der Nationalen Altersversicherung (Caisse nationale des retraites pour la vieillesse) erlaubt der Frau, in diese Kasse ohne Zustimmung des Mannes Zahlungen zu leisten.

c) Das Gesetz vom 13. Juli 1907 in bezug auf den freien Lohn der verheirateten Frau und die Beitragspflicht der Ehegatten an die Kosten der Haushaltung gestattet der Frau, einen Teil des Lohnes oder des Arbeitserträgnisses ihres Mannes mit Beschlag zu belegen und zu beziehen, wenn dieser nicht aus freiem Willen im Verhältnis seiner Fähigkeiten an die Kosten des Haushaltes beiträgt. Früher war es der Frau verwehrt, bei Nichtzahlung des Haushaltsgeldes auf seinen Lohn zu greifen, mochte der Mann auch ein leichtsinniges verschwenderisches Leben führen.

VI. Der Frau reserviertes Vermögen. Nach dem Gesetz vom 13. Juli 1907 (loi relative au libre salaire de la femme mariée) verbleibt der Frau die Verwaltung und freie entgeltliche Verfügung der biens réservés, des Sondergutes. Dazu gehört — und zwar bei allen Güterständen — das, was sie durch eigene Arbeit erworben und was sie von diesem Erworbenen erspart, also auch die Sachen, die sie mit diesem Gelde angekauft hat.

Die französischen Juristen erklären trotz dieser besonderen Behandlung des Erwerbes der Frau, daß dieses Vermögen doch juristisch ein Teil der Gemeinschaftsmasse der Gütergemeinschaft bilde, darin aber allerdings eine „Insel“ sei, auf welche besondere Regeln Anwendung finden, die von den sonst geltenden Vorschriften abweichen.

Es wären danach zwei Teile der Gemeinschaftsmasse zu unterscheiden: derjenige Teil, über den der Mann verfügt und derjenige, über welchen die Frau verfügen darf.

Für diese Auffassung spricht Art. 1, al. 3 des erwähnten Gesetzes a contrario, wonach die Frau den ihr reservierten Vermögenteil zwar entgeltlich veräußern, aber nicht ohne Zustimmung des Mannes verschenken darf, während der Mann über den übrigen Teil auch ohne Zustimmung der Frau im Rahmen der früher erwähnten Vorschriften schenkungsweise verfügen kann.

Für den Fall, daß die Frau ihr Verfügungsrecht mißbraucht, namentlich durch Verschwendung, Unvorsichtigkeit oder schlechte Verwaltung, kann der Mann einen gerichtlichen Entscheid erwirken, der ihr das Verfügungsrecht entzieht.

Auch hier zeigt sich leider die Verschiedenheit der Behandlung von Mann und Frau, indem bei schlechter Verwaltung des Gemeinschaftsvermögens durch den Mann der Frau ein solches entsprechendes Recht nicht zusteht. Sie kann schließlich nur die Gütertrennung verlangen.

Zweites Kapitel.

Verwaltung des Sondergutes der Frau.

I. Grundsatz. Der Mann verwaltet auch das ganze persönliche Frauenvermögen, das nicht zum Gemeinschaftsgut gehört (Art. 1428). Als bloßer Verwalter ist er verpflichtet, Rechnung abzulegen, und er ist für den Schaden aus seiner Verwaltung verantwortlich.

Durch den Ehevertrag kann die Frau die Verwaltung für sich vorbehalten, sei es ihres ganzen Sondervermögens oder aber eines Teiles, ebenso wie ein Vorbehalt zulässig ist, damit sie von den Erträgnissen dieses Vermögens jährlich eine bestimmte Summe für ihre persönlichen Bedürfnisse beziehen darf.

Oft wird auch ein Schenkgeber oder ein Testator die Verwaltung des von ihm der Frau zugehaltenen Vermögens zugunsten der Frau ausbedingen.

II. Einzelne Verwaltungshandlungen. Als Verwalter des persönlichen Vermögens der Frau darf der Ehemann die Früchte und Erträgnisse daraus beziehen, die ja der Gemeinschaftsmasse gehören. Es ist ihm gestattet, Verträge in bezug auf den Unterhalt der Güter abzuschließen. Er kann sie vermieten und verpachten. Er ist berechtigt, alle der Frau zustehenden Mobiliar- und Besitzklagen allein geltend zu machen (Art. 1428, al. 2). Er ist berechtigt, Gelder, die der Frau als persönliche Forderungen zustehen, in Empfang zu nehmen und dafür rechtsgültig zu quittieren.

Dagegen darf er nicht ohne ihre Zustimmung die ihr persönlich gehörenden Liegenschaften veräußern.

Was die Vermietung und Verpachtung von Liegenschaften betrifft (Art. 1429 u. 1430), so dauern die vom Manne abgeschlossenen Verträge solange die Gütergemeinschaft besteht. Auch nach der Auflösung der Gemeinschaft dauern sie fort, aber mit einer Begrenzung, die das Gesetz im Interesse der Frau und ihrer Erben festgesetzt hat. Die Dauer ist in diesen Fällen beschränkt auf eine Periode von neun Jahren, und am Ende der neun Jahre hört der Vertrag auf.

Beispiel: Ein Miet- oder Pachtvertrag wurde vom Ehemann auf 25 Jahre abgeschlossen, zur Zeit der Auflösung der Gemeinschaft hatte er bereits 15 Jahre gedauert, also 9 plus 6 Jahre. Nach Gesetz nimmt er nunmehr sein Ende nach drei Jahren von der Auflösung der Gemeinschaft an gerechnet (Art. 1429).

Ganz wirkungslos ist die Erneuerung von Miet- und Pachtverträgen, wenn der Ehemann sie drei oder zwei Jahre vor deren Ablauf erneuert hat, und zwar bei ländlichen Grundstücken vor drei Jahren, bei Häusern vor zwei Jahren. Das gilt aber nicht für Verträge, mit deren Erfüllung schon vor der Auflösung der Gemeinschaft begonnen wurde (Art. 1430).

III. Geschäfte, die dem Manne verboten sind. Geschäfte, die nicht unter die in Art. 1428 genannten Verwaltungshandlungen des Mannes fallen, können von ihm nicht gültig abgeschlossen werden, sondern nur von der Frau mit Zustimmung des Mannes oder des Gerichtes. So ist dem Manne verwehrt, für Rechnung der Frau eine aus Grundstücken bestehende Erbschaft anzunehmen oder ein Vermächtnis von beweglichem Vermögen, das ihr persönlich zufällt.

Ebensowenig kann der Ehemann die Teilung einer solchen Erbschaft verlangen (Art. 818). Er kann höchstens die Teilung in bezug auf die Früchte und Erträgnisse daraus begehren.

Veräußerungsverbot. Es ist dem Ehemann verboten, persönliche Güter, die der Frau gehören, zu veräußern, zu belasten durch Verpfändung, Servitutenbestellung, oder ihren Wert zu vermindern durch Verzicht auf ein daran haftendes Recht. Art. 1428, al. spricht zwar das Verbot der Veräußerung nur in bezug auf die Grundstücke aus; diese Verpflichtung ist aber auch auf die Mobilien auszudehnen, da der Ehemann eben nur Verwalter ist und das Recht auf Veräußerung nicht in den Bereich einer Verwaltung fällt.

Ausnahmsweises Recht zur Veräußerung. a) Eine Ausnahme vom Veräußerungsverbot machen die Sachen, die durch den Gebrauch verbraucht werden, wie Geld. Das bei einer Veräußerung bezahlte Geld fällt der Gemeinschaft zu, entsprechend Art. 587.

b) Ebenso verhält es sich mit Gegenständen, die zum Verkauf bestimmt sind (Art. 1851), z. B. Waren, die zu einem fonds de commerce gehören, welchen der Ehemann im Namen der Frau ausnützt.

c) Dahin gehören auch die Werttitel auf Inhaber, wogegen eine Konvertierung von Werttiteln, die auf den Namen der Frau lauten, in Inhaberpapiere nicht zulässig ist; ferner

d) das bewegliche Vermögen, dessen Schätzungswert im Ehevertrag angegeben wurde.

IV. Haftung des Mannes. Nach Art. 1428, al. 3 haftet der Ehemann für jede Verschlechterung des persönlichen Frauenvermögens, die durch Unterlassung der zu seiner Erhaltung erforderlichen Maßnahmen entstanden ist.

So ist der Mann der Frau gegenüber verantwortlich, wenn er es unterlassen hat, eine Verjährung zu unterbrechen, eine Hypothek einzuschreiben, rechtzeitig eine Forderung einzuziehen oder eine Reparatur vorzunehmen und wenn er die Gelder anders angelegt hat, als dies durch den Ehevertrag vorgeschrieben war.

V. Die Klauseln d'emploi et de remploi kommen in den Eheverträgen, welche die Errungenschaftsgemeinschaft festsetzen, sehr oft zur Anwendung, um zu verhindern, daß bei Veräußerung von persönlichen Vermögensstücken der Ehefrau, ihr persönliches Eigentum sich in eine bloße Forderung gegen die Gemeinschaft verwandle (s. darüber oben S. 92).

Wenn auch im allgemeinen Kaufgeschäfte zwischen Mann und Frau verboten sind, so erlaubt doch Art. 1595, al. 2, daß der Ehemann ein ihm gehörendes Grundstück à l'emploi oder au remploi auf Rechnung der Frau gibt, d. h. zur Wiederanlage einer veräußerten Liegenschaft oder ihr zugehörender Gelder.

Fünfter Abschnitt.

Auflösung und Liquidation der Gütergemeinschaft.

Erstes Kapitel.

Gütertrennung bei Auflösung der Ehe.

I. Auflösungsgründe. Die Gründe, die zur Auflösung der Gütergemeinschaft führen, sind nach Art. 1441 gegeben:

a) wenn gleichzeitig die Ehe aufhört: der Tod eines Ehegatten, die Scheidung und die Nichtigerklärung der Ehe,

b) bei Fortdauer der Ehe: die gerichtlich ausgesprochene Gütertrennung (séparation de biens judiciaire), und die Beendigung der Gütergemeinschaft.

II. Tod eines Ehegatten. Es bestehen folgende Rechtsvorschriften:

Der überlebende Ehegatte muß innerhalb drei Monaten seit dem Tode des andern ein Inventar aufnehmen (Art. 1456). Dazu sind die Erben des Verstorbenen zuzuziehen. Diese Verpflichtung besteht auch für die überlebende Frau. Die Frist kann verlängert werden (Art. 798, 1458).

Nach Art. 1456, al. 2 des Code civil und nach Art. 943 des code de procédure civile ist für das Inventar die Form einer notariellen Urkunde vorgeschrieben, oder, wenn alle Parteien volljährig sind, ein acte sous seing privé (also eine Urkunde mit eigenhändiger Unterschrift, ohne notarielle Beglaubigung, vgl. Art. 1322 ff.).

Unterläßt der überlebende Ehegatte die Inventarisation, so verliert er sein Recht auf den Genuß der Einkünfte und an der Nutznießung des Vermögens der minderjährigen Kinder (Art. 1442, 384).

Nach dem Tode ihres Mannes hat die Witwe das Recht, während drei Monaten und 40 Tagen, die ihr zur Errichtung des Inventars und als Überlegungsfrist zuerkannt sind, die Kosten des Unterhalts aus dem Gemeinschaftsgut zu entnehmen (Art. 1465, al. 2).

Ferner darf sie das Geld zur Anschaffung von Trauerkleidern aus dem Nachlaß des Mannes beziehen (Art. 1481).

III. Scheidung. Gegenüber Dritten übt der Scheidungsprozeß seine Wirkungen in bezug auf die Auflösung der Gütergemeinschaft erst mit dem Tage der Rechtskraft des Urteils aus, unter den Ehegatten dagegen schon vom Tage an, da die Klage erhoben wurde (Art. 252). Der Ehemann wird von diesem Tage an bis zum Tage der Rechtskraft des Urteils bloßer Verwalter des Vermögens. Die Gemeinschaft hat kein Recht mehr auf die Erträgnisse des Vermögens, und was einem Ehegatten nach dem Tage der Klageerhebung aus Erbschaft oder Schenkung zufällt, verbleibt ihm als Sondergut.

IV. Nichtigerklärung der Ehe. Die Verhältnisse sind so zu beurteilen, wie wenn sich die Ehegatten überhaupt nicht geheiratet hätten, so daß in deren Vermögensverhältnissen mit dem Abschluß der Ehe überhaupt keine Änderung eingetreten wäre. Es kann sich deshalb auch nicht um eine Auflösung der Gütergemeinschaft handeln.

Anders liegt der Fall bei der Putativehe (s. S. 36). Ihre Nichtigerklärung hat dieselben Folgen wie die Scheidung. Immerhin treten die Folgen unter den Ehepartnern erst mit dem Urteil und nicht schon mit der Klageerhebung ein.

V. Verschollenheitserklärung. Nach französischem Recht führt die Verschollenheitserklärung nicht zur Auflösung der Ehe, wie lange auch die Verschollenheit gedauert hat (Art. 139).

Der eheliche Güterstand dauert bis zur Erklärung der Verschollenheit (déclaration d'absence) (Art. 115).

Die Liquidation erfolgt so, daß mit Wirkung vom Tage des Verschwindens, resp. der letzten Nachrichten des verschollenen Ehegatten, seine Erben in den Besitz des Vermögens eingewiesen werden. Dem zurückgebliebenen „anwesenden" Ehegatten wird das zugewiesen, was ihm gehört (Art. 124, al. 1 am Ende).

Doch hat im Falle der Gütergemeinschaft, wenn die Frau verschollen ist, der Ehemann die Wahl, ob er diese Gemeinschaft fortsetzen will oder nicht. Ist die Frau der zurückgebliebene Teil, so wird sie ebenfalls diese Wahl haben, erhält aber lediglich die bloße Verwaltung des Gemeinschaftsgutes und des Vermögens des verschollenen Ehemannes (Art. 124). In diesem Falle dauert die Gütergemeinschaft noch 30 Jahre, spätestens bis zum 100. Todestag des Verschollenen (Art. 129). Erst am letzteren Tage erfolgt die definitive Besitzeinweisung des Vermögens an die Frau und an deren Erben. Immerhin kann der zurückgebliebene Ehegatte schon vorher Auflösung der Gütergemeinschaft verlangen.

Zweites Kapitel.

Gerichtliche Gütertrennung (séparation de biens judiciaire).

I. Allgemeines. Die gerichtliche Gütertrennung ist wohl zu unterscheiden von der im Ehevertrag als Güterstand gewählten Gütertrennung. Die gerichtliche Gütertrennung erfolgt auf Verlangen der Frau während der Dauer der Ehe, tritt aber ohne weiteres ein mit der gerichtlich ausgesprochenen Trennung von Tisch und Bett (séparation de corps) (s. oben).

Die Trennung der Güter kann die Frau bei allen Güterständen verlangen, bei welchen der Mann die Verwaltung oder Genußrechte am Vermögen der Frau hat. Die Frau kann das Begehren auf gerichtliche Gütertrennung stellen, wenn Gefahr für ihre Vermögensinteressen besteht, sei es zufolge schlechter Verwaltung durch den Mann oder bei seiner Zahlungsunfähigkeit. Das Begehren geht dahin, daß ihr das Vermögen zur Verwaltung und freien Verfügung zurückgegeben wird.

Nur die Ehefrau kann die séparation de biens verlangen; ihre Erben selbst dann nicht, wenn bei ihrem Tode das Verfahren darüber bereits beim Gerichte anhängig ist.

Ausnahmsweise sind zur Stellung des Begehrens auf Trennung der Güter auch die Gläubiger der Frau berechtigt, wenn ihre Interessen zufolge des Konkurses (la faillite) oder der Zahlungsunfähigkeit (la déconfiture) des Mannes gefährdet sind.

Doch besteht das Recht der Gläubiger auf Gütertrennung nur bis zur Höhe ihrer Forderungen (Art. 1446, al. 2). Mit Zustimmung der Frau können ihre Gläubiger séparation auch außerhalb den Fällen des Konkurses und der Zahlungsunfähigkeit des Mannes begehren. In der Praxis kommt eine solche Klage der Gläubiger kaum vor, da regelmäßig doch die Frau die ersten Schritte einleitet.

Art. 1443 gibt der Frau das Recht auf gerichtliche Gütertrennung, wenn ihr Heiratsgut (la dot) gefährdet ist und wenn die Unordnung in den Angelegenheiten des Mannes befürchten läßt, daß dessen Vermögen nicht ausreichen werde, die Frau für ihre Ansprüche und Ersatzforderungen zu befriedigen.

II. Prozeßvorschriften. Eine Trennung der Vermögen der beiden Ehegatten während der Ehe birgt für die Gläubiger die Gefahr in sich, daß die Ehefrau betrügerischerweise Vermögen, das dem zahlungsunfähigen Manne gehört, als ihr eigenes erklärt. Um solchen Gefahren und betrügerischem Verhalten zum Nachteil der Gläubiger zu begegnen, hat das Gesetz verschiedene Schutzvorschriften aufgestellt, nämlich:

a) Die Gütertrennung ist nur zulässig, wenn sie gerichtlich ausgesprochen ist. Jede außergerichtliche Gütertrennung ist nichtig, d. h. ohne irgendwelche rechtliche Wirkung (Art. 1443).

b) Damit die Frau die Klage stellen kann, muß sie dazu vom Präsidenten des Gerichtes ermächtigt werden (Art. 869 Code proc. civ.).

c) Die Klageerhebung muß öffentlich durch Anschlag (Art. 866 u. 867, C. proc. civ.) und in einer Zeitung (Art. 868 Code proc. civ.) bekannt gegeben werden.

d) Die Zustimmung des Mannes zu den Erklärungen der Frau bildet keinen Beweis (Art. 870 C. proc. civ.).

e) Die Entscheidung des Gerichts darf nicht vor Ablauf eines Monats seit Einreichung der Klage erfolgen (Art. 869, C. proc. civ.). Diese Vorschrift ermöglicht den Gläubigern, nötigenfalls zu intervenieren.

f) Das Urteil muß öffentlich angeschlagen werden (Art. 1445 C. c. und 872 Code de proc. civ.) und ist im Handelsregister bekanntzugeben, wenn die Eheleute Handelsleute sind.

g) Wenn nicht schon durch öffentliche Urkunde festgestellt ist, daß die Frau für alle ihre Ansprüche tatsächlich befriedigt ist, so muß die Frau innerhalb 30 Tagen von der Rechtskraft des Urteils an das erforderliche gerichtliche Verfahren zur Liquidation einleiten.

III. Rechte der Gläubiger. Die Gläubiger des Mannes können die erkannte und sogar die bereits vollzogene Gütertrennung anfechten, wenn dieselbe ihre Rechte beeinträchtigt. Sie können auch schon im Verfahren über das Begehren auf Gütertrennung intervenieren und Einspruch erheben (Art. 1447, 1166, 1167, C. c. und Art. 871 C. proc. civ.).

IV. Folgen des Urteils über Gütertrennung. Durch das Urteil wird die Gütergemeinschaft aufgehoben, und die Frau erlangt die Verwaltung und den Genuß ihres ganzen ihr zustehenden Vermögens. Die Gütertrennung selbst beginnt aber nicht erst mit dem Tage des Urteils, sondern ist wirksam vom Tage an, da das Begehren auf Gütertrennung eingereicht wurde (Art. 1445, al. 2). Der Gesetzgeber will damit verhindern, daß der Ehemann in der Zeit von der Klageeinleitung bis zum Urteil über das Vermögen der Frau zu deren Nachteil verfüge. Dritte können sich über diese Rückwirkung nicht beklagen, da ihnen durch Publikation die Einreichung des Begehrens bekannt wurde.

Die Rückwirkung hat zur Folge, daß die Früchte und Erträgnisse des persönlichen Vermögens aufhören, Gemeinschaftsvermögen zu werden. Deshalb hat der Ehemann der Frau die Erträgnisse, die er in der Zwischenzeit eingezogen hat, herauszugeben. Er ist dafür verantwortlich.

Aber auch im übrigen hört die unumschränkte Vollmacht des Ehemannes über das Gemeinschaftsvermögen vom Tage des Klagebegehrens an auf. Er ist nur noch sein Verwalter, weshalb er kein gemeinsames Gut mehr veräußern darf. Auch haben seine Gläubiger kein Recht mehr, auf das Gemeinschaftsvermögen zu greifen.

Das Urteil über die Trennung der Güter gibt der Frau die freie Verwaltung und den freien Genuß über ihr persönliches Vermögen. Es gelten in dieser Beziehung die gleichen Normen wie beim Güterstand der Gütertrennung zufolge Ehevertrag (vgl. Art. 1536—1539). Es sei deshalb darauf verwiesen (s. unten S. 135ff.).

Es besteht nur ein untergeordneter Unterschied. Nach dem von vornherein vereinbarten Güterstand der Gütertrennung hat die Frau bis zum Betrag eines Drittels ihrer Einkünfte zu den Lasten des Haushaltes beizutragen (Art. 1537). Für die gerichtliche Gütertrennung schreibt indessen Art. 1448 nur vor, daß sie nach dem Verhältnis ihres Vermögens und desjenigen des Mannes zu den Kosten der Haushaltung wie der Erziehung der gemeinsamen Kinder beizutragen hat. Wenn dem Manne nichts übrig bleibt, hat sie diese Kosten allein zu bestreiten.

V. Wiederaufnahme der Gütergemeinschaft. Die gerichtliche Gütertrennung kann nachträglich, namentlich wenn die Verhältnisse des Mannes sich wieder gebessert haben, durch eine Übereinkunft der beiden Ehegatten wieder aufgehoben werden, und sie können die Gütergemeinschaft wieder aufnehmen. Es ist aber nicht gestattet, die Gütergemeinschaft unter andern als den früheren Bedingungen wieder herzustellen. Solche Wiederherstellung des früheren Güterstandes kann nur durch eine notarielle Urkunde geschehen, welche öffentlich durch Anschlag bekanntgegeben werden muß (Art. 1451, al. 2, Art. 1445).

In diesem Fall erhält die wiederhergestellte Gütergemeinschaft ihre Wirksamkeit vom Tage der Eheschließung an. Alles kommt wieder in den alten Zustand, wie wenn keine Trennung stattgefunden hätte.

Drittes Kapitel.

Die Gütertrennung zufolge der Trennung von Tisch und Bett.

Die Trennung von Tisch und Bett zieht ohne weiteres die Gütertrennung, also die Auflösung der Gütergemeinschaft, nach sich (Art. 311, al. 2).

Im Gegensatz zur gerichtlichen Gütertrennung, die erfolgt, wenn die Ehegatten weiter zusammenleben, bedarf die Gütertrennung zufolge der Trennung von Tisch und Bett keiner öffentlichen Beurkundung oder Bekanntmachung.

Sie ist rechtswirksam unter den Ehegatten vom Tage der Klageerhebung an, dagegen im Verhältnis zu Dritten erst vom Tage des Trennungsurteils an, und zwar entsprechend der Ordnung, wie sie für die Ehescheidung am Schlusse von Art. 252 vorgesehen ist.

Die von Tisch und Bett getrennte Frau hat unbeschränkte Handlungsfähigkeit (Art. 311, al. 3). Sie erhält die freie Verwaltung ihres Vermögens zurück, kann über ihr bewegliches Vermögen frei verfügen und es auch veräußern. Dagegen bedarf sie allerdings zur Veräußerung ihrer Grundstücke der Zustimmung des Mannes oder bei seiner Weigerung der Ermächtigung des Gerichtes (Art. 1449).

Im Gegensatz hierzu hat die Frau, die gestützt auf Ehevertrag in Gütertrennung lebt, nur eine beschränkte Handlungsfähigkeit. Sie hat zwar das Recht, ihr Vermögen zu verwalten (Art. 1449 al. 1), kann es aber nur mit Zustimmung des Mannes veräußern, verpfänden und Käufe vornehmen, wenn es sich um Geschäfte handelt, die über die gewöhnliche Verwaltung hinausgehen (Art. 217).

Wenn die von Tisch und Bett getrennten Ehegatten sich wieder versöhnen und das gemeinsame Leben wieder aufnehmen, so besteht gleichwohl in bezug auf den Güterstand die Vermögenstrennung weiter, und es kommen die Vorschriften des Gesetzes über die vertragliche Gütertrennung zur Anwendung. Dieses Recht ist aber Dritten gegenüber nur wirksam, wenn es ihnen in der gesetzlich vorgeschriebenen Form bekanntgegeben wurde (s. Art. 311, al. 4); d. h. die Wiederaufnahme des gemeinsamen Lebens muß durch eine notarielle zu amtlicher Verwahrung errichtete Urkunde festgestellt werden, von der ein Auszug in der von Art. 1445 angegebenen Form ausgehängt werden muß. Außerdem muß am Rande die Heiratsurkunde und das Trennungsurteil vermerkt werden. Ebenso hat eine Bekanntgabe in einer Zeitung zu erfolgen.

Wollen die versöhnten Ehegatten den ursprünglichen Güterstand wiederherstellen, so ist auch das möglich. Doch sind die Formvorschriften von Art. 1451, al. 1 zu beachten. Es ist notarielle Beurkundung, Anschlag und Publikation erforderlich, entsprechend den soeben erwähnten Bestimmungen von Art. 1445.

Viertes Kapitel.

Das Wahlrecht der Frau (Annahme oder Ausschlagung) bei Auflösung der Gemeinschaft.

I. Allgemeines. Wenn die Gemeinschaft nach den gesetzlichen Vorschriften ihr Ende nimmt mit dem Tode des einen Ehegatten oder auch durch gerichtliches Urteil, das die Gütertrennung ausspricht, so ist über das Schicksal des Gemeinschaftsvermögens zu entscheiden. Der Tod gibt in diesem Falle der Frau (oder nach deren Tod ihren Erben) ein Wahlrecht. Entweder kann sie auf jeden Anteil daran verzichten oder aber Annahme des Gemeinschaftsvermögens erklären. Nimmt sie an, so wird sie in der darauffolgenden Liquidation auch die auf ihren Teil entfallende Quote der Schulden des Gemeinschaftsvermögens zu tragen haben. Darum wird sie die Antretung des Gemeinschaftsvermögens ausschlagen, wenn die Schulden größer sind als die Aktiven (s. Art. 1453).

Das zugunsten der Frau eingeräumte Recht, auszuschlagen, bildet ein Gegengewicht zu der Allgewalt des Mannes. Schlägt sie aus, so haftet sie nicht für die aus der schlechten Geschäftsführung des Mannes entstandenen Schulden.

Dieses Wahl- oder Optionsrecht ist ein Wesenszug der französischen Gütergemeinschaft.

Aber auch wenn die Frau das Gemeinschaftsvermögen annimmt, so genießt sie doch noch ein besonderes Privileg, da sie ein Inventar errichten kann und in diesem Falle nur bis zur Höhe ihres Anteils am Gemeinschaftsgut haftet.

Man könnte sich fragen, ob sie deshalb noch ein Interesse hat, auszuschlagen. Ein solches Interesse besteht, denn mit der Ausschlagung schafft sie sofort eine klare Lage und wird nicht mehr in die Liquidation hineingezogen. Das trifft insbesondere dann zu, wenn es mit der Gemeinschaft ganz schlecht steht.

Ist die Frau gestorben, so können auch deren Erben ausschlagen (Art. 1453, 1475).

Können sich mehrere Miterben darüber nicht einigen, so hat jeder das Recht für seinen Teil anzunehmen oder auszuschlagen (Art. 1475, al. 1).

Schlägt die Frau ein solventes Gemeinschaftsvermögen aus, so können ihre Gläubiger diese Ausschlagung gestützt auf Art. 1453 als ein betrügerisches Verhalten angreifen (Art. 1464) und im Namen der Frau Annahme der Gemeinschaft erklären.

II. Frist für das Wahlrecht. Die Frist beträgt drei Monate und 40 Tage (entsprechend Art. 795, 1457). Fristerstreckung durch das Gericht ist möglich (Art. 798, 1458).

Die Folgen der Fristerstreckung sind verschieden, je nachdem die Beendigung der Gemeinschaft zufolge Todes des Mannes, Scheidung oder Trennung von Tisch und Bett erfolgt.

a) Beim Tode des Mannes muß die Frau innerhalb drei Monaten (mit Bewilligung des Gerichtes auch innerhalb erstreckter Frist) ein Inventar über das Gemeinschaftsgut aufnehmen (Art. 1456, 1458). Dann kann sie das Wahlrecht auch jederzeit nach den 40 Tagen ausüben. Immerhin hat sie ein Interesse daran, die Erklärung schon vorher abzugeben, weil sie nach Ablauf der Frist gemäß Art. 174 des Code de procédure civile von den Gläubigern als Teilhaberin der Gemeinschaft („comme commune en bien“) belangt werden kann (Art. 1459). Diese Möglichkeit dauert 30 Jahre. Nachher wird die Frau als „annehmend“ behandelt, und ihr

Recht auf das Gemeinschaftsvermögen erlischt nur durch die Ausschlagung.

Unterließ die Frau, ein Inventar zu errichten, so verliert sie das Recht auf Ausschlagung nach Ablauf der Frist von drei Monaten. Im Interesse der Gläubiger ist dies nötig. Dann fällt auch das Vorrecht der Frau dahin, daß sie nur bis zu ihrem Anteil am Gemeinschaftsgut haftet; sie haftet dann auch mit ihrem ganzen persönlichen Vermögen.

Erfolgt die Ausschlagung schon vor Ablauf der drei Monate, so ist sie von der Pflicht, ein Inventar zu errichten, entbunden. Es ergibt sich dies aus Art. 1457, 1459.

Stirbt die Frau innerhalb der drei Monate ohne ein Inventar gemacht zu haben, so läuft den Erben eine neue Frist von drei Monaten (Art. 1461, al. 1).

b) Bei Scheidung oder Trennung von Tisch und Bett. Wenn die geschiedene oder von Tisch und Bett getrennte Frau innerhalb von drei Monaten und 40 Tagen von der Rechtskraft des Urteils an keine Erklärung abgibt, so gilt ihr Stillschweigen als Ausschlagung (Art. 1463).

c) Bei gerichtlicher Gütertrennung ist das Schweigen der Frau wie im Falle der Scheidung als Ausschlagung auszulegen. Es ergibt sich dies aus Art. 174, al. 1 des Code de proc. civ. (s. auch COLIN et CAPITANT III, Nr. 241, S. 196).

d) Beim Tode der Frau. Erfolgt die Auflösung der Gemeinschaft zufolge des Todes der Frau, so können ihre Erben mit gleicher Frist und mit Beachtung derselben Vorschriften, wie es zugunsten der überlebenden Frau angeordnet ist, die Gemeinschaft ausschlagen (Art. 1466).

III. Unwiderruflichkeit. Ist einmal die Annahme oder die Ausschlagung erfolgt, so ist sie unwiderruflich; die Partei, die das Wahlrecht hat, kann nicht mehr darauf zurückkommen. Hat die Frau angenommen, so kann sie nicht mehr ausschlagen (Art. 1455). Es liegt dies vor allem im Interesse der Gläubiger, die wissen müssen, an wen sie sich zu halten haben. Liegt eine Ausschlagung vor, so wird das Gemeinschaftsvermögen ausschließlich Eigentum des Ehemannes oder seiner Erben.

IV. Form der Annahme oder Ausschlagung. *1. Annahme.* Die Annahme kann von der Frau ausdrücklich erklärt werden. Es ist aber auch eine stillschweigende Annahme durch konkludente Handlungen möglich:

a) Eine Annahme durch die Frau liegt vor, wenn sie in ihrer Eigenschaft als Teilhaberin am Gemeinschaftsgut irgendein Geschäft mit ihrer Unterschrift abschließt (Art. 1455), z. B. in der Inventarurkunde über das Gemeinschaftsvermögen; oder wenn sie einen Mietvertrag mit einem Mieter eines Hauses abschließt, das zur Gemeinschaft gehört; ferner wenn sie als Vertreterin der Gemeinschaft eine Quittung unterschreibt;

b) wenn die Frau über Rechte verfügt, die das Gemeinschaftsvermögen betreffen, und zwar in einer Weise, daß kein Zweifel darüber bestehen kann, daß sie dies als Eigentümerin tut. So, wenn sie von den Erben des Mannes Rechnungsablegung oder Liquidation und Teilung des Nachlasses verlangt. Sie zieht den Betrag einer Forderung ein; sie veranlaßt größere Reparaturen, welche nicht unumgänglich nötig sind; sie verkauft Wertpapiere usw. (Art. 1454 u. 778).

Dagegen gelten bloße Verwaltungshandlungen und solche, die dazu bestimmt sind, zur Erhaltung des Vermögens zu dienen, wie die Eintragung einer Hypothek, die Unterbrechung einer Verjährung, die Vornahme dringlicher Reparaturen, das Ernten von Früchten, keineswegs als Annahme (Art. 1454, vgl. Art. 779).

c) Unterläßt die übernehmende Frau die Errichtung eines Inventars innerhalb von drei Monaten, so gilt dieses Verhalten als Annahme (Art. 1456, al. 1).

d) Art. 1460 straft die Frau mit der Verpflichtung zur Annahme, wenn sie sich in bezug auf einzelne Vermögensgegenstände, die der Gemeinschaft gehören, der Unterschlagung oder Hehlerei schuldig gemacht hat. Sie muß in diesem Falle die Gemeinschaft auch nach erfolgter Ausschlagung annehmen (Art. 1460). Überdies verliert sie dann ihren Teil an den unterschlagenen oder verhehlten Sachen (Art. 1477), sowie das Privileg, nur bis zur Höhe ihres Anteils haften zu müssen.

2. Die Ausschlagung. Für die Ausschlagung verlangt das Gesetz eine formelle ausdrückliche Erklärung, wie sie für die Ausschlagung von Erbschaften vorgesehen ist, also eine Erklärung vor dem Gerichtsschreiber des ehemännlichen Wohnsitzes, und diese Ausschlagserklärung muß in dem besondern für die Ausschlagung von Erbschaften bestimmten Register eingetragen werden (Art. 1457, 784).

Eine solche Formvorschrift liegt im Interesse der Gläubiger, damit sie wissen woran sie sind. Gegenüber dem Ehemann und seinen Erben genügt dagegen jedes Verhalten, aus welchem die Ausschlagung hervorgeht.

Im Falle der Auflösung der Gemeinschaft durch Scheidung oder Trennung von Tisch und Bett oder gerichtlicher Gütertrennung wird die Ausschlagung aus dem bloßen unbenutzten Ablauf der Frist von drei Monaten gefolgert.

V. Liquidation und Teilung im Falle der Annahme. *Auszahlung der Teilungsmasse.* Bei Auflösung der Gütergemeinschaft hat zunächst eine Ausscheidung der verschiedenen Vermögensteile zu erfolgen. Während der Dauer der Gemeinschaft waren alle Güter der beiden Ehegatten mit Ausnahme der als Sondergut reservierten Vermögensteile zu einer einzigen Masse vereinigt, die in der Verwaltung des Mannes stand. Die ersten Schritte vor einer Liquidation des Gemeinschaftsvermögens gehen deshalb darauf aus, die persönlichen Vermögen der beiden Ehegatten von dem Gemeinschaftsvermögen zu trennen, aus der Masse herauszuziehen. Man bezeichnet dies mit dem Ausdruck les reprises des époux, das Rücknahmerecht in bezug auf die persönlichen Vermögen der beiden Ehegatten.

Davon sind zu unterscheiden die Vergütungen, die Entschädigungen (les récompenses), welche die Gemeinschaft dem einen oder andern Ehegatten schuldet, sowie umgekehrt die Vergütungen — ebenfalls récompenses genannt —, welche die Ehegatten der Gemeinschaft als deren Schuldner zu leisten haben (Art. 1468).

Dieser Artikel lautet:

„Die Eheleute oder ihre Erben werfen in die vorhandene Gütermasse alles ein, was sie der Gütergemeinschaft als Ersatz oder Entschädigung schulden."

Artikel 1469 schreibt sodann vor:

„Jeder Ehegatte oder sein Erbe wirft ebenso die aus der Gütergemeinschaft entnommenen Beträge oder den Wert der Sachen ein, die er verwendet hat, um ein Kind aus einer andern Ehe oder ein gemeinsames Kind für sich allein mit einem Heiratsgut auszustatten."

In Betracht kommen ferner die prélèvements eines jeden Ehegatten, d. h. das was nach Art. 1470 jeder aus der Gütermasse für sich vorwegnehmen darf.

Art. 1470 sagt: „Aus der Vermögensmasse nimmt jeder Ehegatte oder sein Erbe vorweg:

1. sein nicht in die Gütergemeinschaft gefallenes persönliches Vermögen, wenn es in natura vorhanden ist, oder das als Wiederanlage (en remploi) erworbene,
2. den Preis seiner während der Gütergemeinschaft veräußerten Grundstücke, welcher nicht wieder angelegt wurde,
3. die ihm aus der Gütergemeinschaft zu leistenden Entschädigungen".

Die Zurücknahme der einem Ehegatten persönlich gehörenden Vermögensstücke, die noch in natura vorhanden sind, bereitet keinerlei Schwierigkeit, ist aber nur möglich, wenn der betreffende Ehegatte sein Eigentum daran beweist, da nach Art. 1402 u. 1499 die Vermutung dafür besteht, daß alle Vermögensstücke, die beweglichen und die unbeweglichen, Gemeinschaftsgut sind, wenn nicht der Gegenbeweis geleistet wird.

Fünftes Kapitel.

Die Vergütungen (récompenses).

I. Allgemeines. Die Lehre der récompenses ist auf die Erwägung zurückzuführen, daß kein Ehegatte sich auf Kosten des andern bereichern darf. Man hatte deshalb früher den Ehegatten sogar verboten, einen Verzicht auf das Recht auszusprechen, das darin besteht, Vergütungen zur

Herstellung des Gleichgewichtes zu verlangen. Unter dieses Verbot fielen die Schenkungen unter Ehegatten. Heute dagegen ist es zulässig, im Ehevertrag zu vereinbaren, daß weder ein Ehegatte, noch auch das Gemeinschaftsvermögen verpflichtet werden können, bei Bereicherungen zum Nachteil des einen Ehegatten diesem eine Vergütung zu leisten. Fehlt es indessen an einer solchen Bestimmung im Ehevertrag, so hat ein Ausgleich stattzufinden. Dabei ist zu unterscheiden zwischen den Vergütungen, welche die Gemeinschaft einem der Ehegatten schuldet, denjenigen, die ein Ehegatte der Gemeinschaft zu leisten hat, und denjenigen, welche die Ehegatten einander zu zahlen haben.

II. Vergütungen der Gemeinschaft an einen der Ehegatten. *1. Regel.* Es gilt die Regel, daß ein jeder Ehegatte bei der Auflösung der Gemeinschaft ihr Gläubiger wird für das, um was sich die Gemeinschaft auf seine Kosten bereichert hat. Der Code civil begnügt sich indessen in seinen Art. 1433 u. 1470 die am meisten vorkommenden Fälle zu nennen, nämlich

a) Während der Ehe ist ein persönliches Vermögensstück eines Ehegatten, sei es Mobiliar- oder Grundstück, verkauft worden, ohne daß eine Wiederanlage des Preises erfolgte (Art. 1433, 1470).

b) Bestand auf einer dem Ehegatten gehörenden Liegenschaft eine Grunddienstbarkeit zugunsten dieses Grundstückes; ist diese aber durch Zahlung einer Geldsumme abgelöst worden, und floß der Erlös in die Gemeinschaft, so hat der Ehegatte, dem das Grundstück persönlich gehört, ein Recht, den Erlös vorwegzunehmen (Art. 1433).

c) Eine Summe Geldes ist einem der Ehegatten unter der Bedingung geschenkt oder vermacht worden, daß es für ihn persönlich anzulegen sei, ohne daß es indessen der Ehemann angelegt hat.

d) Ein Ehegatte hat sich bewegliches Vermögen, das er zur Zeit des Eheabschlusses besaß, oder auch künftiges bewegliches Vermögen für sein persönliches Sondergut vorbehalten; es fielen aber gleichwohl solche Vermögensstücke in die Gemeinschaftsmasse, weil sie abgeschätzt waren, oder weil sie verbrauchbare Sachen waren, deren Gebrauch auch deren Verbrauch zur Folge hatte, oder weil es Gegenstände waren, die zum Verkauf bestimmt waren.

2. Höhe der Vergütung. Ist ein Grundstück oder eine bewegliche Sache verkauft worden, so hat die Gemeinschaft den Kaufpreis zu ersetzen. (Art. 1436 am Ende). Der Ehegatte, dem dieses Recht zusteht, kann keineswegs die Einrede erheben, daß sein Grundstück einen höheren Wert hatte.

Schwieriger ist es, die Vergütung in Fällen festzusetzen, da es sich bei der Schädigung nicht um einen solchen durch Verkauf handelt. Dabei muß in Betracht gezogen werden der Vorteil, den die Masse hatte, und der Schaden, den der Ehegatte erlitten hat. In diesen Fällen gilt die Regel, daß die Vergütung in der Höhe des kleineren dieser Beträge zu erfolgen hat.

Alle Vergütungsbeträge sind vom Tage der Auflösung der Gemeinschaft an zu verzinsen (Art. 1473).

3. Das Verfahren. Die Frau übt ihr Recht auf Vorwegnahme zeitlich vor dem Manne aus (Art. 1471 al. 1). Soweit die hierher gehörenden Vermögensstücke noch vorhanden sind, nimmt sie dieselben in natura zurück. Ist das nicht der Fall, so erfolgt die Rückgabe zunächst aus dem baren Gelde; soweit solches nicht vorhanden ist oder nicht ausreicht, aus dem beweglichen Vermögen und erst zuletzt aus den Grundstücken der Gemeinschaft.

4. Die Konkurrenz der Gläubiger. Nach dem berühmten Entscheid der cour de cassation (chambres réunies) vom 16. Januar 1858 übt die Frau in bezug auf ihre Vergütungsansprüche ihre Rechte nicht nur in der Eigenschaft als Teilhaberin am Gemeinschaftsgut aus, sondern auch als Gläubigerin (D. P. 58. 1. 5. S. 58. 1. 8.). Seit diesem Urteil ist es feststehende Praxis, daß die Frau ihre Rechte nur in Konkurrenz mit den Gläubigern der Gemeinschaftsmasse geltend machen darf. Sie kann deshalb ihr Recht auf Vorwegnahme nicht ohne Rücksicht auf die übrigen Gläubiger ausüben. Insoweit diese nicht bezahlt sind und ihre Rechte geltend machen, hat die Frau Anspruch auf die Vergütung aus der Gemeinschaftsmasse nur im Verhältnisse ihrer Forderung zu den Forderungen der übrigen Gläubiger.

5. Das Vorrecht der Frau. Die Frau hat das Recht, *vor* ihrem Manne die Rückgabe zu verlangen (Art. 1471, al. 1). Genügt das Gemeinschaftsvermögen nicht, so sind die Frau oder ihre Erben berechtigt, für ihre Ersatzforderungen auf die persönlichen Güter des Mannes zu greifen (Art. 1472 al. 2). Der Grund dafür liegt darin, daß der Mann als Verwalter dieses Vermögens schlecht gewirtschaftet hat. Es ist deshalb nur billig, der Frau das Recht zu geben, sich an die persönlichen Güter des Mannes zu halten.

6. Recht des Mannes. Der Ehemann dagegen kann seine Ersatzforderung nur gegenüber dem Vermögen der Gütergemeinschaft geltend machen (Art. 1472 al. 1).

III. Rückvergütungen der Ehegatten an die Gemeinschaftsmasse. In allen Fällen, wenn einer der beiden Ehegatten einen Vorteil aus dem Vermögen der Gemeinschaftsmasse erlangt hat, muß er dafür Ersatz leisten (Art. 1437 am Ende).

Dahin gehören folgende Fälle:

1. Bei Zahlung einer persönlichen Schuld eines Ehegatten aus dem Gemeinschaftsgut:

a) Schulden, für welche das Gemeinschaftsvermögen nicht haftet, z. B. Schulden, welche die Frau mit Ermächtigung des Mannes eingeht;

Schulden aus einem Verbrechen der Frau; voreheliche Schulden der Frau bei der Errungenschaftsgemeinschaft (communauté d'acquêts);

b) Persönliche Schulden eines Ehegatten, für welche das Gemeinschaftsgut haftet, z. B. Bußen, ausgesprochen gegen den Ehemann (Art. 1424), voreheliche Schulden des Mannes, Schulden der Erbschaften, die dem Ehemann zufielen, Schulden einer Mobiliarerbschaft zugunsten der Frau, die sie mit Ermächtigung des Mannes angenommen hat, im Falle der Errungenschaftsgemeinschaft;

c) die Beträge, die zum Erwerb oder zur Reparatur eines Grundstückes eines der Ehegatten verwendet wurden, wie solche zur Verbesserung persönlicher Grundstücke, sei es materielle oder rechtliche Verbesserung, wie die Ablösung von Servituten, mit welchen das Grundstück belastet war.

2. *Ersatzleistung für Früchte,* die zwar erst nach der Auflösung der Gemeinschaft von einem der Ehegatten bezogen wurden, die aber ihre Entstehung schon der Zeit vor der Auflösung verdanken und zufolgedessen noch ins Gemeinschaftsgut fallen, wie für Holz, das erst später gefällt wurde, eine Ernte, die erst später erfolgte;

3. *Rückerstattung des Betrages für ein Heiratsgut,* das aus dem Gemeinschaftsvermögen einem Kinde gegeben wurde.

Es ist dies selbstverständlich, wenn es sich um die Ausstattung eines Kindes handelt, das nicht gemeinsam ist, sondern aus einer frühern Ehe stammt.

In bezug auf das Heiratsgut, das einem gemeinsamen aus der Ehe hervorgegangenen Kinde bestellt wurde, unterscheidet das französische Recht in überaus komplizierter Weise wie folgt:

a) Das Heiratsgut, das der Mann allein einem gemeinsamen Kinde aus Werten der Gemeinschaft bestellt hat, fällt der Gemeinschaft zur Last, denn der Mann handelt als Oberhaupt der Gemeinschaft und gestützt auf die ihm vom Gesetz gegebene Vollmacht.

Die Frau hat, falls sie die Gütergemeinschaft annimmt, die Hälfte dieses Heiratsgutes zu tragen, hat also auch bei Auflösung der Ehe Rückerstattung zu leisten, es sei denn, daß der Mann ausdrücklich erklärt hat, er werde das Ganze oder doch einen größern Teil als die Hälfte übernehmen (Art. 1439).

b) Haben Vater und Mutter zusammen einem gemeinsamen Kinde ein Heiratsgut gegeben, ohne das Verhältnis zu bestimmen, in welchem ein jeder Teil beitragen wollte, so wird angenommen, daß jeder von ihnen das Heiratsgut zur Hälfte bestellt habe, ob es nun in Werten der Gütergemeinschaft oder aus dem persönlichen Vermögen eines der beiden Ehegatten gegeben wurde. Soweit das Heiratsgut dem gemeinsamen Vermögen entnommen wurde, schuldet jeder Ehegatte seinen Anteil am Heiratsgut an das Gemeinschaftsvermögen (Art. 1438 al. 1).

Im zweiten Falle hat der Ehegatte, dessen Grundstück, oder ein ihm persönlich gehörender anderer Gegenstand, zum Heiratsgut bestellt wurde, einen Anspruch auf Entschädigung gegen das Vermögen des andern auf die Hälfte des Heiratsgutes. Dabei ist der Wert zur Zeit der Schenkung zugrunde zu legen (Art. 1438 al. 2).

4. Leibrente und Versicherung. Wenn aus dem Gemeinschaftsvermögen eine Leibrente bestellt wurde, deren Genuß nach dem Tode eines Ehegatten dem überlebenden zukommt, so hat dieser eine entsprechende Rückerstattung des Kapitals an das Gemeinschaftsvermögen zu leisten.

Anders ist eine Lebensversicherung zu beurteilen, welche ein verstorbener Ehemann für den Fall des Todes zugunsten der überlebenden Frau eingegangen ist. Ohne Zweifel kann der Mann eine solche Versicherungssumme seiner überlebenden Frau schenken. Es ist nicht notwendig, daß er dies ausdrücklich sagt; es genügt, wenn dies aus den Umständen hervorgeht. Er ist ja berechtigt, über einzelne bewegliche Sachen zu jedermanns Gunsten unentgeltlich zu verfügen, also auch zugunsten der Frau (vgl. Art. 1422). Es ist deshalb zu vermuten, daß, wenn die Prämien nur aus den Erträgnissen des Gemeinschaftsvermögens bezahlt wurden, auch die Frau nach Auflösung der Ehe nicht verpflichtet ist, die bezahlten Prämien an das Gemeinschaftsgut zurückzuerstatten.

Anders liegt der Fall, wenn die Absicht des Schenkens nicht aus den Umständen hervorgeht, sondern das Gegenteil anzunehmen ist. Dann muß die Frau die Bereicherung auf Kosten des Gemeinschaftsvermögens zurückvergüten.

5. Fälligkeit und Zinsen. Die Vergütung wird rechtlich fällig mit dem Tage der Auflösung. Von diesem Tage an laufen deshalb auch die Zinsen (Art. 1473).

6. Das Verfahren. Es wird eine genaue Abrechung über das aufgestellt, was jeder Ehegatte an die gemeinsame Masse schuldet oder von ihr zu fordern hat. Je nachdem der Schlußsaldo eines Vermögenskomplexes aktiv oder passiv ist, ist er Gläubiger oder Schuldner des andern.

Das, was ein Ehegatte der Gemeinschaft schuldet, wird er bei Berechnung seines Anteiles bei Verteilung einwerfen müssen.

Der Ehegatte, der eine Saldoschuld an die Masse hat, wird sich diese bei der definitiven Verteilung anrechnen lassen müssen.

Beispiel: Das vorhandene Gemeinschaftsvermögen betrage 80 000 Franken. Der Ehemann schuldet an Rückerstattung an die Masse den Betrag von 20 000 Franken. Dann beträgt die zu verteilende Masse 100 000 Franken. Der Ehemann erhält davon die geschuldeten 20 000 Franken zugeteilt plus 30 000 Franken, während die Frau 50 000 Franken aus der vorhandenen Masse bekommt.

Es ist aber auch möglich, daß der Betrag, den der Ehemann der Gemeinschaftsmasse schuldet, größer ist als sein Teilunganteil. Dann muß er die Differenz effektiv an die Masse für die Frau zurückzahlen.

Beispiel: Es seien bloß 10 000 Franken Gemeinschaftsvermögen vorhanden. Der Ehemann hat ihr noch 20 000 Franken zurückzuerstatten. Die Aktiven des Gemeinschaftsvermögens betragen also 30 000 Franken, und jeder Ehegatte hat das Recht, bei der Teilung 15 000 Franken zu erhalten. Da tatsächlich nur noch 10 000 Franken vorhanden sind, muß der Ehemann 5000 Franken an die Ehefrau auszahlen.

7. *Beweis des Rechtes auf Vergütung.* a) Der Ehegatte, der ein Vermögensstück als sein persönliches Eigentum an sich ziehen will, oder eine Vergütung geltend macht, muß den Beweis leisten, daß ihm dieses Recht zusteht.

In bezug auf die Grundstücke ergibt sich diese Beweispflicht aus Art. 1402, wonach jedes Grundstück als Erwerb der Gütergemeinschaft gilt, wenn nicht bewiesen wird, daß einer der Ehegatten schon vor der Ehe das Eigentum oder den rechtmäßigen Besitz daran hatte, oder daß es ihm seither durch Erbschaft oder Schenkung zugekommen ist.

Diesen Beweis zu leisten, wird meistens nicht schwer sein, da Urkunden über den Erwerb vorliegen. Schwieriger ist der Beweis im Falle einer Wiederanlage (remploi) von Geld aus dem Ertrag einer der Frau persönlich gehörenden Liegenschaft (vgl. Art. 1434 u. 1435 u. oben S. 92).

Was das bewegliche Vermögen betrifft, so wird bei der gesetzlichen Gütergemeinschaft das ganze zur Zeit der Heirat vorhandene, wie auch das während der Ehe hinzugekommene Vermögen als zur Gemeinschaft gehörig betrachtet.

Bei der Errungenschaftsgemeinschaft gehört zum Gemeinschaftsgut alles, was während der Ehe erworben wird. Es besteht die Vermutung, daß *alles* vorhandene Vermögen solche Errungenschaft ist (vgl. Art. 1499).

Deshalb hat die Frau ein großes Interesse daran, den Beweis dafür zu liefern, was sie in die Ehe mitgebracht hat, was also nicht Errungenschaft ist und zufolge dessen nicht zum Gemeinschaftsvermögen gehört.

Sie hat ein solches Interesse nicht nur mit Rücksicht auf die vermögensrechtlichen Beziehungen zu ihrem Manne, sondern auch gegenüber dritten Gläubigern. Nach der heutigen (neuen) Fassung des Art. 1499 (seit dem Gesetz vom 29. April 1924) kann die Frau den Beweis im Verhältnis zu Dritten nach allgemeinen Rechtsregeln erbringen, d. h. gestützt auf Art. 1341 u. ff. des Code civil bei einem Streitwert bis 500 frs. durch Zeugen oder Indizien (simples présomptions), bei einem höheren Wert durch eine Notariatsurkunde oder durch einen acte sous seing-privé (eine private Urkunde, die mit Unterschrift versehen ist) oder auch — aber nur in den Ausnahmefällen der Art. 1347 u. 1348 — durch bloße Zeugen oder présomptions (Indizien).

Art. 1347, 2: Unter Anfang eines Urkundenbeweises versteht man jede Urkunde, die von dem Beklagten oder von der Person herrührt, an deren Stelle er gehandelt hat, und welche die behaupteten Tatsachen wahrscheinlich macht.

Am besten wird die Frau den Beweis für ihr persönliches Eigentum durch ein notarielles Inventar leisten, das sie bei Beginn der Ehe aufnehmen läßt und das ergänzt wird, wenn später noch Erbschaften oder Schenkungen ausschließlich zu ihren persönlichen Gunsten hinzukommen.

b) Im Verhältnis unter den Ehegatten ordnet sich der Beweis nach den Artikeln 1502 u. 1504 (s. auch Art. 1499).

Danach ist zu unterscheiden zwischen dem beweglichen Vermögen, das zur Zeit des Eheabschlusses vorhanden ist, d. h. von einem Ehegatten eingebracht wurde, und dem erst später hinzugekommenen persönlichen Vermögen:

α) Beweis des Einbringens. Die Frau wird den Beweis durch die Quittung leisten können, die ihr der Mann oder die Personen gegeben haben, welche sie ausgestattet hatten. Art. 1502 al. 2: Mangels einer Quittung wird der Beweis durch Zeugen oder Indizien (présomptions) zugelassen.

β) Der Ehemann kann den Beweis für das Einbringen dadurch liefern, daß er darauf hinweist, daß im Ehevertrag der Wert des eingebrachten Mobiliars angegeben ist (Art. 1502, al. 1).

γ) *Beweis für das während der Ehe erworbene Vermögen.* Der Mann hat den Beweis durch ein Inventar zu leisten, oder vermittels einer Urkunde, die den Bestand und den Wert dieses Vermögens dartut (Art. 1504 al. 1 u. 2).

Mangelt es an einem Inventar für das der Frau während der Ehe zugefallene Vermögen, so kann sie den Beweis nicht nur durch Urkunden, sondern auch durch Zeugen, selbst par commune renommée, „durch den allgemeinen Ruf", d. h. das allgemeine Bekanntsein, leisten. Man will sie davor behüten, daß sie unter der Tatsache zu leiden hat, daß ihr Mann es unterließ, ein Inventar zu errichten (Art. 1504 al. 3).

Sechstes Kapitel.

Die Teilung des Gemeinschaftsvermögens.

I. Allgemeines. Nachdem die Vorwegnahmen und Vergütungen in bezug auf die Masse durchgeführt sind, wird der verbleibende Rest unter die Ehegatten oder deren Rechtsnachfolger in zwei gleichen Hälften verteilt (Art. 1474).

Was die dabei zu beachtenden Formvorschriften betrifft, verweist das Gesetz (Art. 1476) einfach auf die im Titel über die Erbfolge aufgestellten Bestimmungen. Es ist deshalb auch hier auf die Darstellung weiter unten (S. 262 ff., 267, 277 ff.) zu verweisen.

Es gibt indessen in bezug auf das Gemeinschaftsvermögen doch noch besondere Vorschriften, nämlich:

1. Wenn die Ehefrau gestorben ist mit Hinterlassung mehrerer Erben, von welchen nur einer die Gemeinschaft annimmt, während andere sie ausschlagen, so kann der Annehmende nur seinen Erbteil aus dem Anteil an der Gemeinschaftsmasse fordern, welcher der Frau zukommt.

2. Wenn ein Ehegatte einzelne Vermögensgegenstände des Gemeinschaftsvermögens entwendet oder verheimlicht hat, so geht der schuldige Ehegatte seines Anteils an diesen Sachen verlustig (Art. 1477).

3. Es ist zulässig, daß die Ehegatten im Ehevertrag eine Teilung des Gemeinschaftsvermögens zu ungleichen Teilen vereinbaren. Es handelt sich dabei um die unter Ziff. II u. III genannten Fälle.

II. Die Clause de Préciput (lat. praecipuum (Art. 1515—1519). Diese Klausel gibt dem überlebenden Ehegatten das Vorrecht, vor der Teilung der Masse eine bestimmte Summe Geldes, oder eine Anzahl Grundstücke oder Mobilien, insbesondere Gemeinschaftssachen des Haushaltes, Wäsche, Silberzeug, zum voraus in natura aus der Masse an sich zu nehmen.

Dieses Recht kann aber nur dann ausgeübt werden, wenn die Gütergemeinschaft zufolge des Todes eines Ehegatten aufgelöst wurde (Art. 1517).

Erfolgt aber die Auflösung zufolge eines Urteils im Scheidungsverfahren oder im Verfahren über Trennung von Tisch und Bett, so kann das Recht auf den Voraus, auf das Préciput, vom Ehegatten zu dessen Ungunsten das Urteil lautet, nicht geltend gemacht werden. — Wohl aber bleibt dieses Recht dem Ehegatten, der im Prozeß obgesiegt hat, vorbehalten; nur kann er es erst ausüben, nachdem der andere Ehegatte vor ihm gestorben ist.

Wurde das Urteil zugunsten der Frau ausgesprochen, so bleibt der Vermögensteil, der mit dem Rechte der Vorwegnahme belastet ist, in provisorischer Verwaltung des Mannes mit der Pflicht, Bürgschaft zu stellen (Art. 1518).

Wird die Gemeinschaft durch ein Urteil auf Gütertrennung aufgelöst, so bleibt beiden Ehegatten das Recht auf das préciput vorbehalten, und der Überlebende kann es nach dem Tode des andern ausüben (Art. 1452).

Das Recht besteht nur solange und soweit nach Bezahlung der Vergütungen und der Schulden noch ein Rest des Gemeinschaftsvermögens übrig bleibt.

Die Gläubiger haben nach Art. 1519 das Recht, jederzeit die Sachen, die den Gegenstand des Vorwegnahmerechtes bilden, verkaufen zu lassen. Der berechtigte Ehegatte hat dann nur ein Rückgriffsrecht auf den andern Ehegatten gemäß Art. 1515.

Das Préciput kann nur gegenüber der Masse, aber nicht gegenüber dem persönlichen Vermögen des verstorbenen Ehegatten geltend gemacht werden (Art. 1515 al. 2).

Es ist zulässig, daß der Ehevertrag bestimmt, die Frau soll ein Vorwegnahmerecht auch dann haben, wenn sie bei Auflösung der Ehe auf die Gütergemeinschaft verzichtet (Art. 1515 al. 1).

In diesem Falle übt die Frau das Vorwegnahmerecht in der Eigenschaft als Gläubigerin aus und steht deshalb in Konkurrenz mit andern Gläubigern. Wenn das Gemeinschaftsvermögen nicht ausreicht, um den Anspruch der Frau ganz zu befriedigen, so kann sie Befriedigung aus dem persönlichen Vermögen des Ehemannes verlangen (Art. 1515 al. 2).

III. Klauseln des Ehevertrags auf Teilung der Gemeinschaftsmasse zu ungleichen Teilen (Art. 1521). Wenn im Ehevertrag vereinbart wurde, daß das Gemeinschaftsvermögen zu ungleichen Teilen geteilt werden soll, so sind die Schulden der Gemeinschaft ebenfalls im gleichen Verhältnis zu verteilen. Es ist den Ehegatten verboten, etwas anderes zu vereinbaren, da sonst die ganze Klausel hinfällig würde (Art. 1521).

1. Forfait de communauté, Auszahlung einer Abfindungssumme. Es ist zulässig, im Ehevertrag zu vereinbaren, daß einer der Ehegatten (oder an seiner Stelle seine Erben) eine bestimmte Abfindungssumme für seine Ansprüche an die Gemeinschaft erhält. Eine solche Abrede enthebt den bedachten Eheteil der Gefahr von Vermögensschwankungen indem es ihn berechtigt, vom andern Teile oder dessen Erben die Abfindungssumme selbst dann zu verlangen, wenn die Aktiven der Gemeinschaftsmasse zur Zahlung dieses Betrages nicht hinreichen würden (Art. 1522—1524). — Gleichzeitig wird dem andern Ehegatten, gewöhnlich dem Überlebenden, das Eigentum am ganzen Gesamtgut überlassen, aber auch die Verpflichtung, alle Schulden zu zahlen.

2. Zuteilung des ganzen Vermögens an einen Ehegatten. Es ist den Ehegatten auch gestattet, im Ehevertrag anzuordnen, daß das ganze Vermögen der Gemeinschaft einem der Ehegatten, z. B. dem überlebenden, zufallen soll. Dieser erhält dann alles, was von seiner Seite in das Gemeinschaftsgut gekommen ist, sowie darüber hinaus die ganze Errungenschaft.

Den Erben des andern wird aber das Recht vorbehalten, die von ihrem Erblasser eingebrachten Güter und Kapitalien, die zu seinen Gunsten in die Gütergemeinschaft eingebracht worden sind, zurückzunehmen, also das bewegliche Vermögen, das er am Tage des Eheabschlusses besaß und das, was ihm unentgeltlich während der Ehe zufiel (Art. 1525, al. 1).

Eine solche Vereinbarung gilt nicht als Schenkung, ist also so wenig wie das Préciput den Vorschriften und Beschränkungen der Schenkung unterworfen, sondern einfach als eine vertragliche Vereinbarung im Ehevertrag und unter Gesellschaftern (Art. 1525, al. 2).

Solche Zuwendungen an einen Ehegatten können deshalb auch nicht wegen Undankbarkeit der bedachten Person widerrufen werden.

3. Der Zweck all dieser vorzugsweisen Behandlung eines Ehepartners liegt darin, daß seine Zukunft sichergestellt werden soll, wenn dies auch oft zum Nachteil der Kinder und Aszendenten geschieht. Diese Zuwendungen, wie auch das préciput, fallen lediglich im Falle der Ehescheidung und der Trennung von Tisch und Bett dahin.

Eine Schranke ist aber insoweit gesteckt, als diese vorzugsweise Behandlung eines Ehegatten bei der Teilung der Masse die Kinder einer früheren Ehe nicht benachteiligen darf. Soweit dies der Fall wäre, haben die Kinder einer früheren Ehe des andern Ehegatten eine Klage auf Reduktion. Dagegen werden bloße Gewinne, die durch gemeinsame Arbeit oder Ersparnisse aus den beiderseitigen Einkünften der Ehegatten gemacht werden, nicht als eine zum Nachteil der Kinder erster Ehe erfolgte Zuwendung angesehen (Art. 1527, al. 3; vgl. auch Art. 1098 u. 1496).

IV. Persönliche Forderungen eines Ehegatten gegen den andern. In jedem einzelnen Falle da ein Ehegatte einen persönlichen Vorteil aus dem persönlichen Vermögen des andern gezogen hat, schuldet er diesem eine Vergütung; so z. B. wenn der Verkauf eines im Sondereigentum eines Ehegatten gestandenen Vermögensstückes zur Zahlung einer persönlichen Schuld des andern verwendet wurde. Diese Forderung kann aber erst bei der Teilung des Gemeinschaftsgutes gegenüber dem daraus dem andern Ehegatten zustehenden Anteil, oder aber gegenüber seinem persönlichen Vermögen geltend gemacht werden.

Die persönlichen Schulden eines Ehegatten gegenüber dem andern sind erst vom Tage der gerichtlichen Klage an zu verzinsen (Art. 1479, vgl. Art. 1153, al. 3).

Die Höhe der Vergütungsforderung zwischen den Ehegatten beruht auf der Bereicherung des einen und auf der Verminderung des Vermögens des andern. Maßgebend von diesen beiden Werten für die Vergütung ist der niedrigere Betrag.

V. Liquidation der Gemeinschaftsschulden. *1. Schulden, für welche das Gesamtgut und Mann und Frau voll haften.* Solange die Verteilung der Gemeinschaftsmasse nicht durchgeführt ist, haben die Gläubiger der Gemeinschaft das Recht, ihre Forderungen gegenüber dem Gesamtgut geltend zu machen.

Nach erfolgter Teilung hat sich das Forderungerecht der Gläubiger grundsätzlich nicht geändert. Sie können immer ihren Schuldner, sei es der Ehemann oder die Frau, für ihre ganze Forderung belangen, indem sie das persönliche Vermögen als auch den Vermögensanteil eines jeden an der Gemeinschaftsmasse pfänden (Art. 1484, 1486).

2. Schulden der Frau, für welche der Mann nur zur Hälfte haftet. Anders verhält es sich mit Forderungen, für welche zwar die Gemeinschaft haftet, die aber von der Frau herrühren (dettes qui procèdent de son chef), ohne daß sich der Mann (z. B. durch Zustimmung) den Gläubigern gegenüber verpflichtet hat. Das ist der Fall für die Schulden der Frau, welche nachweisbar vor der Heirat entstanden waren, für die Schulden aus ihren Mobiliarerbschaften, ebenso aus Erbschaften, die in beweglichem Gut und Grundstücken bestanden, und welche die Frau mit der Ermächtigung des Gerichtes (also nicht mit Zustimmung des Mannes) in den beiden Fällen des Art. 1427 angenommen hat.

Nach Teilung der Gemeinschaftsmasse ist der Ehemann nur noch für die Hälfte dieser Schulden haftbar (Art. 1485).

3. Schulden der Frau, für welche der Mann voll haftet. Hat der Mann aber seine Zustimmung zur Eingehung von Schulden durch seine Frau gegeben, so wird er neben dem Gesamtgut und der Frau persönlich für die ganze Schuld haftbar (Art. 1479), und die Gläubiger haben das Recht, auch nach Auflösung der Gemeinschaft ihn auf den ganzen Betrag zu belangen.

4. Haftung der Frau für Schulden des Mannes. In bezug auf die Haftung der Frau für Schulden des Mannes nach Auflösung der Gemeinschaft, ist zu unterscheiden, ob die Frau die Gütergemeinschaft angenommen hat oder nicht. Mit der Annahme hat sie auch die Schulden übernommen, welche die Gütergemeinschaft belasten und welche durch den Ehemann eingegangen wurden und von ihm herrühren (qui sont nées du chef de celui-là).

Die Frau kann aber nur auf die Hälfte dieses Betrages von den Gläubigern belangt werden. Wenn sie ein Inventar des Gemeinschaftsvermögens aufnimmt, haftet sie nach Art. 1483 für die Schulden der Gütergemeinschaft, sowohl dem Manne gegenüber als auch gegenüber den Gläubigern, nur bis zur Höhe des Erlöses aus ihrem Anteil am Gemeinschaftsvermögen (jusqu'à concurrence de son émolument), d. h. bis auf die Höhe des Erlöses ihres Anteils, vorausgesetzt, daß ein richtiges und getreues Inventar aufgenommen wurde, und daß sie über das, was in dieses Inventar aufgenommen wurde und was sie durch die Teilung erhalten hat, Rechnung ablegt (s. darüber eingehender unter Ziff. VI).

Unter die Schulden, für welche die Frau nicht persönlich haftet, gehören die Verpflichtungen, die sie als maitresse de maison, als Hausfrau zufolge ihrer Schlüsselgewalt eingegangen ist, da sie bezüglich dieser Schulden als Vertreterin des Mannes beurteilt wird.

5. Gleichberechtigung der Gemeinschaftsgläubiger und der persönlichen Gläubiger eines Ehegatten. Sobald einmal die Teilung des Gemeinschaftsgutes erfolgt ist, haben die Gläubiger der Gemeinschaft kein Vorzugsrecht auf das Vermögen, das die Gemeinschaft gebildet hat. Die persönlichen Gläubiger der Frau, welche während der Dauer der Gemeinschaft diese nicht belangen konnten, sind nach der Auflösung berechtigt, auf den Vermögensanteil zu greifen, der auf die Frau fällt, und zwar in Konkurrenz, mit Gleichberechtigung, der Gemeinschaftsgläubiger.

Das gilt auch für die Gläubiger, welche nach der Auflösung der Gemeinschaft mit dem Manne oder mit der Frau Verträge abgeschlossen haben.

Alle diese Gläubiger können in voller Gleichberechtigung gegen das Vermögen vorgehen, das ihrem Schuldner, sei es nun Mann oder Frau, zugefallen ist.

Kein Gesetzesartikel gibt den Gläubigern der Gemeinschaft ein Vorrecht auf Absonderung der Vermögen, wie es das Gesetz den Gläubigern einer Erbschaft gewährt.

6. Anteil der Ehegatten an den Schulden. Nach Art. 1482 fallen die Schulden der Gütergemeinschaft jedem der Ehegatten, oder deren Erben, zur Hälfte zur Last. Von dieser Regel gibt es Ausnahmen:

a) Zunächst können die Ehegatten bei der Teilung bestimmen, daß der eine oder andere von ihnen einen andern Teil der Schulden als die Hälfte bezahlen muß, oder daß er sogar verpflichtet ist, dieselben ganz zu tilgen.

b) Bestimmt der Ehevertrag, daß bei Überlassung der Gemeinschaft ein Ehegatte weniger als die Hälfte des Gemeinschaftsvermögens erhält, so hat er im gleichen Verhältnis ebenfalls nur beschränkt die Schulden der Gemeinschaft zu übernehmen (Art. 1521, 1524).

c) Das bénéfice d'émolument, Beschränkung der Haftung nur bis zur Höhe des Anteils, den die Ehefrau tatsächlich erhält (s. unter VI).

VI. Das bénéfice d'émolument (Art. 1483). *1. Wirkungen.* Das ist die Rechtswohltat, wonach die Frau höchstens in der Höhe des effektiven Erlöses ihres Anteils aus der Gemeinschaft haftet.

Die Ehefrau, welche bei Auflösung der Gemeinschaft diese annimmt, haftet für die Schulden der Gemeinschaft nur bis zur Höhe des Erlöses ihres Anteils, den sie aus der Gemeinschaft tatsächlich bezieht. Voraussetzung dafür ist aber, daß sie ein zuverlässiges Inventar darüber errichtet hat. Sie kommt dadurch in eine ähnliche Lage, wie der Erbe, der mit der Rechtswohltat des Inventars die Erbschaft antritt.

Doch bestehen zwischen diesen beiden Institutionen wichtige Unterschiede.

Das beneficium inventarii bei Erbschaften soll verhindern, daß das Vermögen des Erblassers sich mit dem persönlichen Vermögen des Erben vermischt. Eine solche Trennung gibt es aber bei der Frau, welche die Gütergemeinschaft annimmt, nicht, da ihr Anteil daran und ihr persönliches Vermögen nach der Teilung eine einzige Masse bilden.

Daraus folgt:

a) Die Erbschaftsgläubiger können nicht gegen das persönliche Vermögen des Erben vorgehen (Art. 803, al. 2).

Im Gegensatz dazu ist es möglich, daß die Gläubiger der Gütergemeinschaft auf alle Güter der Frau greifen, ob sie nun zum persönlichen Gut gehören, oder ihren Anteil aus der Gemeinschaft betreffen.

b) Die Gläubiger der Erbschaft haben ein Vorrecht auf das Erbschaftsvermögen vor persönlichen Gläubigern des Erben, während die Gläubiger der Gütergemeinschaft gegenüber den persönlichen Gläubigern der Frau ein solches Vorrecht nicht haben.

c) Die Hypothekargläubiger mit Pfandrecht auf ein Grundstück der Hinterlassenschaft, welche versäumt haben, vor dem Tode des Schuldners die Hypothek eintragen zu lassen, haben nachher kein Recht mehr auf solche Eintragung (Art. 2146, al. 2).

Im Gegensatz dazu können die Gläubiger, die ein Hypothekarrecht auf das Gemeinschaftsgut haben, eine Eintragung auch nach der Auflösung der Gütergemeinschaft vornehmen.

d) Der Erbe verliert die Rechtswohltat des Inventars, wenn er über das Erbschaftsvermögen verfügt, ohne die vom Gesetz vorgeschriebene Form zu beachten.

Anders steht es mit der Frau, die nach Auflösung der Gemeinschaft über Vermögen der Gemeinschaft verfügt. Sie kann über ihren Anteil frei verfügen.

e) Der Erbe kann sich der Schulden der Erbschaft entschlagen, indem er das Erbschaftsvermögen den Gläubigern überläßt (Art. 802, al. 1), während die Frau nach übernommener Gemeinschaft dies nicht tun kann.

f) Die Rechtswohltat des Inventars ist sodann wirksam gegenüber allen Gläubigern der Erbschaft. Die Rechtswohltat der Frau mit bloßer Haftung bis zu ihrem Anteil aus der Gütergemeinschaft kann dagegen nur gegenüber den Gläubigern beansprucht werden, gegenüber welchen die Frau nicht persönliche Schuldnerin ist. Anderseits kann sie die Frau gegenüber dem Manne geltend machen.

2. Formelle Voraussetzung. Im Gegensatz zum Erben (Art. 793) hat die Frau keine Erklärung (Annahme oder Ausschlagung unter Inventar) abzugeben. Das bénéfice d'émolument ist ein gesetzliches Vorrecht, welches der Frau ohne weiteres zukommt, wenn sie die Gemeinschaft annimmt.

Es unterliegt einer einzigen Bedingung: es ist nötig, daß ein richtiges und getreues Inventar (un bon et fidèle inventaire) der Gemeinschaft aufgenommen wurde, und zwar innerhalb von drei Monaten seit der Auflösung der Gemeinschaft (Art. 1456). Unterläßt es die Frau innerhalb dieser Frist, das Inventar zu errichten, so verliert sie die Rechtswohltat.

Gleich wird es gehalten, wenn an Stelle der Frau ihre Erben treten. Der Art. 1466, welcher den Erben das gleiche Wahlrecht zur Annahme oder Ausschlagung der Gemeinschaft gibt, unterwirft die Erben auch den gleichen Vorschriften und Fristen.

3. Rechnungsablegung zugunsten der Gläubiger. Der Art. 1483 am Ende sagt, „daß die Frau sowohl über all das, was in das Inventar eingetragen wurde, als auch über das, was ihr durch die Teilung zugefallen ist, Rechnung ablegen muß". Das Gesetz will damit sagen, daß sich die Frau gegenüber den Gläubigern über alles, was sie aus dem Gemeinschaftsvermögen erhalten hat, rechtfertigen muß. Dazu ist erforderlich, daß sie nicht nur den Teilungsakt, sondern auch das Inventar vorlegt, denn es ist möglich, daß einzelne Mobiliarstücke des Inventars nicht im Teilungsanteil inbegriffen sind. Die Gläubiger haben ein Recht, die Frau bis auf die Höhe ihres ganzen Anteils zu betreiben. Daraus folgt, daß die Frau, welche sich auf ihr Vorzugsrecht, das bénéfice d'émolument, beruft, beweisen muß, daß die Aktiven, die sie auf ihren Anteil erhalten hat, bereits durch Gläubiger schon vollständig in Anspruch genommen wurden. Sie leistet diesen Beweis, indem sie Rechnung ablegt über die Aktiven, die sie erhalten hat, und die Schulden, die sie bezahlt hat.

Unter die Aktiven fallen:

a) Alle Mobilien und Grundstücke, die sie auf ihren Anteil an der Gemeinschaft erhalten hat;

b) das was ihr als préciput zugekommen ist (Art. 1515);

c) die Vergütungen, die sie der Gemeinschaft schuldete, und die sie in der Weise geleistet hat, daß sie weniger erhielt;

d) die Früchte und Erträgnisse aus diesen Sachen seit der Teilung,

Unter die Passiven fallen:

a) der Anteil der Frau an den Kosten der Siegelung, des Inventars, des Mobiliarverkaufs, der Liquidation, der Versteigerung von Vermögensteilen, insbesondere von Immobilien und die Kosten der Teilung;

b) die Kosten der Rechnungslegung selbst;

c) die Beträge, welche die Frau schon an andere Gläubiger bezahlt hat.

Die Frau zahlt die Gläubiger soweit noch ein Aktivum zu ihren Gunsten besteht. Sie bezahlt sie in der Reihenfolge, wie sie ihren Anspruch geltend machen; es sei denn, daß sie schon vorher bekannt sind, in welchem Falle die Reihenfolge maßgebend ist, welche die Art. 808 des Code civil und 990 des Code de Procédure Civile vorschreiben.

4. Bedeutung des bénéfice d'émolument. Die Frau kann dieses Vorzugsrecht entgegensetzen einmal den Gläubigern der Gemeinschaft, gegenüber welchen sie nicht persönlich verpflichtet ist, sodann gegenüber dem Ehemann und seinen Erben in bezug auf alle Gemeinschaftsschulden, selbst diejenigen, welche für ihre persönlichen Interessen entstanden sind.

Dagegen ist die Frau nicht berechtigt, dieses Vorzugsrecht geltend zu machen gegenüber den Gläubigern der Gemeinschaft, welchen gegenüber sie persönliche Schuldnerin ist (für Schulden, eingegangen vor der Eheschließung, oder für Schulden, die auf einer Erbschaft haften, die ihr während der Ehe zugekommen ist, oder für Schulden, die sie mit Zustimmung des Mannes oder gemeinsam oder solidarisch mit ihm eingegangen ist, und endlich für Schulden, die sie in den Fällen des Art. 1427 mit der Ermächtigung des Gerichtes einging). Gegenüber diesen Gläubigern ist sie in bezug auf deren ganze Forderung Schuldnerin; sie kann für alles belangt werden. Ausgenommen davon sind nur die Fälle, da sie gemeinsam mit ihrem Manne sich verpflichtete (Art. 1487), in welchen Fällen sie nur für die Hälfte belangt werden kann.

Dagegen hat die Frau das Recht, dem Manne und seinen Erben gegenüber das bénéfice d'émolument stets entgegenzuhalten bei allen Schulden der Gemeinschaft, selbst solchen, die in ihrem persönlichen Interesse eingegangen wurden, vorausgesetzt, daß es sich natürlich um Schulden handle, die der Gemeinschaft zur Last fallen, ohne die Pflicht zum Ersatz. Wenn deshalb die Frau von einem Gläubiger der Gemeinschaft auf ihren Teil an der Gemeinschaft betrieben und verpflichtet wurde, über ihr émolument (über ihren Anteil an der Gemeinschaft, d. h. das, was sie aus der Gemeinschaft tatsächlich erhielt) zu zahlen, so hat sie ein Rückgriffsrecht (un recours) gegen ihren Mann oder seine Erben, für all das, was sie zuviel bezahlt hat.

5. Folgen des Fehlens eines Inventars. Die Frau, welche die Gemeinschaft angenommen hat, es aber unterließ, ein Inventar zu errichten, haftet den Gläubigern der Gemeinschaft, welchen gegenüber sie nicht persönlich Schuldnerin ist, für die Hälfte ihrer Forderungen, und zwar selbst über ihren Teilungsanteil hinaus, wenn die Aktiven die Passiven nicht decken. Anderseits kann sie von ihrem Ehemann oder seinen Erben nicht Rückvergütung des Betrages verlangen, den sie über die vorhandenen Aktiven hinaus bezahlt hat.

Siebentes Kapitel.

Ausschlagung der Gemeinschaft durch die Frau.

I. Allgemeines. Dreifacher Art sind die Folgen der Ausschlagung der Gemeinschaft durch die Frau:

1. Die ausschlagende Frau behält das Recht ihre reprises et prélèvements auszuüben;

2. die ausschlagende Frau verliert jedes Recht auf das Gemeinschaftsvermögen, selbst auf das bewegliche Vermögen, das zufolge ihrer Teilnahme an der Gemeinschaft hineingekommen ist;

3. die Frau ist von jeder Verpflichtung in bezug auf die Schulden der Gemeinschaft befreit, aber die Gemeinschaftsgläubiger, gegenüber welchen sie persönlich verpflichtet ist (envers lesquels elle est obligée) behalten das Recht, auf ihre Güter zu greifen.

II. Zurücknahme von Vermögensstücken durch die Frau. Die Frau behält das Recht, ihre reprises et prélèvements auszuüben.

Der Verzicht auf das Gemeinschaftsvermögen darf nicht zum Nachteil des persönlichen Vermögens der Frau sein. Die Frau, welche verzichtet, nimmt deshalb ihre Grundstücke und die Fahrnis, die noch vorhanden sind, in natura zurück. Ebenso macht sie alle ihre Forderungen geltend, die ihr persönlich gegenüber der Gemeinschaft zustehen. Wie die annehmende Frau, so übt auch die ausschlagende Frau ihr Recht auf Zurücknahme (reprises) aus, sowohl in bezug auf das Gemeinschaftsvermögen als auch in bezug auf das persönliche Vermögen des Mannes (Art. 1495 al. 1).

In bezug auf die Vergütungen und Ersatzansprüche, die der Frau zukommen, besteht indessen ein erheblicher Unterschied zwischen der annehmenden und der verzichtenden Frau. Die Frau, die verzichtet, hat kein Recht auf die Rücknahme von Vermögensteilen der Gemeinschaft, die noch in natura vorhanden sind (Art. 1471). Wenn ihr der Ehemann gleichwohl an Zahlungs Staat einzelne Gegenstände überläßt, so ist dies nur eine gewöhnliche Hingabe gegen Zahlung, eine Eigentumsübertragung, die dem gewöhnlichen Rechte der Handänderung unter Lebenden unterworfen ist. — Dieser Unterschied erklärt sich daraus, daß nach dem Verzicht der Frau keine Teilung des Gemeinschaftsgutes stattfindet und deshalb die Zahlung von Vergütungen nicht ein Geschäft der Teilung ist.

III. Verlust der Rechte der Frau auf das Gemeinschaftsvermögen. Die Frau, welche Verzicht leistet, verliert jedes Recht am gemeinschaftlichen Vermögen, selbst am beweglichen, das sie eingebracht hatte (Art. 1492, al. 1). Sie kann davon nichts zurücknehmen, also auch nicht Schmuck und Diamanten usw., die sie einbrachte, oder die ihr während der Ehe geschenkt wurden. Das ganze Gemeinschaftsvermögen wird ausschließliches Eigentum des Mannes.

Von dieser Regel gibt es Ausnahmen:

a) Der Ehevertrag kann die Frau berechtigen, im Falle des Verzichtes auf die Gemeinschaft, das von ihr bei Eingehung der Ehe oder nachher eingebrachte Vermögen ganz oder teilweise zurückzunehmen, ohne damit irgendwelche Schuldverpflichtung zu übernehmen (Art. 1514).

b) Auf alle Fälle, auch wenn im Ehevertrag nichts darüber gesagt ist, erhält die Frau die zu ihrem persönlichen Gebrauch bestimmte Wäsche und Kleider (Art. 1492 al. 2). Nicht inbegriffen sind die Tischwäsche sowie Schmucksachen. Dieses Recht geht nicht auf die Erben über.

c) Nach dem Gesetz vom 13. November 1907, Art. 5, al. 2 hat die Frau, die einen vom Beruf des Mannes getrennten Beruf ausübt, das Recht, das was sie in ihrem Beruf erworben hat, an sich zu nehmen. Dieses Recht steht auch ihren Erben zu, die mit ihr in gerader Linie verwandt sind.

IV. Befreiung der Frau von allen Schulden der Gemeinschaft. Die Frau, welche auf die Gemeinschaft Verzicht geleistet hat, ist von jeder Haftung für Gemeinschaftsschulden frei, und zwar sowohl gegenüber ihrem Manne als auch gegenüber den Gläubigern. Sie bleibt jedoch den Gläubigern verhaftet, wenn sie sich mit ihrem Manne gemeinschaftlich verpflichtet hat, oder wenn die in die Gütergemeinschaft gefallene Schuld ursprünglich von ihr herrührte; alles unbeschadet ihres Rückgriffs gegen den Mann oder dessen Erben.

Danach ist zu unterscheiden zwischen dem Rechte der Gläubiger auf Betreibung und der Verteilung der Schulden unter den Ehegatten.

a) Das Recht der Gläubiger auf Betreibung. Die Gläubiger der Gemeinschaft, welchen die Frau persönlich haftet, behalten trotz des Verzichtes der Frau das Recht, gegen ihr persönliches Vermögen vorzugehen und zwar für den ganzen Betrag ihrer Forderung. Dagegen können die Gläubiger der Gemeinschaft von Forderungen, deren Entstehung auf den Ehemann zurückzuführen ist, nicht auf das persönliche Vermögen der Frau greifen.

b) Die Verteilung der Schulden unter den Ehegatten. Alle Schulden der Gemeinschaft fallen ohne Rücksicht auf ihre Entstehung zu Lasten der Gemeinschaft. Wenn also die Frau von einem Gläubiger der Gemeinschaft belangt wurde, gegenüber welchem sie sich nicht persönlich verpflichtete, diesem eine Gemeinschaftsschuld zahlen mußte, so hat sie ein Rückgriffsrecht auf den Mann oder seine Erben.

Sechster Abschnitt.

Der Güterstand ohne Gütergemeinschaft (régime sans communauté).

I. Allgemeines. Es ist möglich, daß die Eheleute im Ehevertrag bestimmen, daß ihr Güterstand keine Gütergemeinschaft sein solle, ohne daß indessen etwa die Gütertrennung gewählt wird. Dann liegen die Verhältnisse ähnlich wie bei der Verwaltungsgemeinschaft des Deutschen Bürgerlichen Gesetzbuches oder der Güterverbindung des Schweizerischen Zivilgesetzbuches. Die Vermögen von Mann und Frau sind zwar rechtlich getrennt, aber dem Mann kommt die Verwaltung und der Genuß der beiden Vermögen zu. Der große Unterschied zwischen dem französischen Recht einerseits und dem deutschen und schweizerischen Recht andererseits liegt aber darin, daß das französische régime sans communauté nur durch sechs Artikel des Code civil äußerst mangelhaft geordnet ist, so daß die Lücken durch die Vorschriften über den gesetzlichen Güterstand ausgefüllt werden müssen. Die Frau steht in Frankreich bei diesem Gütersystem ganz ungünstig, ungünstiger als bei irgendeinem andern, während in Deutschland und der Schweiz der Gesetzgeber durch eingehende Bestimmungen dafür gesorgt hat, daß die Frau gegenüber der unbeschränkten Allmacht des Mannes geschützt wird und bei ungehöriger Verwaltung ihres Vermögens durch den Mann sofort einschreiten kann.

Wegen der angedeuteten Mängel des französischen Rechtes ist es kein Wunder, daß dieser Güterstand in Frankreich auch nur selten gewählt wird. Von den im Jahre 1898 abgeschlossenen 82 346 Eheverträgen haben ihn nur 1694 angeordnet.

Inhalt des Güterstandes ohne Gütergemeinschaft.

1. Jeder Ehegatte behält das Eigentum an seinem ganzen Vermögen, wie auch jeder Teil nur für seine eigenen Schulden einzustehen hat.

2. Die Verwaltung und der Genuß des Frauenvermögens stehen in der Gewalt des Mannes.

II. Das Vermögen der Ehegatten. Da ein jeder Ehegatte Eigentümer des eigenen Vermögens und ausschließlicher Schuldner aus den von ihm eingegangenen Verpflichtungen bleibt, kann ein Gläubiger nicht auf das Vermögen des andern Ehegatten greifen. Selbst wenn eine Frau sich mit Zustimmung des Mannes verpflichtet hat, kann der Gläubiger nicht gegen den Ehemann vorgehen. Eine Ausnahme von dieser Regel besteht nur für den Fall, daß der Ehemann es unterlassen hat, über das Vermögen der Frau ein Inventar zu errichten, und ihr Vermögen mit dem seinigen vermischt hat. Dann können die Gläubiger der Frau das ganze Vermögen belangen.

Auch wenn die Gläubiger des Mannes keine Klage gegen die Frau haben, so können sie doch für ihre Forderungen auf die Erträgnisse aus diesem Vermögen greifen, weil diese dem Ehemann zukommen.

In bezug auf die Frage, ob die Gläubiger der Frau auf das ganze Vermögen der Frau greifen können oder nur auf la nue propriété, d. h. das Vermögen mit Ausschluß der Erträgnisse daraus, so ist zu unterscheiden, zwischen den Forderungen, die vor der Ehe und solchen, die erst während der Ehe entstanden. Für die vorehelichen Schulden haftet das ganze Vermögen (la pleine propriété) der Frau.

In bezug auf die andern Schulden, also die erst nach Abschluß der Ehe entstandenen, ist wieder zu unterscheiden, ob die Frau sie mit der Ermächtigung des Gerichtes oder mit der Zustimmung des Mannes eingegangen hat. Im ersteren Falle können die Gläubiger sich nur an die nue propriété halten, wogegen bei Zustimmung des Mannes Art. 1413 Anwendung findet, der Bezug hat auf eine Erbschaft, die aus Grundstücken besteht und der Frau zugefallen ist. In diesem Falle wird den Gläubigern ein Klagerecht auf das ganze unbeschränkte Vermögen zugestanden.

Die Rechte auf die Verwaltung des Vermögens der Frau sind dieselben, wie sie dem Ehemann bei der gesetzlichen Gütergemeinschaft über das Vermögen der Frau zustehen (vgl. Art. 1428 u. oben S. 103 ff.). Die Erträgnisse und Früchte aus dem Vermögen der Frau werden als dem Manne zugebracht angesehen, um die Lasten der Ehe zu bestreiten (Art. 1530). Dieses Recht auf die Früchte und Erträgnisse des Frauenvermögens unterliegen demselben Rechte, wie es in bezug auf das Frauenvermögen unter dem Güterstand der Gütergemeinschaft besteht (s. oben S. 93).

Nur das, was die Frau aus eigener Arbeit erworben und erspart hat, verbleibt in ihrer eigenen Verwaltung und freien Verfügung, gestützt auf das mehrmals erwähnte Gesetz vom 13. Juli 1907 (s. oben S. 78).

III. Beendigung. Der Güterstand ohne Gütergemeinschaft nimmt ein Ende mit der Auflösung der Ehe, oder mit gerichtlicher Gütertrennung, welche die Frau wegen schlechter Verwaltung des Mannes verlangen kann.

Dann ist der Ehemann verpflichtet, das Vermögen der Frau herauszugeben und abzurechnen (Art. 1428, al. 4).

Siebenter Abschnitt.

Der Güterstand der Gütertrennung (régime de séparation de biens).

I. Allgemeines. Dieser Güterstand ist einfacher als die andern. Die Frau behält ihr Vermögen und verwaltet und genießt es. Sie hat mit ihren Einkünften lediglich an die Kosten der Ehe beizutragen, und zwar in dem Maße, wie dies im Ehevertrag vorgesehen ist. Fehlt es an einer solchen Bestimmung, so geht ihre Beitragspflicht bis auf einen Drittel ihrer Einkünfte. Die Gütertrennung kommt in Frankreich nicht häufig vor.

Die Folgen der Gütertrennung sind im allgemeinen dieselben, ob sie zufolge des Ehevertrages oder auf Grund eines gerichtlichen Urteiles besteht, das die Frau erwirkt hat. Es gibt nur zwei Verschiedenheiten, nämlich:

a) Die auf Ehevertrag beruhende Gütertrennung ist unwiderruflich, unwandelbar. Dagegen können Ehegatten, welche die Gütertrennung zufolge gerichtlichen Urteils haben, den früheren Güterstand wiederherstellen (Art. 1451).

b) Bei der Gütertrennung zufolge Richterspruchs kann der Beitrag der Frau an die gemeinsamen Kosten der Ehe nicht zum voraus fest bestimmt werden, wie bei der vertraglichen Gütertrennung, da der Beitrag der Frau von den Beiträgen des Mannes abhängt. Das Gericht wird die Höhe der Beitragspflicht der Frau und des Mannes nach den Umständen des einzelnen Falles festsetzen.

II. Die Rechte der Frau. Die Frau hat die freie Verwaltung ihres Vermögens (Art. 1449, al. 1). Doch bedarf sie der Zustimmung des Mannes, um die einzelnen Vermögensstücke zu veräußern, zu verpfänden oder zu erwerben (Art. 217). Mangelnde Zustimmung des Mannes kann durch gerichtliche Ermächtigung ersetzt werden.

Während Art. 1449, al. 2 der Frau das Recht gibt, über ihr bewegliches Vermögen zu verfügen und es zu veräußern, schreibt Abs. 2 desselben Artikels vor, daß sie für die Veräußerung von Grundstücken der Zustimmung des Mannes bedarf. Diese verschiedene Behandlung scheint im Widerspruch zu stehen mit dem in Art. 217 ausgesprochenen Grundsatz, wonach die in Gütertrennung lebende Frau ihre Vermögensstücke — ohne Unterschied zwischen beweglichen und unbeweglichen Gütern — ohne Zustimmung des Mannes nicht veräußern und nicht verpfänden darf. Die Rechtsprechung hat eine Lösung dieses Widerspruches gefunden, indem sie der Frau das freie Veräußerungsrecht gibt, soweit die Veräußerung von Mobilien als Verwaltungshandlung zu beurteilen ist. Deshalb wird ihr gestattet, eine Ernte und Vieh, aber auch Gegenstände, die der Gefahr des Untergangs ausgesetzt oder außer Gebrauch gekommen sind, ohne Zustimmung des Mannes zu verkaufen. Dagegen sind Verfügungen, welche nicht notwendige Verwaltungshandlungen sind, an die ehemännliche Zustimmung gebunden.

Das der Frau vorbehaltene Recht auf Verwaltung ihres Vermögens bezieht sich hauptsächlich auf folgende Handlungen:

Bezug von Früchten und Erträgnissen, Verkauf von Früchten und beweglichem Gut, das dazu bestimmt ist, verkauft zu werden, wie z. B. Vieh, das als Schlachtvieh gezogen wurde, sowie von Ernten; Anschaffung von allem, was für die Ausnützung von Grund und Boden nötig ist, Vornahme von Reparaturen, Abschluß von Miet- und Pachtverträgen in bezug auf Grund und Boden, die ihr gehören, Empfangnahme von Geldern, die ihr von Dritten geschuldet werden, und Ausstellung von Quittungen darüber, Anlage der Ersparnisse, welche die Frau aus ihren Einkünften macht.

Für Schulden, welche die Frau zugunsten von Dritten innerhalb der Grenzen der ihr zustehenden Verwaltungsrechte eingegangen ist (z. B. Käufe auf Kredit, Rechnungen eines Bauunternehmers für Reparaturen) haftet das ganze Vermögen der Frau.

Geschäfte, welche die in Gütertrennung lebende Frau ohne Zustimmung gültig nicht abschließen kann: sie kann weder schenken, veräußern, Hypotheken bestellen, noch etwas durch unentgeltliche oder entgeltliche Titel erwerben, sofern nicht der Ehemann bei dem Rechtsgeschäft mitwirkt oder seine Zustimmung schriftlich erklärt (Art. 217).

Die in Gütertrennung lebende Frau ist ohne Zustimmung des Mannes auch nicht berechtigt, eine Erbschaft oder ein Vermächtnis oder eine Schenkung anzunehmen, ebensowenig wie sie darauf verzichten kann.

Eine Darlehensschuld verpflichtet die Frau nur, wenn sie eine solche innerhalb ihres Rechtes auf Verwaltung eingegangen ist.

Ohne Zustimmung des Mannes kann sie weder als Klägerin noch als Beklagte vor Gericht stehen, und zwar selbst dann nicht, wenn es sich um einen Prozeß handelt, der mit der Verwaltung des Vermögens in Zusammenhang steht, wie z. B. bei einem Streit mit einem Mieter (Art. 215).

Die in Gütertrennung lebende Ehefrau, welche einen vom Berufe des Mannes besonderen Beruf ausübt, ist berechtigt, die Vermögensstücke, die sie entgeltlich erwirbt, zu veräußern. Sie hat dieses Recht gestützt auf das Gesetz vom 13. Juli 1907. Sie darf auch ohne Zustimmung des Mannes vor Gericht stehen, soweit es sich um die Verteidigung ihrer Rechte aus ihrem Beruf handelt.

Eine Frau, die von ihrem Manne von Tisch und Bett getrennt ist, hat seit dem Gesetz vom 6. Februar 1893 die unbeschränkte Handlungsfähigkeit (Art. 311, al. 3). Sie bedarf deshalb in keinem Falle der Ermächtigung des Mannes.

III. Beitrag der Frau an die Kosten des Haushaltes. 1. Wenn die Gütertrennung zufolge eines gerichtlichen Urteils erfolgte, so muß die Frau an die Kosten des Haushaltes und die Erziehung der gemeinsamen Kinder nach Maßgabe ihrer und des Mannes Verhältnissen beitragen. Art. 1448 fügt hinzu, daß, wenn der Mann keine Mittel mehr hat, die Frau sämtliche Kosten tragen muß. Ist der Mann dagegen zahlungsfähig, so haben Dritte eine Klage gegen die Frau nur bis auf den Betrag ihres Anteiles.

Im Falle einer zufolge Ehevertrags bestehenden Gütertrennung steht es im freien Ermessen der Eheleute, die Höhe der Beitragsanteile zu bestimmen (Art. 1537, vgl. mit Art. 1575).

Mangels einer Vereinbarung darüber muß die Frau bis zu einem Drittel ihrer Einkünfte daran bezahlen.

Sie hat ihren Anteil an die erwähnten Kosten dem Manne zu übergeben, da er das Familienhaupt ist. Verwendet der Mann solche Gelder nicht für ihren Zweck, verbraucht er sie vielmehr anderweitig, so kann sich die Frau vom Gericht die Ermächtigung geben lassen, die Haushaltungskosten direkt zu zahlen.

IV. Verwaltung des Frauenvermögens durch den Ehemann. Es kommt vor, daß der Mann das persönliche Vermögen der Frau verwaltet und die Erträgnisse daraus bezieht, obgleich nach Gesetz und Ehevertrag die Frau das Recht darauf hat. Das Gesetz gibt für diesen Fall besondere Vorschriften in Art. 1539, sowie in den Art. 1577—1580 in bezug auf die paraphernalen Güter des Dotalrechtes, d. h. das Sondergut der Frau. Doch sind diese Vorschriften auch anwendbar für den Fall, daß der Mann tatsächlich das Vermögen der in Gütertrennung lebenden Frau verwaltet und dessen Erträgnisse genießt.

Das Gesetz unterscheidet drei Möglichkeiten:

1. Die Frau hat ihrem Manne die Vollmacht gegeben, ihr Vermögen zu verwalten.

Wie jeder Auftraggeber kann sie diesen Auftrag widerrufen, wann es ihr beliebt. Der Ehemann ist, wie jeder Beauftragte, verpflichtet, über seine Geschäftsführung Rechnung abzulegen, und zwar zur Zeit des Widerrufs, aber auch bei Auflösung der Ehe. Er hat aber keine Rechenschaft zu geben über Früchte, die er schon verbraucht hat, es sei denn anders bestimmt worden. Er muß nur die noch vorhandenen Früchte auf Verlangen der Frau oder bei Auflösung der Ehe abliefern (Art. 1577).

2. Die Frau überläßt dem Manne die Verwaltung des Vermögens, ohne daß sie ihm einen besonderen Auftrag gibt.

Es ist der am meisten vorkommende Fall. Der Ehemann verwaltet dann das Vermögen gestützt auf einen stillschweigenden Auftrag oder als Geschäftsführer ohne Auftrag. Das Gesetz dispensiert ihn auch in diesem Falle von der Rechnungsablegung über verbrauchte Früchte. Er hat auch nur die noch vorhandenen abzugeben und ist zur Rechnungsstellung und zur Ablieferung dieser Früchte nur verpflichtet bei Auflösung der Ehe und auf die erste Aufforderung der Frau (Art. 1539, 1578).

3. Hat sich der Mann in die Verwaltung und den Genuß des Frauenvermögens gegen den ausdrücklichen Widerspruch der Frau gesetzt, so macht er sich eines Mißbrauches seiner Gewalt schuldig und ist verpflichtet, der Frau Rechnung abzulegen über alle Früchte, ob sie noch vorhanden sind oder ob er sie verbraucht hat. Die noch vorhandenen muß er in natura herausgeben, und für die verbrauchten hat er eine Entschädigung zu leisten (Art. 1579).

4. Haftung wegen unterlassener Anlage.

Der Mann haftet der Frau auch wegen Unterlassung der Anlage oder der Wiederanlage des Preises (pour défaut d'emploi ou de remploi du prix), nachdem die in Gütertrennung lebende Frau ihn ermächtigt hatte, ein Stück ihres persönlichen Vermögens zu veräußern.

Ohne besondere gesetzliche Bestimmungen müßten bei Auflösung der Ehe die Frau oder deren Erben beweisen, daß der Mann den Kaufpreis erhalten und für sich verwendet hat, ein sehr schwieriger Beweis. Um aber die Lage der Frau zu erleichtern, gibt das Gesetz in bezug auf die Haftung des Mannes in Art. 1450 besondere Abweisungen und unterscheidet dabei zwei Fälle:

a) Ist der Verkauf in seiner Gegenwart und mit seiner Zustimmung geschehen, so haftet der Mann bei Unterlassung der Anlage und Wiederanlage, aber nicht für die Nützlichkeit dieser Anlage (Art. 1450, al. 2). Die Frau, oder an ihrer Stelle ihre Erben, wenn sie bei Auflösung der Ehe den Anspruch geltend machen, haben ihrerseits keinen Beweis zu liefern, daß der Preis dem Manne zugekommen ist.

b) Dagegen haftet der Mann für die Unterlassung der Anlage des Preises nicht, wenn die in Gütertrennung lebende Frau mit gerichtlicher Ermächtigung verkauft hat (Art. 1450, al. 1). Es wird vermutet, daß er keinen Nutzen daraus gezogen hat, da er ja dem Verkauf nicht einmal zustimmte. Um nach Auflösung der Ehe mit einer Klage obzusiegen, läge die Beweislast auf Seiten der Frau und ihrer Erben. Sie müßte beweisen:

α) daß der Mann doch am Zustandekommen des Vertrags tatsächlich mitgewirkt hat und der Verkauf, wenn auch vom Gericht ermächtigt, doch von ihm veranlaßt worden war, und

β) daß er tatsächlich den Kaufpreis erhalten, oder zu seinem eigenen Vorteil verwendet hat.

Achter Abschnitt.

Der Güterstand des Dotalrechtes (régime dotal).

Erstes Kapitel.

Reines Dotalrecht; allgemeine Grundsätze.

I. Allgemeines. Das Dotalrecht ist der im Süden Frankreichs bevorzugte Güterstand, soweit er durch Eheverträge vereinbart wird.

Im Jahre 1898 hatten von 82 346 Eheverträgen 10 112 das Dotalrecht, und zwar

a) das Dotalrecht mit Paraphernalvermögen 2849,

b) das Dotalrecht ohne Paraphernalvermögen 2703,

c) das Dotalrecht mit der société d'acquêts (Errungenschaftsgemeinschaft) 4560.

Im Norden Frankreichs ist das Dotalrecht fast unbekannt.

Dem Dotalrecht charakteristisch ist die Scheidung des Frauenvermögens in zwei Gruppen, in das Dotalvermögen und das Paraphernalvermögen.

Das Dotalvermögen oder Heiratsgut, die römische dos, französisch la dot, ist dazu bestimmt, mit seinen Erträgnissen an die gemeinsamen Kosten der Ehe beizutragen. Der Ehemann hat seine Verwaltung und Nutznießung.

Alles übrige Vermögen der Frau sind die Paraphernen (les biens paraphernaux) das Sondergut der Frau, deren Verwaltung und Genuß bei der Frau verbleibt, wie bei der Gütertrennung. Wesentlich war früher die Unveräußerlichkeit des Dotalvermögens. Heute können die Ehegatten sie wegbedingen.

Der Güterstand des Dotalrechtes muß im Ehevertrag ausdrücklich vereinbart sein. Die bloße Klausel, daß bestimmte Güter als Heiratsgut bestellt werden, genügt noch nicht zur Begründung des Dotalrechtes, ebensowenig wie die Vereinbarung, daß man in Gütertrennung leben wolle (Art. 1392).

Eine ausdrückliche Erklärung, daß sich die Eheleute dem Güterstand des Dotalrechtes unterwerfen wollen, ist um so nötiger als sich der Ausdruck „ein Heiratsgut (eine Mitgift) bestellen“ (constituer une dot) auch auf die Gütergemeinschaft und auf den Güterstand ohne Gemeinschaft beziehen kann, denn auch bei diesen Güterordnungen ist die „dot“ derjenige Vermögensteil der Frau, der dazu bestimmt ist, an die Kosten der Ehe beizutragen.

II. Scheidung des Dotalgutes vom Paraphernalvermögen. Im Zweifel besteht die Vermutung, daß das Vermögen, das der Frau gehört, Paraphernalvermögen ist, also nicht Dotalgut. — Es ergibt sich dies aus der klaren Bestimmung von Art. 1574: „Alles Vermögen der Frau, das nicht als Heiratsgut bestellt ist, ist Paraphernalvermögen (les biens de la femme qui n'ont pas été constitués en dot sont paraphernaux). Dagegen ist Heiratsgut (biens dotaux) all das, was sich die Frau selbst im Ehevertrag bestellt oder was ihr von dritter Seite durch diesen Vertrag gegeben wird, es sei denn eine entgegenstehende Vereinbarung getroffen worden (Art. 1541).

Heiratsgut kann während der Ehe weder bestellt noch vermehrt werden (Art. 1542).

Grundstücke, die aus Dotalgeldern erworben wurden, gehören nicht zum Heiratsgut, wenn dies nicht ausdrücklich im Ehevertrag ausbedungen wurde. Dasselbe gilt von einem Grundstück, das an Zahlungs Statt für ein in barem Gelde bestelltes Heiratsgut gegeben wurde (Art. 1553).

Zum Dotalvermögen gehören:

a) das Vermögen, das die Frau selbst als Dotalgut bestellt hat;

b) das Vermögen, das ihr als Dotalvermögen von Dritten gegeben wird.

Nach Art. 1542 kann die Bestellung des Heiratsgutes (la constitution de dot) das ganze gegenwärtige und zukünftige Vermögen der Frau oder nur ihr ganzes gegenwärtiges Vermögen oder einen Teil ihres gegenwärtigen Vermögens oder auch nur eine einzelne Sache zum Gegenstand haben. Wenn aber nur in allgemeinen Ausdrücken gesagt wird, daß das ganze Vermögen der Frau Heiratsgut sein soll, so ist darin das zukünftige Vermögen nicht inbegriffen. Was sie also während der Ehe erwirbt, ist Paraphernalgut.

Wenn aber während der Ehe an Stelle eines zum Dotalvermögen gehörenden Gegenstandes ein anderer getreten ist, so gehört dieser ebenfalls zu diesem Vermögen. So der Preis aus dem Verkauf eines Dotalgutes, die Entschädigungssumme bei Expropriation eines Grundstückes in öffentlichem Interesse. Dazu gehört auch der Fall, daß mit Geldern des Dotalvermögens eine Sache gekauft wurde und gestützt auf die Klausel „d'emploi ou de remploi“ (Anlage und Wiederanlage) im Ehevertrag (s. oben S. 92, 108) oder zufolge der gesetzlich vorgeschriebenen Wiederanlage (remploi) (Art. 1558, letzter Absatz, 1559, al. 2) ein Vermögensteil Eigengut der Frau ist (s. oben S. 108).

Wenn die Frau nur das ihr in der Zukunft während der Ehe zufallende Vermögen als Heiratsgut bestimmt, so bleibt das Vermögen, das sie bei Eingehung der Ehe besitzt, Paraphernalvermögen.

Für das was Drittpersonen, z. B. Eltern, der Frau durch Ehevertrag in die Ehe geben, besteht die Vermutung, daß es Dotalgut ist. Um diese Vermutung zu zerstören, bedarf es im Ehevertrag einer ausdrücklichen Erklärung, daß es nicht Heiratsgut sein soll (Art. 1541 am Ende).

III. Unwandelbarkeit des Dotalvermögens. Das Gesetz schreibt vor, daß die „dot" während der Ehe weder bestellt noch vermehrt werden kann (Art. 1543). Es entspricht dies dem Grundsatz der Unwandelbarkeit des Ehevertrags.

Während der Ehe können also weder die Ehefrau selbst, noch auch ihre Eltern, noch auch dritte Personen schenkungsweise oder durch Testament der Frau Vermögensstücke zuwenden, die als Dotalvermögen behandelt werden dürfen, es sei denn, daß dies zum voraus ausdrücklich im Ehevertrag bestimmt war. An dieser klaren Gesetzesvorschrift kann auch eine Erklärung der Person, die ein Vermögen der Frau schenkt, oder ihr auf den Fall des Todes hinterläßt, nichts ändern. In dieser Beziehung steht das Dotalrecht im Gegensatz zum Recht der Gütergemeinschaft, das bei solchen Zuwendungen dem Schenkgeber erlaubt, daran die Bedingung zu knüpfen, daß sie Sondergut sein sollen, obgleich sie nach dem Ehevertrag ins Gemeinschaftsgut fallen müßten; und ebenso umgekehrt, daß zugewendetes Vermögen, das als Eigengut der Frau behandelt werden sollte, ins Gemeinschaftsgut zu fallen habe.

Das Verbot der Zuwendung von Vermögen während der Ehe als Heiratsgut entgegen den Bestimmungen des Ehevertrags, in Verbindung mit der Unwandelbarkeit der Bestimmungen des Ehevertrages, ist im Dotalrecht zum Schutze der Gläubiger vorgeschrieben. Sie sollen aus dem Ehevertrag allein mit absoluter Sicherheit die Größe und den Bestand des Dotalvermögens ersehen können.

Die von einem Schenkgeber oder Testator an seine Zuwendung geknüpfte Klausel, das Vermögen solle als Dotalgut behandelt werden, gilt in Anwendung von Art. 900 (wonach gesetzwidrige Bedingungen als nicht geschrieben betrachtet werden) als nicht geschrieben. — Doch bleibt die Zuwendung selbst bestehen, fällt aber in das Paraphernalvermögen.

Die natürliche Vergrößerung des ursprünglichen Dotalvermögens im Sinne bloßer Werterhöhung bleibt vom Verbot der Vermehrung des Dotalvermögens unberührt. Jede natürliche Vergrößerung ist Dotalgut.

Wenn z. B. die Frau ein Grundstück als Dotalgut in die Ehe eingebracht hat, aber zur Zeit der Bestellung eine dritte Person eine Nutznießung darauf hat, so gehört auch nach dem Hinfall des Nießbrauches das von dieser Belastung nunmehr befreite Grundstück, also mit seinen frei gewordenen Erträgnissen, zum Dotalvermögen.

Ebenso werden Bauten auf einem Dotalgrundstück Dotalgut, weil sie einen integrierenden Bestandteil der Liegenschaft bilden.

Wird dagegen aus Bargeld, das als Heiratsgut bestellt ist, ein Grundstück erworben, so ist dieses gleichwohl nicht Dotalgut, wenn dies nicht ausdrücklich im Ehevertrag verlangt wird (Art. 1553, al. 1).

Gleich verhält es sich mit Grundstücken, die an Zahlungs Statt für die in barem Geld bestellte Dot gegeben wurden (Art. 1553 al. 2). Man weiß nicht, welches der Grund war, der den Gesetzgeber zu dieser in Art. 1553 aufgestellten Vorschrift führte.

Immerhin findet die Regel von Art. 1553 keine Anwendung, wenn im Ehevertrag dem Ehemann ausdrücklich vorgeschrieben ist „de faire emploi des deniers dotaux", d. h. die an Stelle eines bestimmten Dotalgeldes getretenen anderen Vermögenssachen ebenfalls wieder als Dotalgut anzulegen (s. oben).

Ebenso führt zu einer Ausnahme von der Regel eine Bestimmung des Ehevertrages, die dahin lautet, daß die Dotalgrundstücke, welche die Frau besitzt, unter der Bedingung des remploi veräußerlich sein sollen (s. oben S. 92). Dann sind die en remploi (zur Wiederanlage) erworbenen Grundstücke ebenfalls Dotalgut.

Da in diesen beiden Fällen der Erwerb in Übereinstimmung mit dem Ehevertrag erfolgte, so liegt keine Änderung in der Bestellung des Heiratsgutes vor. Gleiches gilt, wenn das Gesetz die Wiederanlage eines Kaufpreises zugunsten der Frau vorschreibt (Art. 1558 am Ende, 1559, al. 2, s. oben S. 108).

Nach Art. 1553, al. 1 gehört ein Grundstück, das aus Dotalgeld erworben wurde, nicht zum Dotalvermögen, wenn dies nicht ausdrücklich im Ehevertrag ausbedungen wurde. Es gehört, entsprechend dem Willen der Parteien, entweder dem Ehemann oder der Frau als Paraphernalgut. Es fällt in das Eigentum des Mannes, wenn es durch den Besteller an Zahlungs Statt für ein in barem Gelde bestelltes Heiratsgut gegeben und kein gegenteiliger Wille bekannt gemacht wurde. Es wird Paraphernalgut, wenn es an Zahlungs Statt der Ehefrau selbst übergeben wurde und sie es als Paraphernalgut angenommen hat. Immerhin hat im letzteren Falle der Ehemann die Verwaltung und Nutznießung daran.

Fallen der Frau als Erbschaft, z. B. von seiten des Vaters, der ihr ein Heiratsgut in Bargeld bestellt hatte, das aber zur Zeit seines Todes noch nicht ausbezahlt war, Grundstücke zu, so sind diese Grundstücke nicht Dotalvermögen, sondern Paraphernalgut.

IV. Unpfändbarkeit von paraphernalem Grundstückvermögen, das an Stelle von Dotalgeld oder einer Dotalforderung erworben wurde.

Das Paraphernalgrundstück, das in einem der genannten Fälle erworben wurde, unterscheidet sich von anderem Paraphernalvermögen nicht nur dadurch, daß es zuweilen der Verwaltung und dem Nießbrauch des Mannes unterstellt ist. Eine andere wesentliche Besonderheit liegt darin, daß es unpfändbar ist bis auf die Höhe des Wertes des in Geld bestellt gewesenen Heiratsguts oder der Dotalforderung, welche zu seinem Erwerb gedient hat. Wenn es daher durch Gläubiger der Frau gepfändet wird, so hat sie das Recht, von dem Steigerungspreis eine Summe zu beziehen, welche der Dotalforderung oder dem dotalen Bargeld gleich ist, welche darin eingeschlossen sind.

Diese Lösung ist die Folge des Grundsatzes der Unveräußerlichkeit des beweglichen Dotalvermögens (s. darüber Näheres bei den Ausführungen über das Paraphernalvermögen).

Obgleich Art. 1553 nur von Grundstücken spricht, ist er auch auf Mobiliarvermögen anwendbar, .das mit barem Heiratsgeld erworben wurde, so daß auch die so erworbenen beweglichen Sachen nicht Dotalvermögen werden. Der Grund dafür liegt darin, daß die Zulassung der Umwandlung von Dotalgeld in individuell bestimmte Sachen (en corps certains) als Dotalvermögen in manchen Beziehungen dieselben Gefahren zur Folge hätte, wie die Umwandlung von barem Dotalgeld in Dotalgrundstücke. Das soll vermieden werden.

V. Verwaltung des Mannes, nicht Eigentum. Während der Ehe hat der Mann allein die Verwaltung des Dotalvermögens (Art. 1549).

Er allein kann die Schuldner belangen, die Früchte und Erträgnisse und Zinsen aus diesem Vermögen beziehen und zurückbezahlte Kapitalien in Empfang nehmen. Doch ist es möglich, im Ehevertrag zu vereinbaren, daß die Frau für ihren Unterhalt und ihre persönlichen Bedürfnisse jährlich einen Teil ihrer Einkünfte gegen eine von ihr allein ausgestellte Quittung erheben darf (Art. 1549, al. 3).

Der Mann wird nicht Eigentümer des Dotalvermögens, sondern nur Verwalter und Nutznießer. Nur ausnahmsweise gehen Sachen, die dem Dotalvermögen angehören, in sein Eigentum über, nämlich:

a) die verbrauchbaren Sachen (les choses consomptibles), die durch den Gebrauch zugleich verbraucht werden, werden sein Eigentum, also vor allem das Bargeld, ferner Getreide, Getränke (Art. 587);

b) die beweglichen Sachen, deren Preis im Ehevertrag genannt ist, es sei denn, daß dabei erklärt wird, die Schätzung dürfe nicht als Verkauf beurteilt werden. Die Schätzung gibt der Frau eine Forderung, die sie bei Auflösung der Dotalordnung geltend machen kann.

Es handelt sich bei diesen geschätzten Sachen meistens um Kleider, Wäsche, Möbel und Dinge, die zum Verkauf bestimmt sind. Eine solche Schätzung liegt im Interesse der Frau. Wenn der Ehemann die Sachen in natura zurückgeben müßte, so hätten sie zur Zeit der Auflösung der Ehe oft keinen Wert mehr.

Im Gegensatz dazu geht das Eigentum von Grunstücken des Dotalvermögens trotz vorgenommener Schätzung im Ehevertrag nicht in das

Eigentum des Mannes über, es sei denn, daß dies ausdrücklich vereinbart wurde (Art. 1552). Das ist wohl zu begreifen, da Grundstücke nicht wie Fahrnis der Gefahr des Untergangs ausgesetzt sind.

Bewegliche und unbewegliche Güter, die geschätzt wurden, und die in das Eigentum des Mannes übergegangen sind, sind weder unveräußerlich, noch unpfändbar. Sie können deshalb vom Ehemann verkauft und von den Gläubigern gepfändet werden, wie das übrige Vermögen des Mannes.

VI. Verwaltung des Dotalvermögens. Der Ehemann hat alle Rechte und Pflichten, die einem Verwalter des Vermögens anderer Personen zukommen. So kann er auch Pacht- und Mietverträge abschließen, wie dies dem Manne bei der Gütergemeinschaft erlaubt ist (vgl. Art. 1429 u. 1430).

Seine Vollmacht geht indessen weiter als diejenige eines gewöhnlichen Verwalters und insbesondere des Mannes bei der Gütergemeinschaft, indem ihm allein das Recht zusteht, in allen Prozessen, welche das Dotalvermögen betreffen (sei es das bewegliche oder das Grundstückvermögen) als Kläger oder Beklagter aufzutreten, und indem er das bewegliche Vermögen ohne irgendwelche Einschränkung veräußern darf.

Der Mann allein hat auch das Recht und die Pflicht, Dotalforderungen klageweise geltend zu machen gegen den Schuldner und Inhaber des Dotalgutes. Wenn er es unterläßt, zur Wahrung der Interessen des Dotalvermögens eine Klage einzuleiten, so hat die Frau als einziges Verteidigungsmittel nur das Begehren auf gerichtliche Gütertrennung.

Nicht gestattet ist dem Manne, weil außer seiner Verwaltungsmacht liegend, eine Erbschaft oder ein Vermächtnis, das der Frau zufällt, anzunehmen oder auszuschlagen. Der Entschluß darüber steht der Frau zu, allerdings mit Zustimmung des Mannes oder in deren Ermanglung, mit Ermächtigung des Gerichts (Art. 776, al. 1).

Ebensowenig kann der Mann die Teilung einer Hinterlassenschaft zugunsten des Dotalvermögens der Frau verlangen, wie ihm auch verwehrt ist, Grundstücke zu verkaufen oder mit einer Hypothek zu belasten, wenn das Grundstück als unveräußerlich bezeichnet und im Ehevertrag die Belastung mit Hypotheken verboten wurde (Art. 1554).

VII. Bestellung eines Heiratsguts mit der clause d'emploi. *1. Haftung.* Die Drittperson, die ein Heiratsgut bestellt, wird Schuldner aus diesem Versprechen. — Um rechtsgültig zu zahlen und seine Schuldpflicht richtig zu erfüllen, muß sich der Besteller des Heiratsgutes bei Auszahlung des Geldes an den Ehemann darüber Sicherheit verschaffen, daß dieser die Anlage entsprechend dem Ehevertrag macht. Der Besteller trägt die Verantwortung hierfür, nicht nur, wenn eine Vorschrift über die Anlage im Ehevertrag ausdrücklich dazu verpflichtet, sondern auch dann, wenn der Vertrag darüber nichts enthält, was gewöhnlich der Fall ist. Man rechtfertigt diese Auffassung damit, daß die Frau dem Manne den Auftrag gegeben hat, diese Heiratsgelder nur unter der Bedingung anzunehmen, daß sie als Heiratsgut angelegt werden (d'en faire l'emploi). Wenn deshalb die vorgeschriebene Anlage (l'emploi) nicht erfolgt, so ist die Bedingung nicht erfüllt, die mit der Zahlung verbunden war.

Man vereinbart in den Eheverträgen des Dotalrechtes oft, daß der Ehemann die Anlage (das emploi) der Dotalgelder zu besorgen hat, die ihm durch den Besteller des Heiratsguts oder durch Schuldner der Frau bezahlt werden, und daß, wenn die Werte des beweglichen Dotalgutes verkauft sind, er für die Anlage (l'emploi) des Preises als Heiratsgut zu sorgen hat. Dank dieser Klausel wird die Frau gegen eine sonst mögliche andere Verwendung der dot durch den Ehemann gesichert.

Für die Nichtbeachtung der Anlagevorschrift haften diejenigen Personen, die im Besitz der Heiratsgelder sind, oder welche für die Erhaltung der Forderung der Frau verantwortlich sind, also der Besteller der dot, der Schuldner einer Dotalforderung, der dépositaire des deniers dotaux, der Notar, der agent de change, die Caisse des dépots et consignations, die Finanzgesellschaft, welche Schuldnerin der Frau ist, deren Wertschriften verkauft worden sind und welche die Übertragung oder die Konversion der Wertschriften aus Namenpapieren in Inhaberpapiere durchgeführt hat, der conservateur des hypothèques (der Aufbewahrer der Hypotheken), der zugestimmt hat, daß die Eintragung der Hypothek gelöscht wurde, welche der Dotalforderung als Sicherheit diente.

2. Beschränkung der Haftung. In der Praxis versuchen die Notare diese Haftung durch Aufnahme verschiedener Bestimmungen in den Eheverträgen zu mildern. Sehr oft beschränkt ein Ehevertrag die Haftung auf eine bestimmte Person, in deren Hände die Auszahlung der Dotalgelder erfolgen soll. So wird bestimmt, daß im Falle des Verkaufs von Dotalwerten, die Übergabe der Titel in die Hände des agent de change, den Depositar oder den Besitzer der Titel von der Verantwortung befreie. Zuweilen wird auch vorgeschrieben, daß die Auszahlung der Dotalgelder in die Hände des Notars den Schuldner von der Verantwortung entlaste. Der agent de change und der Notar sind dann die einzigen Personen, die das emploi zu überwachen haben.

Eine Klausel, die in den Eheverträgen gebräuchlich ist, fügt hinzu, daß der agent de change und der Notar selbst dafür haften, daß die vorgeschriebene Anlage erfolge, nicht aber für deren Nützlichkeit.

VIII. Recht der Frau auf die Verwaltung. Klauseln, die der Frau die Verwaltung des Dotalvermögens geben. Art. 1549, al. 3 gestattet im Ehevertrag zu bestimmen, daß die Frau für ihren Unterhalt und ihre persönlichen Bedürfnisse jährlich einen Teil ihrer Einkünfte gegen eine von ihr allein ausgestellte Quittung beziehen kann.

Fraglich ist, ob der Ehevertrag der Frau noch weitergehende Rechte einräumen darf, so daß sie ihr ganzes Dotalvermögen allein verwalten darf. Man wendet etwa ein, daß dies der Tradition widersprechen würde. Die Rechtsprechung läßt indessen eine solche Übertragung der Verwaltung auf die Frau zu, soweit sie nicht das Recht des Mannes als Oberhaupt der Familie beeinträchtigt. Nach Art. 1388 werden nur diejenigen Vereinbarungen als unzulässig angesehen, die den Rechten des Mannes als Haupt der Gemeinschaft widersprechen.

IX. Haftung des Mannes als Verwalter. Der Ehemann ist verpflichtet, für die Erhaltung des Dotalvermögens alle Sorgfalt eines ordentlichen Familienvaters anzuwenden. Er ist deshalb verantwortlich für jeden Verlust und die Verschlechterung des Vermögens, die auf seine Nachlässigkeit zurückzuführen sind (Art. 1562, al. 2) oder auf die Nichtbeachtung der Pflichten, die ihm der Ehevertrag auferlegt, also insbesondere, wenn er die Klausel d'emploi ou de remploi (betreffend die Anlage und Wiederanlage) mißachtet.

Zweites Kapitel.

Der Genuß des Dotalvermögens, Nutznießung des Mannes.

I. Allgemeines. Der Ehemann allein hat das Recht, die Früchte und Zinsen des Dotalvermögens zu beziehen (Art. 1549, al. 2). Den Mann treffen in bezug auf die Dotalgüter auch die Verpflichtungen eines Nutznießers, weshalb in Ermangelung besonderer gesetzlicher Vorschriften die Bestimmungen über die gewöhnliche Nutznießung zur Anwendung zu kommen haben.

Dieses Recht des Ehegatten unterscheidet sich aber von andern Arten der Nutznießung dadurch, daß es ihm als Beitrag der Frau an die gemeinsamen Kosten des Haushaltes zukommt. Dieser Beitrag besteht in den Erträgnissen des Dotalvermögens. Hat der Mann die Nutznießung, so hat er sie mit der Auflage, sie für die gemeinsamen Kosten des Haushaltes zu verwenden. Daraus ergeben sich die besonderen Normen für seine Nutznießung im Gegensatz zur gewöhnlichen Nutznießung.

II. Die Unveräußerlichkeit der Erträgnisse aus dem Dotalvermögen. Von den Erträgnissen des Dotalvermögens können die Gläubiger des Mannes nur denjenigen Teil pfänden, der für die Bedürfnisse des Haushaltes n i c h t nötig ist. Die Gläubiger dürfen also nur auf den überschüssigen Betrag greifen.

Die Ehegatten können Erträgnisse des Dotalvermögens auch nur soweit abtreten als sie für den Unterhalt der Familie entbehrlich sind. Wird dies auch im Code civil nicht ausdrücklich gesagt, so ist es doch anerkannte Praxis.

Die Gerichte entscheiden nach den besonderen Verhältnissen der Eheleute darüber, welches der Teil ist, der die notwendigen Bedürfnisse des Haushaltes übersteigt und als pfändbar zu betrachten ist.

Aus dieser Unpfändbarkeit der Erträgnisse des Dotalvermögens folgt, daß die Gläubiger des Ehemanns Forderungen, die sich auf die Erträgnisse des Dotalvermögens beziehen, nicht mit Beschlag belegen können, z. B. nicht die von Pächtern und Mietern von Grundstücken geschuldeten und noch nicht bezahlten Pacht- und Mietzinse.

Es ist auch nicht zulässig, daß sie Früchte pfänden, die noch nicht bezogen sind. Anders liegt der Fall, wenn die Früchte und Erträgnisse vom Ehemann schon eingenommen wurden, da sie sich dann mit seinem Vermögen vermischt haben.

Eine Ausnahme von der Regel besteht zugunsten der Gläubiger, welche Lebensmittel und andere Sachen geliefert haben, die zum Unterhalt der Familie notwendig sind. Diese Gläubiger haben das unbeschränkte Recht auf Pfändung aller Erträgnisse aus dem Dotalgut.

Daß die Nutznießung der Ehegatten nicht abgetreten werden kann, ist eine weitere Folge der Zweckbestimmung der Erträgnisse aus dem Dotalgut. Der Ehemann ist zu solcher Abtretung nicht berechtigt, noch darf er die Erträgnisse des Dotalgutes verpfänden.

Drittes Kapitel.

Das Verbot der Veräußerung und Belastung des Dotalvermögens.

I. Der Grundsatz. Der wichtigste Grundsatz des Dotalrechtes ist die Unveräußerlichkeit des Dotalvermögens. Dieses Vermögen soll das Familienvermögen sein und bleiben, und den dauernden Bedürfnissen nicht nur des Haushalts, sondern der Familie im allgemeinen dienen. Aus dieser Erwägung erklären sich nicht nur die Regel der Unveräußerlichkeit, sondern auch die zugelassenen Ausnahmen. Durch die Unveräußerlichkeit soll verhindert werden, daß die Ehegatten dieses Vermögen seiner Zweckbestimmung entfremden. Darum können weder der Ehemann noch seine Frau das Dotalgut während der Ehe veräußern. Aber auch die Gläubiger, gegenüber welchen sich die Frau verpflichtet hat, dürfen es nicht pfänden. Die Folgen der Unveräußerlichkeit sind dreifach:

a) Das Grundstück, das zum Dotalvermögen gehört, kann durch die Ehegatten nicht veräußert werden;

b) es ist auch für ihre Gläubiger unpfändbar;

c) es unterliegt auch nicht der Ersitzung, noch auch der Verjährung, es ist „imprescriptible".

II. Die Unveräußerlichkeit des Dotalgrundstücks. Der Art. 1554 schreibt vor: „Die zum Heiratsgut bestellten Grundstücke können während der Ehe weder vom Manne, noch von der Frau, noch auch von beiden zusammen veräußert oder hypothekarisch belastet werden." Vorbehalten davon sind nur die im Gesetz genannten Ausnahmen.

Daraus folgt:

a) Jede unwiderrufliche unentgeltliche Veräußerung (à titre gratuit) unter Lebenden ist untersagt. So kann die Frau über ihren Dotalgrundbesitz auch durch zweiseitigen Vertrag zugunsten Dritter nicht verfügen, während es aber möglich ist, daß sie dies zugunsten ihres Mannes tut, weil eine solche Zuwendung widerruflich ist, da nach Art. 1096 alle unter Ehegatten erfolgten Zuwendungen jederzeit widerruflich sind.

Aus dem gleichen Grunde darf sie durch Testament über ihr Dotalvermögen zugunsten von jedermann verfügen.

b) Die Frau ist nicht berechtigt, entgeltlich Dotalgüter zu veräußern.

c) Die Errichtung von Hypotheken oder anderen Reallasten auf Dotalvermögen ist ebenso untersagt wie die Veräußerung. Immerhin ist davon die Erbpacht (le bail emphytéotique) auszunehmen, die mit Ermächtigung des Gerichtes abgeschlossen werden kann (Gesetz vom 25. Juni 1902, Art. 2 am Ende).

III. Ausnahmsweise hypothekarische Belastung. Trotz des Grundsatzes der Unveräußerlichkeit und des Verbotes der Belastung kann Dotalvermögen in einzelnen Fällen doch veräußert und belastet werden.

Was das Gesetz verbieten will, ist die Veräußerung von Heiratsgut oder dessen Verminderung durch Geschäfte, die geeignet sind, das Heiratsgut seiner Bestimmung zu entziehen. Deshalb werden durch das Verbot der Veräußerlichkeit zwei Fälle nicht betroffen, weil diese Gefahr nicht besteht, vielmehr durch eine Veräußerung nur das Interesse der Familie gewahrt werden soll, nämlich:

a) Die Möglichkeit der Gewährung gewisser Vorrechte. Kann auch das Dotalgrundstück durch die Ehegatten in der Regel nicht mit einer Hypothek belastet werden, so ist dies doch möglich mit dem Vorzugsrecht, das gleichzeitig entstanden ist mit dem Rechtsgeschäft, durch welches das Grundstück Eigentum der Frau geworden ist.

Es handelt sich um folgende Fälle:

α) Der Verkäufer eines Grundstücks, das zum Teil mit Heiratsgut bezahlt worden ist, hat das Vorzugsrecht auf das ganze Grundstück für den ihm noch nicht bezahlten Kaufpreis.

β) Der Architekt, der Bauunternehmer, der Handwerker usw., welche Arbeiten für das Dotalgrundstück gemacht haben, können rechtsgültig auf dieses Grundstück das Vorzugsrecht eintragen lassen, das ihnen Art. 2103, Ziff. 4 zum Schutze ihrer Forderungen gibt.

γ) Der Mitanteilhaber (Miterbe), welcher Gläubiger der Frau zufolge der Teilung eines Grundstückes geworden ist, hat ein Vorzugsrecht auf das Grundstück, das bei der Teilung der Frau zugeteilt wurde.

Diese Ausnahmen rechtfertigen sich, weil dieses Vorzugsrecht keine Wertverminderung des Dotalvermögens der Frau bedeutet.

Durch die Bezahlung des Erwerbspreises für ein Dotalgut oder für die Bauten, die auf dem Dotalgrundstück ausgeführt wurden, oder die Verpflichtungen, die aus dem Teilungsakt entstehen, vermindern die Eheleute ihr Heiratsgut nicht.

b) Die Möglichkeit der Errichtung gesetzlicher Servituten.

Die Rechtsprechung erklärt auch, daß ein Dotalgrundstück sich die Servituten gefallen lassen muß, die gesetzlich vorgeschrieben sind, z. B. das Notwegrecht, das einem isolierten Nachbargrundstück (das von der öffentlichen Straße sonst abgeschnitten wäre) durch das Dotalgrundstück gemäß Art. 683 u. 684 zusteht.

IV. Folgen der Nichtbeachtung des Veräußerungsverbotes. Die nicht zulässige Veräußerung ist ungültig und anfechtbar; aber die Klage der Frau ist verschieden, je nachdem das Grundstück durch den Ehemann allein oder durch beide Ehegatten oder durch die Frau selbst mit Zustimmung des Mannes veräußert wurde.

a) Es kommt selten vor, daß der Ehemann ein Dotalgrundstück allein verkauft, denn der Käufer eines Grundstückes der Frau, ob es nun Dotalgut ist oder nicht, verlangt regelmäßig die Mitwirkung der Frau. Hat der Ehemann allein ein Dotalgrundstück veräußert, so besteht die Vermutung, daß er es als sein Eigentum ausgegeben hat. Dann ist der Verkauf gemäß Art. 1599 ungültig, weil es sich um die Sache eines andern handelt. — Der dritte Erwerber, der durch den Ehemann getäuscht wurde, kann sich auf die Ungültigkeit des Vertrages berufen. Was die Frau betrifft, so hat sie gegen den Dritten die Vindikationsklage (action en revendication), keineswegs aber eine Klage auf Ungültigkeit. Zufolge dessen verjährt ihre Klage erst nach 30 Jahren, und die Verjährungsfrist beginnt erst mit der Trennung der Gütergemeinschaft (Art. 1561, al. 2) oder mit der Auflösung der Ehe.

Die Frau kann sich übrigens auch damit begnügen, vom Ehemann den Kaufpreis und eine Entschädigung zu verlangen für den Schaden, den sie erleidet, da der Ehemann aus seinem Verschulden haftet, das darin besteht, daß er ein ihm nicht gehörendes Grundstück verkauft hat.

b) Haben die beiden Ehegatten zusammen ein Grundstück veräußert, oder tat es die Frau mit Zustimmung ihres Mannes oder mit Ermächtigung des Gerichtes, so ist die Rechtslage folgende:

Haben beide Ehegatten beim Verkauf mitgewirkt, was in der Praxis der gewöhnliche Fall ist, so ist der Verkauf ungültig, doch nur relativ (Art. 1560). Die Eheleute können sich zu ihrem Schutze auf das Gesetz berufen, das die Unveräußerlichkeit anordnet, nicht aber der Dritterwerber, denn die Unveräußerlichkeit ist zum Schutz der Familie vorgeschrieben, nicht aber im Interesse von Drittpersonen.

V. Die Klage auf Ungültigkeit. Nach Art. 1560 können folgende Personen die Nichtigkeit des Vertrages auf dem Wege der Klage geltend machen:

a) der Ehemann während der Dauer der Ehe, solange keine gerichtliche Trennung der Güter stattgefunden hat (Art. 1560, al. 2). Er handelt in diesem Falle nicht im eigenen Namen, sondern als Verwalter des Dotalvermögens gestützt auf die Rechte, die ihm Art. 1549, al. 2 gibt. Er ist zu dieser Klage berechtigt, obwohl er persönlich zufolge seiner Garantie Schadenersatz zu leisten hat;

b) die Frau. Sie hat das Recht auf die Klage, wenn sie nach gerichtlichem Entscheid in Gütertrennung lebt, oder wenn die Ehe aufgelöst ist (Art. 1560, al. 1).

Die Frau hat indessen ein Wahlrecht. Anstatt den dritten Erwerber einzuklagen, kann sie gegen ihren Mann vorgehen, der am Vertrag mitgewirkt oder sie ermächtigt hatte. Sie hat das Recht, von ihm, unter Berufung auf ihre gesetzliche Hypothek an den Grundstücken, die Erstattung des Preises zu verlangen, den er eingezogen hat;

c) die Erben der Frau. Art. 1560, al. 1 gibt auch den Erben der Frau die Möglichkeit, die Veräußerung zu widerrufen.

Dagegen haben die Gläubiger der Frau kein solches Recht. Art. 1560 erwähnt sie nicht. Die meisten Gläubiger hätten auch kein Interesse an einer Anfechtung, da sie die Dotalgüter nicht pfänden können.

Die Gläubiger der Frau, welche an sie eine Forderung aus der Zeit vor der Ehe haben, können zwar auch Dotalgut pfänden, gleichwohl verweigern ihnen die Gerichte aber das Recht auf eine Klage auf Ungültigerklärung einer Veräußerung des Dotalgrundstückes. Diese Verweigerung wird damit begründet, daß die Unveräußerlichkeit ausschließlich im Interesse der Eheleute und nicht der Gläubiger angeordnet sei.

Auch der Erwerber des Dotalgrundstückes selbst kann den Erwerbsakt nicht ungültig erklären lassen.

VI. Erlöschen des Klagerechtes. Das Klagerecht der Ehegatten erlischt nur

a) wenn eine Genehmigung durch die Frau erfolgt oder

b) nach Ablauf einer Verjährungsfrist von zehn Jahren.

Die Genehmigung durch die Frau kann aber nicht erfolgen solange das Verbot der Veräußerung besteht, also während der Ehe. Die Genehmigung ist erst nach Auflösung der Ehe möglich. Da die Verjährungsfrist von zehn Jahren am Tage der Auflösung beginnt (Art. 1560, al. 1), so haben die Ehegatten Jahre hindurch die Möglichkeit, den Verkauf eines Dotalgrundstückes anzufechten. Das schafft aber einen recht unerfreulichen Zustand der Rechtsunsicherheit für den Erwerber.

Zweifel können entstehen über die Frage, ob die Verjährung im Falle gerichtlicher Gütertrennung nicht schon vom Tage des Urteils an laufen soll. Das ist aber nicht der Fall, wenn bei der Veräußerung Mann und

Frau mitgewirkt haben, weil nach Art. 2256, Ziff. 2 im Falle, da die Klage der Frau sich gegen den Mann auswirken würde, die Verjährung während der ganzen Zeit der Ehe ruht. Diese Frage kann deshalb nur auf den seltenen Fall bezogen werden, da die Frau ein Grundstück mit Zustimmung ihres Mannes verkaufte und auf den noch selteneren Fall, da das Gericht zufolge eines Rechtsirrtums Ermächtigung zum Verkauf gegeben hat.

Die Rechtsprechung geht dahin, daß die Verjährung in allen Fällen erst von der Auflösung der Ehe an läuft. Die gerichtlich erklärte Gütertrennung läßt das Verbot der Unveräußerlichkeit bestehen, und die Klage auf Ungültigerklärung kann deshalb logischerweise erst am Tage beginnen, da die Vorschrift der Unveräußerlichkeit ihr Ende genommen hat.

VII. Folgen der Unveräußerlichkeit. *a) Rückerstattung des Grundstücks.* Wenn die Veräußerung ungültig erklärt wurde, so muß der dritte Erwerber, der in gutem Glauben war, außer dem Grundstück nur die Früchte zurückerstatten, die er seit Eingang der Klage bezogen hat. Hatte er aber in bösem Glauben erworben, so muß er alle bezogenen Früchte herausgeben, sei es vom Tage an, da er in den Genuß getreten ist, wenn die Klage vom Ehemann angehoben wurde, sei es von der Gütertrennung oder der Auflösung der Ehe an, wenn die Klage von der Frau angehoben wurde.

In den meisten Fällen wird der dritte Erwerber ein Rückgriffsrecht ausüben können, sei es gegen die Frau oder sei es gegen den Mann.

b) Rückgriffsrecht gegen die Frau. Wenn der bezahlte Kaufpreis im Interesse der Frau angelegt wurde, so wird der dritte Erwerber gegen diese eine Klage aus unberechtigter Bereicherung haben.

Die Frage, ob nicht der Dritte eine Klage aus Gewährleistung gestützt auf Art. 1630 erheben und für die Bezahlung dieser Forderung auf die Paraphernalgüter greifen könne, wird von der Wissenschaft gewöhnlich affirmativ beantwortet, da wie jeder Verkäufer auch die Frau verpflichtet ist, dem Käufer Gewähr gegen Besitzverdrängung (éviction) zu leisten. Wenn diese Pflicht nicht ihr Dotalvermögen belaste, das unveräußerlich ist, so belaste sie doch das Paraphernalvermögen, welches das Unterpfand für die Gläubiger der Frau sei. Die Gerichte verwerfen indessen diese Argumentation und erklären, daß der Verkauf von Dotalgut, der durch das Gesetz verboten ist, absolut keine Verpflichtung zu Lasten der Frau entstehen lasse.

Immerhin kann die Frau durch eine ausdrückliche Bestimmung im Ehevertrag sich verpflichten, dem Käufer Gewähr gegen jede Eviktion zu leisten, die aus einer Nichtigerklärung eines Grundstückverkaufes entstehen könnte. Indem sie so handelt, verpflichtet sie auch ihre Paraphernalgüter zugunsten eines Erwerbers, da sie im Ehevertrag diese Verpflichtung in gültiger Weise übernehmen konnte.

c) *Rückgriffsrecht gegen den Ehemann.* Der Ehemann ist Garant des Verkaufes, wenn er daran teilgenommen hat, und als solcher ist er gegenüber dem dritten Erwerber, der aus dem Besitz ausgewiesen wird, zur Rückgabe des Kaufpreises verpflichtet, überdies zu einer Entschädigung, wenn er im Vertrag nicht erklärt hat, das verkaufte Gut gehöre zum Dotalvermögen.

Selbst wenn der Ehemann nicht gewährspflichtig wäre, weil er nicht am Kauf teilgenommen hatte, sondern nur die Ermächtigung dazu gab, muß er den Kaufpreis zurückerstatten von dem Augenblicke an, da er ihm ausbezahlt wurde, weil er ihn ohne Grund erhalten hat.

VIII. Unpfändbarkeit der Grundstücke. Die Gläubiger der Eheleute können die Dotalgrundstücke nicht pfänden.

Es ist selbstverständlich, daß die Gläubiger des Mannes die Dotalgrundstücke nicht pfänden können, da der Ehemann nicht ihr Eigentümer ist. Aber der Ehemann hat den Nießbrauch am Dotalvermögen. Seine Gläubiger können deshalb trotz der Unveräußerlichkeit des Grundstückes die Erträgnisse daraus pfänden, soweit als sie die Bedürfnisse des Haushalts übersteigen.

Was die Gläubiger der Frau betrifft, so sind deren Rechte verschieden, je nachdem es sich um Gläubiger aus der Zeit vor der Ehe, aus der Zeit während der Ehe oder um Gläubiger handelt, deren Forderungen erst nach Auflösung der Ehe entstanden sind.

IX. Die Interessen der Gläubiger der Frau. Eine seit langem dauernde Praxis hat hier Unterschiede aufgestellt, um die Interessen der Dritten und die Interessen zur Verwaltung des Dotalvermögens zu versöhnen.

Es sind folgende Fälle zu unterscheiden:

a) Die Gläubiger aus der Zeit vor der Ehe haben auch nach dem Abschluß der Ehe das Recht, die Dotalgüter zu pfänden.

Die Unveräußerlichkeit ist nicht verordnet worden, um die Frau gegen Verpflichtungen zu schützen, die sie in der Zeit vor ihrer Ehe eingegangen hatte, zu einer Zeit, da sie noch nicht unter dem Einfluß ihres Mannes stand. Schon die Juristen früherer Zeiten haben diese Praxis und die Rechtsprechung als richtig anerkannt. Art. 1558, al. 4, welcher die Veräußerung des Grundstückes mit der Erlaubnis des Richters zuläßt, scheint das Pfändungsrecht der genannten Gläubiger mit einzuschließen.

Die Rechtsprechung läßt sogar zu, daß die Gläubiger aus der Zeit vor der Ehe nicht nur auf das nackte Eigentum greifen können, sondern auf das volle Eigentum der Dotalgüter (also auch auf die Zinsen und Erträgnisse).

Damit die Gläubiger aus der Zeit vor Eheabschluß ihre Rechte auf Pfändung von Dotalvermögen geltend machen können, müssen sie das bestimmte Datum der Entstehung ihres Rechtsanspruches nachweisen, wie dies sonst bei gewöhnlichen Gläubigern nicht der Fall ist (Art. 1328).

b) Die Gläubiger, deren Recht gegen die Frau erst nach Auflösung der Ehe entstanden ist, können alles Vermögen ihrer Schuldnerin ohne Unterschied, ob es Paraphernalvermögen oder anderes Vermögen war, pfänden, denn die Frau hat nach Auflösung der Ehe wieder volle Verfügungsfreiheit über ihr ganzes Vermögen, also auch über die Dotalgüter erlangt.

c) Die Gläubiger, deren Recht gegen die Frau während der Ehe entstanden ist, können nicht auf die Dotalgüter greifen, denn die Unveräußerlichkeit ist gerade gegen sie gerichtet. Ihnen gegenüber besteht sie für immer auch nach Auflösung der Ehe, nicht nur in bezug auf die Güter selbst, sondern auch in bezug auf ihre Erträgnisse.

Es besteht auch kein Unterschied, wie bei den Gläubigern des Mannes, wonach zwischen dem Teil zu unterscheiden ist, der zur Bestreitung der Bedürfnisse des Haushalts nötig ist und dem, was darüber hinausgeht, denn dieser Überschuß gehört dem Manne und nicht der Frau.

X. Ausnahmsweise Haftung des Dotalvermögens für Schulden der Frau, die während der Ehe entstanden sind. Es kommen folgende Fälle in Betracht:

1. Erlaubte Verpflichtungen. Es gibt Fälle, in welchen das Gesetz die Frau ermächtigt, zu veräußern oder ihre Dotalgüter zu verpflichten, um die Bedürfnisse zu befriedigen, die der Gesetzgeber als absolut nötig erachtet (Art. 1555, 1556, für die Ausstattung der Kinder [Art. 1555, 1556], zur Zahlung einklagbarer Schulden, Reparaturen, die nicht aufgeschoben werden können, Tauschgeschäfte, die vorteilhaft beurteilt werden [Art. 1559], um den Mann aus dem Gefängnis zu befreien [Art. 1559]). Der Gläubiger, gegenüber welchem sich die Frau in einem dieser Fälle verpflichtet hat, kann auch Dotalvermögen pfänden.

2. Verpflichtungen aus Delikten und Quasidelikten der Frau. Die Unveräußerlichkeit ist nicht angeordnet, um die Frau gegen die pekuniären Folgen von Delikten oder Quasidelikten zu schützen, deren sie sich Dritten gegenüber schuldig gemacht hat. Doch ist zu unterscheiden zwischen den Fällen, bei welchen die Schuld in Verbindung steht mit einem Vertrag und solchen, wo dies nicht der Fall ist, wo es sich also um außerkontraktliches Verschulden handelt.

a) Außerkontraktliches Verschulden. Wer einem Dritten einen Schaden zufügt, muß ihn entschädigen. Die Rechtsprechung bestimmt deshalb, daß, wer das Opfer eines Deliktes oder eines Quasideliktes ist, das durch die Frau begangen wurde, auf das Dotalvermögen greifen kann, um die Entschädigung zu erhalten, zu welcher die Frau verurteilt wurde.

Eine Anwendung dieses Grundsatzes enthält übrigens auch das Gesetz vom 10. Juli 1850 über die Publikation der Eheverträge. Wenn die Frau es unterlassen hat, dem Standesbeamten bei ihrer Heirat bekanntzugeben, daß sie einen Ehevertrag eingegangen hat, so haben die Dritten, welche mit ihr in Verkehr treten, das Recht, auf das Dotalvermögen zu greifen.

b) Verschulden beim Abschluß eines Vertrags. Die Eheleute versuchen etwa Dritten gegenüber zu verbergen, daß sie im Güterstand des Dotalrechtes leben. Die Rechtsprechung geht nun darauf aus, den Schutz des Dotalvermögens mit den Interessen der öffentlichen Moral zu versöhnen. Die Unveräußerlichkeit und Unpfändbarkeit des Dotalvermögens hat den Zweck, die Frau gegen unvorsichtige Handlungen zu schützen, aber nicht gegen Handlungen, die in bösem Glauben zur Täuschung von andern Personen begangen werden.

Wenn sich deshalb die Frau eines bloßen Irrtums oder der Unkenntnis oder Unaufmerksamkeit schuldig gemacht hat, so verliert sie die Rechtswohltaten des Dotalvermögens nicht. So hatten die Gerichte Fälle zu beurteilen, da die Frau Verträge einging mit der Erklärung, sie lebe in Gütergemeinschaft, während ihr Güterstand die Errungenschaftsgemeinschaft war. Da aber ihre Erklärung auf bloßem Irrtum beruhte, ohne daß sie wissentlich gelogen hatte, so wurde ihr in diesem Falle die Rechtswohltat der Unveräußerlichkeit nicht entzogen.

Wenn die Frau dagegen in bösem Glauben handelt, um jemanden zu täuschen, mit dem sie einen Vertrag einging, so wird sie mit der Einrede der Unveräußerlichkeit des Dotalvermögens nicht zugelassen.

3. Hat die Frau ein Heiratsgut auf künftig ihr zufallende Güter bestellt, die sie aus Erbschaften erwirbt, so behalten die Gläubiger der Erbschaft das Recht, auf dieses Vermögen zu greifen, um für ihre Forderungen daraus bezahlt zu werden.

4. Für Prozeßkosten, welche sich auf Prozesse um das Dotalvermögen beziehen, haftet ebenfalls das Dotalvermögen, so z. B. die Note des Anwaltes der Frau für Auslagen, die er ihr für den Prozeß vorgestreckt hat, der zur Erhaltung des Dotalvermögens geführt wurde. Das ist der Fall bei einer Klage auf Gütertrennung oder bei einer Klage auf Trennung von Tisch und Bett. Die Gerichte haben in solchen Fällen die Frau auch zur Zahlung aus dem Dotalvermögen verpflichtet, wenn der Anwalt der Gegenpartei das Recht zugesprochen erhielt, seine Kosten aus dem Vermögen der Gegenpartei zu beziehen, jedoch nur in dem Fall, da die Weigerung der Frau betrügerischen Charakter hatte.

5. Schulden, die auf gesetzlicher Vorschrift beruhen, wie die Pflicht zur Alimentation, die Gebühren einer Handänderung, die Schuld zur Zahlung von öffentlichen Steuern, können ebenfalls in das Dotalvermögen vollstreckt werden.

6. Ein Vorzugsrecht auf Befriedigung aus dem Dotalvermögen haben auch Forderungen, die mit dem Rechtsgeschäft verbunden sind, durch welches Vermögen in das Eigentum der Frau überging.

Der Käufer eines Dotalgrundstückes für den Kaufpreis, der Miterbe, welcher der Frau bei der Teilung ein Grundstück überließ, aber aus der Teilung noch eine Forderung an die Frau hat, der Architekt, welcher Arbeiten auf dem Grundstück ausgeführt hat, der Gläubiger einer Erbschaft, der die Absonderung der Vermögen bewirkt hat, haben ein Privileg auf das Dotalgrundstück und können es pfänden.

XI. Verbot der Ersitzung. Die Grundstücke des Dotalvermögens, die im Ehevertrag nicht veräußerlich erklärt wurden, unterliegen während der Ehe nicht der Ersitzung, es sei denn, daß die Ersitzung vor der Ehe begonnen hat. Sie unterliegen jedoch der Ersitzung nach erfolgter Gütertrennung, wann auch immer die Ersitzung begonnen hat (Art. 1561).

Die Folgen des Verbots der Ersitzung zeigen sich darin, daß ein Dritter, der sich unrechtmäßig in den Besitz eines Dotalgrundstückes gesetzt hat, durch die längere Zeit des Besitzes nicht Eigentümer wird. Ebenso ist es mit den Rechten von Personen, die unberechtigterweise Früchte beziehen oder Dienstbarkeitsrechte ausüben.

Hat dagegen die Frist zur Ersitzung für den Dritten schon vor dem Eheabschluß begonnen, so läuft sie weiter.

Ebenso ist die „inscriptibilité“, d. h. die Regel, daß eine Ersitzungsfrist nicht läuft, nicht anwendbar auf Dotalgrundstücke, die im Ehevertrag als veräußerlich erklärt wurden.

Das Verbot der Ersitzung hört mit dem Beginn der Gütertrennung auf, wann immer die Ersitzung begonnen hat, ob dies schon vor oder erst nach der Trennung der Fall war.

XII. Ausnahmsweise Veräußerlichkeit. Die Fälle, da ausnahmsweise Dotalvermögen veräußerlich ist, fallen in zwei Gruppen:

a) Der Ehevertrag kann das ganze Dotalvermögen oder einzelne Teile davon als veräußerlich bezeichnen (Art. 1557). Heute bestimmen fast alle Eheverträge des Dotalrechtes, daß die Dotalgüter verkauft und veräußert werden dürfen. Aber fast ebenso oft verpflichten sie den Ehemann zur Wiederanlage des Kaufpreises. (Über die Verhältnisse bei der Verpflichtung zur Wiederanlage veräußerter Dotalgüter zu gleicher Bestimmung, d. h. wieder als Teil des Dotalvermögens, s. unten Ziff. XIII.)

Wenn es sich um die Beurteilung des Ehevertrages handelt, so legt der Richter die Klauseln, die eine Veräußerung zulassen, restriktiv aus, da die Rechtsvermutung besteht, daß die Eheleute das Dotalrecht gewählt haben, um es durch die Unveräußerlichkeit zu schützen, es sei denn, daß sie ganz klar und ausdrücklich die Veräußerung zulassen.

So schließt die Vereinbarung, daß Grundstücke veräußert werden dürfen, nicht auch die Erlaubnis zur Veräußerung von Fahrnis ein. Die Zulassung eines Verkaufes gibt nicht auch das Recht, einen Tausch vorzunehmen, ebensowenig wie das Recht zur Veräußerung auch das Recht zur Aufnahme einer Hypothek in sich schließt.

Die Erlaubnis zum Verkauf und selbst zur Errichtung einer Hypothek, machen die Dotalgüter noch keineswegs pfändbar.

b) Das Gesetz läßt in besonderen, genau bezeichneten Fällen die Veräußerung zu (s. darüber unten).

XIII. Veräußerung und remploi (Wiederanlage). a) Wird die Zulassung zur Veräußerung mit der Pflicht zum „remploi" verbunden, so gelten dieselben Formvorschriften wie sie beim Güterstand der Gütergemeinschaft für die Gültigkeit des remploi aufgestellt sind (Art. 1434, 1435; s. oben S. 92).

Bei der Wiederanlage als Dotalvermögen muß im Erwerbsakt ausdrücklich gesagt werden, daß der Erwerb erfolgte mit den Geldern, die aus der Veräußerung eines Dotalgrundstückes erlöst wurden, und daß das neu erworbene Grundstück entsprechend dem Ehevertrag an Stelle des verkauften Dotalgrundstückes trete.

Ferner ist erforderlich, daß die Frau zu dieser Anlage ihre Zustimmung ausdrücklich erklärt.

b) Der Ehevertrag bezeichnet fast immer die Art der Vermögensstücke, welche zur Wiederanlage erworben werden können. Sagt der Ehevertrag darüber nichts, so ist der Kreis der Erwerbungen durch den Ehemann sehr beschränkt. Er muß ein Grundstück erwerben, oder Aktien der Banque de France, die immobilisiert sind, oder Staatsrenten, da verschiedene Gesetze seit dem Art. 46 des Finanzgesetzes vom 2. Juli 1862 gestatten, Beträge in Staatsrenten anzulegen, deren „remploi" in Grundstücke durch Gesetz oder im Ehevertrag vorgeschrieben ist.

Der Ehemann darf keine anderen Wertpapiere kaufen, noch Anlagen machen, die durch ein Vorzugsrecht oder eine Hypothek gesichert sind, denn die Umwandlung eines Dotalgrundstückes in bewegliches Dotalvermögen ist nur erlaubt soweit dies durch den Ehevertrag oder Gesetz gestattet wird.

c) *Zeit der Wiederanlage.* Für die Vornahme des remploi ist keine strenge Frist vorgeschrieben. Die Wiederanlage kann par anticipation erfolgen, d.h. sogar vor der Veräußerung des Dotalgrundstückes. Dann wird aber das gekaufte Grundstück erst Dotalvermögen, wenn das andere Grundstück verkauft ist, an dessen Stelle es treten soll. Sonst läge eine Verletzung von Art. 1543 vor, der verbietet, daß das Dotalvermögen vermehrt wird. Das remploi kann auch einige Zeit nach der Veräußerung des im Dotalvermögen liegenden Grundstückes erfolgen, sobald die Ehegatten eine günstige Gelegenheit für die Wiederanlage finden. Die Transaktion ist gültig, vorausgesetzt, daß sie noch vor der Auflösung der Ehe erfolgt.

d) *Wirkungen der Anlage* (*remploi*). Das neu erworbene Gut nimmt die Stelle des veräußerten ein und hat den gleichen rechtlichen Charakter.

Es ist also auch Dotalvermögen und unveräußerlich, ausgenommen den Fall, daß es wieder mit der Auflage des remploi veräußert wird.

Diese Folge tritt nicht nur ein, wenn die Wiederanlage in Grundstücke erfolgte, sondern auch wenn die Eheleute bewegliches Vermögen mit Dotalvermögen erworben haben, insbesondere Staatsrenten. Deshalb können Wertpapiere, die an Stelle eines Grundstückes durch den Ehemann zur Anlage erworben wurden, von ihm nicht frei veräußert werden, im Gegensatz zu anderem beweglichem Dotalgut.

e) *Folgen der Unterlassung des remploi.* Wenn ein Dotalvermögen veräußert wurde, ohne daß die Wiederanlage en remploi erfolgte, z. B. wenn aus dem Erlös eines Dotalgrundstückes ein anderes Grundstück erworben wurde ohne als Dotalgrundstück erklärt zu werden, so ist die im Ehevertrag einer Veräußerung auferlegte Bedingung nicht erfüllt. Es kommt wieder der Grundsatz der Unveräußerlichkeit zur Anwendung, und die Veräußerung des Grundstückes ist ungültig.

Es ergibt sich daraus:

α) Der dritte Erwerber, der Notar und Hypothekenbewahrer (der conservateur des hypothèques (d. i. der Beamte, der die Hypotheken einschreibt) haben die Pflicht, dafür besorgt zu sein, daß das remploi erfolgt, und sie haben nicht nur der Tatsache des remploi Beachtung zu schenken, sondern auch zu prüfen, daß die Wiederanlage geordnet vor sich geht.

β) Ehemann und Ehefrau sind berechtigt, die Ungültigkeit der Veräußerung zu erklären, welche ohne remploi erfolgte.

γ) Der Ehemann haftet wegen Unterlassung des remploi.

Der Ehevertrag enthält oft Klauseln, die dazu bestimmt sind, diese Haftung zu mildern.

Die Pflicht zur Überwachung des remploi besteht nicht nur für den Erwerber eines Dotalgrundstückes, sondern auch für den Notar, welcher den Kaufvertrag aufsetzt, der den Erwerb feststellt oder die Anlage bezeichnet, die dazu bestimmt ist als remploi zu dienen. Der Notar muß sich versichern, daß die Transaktion in Ordnung geht und nicht etwa ein fiktives oder betrügerisches remploi ist, und daß die Frau nicht der Gefahr einer Eviktion ausgesetzt wird. Wenn er dies nicht tut, so macht er sich einer beruflichen Pflichtverletzung schuldig, die seine Haftung nach sich zieht. Er wird in solchen Fällen der Frau gegenüber haftbar und zwar selbst dann, wenn der Ehevertrag den Dritten jeder Pflicht zur Überwachung entbindet. Seine Haftung ist nicht auf den Ehevertrag zurückzuführen, sondern auf die Vorschrift von Art. 1382.

Auch der conservateur d'hypothèques ist verantwortlich und haftbar, wenn er in eine Löschung des Vorrechtes der Frau auf das Dotalgrundstück, das sie verkauft hat, einwilligen würde, ohne sich versichert zu haben, ob das remploi tatsächlich erfolgte.

Nach Art. 2157 muß der conservateur die Handlungsfähigkeit der Person feststellen, welche der Löschung des Eintrages zustimmt.

Die Ungültigkeit der ungehörigen (ohne Beachtung des remploi) erfolgten Veräußerung kann von den Ehegatten geltend gemacht werden.

Solange die Ehe dauert und bis zur Gütertrennung hat der Mann allein das Recht der Klage auf Ungültigkeit gegen den Erwerber, denn Art. 1549 al. 2 überträgt ihm die Vollmacht, Personen, welche Dotalvermögen zurückhalten, einzuklagen.

Nach der Gütertrennung steht der Frau allein die Klage auf Ungültigerklärung des Vertrages zu.

XIV. Rechte des dritten Erwerbers. Der dritte Erwerber, gegen welchen die Klage gerichtet ist, kann die Annullierung des Verkaufes verhindern, indem er sich anerbietet, ein zweites Mal den Preis zu zahlen, sei es dem Ehemann, sei es der in Gütertrennung lebenden Frau. Da das remploi dazu bestimmt ist, während der Ehe ausgeführt zu werden, kann sich der dritte Erwerber immer so benehmen, als wenn er den Preis nicht bezahlt hätte und ihn von neuem anbieten, unter der Bedingung, daß er richtig verwendet werde.

Der dritte Erwerber hat gestützt auf Art. 1626 eine Gewährschaftsklage gegen den Ehemann, wenn dieser beim Verkauf nicht erklärt hat, daß das Vermögensstück nur unter der Bedingung des remploi veräußerlich sei. Überdies ist der Ehemann in allen Fällen verpflichtet, den Preis zurückzuerstatten, den er bezogen hat.

Haftung des Mannes gegenüber seiner Frau bei Nichtbefolgung des remploi. Der Ehemann, der das remploi unterließ, muß der Frau am Tage der Auflösung der Ehe oder der Gütertrennung den Preis, den er bekommen hat, zurückerstatten.

XV. Gesetzlich zulässige Veräußerung. Die Fälle, in welchen das Gesetz die Veräußerung von Dotalvermögen erlaubt, sind in den Art. 1555, 1556, 1558 u. 1559 aufgezählt. Es handelt sich dabei um Veräußerungen, die im Interesse der Familie vorgenommen werden müssen. Ferner gehören dazu die Fälle von Art. 25 des Gesetzes vom 3. Mai 1841 über die Expropriation in öffentlichem Interesse und von Art. 1 des Gesetzes vom 19. März 1919.

Im Einzelnen kommen folgende Fälle in Betracht:

1. Veräußerung von Heiratsgut im Interesse der Familie ist gestattet.

Das Gesetz unterscheidet zwischen der Ausstattung gemeinsamer Kinder und Kindern aus früherer Ehe.

Für die gemeinsamen Kinder bedarf es der Zustimmung des Mannes. Weigert er sich, so ist die Veräußerung zu diesem Zweck unzulässig.

Handelt es sich um die Ausstattung von Kindern einer früheren Ehe der Frau, so ist diese berechtigt, bei Weigerung des Mannes die Ermächtigung des Gerichtes einzuholen (Art. 1555). Doch kann sie dem

Kinde dann nur das nackte Eigentum geben, da die Nutznießung dem Manne vorbehalten ist (Art. 1555, am Ende), ein Vorbehalt, der ihr Recht sehr beeinträchtigt.

Das Wort Ausstattung (établissement) bedeutet nicht nur die Bestellung eines Heiratsgutes, sondern kann auch in einer Schenkung bestehen, dazu bestimmt, dem Kinde einen Beruf zu verschaffen, der ihm eine Existenz sichert (Ankauf eines fonds de commerce, einer Kundschaft, eines office ministériel, Kosten der Installation, Zahlung der Pensionskosten in einer staatlichen Schule).

2. Veräußerung von Dotalgut ist ebenfalls gestattet, wenn es sich darum handelt, den Mann oder die Frau aus dem Gefängnis zu befreien. Das Gesetz sieht den Fall vor, daß einer der Ehegatten wegen Zahlungsunfähigkeit im Gefängnis sitzt, was heute kaum mehr vorkommt, da die Schuldhaft (la contrainte par corps) gegen den zahlungsunfähigen Schuldner nur noch angewendet werden darf wegen Nichtzahlung von Bußen und Entschädigungen zufolge strafrechtlicher Verurteilung.

3. Zur Zahlung des Lebensunterhaltes in den von den Art. 203, 205, 206 vorgesehenen Fällen ist die Veräußerung von Dotalvermögen ebenfalls zulässig.

Die Eheleute können die Erlaubnis erwirken, ein Dotalgrundstück zu veräußern oder zu verpfänden, wenn sie sonst keine Mittel mehr haben, um daraus ihre eigenen Lebensbedürfnisse zu befriedigen oder diejenigen der Kinder, oder um Unterhaltspflichten (Zahlung von „aliments") gegenüber ihren Eltern, Schwiegereltern, oder ihrem Schwager oder ihrer Schwägerin nachkommen zu können.

Unter dem Ausdruck „aliments" werden auch die Kosten der Schule für die Kinder verstanden.

Die Gerichte bewilligen die Veräußerung von Dotalgut auch für den Ankauf oder den Betrieb eines fonds de commerce, von welchem eine Familie leben soll, ebenso zur Zahlung der Schulden des Ehemannes, damit er ein office oder einen fonds de commerce behalten kann, welche einzige Erwerbsquelle der Familie sind, ebenso zum Ankauf einer Viehpacht (le bail à cheptel) oder eines Ackergerätes, das notwendig ist zur Ausführung landwirtschaftlicher Arbeiten, welche dem Lebensunterhalt der Familie und ihrer Kinder dienen. Schließlich wird die Veräußerung auch gestattet, um dem Ehemann eine Kaution zu verschaffen, welche erforderlich ist, um eine Stelle inne zu haben, für welche eine solche Geldhinterlage als Garantie verlangt wird.

4. Zur Zahlung von vorehelichen Schulden der Frau oder solchen, die zur Bestellung des Heiratsgutes eingegangen wurden, darf das Dotalvermögen ebenfalls veräußert werden.

a) Schulden der Frau vor dem Abschluß der Ehe.

Gläubiger der Frau, deren Recht aus der Zeit vor der Ehe datiert, können das Dotalgut pfänden. Um eine solche Pfändung zu vermeiden, erlaubt das Gesetz der Frau, ihre Dotalgrundstücke zu verkaufen (Art. 1558, al. 4).

b) Schulden der Frau, die zwar während der Ehe entstanden sind, für welche aber auch das Dotalvermögen haftet. Einzelne Gläubiger, deren Forderungen während der Ehe für Leistungen zugunsten der Frau entstanden sind, können ausnahmsweise Zahlung aus dem Dotalvermögen verlangen, entweder aus dem ganzen oder aus einem Teil davon. Die Möglichkeit, daß in diesen Fällen die Frau vom Gericht ermächtigt wird, Dotalgut zu verkaufen, um die Schulden zu tilgen und so die Kosten der Pfändung zu vermeiden, ist in Art. 1558, al. 4 nicht vorgesehen, denn dieser Artikel spricht nur von vorehelichen Schulden. Dieselben wichtigen Gründe sprechen aber auch hier für eine Ermächtigung.

c) Schulden zur Bestellung eines Heiratsguts. Obgleich die Frau grundsätzlich zu nichts verpflichtet ist gegenüber den Personen, die das Heiratsgut bestellt haben, so erlaubt ihr doch das Gesetz Dotalgüter zu verkaufen, um Schulden dieser Personen zu zahlen, vorausgesetzt, daß es sich um Schulden handelt, die der Schenkung, d.h. dem Ehevertrag, zeitlich vorausgehen.

Die Gründe, die dafür sprechen sind die gleichen, wie für die eigenen Schulden der Frau, Erwägungen der Billigkeit und der Dankbarkeit. Es besteht für die Frau eine moralische Pflicht, den in Not geratenen Bestellern des Heiratsgutes zu helfen; fast immer sind es ja die Eltern, Großeltern oder andere nahe Angehörige.

5. Unumgängliche Reparaturen zur Erhaltung des Dotalgrundstückes können ebenfalls aus Dotalgeld bezahlt werden, das durch Veräußerung eines Dotalvermögensstücks erlöst wurde. Das Gesetz bestimmt zu diesem Zweck, daß das Gericht die Frau ermächtigen kann, ein Dotalgrundstück zu veräußern oder zu verpfänden, um notwendige Reparaturen an einem andern Dotalgrundstück vornehmen zu können. „Grosses réparation“ umfassen alle unumgänglichen Reparaturen.

So wurde entschieden, daß die Wiederherstellung eines Weinberges, der durch die Reblaus zerstört worden war, eine „grosse réparation“ ist.

Damit das Gericht die Veräußerung oder Belastung eines Grundstückes mit einer Hypothek gestatte, muß die Reparation zur Erhaltung eines Grundstückes unumgänglich sein. Das Gericht hat deshalb die Ermächtigung zu versagen, wenn die Reparation nicht notwendig erscheint.

6. Miterben haben das Recht, Versteigerung eines Dotalgrundstückes zu verlangen, das nicht teilbar erscheint und ihnen als ungeteiltes Eigentum mit der Ehefrau zusteht, an welchem die Frau nur einen Teil als Dotalvermögen besitzt (Art. 1558, al. 6; 1686).

Wenn die Erben sich nicht verständigen können, so ordnet das Gericht die Versteigerung an und gibt der Frau die Ermächtigung, daran teilzunehmen.

7. Austausch des Dotalgrundstückes (Art. 1559).

Das Gericht kann der Frau erlauben, das Dotalgrundstück gegen ein anderes auszutauschen, unter der Bedingung, daß die vom Gericht ernannten Sachverständigen die Nützlichkeit des Tausches anerkennen und nachweisen, daß der Wert des zum Tausch offerierten Grundstückes wenigstens zu vier Fünftel dem Werte des Dotalgrundstückes entspricht.

Das durch den Tausch erworbene Grundstück wird wieder Dotalvermögen. Der allfällige Preisüberschuß, der höchstens den fünften Teil des Wertes des früheren Dotalgrundstücks haben kann, wird ebenfalls Dotalgut.

Wenn dagegen das Grundstück, das im Austausch erworben wurde, einen größeren Wert als das veräußerte Grundstück hat, so wird es nur Dotalvermögen bis zur Höhe des Wertes des letzteren, weil das Dotalvermögen während der Ehe nicht vermehrt werden darf.

8. Im Falle einer Expropriation, die in öffentlichem Interesse erfolgt, können die Eheleute in die außergerichtliche Abtretung einwilligen, bedürfen dazu aber gerichtlicher Ermächtigung (Art. 13, al. 3 u. 25 des Gesetzes vom 3. Mai 1841).

9. Nach Art. 1 des Gesetzes vom 19. März 1919 kann die Frau, welche mehr als 45 Jahre alt ist, wenn die Ehegatten keine Nachkommen haben, mit Zustimmung des Mannes und des Gerichtes ihr Dotalvermögen (aux oeuvres d'assistance et de bienfaisance publiques ou privées), also an gemeinnützige Institutionen geben, insbesondere auch an solche, welche die Vermehrung der Geburten, den Schutz von Kindern und Kriegswaisen zum Zwecke haben (Art. 1556, al. 2).

XVI. Form zulässiger Veräußerungen. In den Fällen von Art. 1558 werden für die Gültigkeit der Veräußerung folgende Erfordernisse aufgestellt:

a) Es bedarf einer besonderen vorausgehenden Erlaubnis des Gerichtes am Domizil der Ehegatten.

Der Richter wird die Bewilligung geben, nachdem er festgestellt hat, daß die Ehegatten sich in der vom Gesetz vorgesehenen Lage befinden und die Voraussetzungen für eine Veräußerung gegeben sind (Art. 997, al. 2, Code de procédure civile).

b) Die Veräußerung des Dotalgrundstückes muß auf dem Wege der öffentlichen Versteigerung nach drei öffentlichen Anschlägen erfolgen (Art. 1558, al. 1 des Code civil und Art. 997, al. 3 des Code de proc. civ.).

c) Das Gesetz fordert nicht, daß der Erwerber des Grundstückes den Kaufpreis in die Hände der Person auszahlt, die durch den gerichtlichen Beschluß als zum Empfang des Geldes berechtigt bezeichnet wurde. Wenn auch der Beschluß des Gerichtes darüber nichts sagt, so muß der Dritte die Anlage als Dotalgut überwachen, um sich zu versichern, daß der Entscheid des Gerichtes richtig ausgeführt wird.

d) Wenn der Kaufpreis nicht ganz von dem Zweck beansprucht wird, zu welchem der Verkauf gestattet wurde, so muß für den Überschuß die Anlage als Dotalgut erfolgen (Art. 1558, letzter Absatz, und Art. 1559, al. 2 für den Tausch). Der Dritte muß dieses emploi überwachen, wenn er sich nicht der Gefahr aussetzen will, ein zweites Mal den Überschuß zu bezahlen, der nicht wieder als Dotalgut angelegt wurde.

XVII. Die Unveräußerlichkeit des beweglichen Dotalvermögens. Es war früher bestritten, ob auch das bewegliche Dotalvermögen unveräußerlich sei. Die Cour de Cassation hat aber erklärt, daß Art. 1554 nur deshalb vom Verbot der Veräußerung von Grundstücken (und nicht auch von Mobiliar) spreche, weil das bewegliche Vermögen einer besonderen Ordnung unterliege, indem der Ehemann die freie Verfügung darüber habe.

Die Rechtsprechung erlaubt dem Ehemann, dem Verwalter des Dotalvermögens, ohne Mitwirkung der Frau alle Dotalfahrnis-Stücke zu verkaufen, ebenso die unkörperlichen Sachen, Forderungen und Wertpapiere.

Zufolgedessen richtet sich das Veräußerungsverbot nur gegen Handlungen der Frau. Nur für sie ist das bewegliche Dotalvermögen unveräußerlich. Diese Unveräußerlichkeit zeigt sich in Folgendem:

1. Die Frau kann ihre créance de reprise, die sie gegenüber ihrem Manne hat, nicht abtreten, noch einen dritten Gläubiger oder Erwerber eines Grundstückes des Gatten in die Wohltat der gesetzlichen Hypothek einsetzen, welche ihre Forderung garantiert. Das ist die Hauptwirkung des Grundsatzes der Unveräußerlichkeit des beweglichen Dotalvermögens.

2. Die Gläubiger der Frau, deren Forderungen während der Ehe entstanden sind, können das bewegliche Dotalvermögen nicht pfänden, ebensowenig wie Dotalgrundstücke.

3. Wenn eine Frau, welche Gläubigerin aus der Bestellung eines Dotalgutes ist, sei es von dem Besteller dieses Gutes, sei es von ihrem Manne, ein Grundstück an Zahlungs Statt für ihren Anspruch erhält, so wird das Grundstück nicht Dotalgut, sondern Paraphernalvermögen (Art. 1553). Nichtsdestoweniger enthält es einen Dotalwert in sich, der unveräußerlich und deshalb auch unpfändbar ist. Wenn das Grundstück deshalb durch die Gläubiger der Frau später gepfändet wird, so hat sie das Recht, vom Kaufpreis den Betrag abzusondern, der den Betrag ihres Anspruches auf das Dotalgut ausmacht.

Man bezeichnet diese originelle Wirkung der Unveräußerlichkeit als dot incluse, eingeschlossenes Heiratsgut.

4. Die Unveräußerlichkeit macht sich auch bemerkbar nach erfolgter Gütertrennung.

Die Frau erlangt mit der Gütertrennung die Verwaltung ihres ganzen Vermögens, kann aber ihr Dotalvermögen doch nicht veräußern, weder mit der Zustimmung des Mannes, noch mit der Ermächtigung des Gerichtes.

5. Ersitzung des beweglichen Dotalvermögens. Obwohl das bewegliche Dotalgut unveräußerlich ist, läßt man doch zu, daß es ersitzbar ist. Für die Fahrnis besteht kein Grund, die Ersitzung zu verbieten, da ja der Ehemann das Recht hat, sie gültig zu veräußern. Das Verbot der Ersitzung bei Grundstücken wird damit begründet, daß der Ehemann dadurch verhindert werden müsse, das Verbot der Unveräußerlichkeit zu umgehen.

Der Dritte, der sich eines beweglichen Dotalgutes bemächtigt, oder es in bösem Glauben erwirbt, kann es ersitzen, gleich wie der Schuldner einer Forderung des Dotalvermögens sich auf die Verjährung berufen kann.

Viertes Kapitel.

Gerichtliche Gütertrennung beim Güterstand des Dotalrechtes.

I. Gründe, Verfahren. Es besteht kein grundsätzlicher Unterschied zwischen den Gründen und dem Verfahren gerichtlicher Gütertrennung beim Dotalrecht und den Gründen und dem Verfahren bei der gesetzlichen Gütergemeinschaft. Es sind deshalb im allgemeinen dieselben Vorschriften anwendbar (s. oben S. 110).

II. Folgen. Die Frau erlangt die Verwaltung und den Genuß des Dotalvermögens. Der Ehemann muß ihr deshalb das ganze Dotalgut zurückgeben. Die Rechte der Verwaltung der Frau sind die gleichen wie diejenigen der Frau, welche beim Güterstand der Gütergemeinschaft die gerichtliche Gütertrennung erwirkt hat. Es ist darüber auf die diesbezüglichen Ausführungen zu verweisen.

Die Vorschriften in bezug auf den Güterstand des Dotalrechtes sind aber weiterhin anwendbar.

Das hat zwei Folgen:

a) Der Unterschied zwischen dem Dotalvermögen der Frau und dem Paraphernalgut bleibt trotz der Gütertrennung weiter bestehen;

b) das Dotalvermögen bleibt unveräußerlich.

III. Fortdauer der Trennung zwischen Dotalvermögen und Paraphernalgut. Es besteht ein Interesse für diese Fortdauer. Obgleich diese beiden Vermögenskomplexe zufolge der gerichtlich ausgesprochenen Gütertrennung gleichzeitig wieder in der Verwaltung und im Genuß der Frau stehen, und obwohl ihre Verwaltungsrechte dieselben sind für das Dotalvermögen und das Paraphernalvermögen (Art. 1449, 1575), so bestehen zwischen den beiden Vermögen doch zwei wichtige Unterschiede:

Die Einkünfte des Dotalvermögens sind in erster Linie für die Kosten des Haushaltes bestimmt. Anderseits sind die zum Dotalvermögen gehörenden Sachen unveräußerlich und unpfändbar, während für die Paraphernalgüter keine solchen Beschränkungen bestehen.

IV. Unveräußerlichkeit des Dotalvermögens trotz Gütertrennung. Das Dotalvermögen bleibt unveräußerlich und unpfändbar; doch wird es ersitzbar.

a) Grundstücke. Die Grundstücke bleiben nach erfolgter Gütertrennung unveräußerlich wie vorher. Sie können deshalb nur veräußert werden in den Fällen, da eine solche Veräußerung zulässig ist, sei es zufolge des Ehevertrages, sei es zufolge gesetzlicher Vorschriften und unter den Bedingungen, die im Ehevertrag und in den Art. 1555—1559 gefordert werden.

b) Bewegliches Dotalvermögen. Während die Rechtsprechung dem Manne das Recht gibt, frei über die beweglichen Sachen des Dotalvermögens zu verfügen, hat die Frau kein Recht der Veräußerung weder mit der Zustimmung des Ehemanns, noch mit der gerichtlichen Ermächtigung, weil das bewegliche Heiratsgut wie auch die Grundstücke im Interesse der Frau unveräußerlich sind. Diese Unveräußerlichkeit wird durch die Trennung der Güter nicht geändert.

c) Erträgnisse aus dem Dotalvermögen. Die Unveräußerlichkeit bezieht sich nach der Gütertrennung, wie vorher, nicht nur auf das Dotalvermögen allein, sondern auch auf die Früchte und Erträgnisse dieser Sachen, soweit sie für die Bedürfnisse des Haushaltes nötig sind. Die in Gütertrennung lebende Frau kann deshalb die Erträgnisse, welche durch sie noch nicht bezogen sind, nur im Umfang des Teiles abtreten, der die Bedürfnisse der Familie übersteigt.

V. Ausnahmen von den Vorschriften der Unveräußerlichkeit. Im Falle der Gütertrennung hört die Unveräußerlichkeit der beweglichen und unbeweglichen Dotalgegenstände in folgenden Fällen auf:

a) Wenn die Veräußerung in Ausübung des Rechtes auf Verwaltung geschieht, so kann die in Gütertrennung lebende Frau die Ernten aus ihren Dotalgrundstücken verkaufen, sie kann ein bewegliches Kapital in Empfang nehmen und dafür Quittung ausstellen.

b) Die in Gütertrennung lebende Frau kann auch Dotalgüter verkaufen, wenn die Veräußerung durch den Ehevertrag gestattet ist. Aber dazu ist nötig, daß der Ehevertrag der Frau ausdrücklich das Recht zum Veräußern auch für den Fall der Gütertrennung gibt.

Gibt das Gesetz ein Veräußerungsrecht nur dem Manne, so bezieht es sich nicht auch auf die Frau. Vor der Gütertrennung hat die Frau immer noch einen Schutz ihrer Interessen darin, daß ihr eine Forderung gegen den Mann auf Rückerstattung des Heiratsguts verbleibt. Lebt sie aber einmal in Gütertrennung, so wäre eine durch sie erfolgte Veräußerung von schwerwiegenderen Folgen, denn dann ist eine Veräußerung definitiv, und sie hat keinen weiteren Anspruch mehr gegen den Mann. Darum wird ihr bei gerichtlicher Gütertrennung das Recht auf Veräußerung auch nur ausnahmsweise gegeben, eben bloß dann, wenn es ihr zum Voraus im Ehevertrag zugestanden wurde.

c) Eine Veräußerung ist auch in den Ausnahmefällen möglich, die vom Gesetz genannt sind, wie z. B. für die Ausstattung der Kinder, oder aus einem der Gründe, die in Art. 1558 u. 1559 erwähnt sind (s. oben S. 158).

VI. Unpfändbarkeit des Vermögens nach erfolgter Gütertrennung. a) Die Gläubiger des Ehemannes können mit Beginn der Gütertrennung den Überschuß über die Dotaleinkünfte nicht mehr pfänden, weil diese nicht mehr dem Ehemann zustehen.

b) Die Gläubiger der Frau gruppieren sich in zwei Klassen, die einen, deren Forderungen aus geschäftlichen Beziehungen mit der Frau nach der Gütertrennung entstanden sind und die Gläubiger, deren Forderung der Zeit vor der Gütertrennung ihre Entstehung verdanken.

Letztere haben kein Recht auf die Dotalgüter, auch nicht nach der Gütertrennung. Sie können selbst den Überschuß, der die Bedürfnisse des Haushalts übersteigt, nicht pfänden, denn im Zeitpunkt, da die Frau die Schulden einging, hatte sie kein Recht zum voraus die Erträgnisse aus dem Dotalvermögen auf den Fall der Gütertrennung zu belasten.

Auch die Gläubiger, deren Forderungen erst nach der Gütertrennung entstanden sind, können grundsätzlich nicht auf das Dotalvermögen greifen. Wenn indessen die Erträgnisse daraus die Bedürfnisse der Familie übersteigen, so haben sie das Recht auf Pfändung des Überschusses, unter der Bedingung, daß sie den Beweis dafür liefern, daß dieser Teil des Vermögens für die Bedürfnisse des Haushaltes nicht nötig ist.

c) Schulden, die infolge der Verwaltung entstehen. — Unter den Gläubigern, deren Forderungen nach erfolgter Gütertrennung entstanden sind, müssen diejenigen besonders behandelt werden, gegenüber welchen sich die Frau in Ausübung ihrer Rechte als Verwalterin des Vermögens verpflichtet hat.

Sie hat z. B. eine Wohnung gemietet, sie hat von einem Lieferanten Dünger oder Samen gekauft, sie hat Dienstpersonal angestellt usw.

Solche Gläubiger sind im Gegensatz zu andern Gläubigern berechtigt, das Dotalvermögen zu pfänden, denn die Verpflichtungen, welche die in Gütertrennung lebende Frau in Ausübung ihrer Verwaltungsbefugnisse eingegangen hat, sind gültig, und die Gläubiger können auf das ganze Vermögen greifen, sowohl auf das Dotalgut als auch auf das Paraphernalgut.

VII. Lage der von Tisch und Bett getrennt lebenden Frau bei Dotalrecht. Die im Güterstand des Dotalrechtes von Tisch und Bett getrennt lebende Frau erfreut sich grundsätzlich vollständiger Handlungsfreiheit (Art. 311, al. 3). Wenn sie aber unter dem Dotalrecht geheiratet hat, so dauert die Unveräußerlichkeit selbst bei der Trennung von Tisch und Bett an, wodurch ihre Handlungsfreiheit tatsächlich doch beschränkt wird. Diese Frau hat das Recht, selbständig alle Geschäfte auszuführen, zu welchen sie vorher Zustimmung des Mannes oder die Ermächtung des Gerichtes nötig hatte. Aber sie kann weder ihre Grundstücke, noch auch ihr Mobiliar veräußern, das zum Dotalgut gehört, noch auch sonstwie belasten, ausgenommen in den Fällen, da der Ehevertrag und das Gesetz dies zulassen.

Zufolgedessen bedarf die von Tisch und Bett getrennt lebende Frau keinerlei Zustimmung, um zum Zwecke der Ausstattung Vermögen zu veräußern. Das Erfordernis der Zustimmung des Mannes der Art. 1555 u. 1556 läßt sich ja auch nur verstehen aus der Tatsache der Handlungsunfähigkeit der Frau, die von ihrem Manne nicht getrennt lebt.

Wenn dagegen die von Tisch und Bett getrennt lebende Frau Vermögensstücke gegen andere austauschen will, oder gestützt auf die Gründe des Art. 1558 verkaufen will, so kann sie diese Verfügungen nur vornehmen mit richterlicher Erlaubnis, und zur Gültigkeit des Verkaufes müssen die vom Gesetz vorgeschriebenen Formen beachtet werden (s. oben S. 161).

Richterliche Ermächtigung ist hier notwendig, nicht weil die Frau handlungsunfähig ist, sondern damit der Richter in die Lage gesetzt wird, zu prüfen, ob sich die Frau tatsächlich in der Ausnahmelage befindet, welche nach dem Gesetz die Veräußerung zuläßt.

Fünftes Kapitel.

Die Rückerstattung des Heiratsgutes.

I. Pflicht und Zeit der Rückerstattung. Der Ehemann oder seine Erben müssen die dot zurückerstatten

a) wenn die Ehe aufgelöst ist,

b) wenn die Gütertrennung gerichtlich ausgesprochen ist,

c) wenn die Frau verschollen ist und die vermutlichen Erben das Recht haben, provisorisch in den Besitz des Vermögens eingesetzt zu werden (Art. 120, 123).

Jede Rückerstattung des Heiratsgutes durch den Ehemann, außer in den erwähnten Fällen, wäre verfrüht und würde den Ehemann von seiner Haftung für das Heiratsgut nicht befreien.

Zufolgedessen würde der Mann bei vorzeitiger Rückerstattung gegenüber seiner Frau oder ihren Erben Schuldner des ganzen Betrages des

Heiratsgutes bleiben, immerhin unter Abzug der Werte, die er ihr zum voraus zurückgegeben hat, wenn sie noch am Tage der Übergabe des Restvermögens vorhanden sind.

Wenn z.B. bei gütlicher Trennung seiner Frau der Ehemann eine Geldsumme übergeben hätte, welche das ganze oder einen Teil des Heiratsgutes vertritt, und die Frau dieses Geld verschleudert hätte, so würde der Mann von seiner Verpflichtung nicht befreit.

So wäre es auch, wenn während der Dauer der Ehe und ohne daß eine Klausel betreffend des emploi im Vertrag enthalten ist, der Ehemann mit Dotalvermögen Wertschriften angekauft und auf den Namen der Frau eingetragen hätte, die schuldnerische Gesellschaft aber darauf in Konkurs gefallen wäre.

Dann bliebe die Frau Gläubigerin des Mannes für den ganzen Betrag ihres Dotalanspruches. Der Mann könnte nicht sagen, er habe seiner Frau schon die erwähnten Wertschriften zugehalten, die allerdings nunmehr als wertlos zu betrachten sind.

II. Beweis dafür, daß der Mann das Heiratsgut erhalten hat. Für das Vermögen, das die Frau im Zeitpunkt der Heirat selbst als Heiratsgut in die Ehe gebracht hat, wird sie regelmäßig eine Quittung vorweisen können.

Meistens ergibt sich eine solche Quittung aus dem Ehevertrag selbst, in welchem bestätigt wird, daß das Heiratsgut dem Manne übergeben wurde, oder worin gesagt wird, daß die Heirat einer Empfangsbestätigung für das Heiratsgut gleichkomme.

Was das Heiratsgut betrifft, das von einer dritten Person bestellt wurde, wird die Übergabe an den Ehemann meistens ebenfalls aus dem Ehevertrag hervorgehen. Findet sich aber darin nichts darüber, so kann die Frau den Beweis durch Zeugen liefern und durch Indizien (par présomptions). Diese Erleichterung des Beweises wird gewährt, weil ihr die Quittung nicht persönlich übergeben wurde, und es der Frau deshalb unmöglich ist, einen geschriebenen Beweis zu erbringen. Sie kann sich deshalb auf die Beweiserleichterung von Art. 1348 berufen.

Aus den gleichen Gründen ist es zulässig, daß die Frau auch für das ihr während der Ehe zugekommene Dotalgut den Beweis durch Zeugen oder simples présomptions leistet.

Eine weitere Erleichterung der Beweispflicht gewährt Art. 1569, welcher bestimmt:

„Hat die Ehe zehn Jahre seit Ablauf der zur Leistung des Heiratsgutes bestimmten Frist gedauert, so können die Frau oder deren Erben nach Auflösung der Ehe das Heiratsgut von dem Manne zurückfordern, ohne zu dem Beweise verpflichtet zu sein, daß er dasselbe empfangen hat. Der Ehemann kann aber den Gegenbeweis leisten, daß er sich vergeblich bemüht hat, die Ausfolgung des Heiratsguts zu erlangen.“.

Nach zehn Jahren besteht also die Rechtsvermutung, daß der Ehemann das Heiratsgut erhalten hat. Um diese Vermutung zu beseitigen, genügt es nicht, daß der Mann beweist, daß es ihm nicht ausgefolgt wurde. Er hat überdies darzutun, daß er alle erforderlichen Schritte getan hat, um das Heiratsgut zu erhalten.

Gelingt ihm dieser Beweis nicht, so muß er einen Betrag im Werte des bestellten Heiratsgutes an die Frau auszahlen. Immerhin hat er ein Rückgriffsrecht auf die Person, die das Heiratsgut „bestellte"; wenn indessen diese zahlungsunfähig geworden ist, so hat der Ehemann den Verlust allein zu tragen.

III. Art und Weise der Rückerstattung. 1. Die Frau oder ihre Erben können die Rückerstattung des Heiratsgutes verlangen. In zwei besonderen Fällen muß es indessen an die Person herausgegeben werden, die das Heiratsgut bestellt hat, nämlich:

a) wenn die Frau vor dem Besteller des Heiratsgutes stirbt und sich der Besteller diese Rückgabe an ihn ausbedungen hat (Art. 951);

b) wenn die bestellende Person ein Aszendent (Vater, Mutter, Großeltern) ist und die Frau ohne Nachkommen gestorben ist (Art. 747).

IV. Gegenstand der Rückerstattung. Die Rückerstattung umfaßt die Vermögensgegenstände oder die Geldbeträge, die der Ehemann schuldet, überdies einen Teil der Früchte und Erträgnisse des letzten Jahres.

1. Die Rückgabe in natura. Der Ehemann muß die individuell bestimmten Sachen (les corps certains), welche er als Heiratsgut empfangen hat, in natura herausgeben, wenn sie nicht im Vertrag geschätzt wurden. Sie sind in dem Zustande zurückzugeben, in welchem sie sich zur Zeit der Rückgabe befinden. Der Ehemann ist also nicht verantwortlich für den Verlust und die Wertverminderung, die zufolge Gebrauches und ohne sein Verschulden eingetreten sind (Art. 1566, al. 1 u. 1567).

Dagegen ist er haftbar für den Verlust zufolge eingetretener Ersitzung und für die Werteinbuße, die auf seine Nachlässigkeit und Unterlassung zurückzuführen sind (Art. 1562, al. 2).

Er muß auch die außerordentlichen Erträgnisse (produits extraordinaires) zurückgeben, welche er bezogen hat und die nicht den Charakter von Früchten haben, z. B. den Wert des Holzschlages eines Hochwaldes.

Wenn ein Grundstück gegen Feuer versichert ist und zufolge einer Feuersbrunst geschädigt wurde, so muß der Ehemann seiner Frau die Entschädigungssumme auszahlen, die er von der Versicherungsgesellschaft bezogen hat, selbst wenn ihn keine Schuld am Ausbruch des Feuers trifft. Indem er das Grundstück versicherte, hat er im Interesse der Frau gehandelt, und zwar als Verwalter ihres Vermögens.

Dagegen hat der Mann das Recht auf Rückerstattung der notwendigen Auslagen, die er in bezug auf Grundstücke machte und welche nicht zu Lasten des Nutznießers fallen, z. B. les grosses réparations.

Für die nützlichen Ausgaben (dépenses utiles) oder die Ausgaben für Verbesserung (dépenses d'amélioration) kann er von der Frau Ersatz des Mehrwertes des Grundstücks verlangen.

2. Rückerstattung des Wertes. Soweit die Gegenstände des Heiratsgutes im Ehevertrag geschätzt waren, wird der Ehemann den Schätzungswert bezahlen. Er schuldet diesen Wert der Sache auch dann, wenn sie durch Zufall untergegangen ist.

3. Die Früchte und Zinsen des letzten Jahres sollen zwischen Mann und Frau oder deren Erben geteilt werden im Verhältnis zur Zeit, während welcher die Ehe im letzten Jahre gedauert hat. — Der Ehemann hat ein Recht auf diese Früchte nur bis zum Tage der Auflösung der Ehe. Das letzte Jahr beginnt mit dem Jahrestage der Heirat (Art. 1571). Das Gesetz gibt der überlebenden Frau in Art. 1570 al. 2 ein Wahlrecht.

„Wird die Ehe durch den Tod des Mannes aufgelöst, so hat die Frau die Wahl, die Zinsen ihres Heiratsgutes während des Trauerjahres zu fordern oder sich während dieser Zeit auf Kosten der Hinterlassenschaft des Mannes Unterhalt geben zu lassen. Doch muß ihr in beiden Fällen die Wohnung während dieses Jahres und die Trauerkleidung auf Kosten des Nachlasses gegeben werden, und zwar ohne Anrechnung auf die ihr geschuldeten Zinsen."

Wenn die Frau den Unterhalt wählt, so behalten die Erben des Ehemannes die Zinsen des Heiratsguts während des Jahres, das auf die Auflösung der Ehe folgt.

V. Frist zur Rückerstattung. Der Code civil macht einen Unterschied, den schon das römische Recht kennt, zwischen den Fällen, welche die Rückerstattung individuell bestimmter Vermögensstücke (corps certains) zum Gegenstand haben und denjenigen, wo die Rückerstattung in Geld erfolgt.

1. Corps certains, individuell bestimmte Vermögensstücke. Diese bestimmten Vermögensstücke, Grundstücke oder Fahrnis, müssen von dem Ehemann oder seinen Erben ohne Verzug zurückerstattet werden (Art. 1564, al. 3). Es besteht kein Grund dafür, damit zuzuwarten.

2. Geldbeträge. Wenn der Ehemann oder seine Erben Schuldner von Geld sind, sei es weil der Ehemann Eigentümer für geschätzte Sachen geworden ist, sei es weil das Heiratsgut in Geld bestand oder in verbrauchbaren Sachen (choses consomptibles), so gibt das Gesetz dem Ehemann eine Frist von einem Jahre, beginnend am Tage der Auflösung der Ehe, damit er genügend Zeit hat, die erforderlichen Gelder zu beschaffen (Art. 1565).

VI. Weitere Rechte der Frau, die über das Heiratsgut hinausgehen. Die Frau hat, wie übrigens auch die Frau, die in Gütergemeinschaft lebte, das Recht, von ihrem Manne oder seinen Erben die Bezahlung der Trauerkleider zu verlangen (Art. 1570, al. 2).

Sie ist ferner berechtigt, während eines Jahres nach dem Tode des Mannes noch in seiner Wohnung zu leben, während das Gesetz (Art. 1465) der Frau, die in Gütergemeinschaft lebte, ein solches Wohnrecht nur während der drei Monate und 40 Tage gewährt, innerhalb welcher Frist sie das Inventar anzufertigen und ihr Wahlrecht auszuüben hat.

Die Frau, die in Gütergemeinschaft lebte, ist indessen berechtigt, während dieser Frist für sich und ihre Dienstboten den Unterhalt aus der Hinterlassenschaft zu bestreiten oder in deren Ermangelung auf Rechnung des Gemeinschaftsvermögens auf Kredit zu entnehmen (Art. 1465, al. 1).

Die Frau, die im Dotalrecht lebte, hat kein Recht auf solchen Unterhalt. Sie kann nur wählen zwischen der Überlassung der Zinsen ihres Dotalvermögens während eines Trauerjahres, oder dem Bezug der Nahrungsmittel während dieser Zeit auf Kosten der Hinterlassenschaft des Mannes.

Dieser Unterschied in der Behandlung der Frau des Dotalrechtes und derjenigen der Gütergemeinschaft hat keinen vernünftigen Grund.

Sechstes Kapitel.

Das Paraphernalvermögen.

I. Allgemeines. Paraphernalgut ist alles Vermögen der Frau, das nicht Dotalvermögen, also nicht als Heiratsgut bestellt ist (Art. 1574).

Wurde kein Heiratsgut bestellt, so ist also das ganze Vermögen Paraphernalgut. Aber selbst wenn die Frau als Heiratsgut ihr ganzes gegenwärtiges und zukünftiges Vermögen bestellt hatte, gibt es daneben doch noch Paraphernalvermögen, nämlich

a) das Vermögen, das der Frau gesetzlich als Eigengut vorbehalten ist, wenn sie einen vom Beruf des Mannes verschiedenen Beruf ausübt (s. S. 78),

b) das Vermögen, das ihr geschenkt oder vermacht wurde unter der Bedingung, daß es Paraphernalgut sein soll;

c) das Vermögen, das der Mann auf Rechnung der Frau mit Dotalgut erwirbt in den Fällen wo die clause d'emploi ou de remploi keine Anwendung findet (Art. 1553). So gehört das aus Dotalgeldern erworbene Grundstück nicht zum Heiratsgut, wenn nicht im Ehevertrag eine solche Anlage vereinbart ist. Dasselbe gilt vom Grundstück, das an Zahlungs Statt für ein in barem Gelde bestelltes Heiratsgut gegeben worden ist (Art. 1553).

II. Rechte der Frau. Die Frau hat die Verwaltung und den Genuß ihres Paraphernalvermögens (Art. 1576, al. 1). Die Stellung der im Dotalrecht lebenden Frau ist in dieser Beziehung dieselbe wie diejenige der Frau bei der Gütertrennung. Es ergibt sich dies auch aus einer Vergleichung von Art. 1449 u. Art. 1576.

Die im Dotalrecht lebende Frau kann wie die in Gütertrennung lebende die Erträgnisse ihres Paraphernalgutes für ihre persönlichen Ausgaben verwenden. Grundsätzlich ist sie nicht verpflichtet, davon einen Teil an die Kosten des Haushaltes dem Manne zu geben, da ja nur die Erträgnisse des Dotalvermögens für diesen Zweck bestimmt sind.

Die Frau, die im Dotalrecht lebt, kann weder ihr Paraphernalgut veräußern, noch auch in bezug auf dieses Vermögen vor Gericht als Klägerin oder Beklagte auftreten ohne die Zustimmung des Mannes, oder, wenn er sich weigert, ohne Ermächtigung des Gerichts.

Wenn die Frau eines ihrer Paraphernalgüter in Gegenwart des Mannes und mit seiner Zustimmung verkaufte, so ist er für die Außerachtlassung des remploi nach den Bestimmungen des Art. 1450 verantwortlich.

III. Besondere Behandlung des Paraphernalgutes, das aus Dotalgut oder an Zahlungs Statt von beweglichem Heiratsgut erworben wurde. Théorie der dot incluse (Theorie des eingeschlossenen Heiratsgutes).

Die Theorie der **dot incluse** ist eine interessante Folge, welche die Rechtsprechung aus der Unveräußerlichkeit des beweglichen Dotalvermögens gezogen hat. Sie verdankt ihren Ursprung folgenden Grundsätzen des Dotalrechtes:

Die von der Frau oder vom Manne (auf Rechnung und mit Zustimmung der Frau) aus Dotalgeld erworbenen Grundstücke, sowie die Grundstücke, die an Zahlungs Statt für ein in barem Gelde bestelltes Heiratsgut gegeben wurden, sind nicht Dotal-, sondern Paraphernalgut, es sei denn etwas anderes im Ehevertrag vereinbart (Art. 1553).

Das bewegliche Dotalvermögen ist unveräußerlich und unpfändbar in dem Sinne, daß die Frau nicht darüber verfügen kann und die Gläubiger es nicht pfänden können.

Diese Grundregeln des Dotalrechtes haben die Rechtsprechung dazu geführt zu erklären, daß immer wenn ein Paraphernalgut im Vermögen der Frau den Platz einer Dotalforderung einnimmt, der Wert der Dotalforderung, welche es einschließt, dem Grundsatz der Unveräußerlichkeit unterworfen ist. Dieses Vermögensstück ist deshalb einer gemischten Ordnung zu unterstellen. Es ist paraphernal und deshalb an sich veräußerlich und pfändbar; es muß aber den Dotalwert, welchen es enthält, weil über diesen nicht verfügt werden darf, bewahren und zurückgeben (conserver et rendre).

1. Fälle. Die Idee des eingeschlossenen Heiratsgutes, der dot incluse, findet in zwei verschiedenen Gruppen von Fällen Anwendung, je nachdem sie vor der Gütertrennung oder nachher erfolgt.

a) *Vor der Gütertrennung.* Man begegnet drei Fällen, bei welchen die Erwerbung eines Paraphernalgutes dieser besondern Behandlung unterliegt, nämlich:

α) Der Besteller des Heiratsgutes gibt der Frau ein Grundstück an Zahlungs Statt der in Geld bestellten dot (Art. 1553, al. 2).

β) Der Besteller des in Geld bestehenden Heiratsgutes stirbt bevor er es ausbezahlt hat, und die Frau erhält in seiner Hinterlassenschaft nicht bares Geld, sondern ein Grundstück.

γ) Der Ehemann hat das Heiratsgut in Bargeld erhalten, und die Frau oder der Ehemann (für ihre Rechnung und mit ihrer Zustimmung) kauft mit diesem Gelde ein Grundstück, welches Paraphernalgut der Frau wird.

Hatte dagegen der Ehemann das Grundstück in seinem persönlichen Namen gekauft, so wird er Eigentümer, und die Idee des eingeschlossenen Heiratsgutes ist nicht anwendbar. Das Grundstück wurde zwar mit Dotalgeld erworben, aber die Rechte der Frau sind dadurch garantiert, daß sie zur Wiedererlangung des erwähnten Dotalgeldes eine Forderung auf Rückerstattung hat und diese durch ihre gesetzliche Hypothek geschützt wird, wobei Forderung und Hypothek ebenfalls unveräußerlich sind.

b) *Nach der Gütertrennung* kommen drei Fälle der eingeschlossenen dot vor.

α) Der Ehemann, der eine Dotalsumme schuldet, gibt seiner Frau an Zahlungs Statt eines seiner Grundstücke, wie ihm dies Art. 1595, Ziff. 2 gestattet.

β) Das Vermögen des Mannes ist gepfändet, und die in Gütertrennung lebende Frau, welche Gläubigerin ihres Dotalgutes ist, läßt sich ein Grundstück ihres Mannes an Zahlungs Statt dieses Heiratsgutes zuteilen.

γ) Die in Gütertrennung lebende Frau kauft ein Grundstück mit Dotalgeld, das ihr der Mann gegeben hat. Dieses Grundstück ist paraphernal, aber nur wenn der Erwerb durch die Frau erfolgte, ohne daß eine clause d'emploi ou de remploi eine Anlage als Dotalgut verlangt, da ja ein Grundstück erworben en emploi ou en remploi Dotalgut wird, wenn der Erwerb durch den Ehevertrag angeordnet ist.

2. *Wirkungen* der Einschließung des Dotalgutes in ein Paraphernalgut. Das Grundstück, das durch die Frau erworben wurde, ist paraphernal, aber das Dotalgeld, das es einschließt, folgt den Regeln des beweglichen Heiratsgutes, nämlich:

a) Das Grundstück, das durch die Frau erworben wurde, ist paraphernal; die Frau kann es also veräußern, sowohl entgeltlich als unentgeltlich. Die Gläubiger haben das Recht, es zu pfänden.

b) Die Dotalsumme aber, die das Grundstück einschließt, folgt den Regeln des unbeweglichen Heiratsgutes. Zufolgedessen bleibt der Dotalwert, den das Grundstück einschließt, unveräußerlich. Daraus hat die Rechtsprechung die Folgerung gezogen, daß wenn ein Gläubiger das Paraphernalgut mit der eingeschlossenen Dotalité pfändet, die Frau berechtigt ist, vom Steigerungserlös den Betrag des Dotalwertes, der darin steckt, für sich zu beanspruchen.

So ist das Paraphernalgrundstück, das an Stelle von Dotalgeld oder einer Dotalforderung getreten ist, tatsächlich mit Unveräußerlichkeit belastet. Die Gläubiger der Frau ziehen daraus keinen Vorteil, es sei denn (was sehr selten eintrifft), daß das Grundstück teilweise mit Dotalwerten und teilweise mit andern Werten erworben wurde, oder daß es seit dem Erwerb an Wert zugenommen hat, zufolge zufälliger Umstände oder Bauten, die darauf errichtet wurden.

IV. Schutz Dritter gegen die dot incluse. Die Lehre der eingeschlossenen dot schützt das bewegliche Dotalvermögen der Frau gegenüber Zugriffen der Gläubiger. Dieser Umstand ist dazu angetan, die Interessen Dritter zu gefährden, die nach der äußeren Erscheinung annehmen, daß das Grundstück den gewöhnlichen Regeln des Paraphernalvermögens unterliegt. Deshalb hat die Rechtsprechung bestimmt, daß die „dotalité“, die in einem Paraphernalgut eingeschlossen ist, Dritten gegenüber nur geltend gemacht werden kann, wenn ihnen der Erwerbstitel bekannt gibt, daß das Grundstück mit Dotalgeld erworben wurde.

Neunter Abschnitt.

Dotalrecht mit Errungenschaftsgemeinschaft (société d’acquêts jointe au régime dotal).

I. Allgemeines. Auch wenn die Eheleute den Güterstand des Dotalrechtes wählen, können sie dennoch eine Gemeinschaft des Vermögens vereinbaren in bezug auf erst während der Ehe erworbenes Vermögen (Art. 1571). Man spricht dann von société d’acquêts jointe au régime dotal (Dotalrecht mit Errungenschaftsgemeinschaft).

Die so gebildete Vermögensgemeinschaft unterliegt den Vorschriften der Art. 1498 u. 1499.

Der Güterstand des Dotalrechtes ist ein Güterstand der Trennung der Interessen, denn die Frau hat keinen Anteil an der Prosperität des Haushaltes, während alles, was der Ehemann während der Ehe durch seinen Fleiß und seine Tüchtigkeit erwirbt, ihm allein gehört. Er allein zieht auch den Nutzen aus den während des gemeinsamen Lebens der beiden Ehegatten erzielten Ersparnissen, die er zum großen Teil doch nur dem Ordnungssinn und der sorgfältigen Verwaltung des Hauses durch die Frau zu verdanken hat.

Es ist deshalb nicht erstaunlich, daß man schon frühzeitig in den Ländern des geschriebenen Rechts daran gedacht hat, die Dotalordnung für die Frau günstiger zu gestalten, indem man sie an der Errungenschaft sich mitbeteiligen ließ. Man hat dem Güterstand der Gütergemeinschaft den Gedanken einer société de biens entnommen und dem Dotalrecht zugefügt.

Der Code civil hat dieser Übung auch die gesetzliche Anerkennung gegeben, und seither kommt die société d'acquêts verbunden mit dem Dotalrecht in Frankreich sehr häufig vor.

II. Wirkungen der société d'acquêts auf das Dotalrecht. Die Errungenschaftsgemeinschaft spielt die Rolle eines dem Dotalrecht beigefügten Teiles. Alle Regeln konstitutiver Natur des Dotalrechtes bleiben in Kraft, so die rechtliche Behandlung der Dotalgüter und der Paraphernalgüter. Sie unterliegt keiner Änderung. Doch bilden die Erträgnisse des Dotalvermögens, des Vermögens des Mannes und endlich die Erwerbungen, die der Arbeit und dem Fleiß der beiden Ehegatten zu verdanken sind, eine Gemeinschaftsmasse, welche bei Auflösung unter beide Ehegatten zu gleichen Hälften verteilt wird.

Das Recht an dieser Gemeinschaftsmasse wird nach den Regeln der Gütergemeinschaft geordnet.

Entstehen Konflikte zwischen den Grundsätzen der beiden Güterstände, der Gütergemeinschaft und des Dotalrechtes, so sind die Regeln des Dotalrechtes anzuwenden, da die dotalité die Regel ist und die Errungenschaftsgemeinschaft nur ein zum Dotalrecht hinzugekommener Bestandteil.

III. Aktiven und Schulden der Errungenschaftsmasse. 1. Die Aktiven bestimmen sich nach den Regeln von Art. 1498, auf welchen Art. 1581 verweist.

Sie umfassen:

a) die Früchte und Erträgnisse der Vermögen der beiden Ehegatten,

b) die Errungenschaft, welche die beiden Ehegatten zusammen oder getrennt während der Ehe gemacht haben, und welche von der beidseitigen Arbeit und von Ersparnissen, Früchten und Erträgnissen herrühren.

2. Die Schulden der société d'acquêts sind dieselben wie beim Güterstand der Errungenschaftsgemeinschaft (communauté d'acquêts) (s. darüber S. 100).

IV. Die Verwaltung. Es ist zwischen den Gemeinschaftsvermögen und den beiden Sondervermögen der Ehegatten zu unterscheiden.

Über das Gemeinschaftsvermögen hat der Ehemann dieselben Rechte, die ihm bei der Gütergemeinschaft durch die Art. 1421 ff. gewährt werden.

Das Dotalvermögen ist dagegen den Regeln des Dotalrechtes unterworfen. Das ist bedeutsam, weil die Rechte der Verwaltung, die dem Ehemann beim Dotalrecht gestützt auf Art. 1549 zukommen, ausgedehnter sind als diejenigen, welche Art. 1428 dem Ehemann bei der Gütergemeinschaft über das persönliche Vermögen der Frau gibt. Das Paraphernalvermögen wird von der Frau verwaltet, weil die Regeln des Dotalrechtes anwendbar sind.

V. Auflösung der société d'acquêts. 1. Allgemeines. Für die Auflösung der société d'acquêts gelten dieselben Vorschriften wie für die Auflösung der Gütergemeinschaft. Immerhin verdienen besondere Beachtung die Folgen der Annahme der société d'acquêts durch die Frau in bezug auf die Gemeinschaftsschulden, auf bestimmte Besonderheiten in bezug auf die Rückgabe des Vermögens und die Rechte der Witwe.

2. Die Frau, welche bei der Liquidation des Güterstandes Annahme der société d'acquêts erklärt, haftet nicht mit dem Dotalvermögen für die Gemeinschaftsschulden.

Die Frau kann zwar von den Gläubigern dieser société d'acquêts für alles oder für die Hälfte belangt werden (Art. 1486), aber nur so, daß das Dotalvermögen dem Zugriff der Gläubiger entzogen ist. Die Annahme der société d'acquêts durch die Frau kann deren Rechte, die sie zufolge des Dotalrechtes hat, nicht beeinträchtigen, und das Dotalrecht ist doch auch beim Güterstand des Dotalrechtes verbunden mit der société d'acquêts das grundlegende Recht, das die Ehegatten gewählt haben.

3. Zurückerstattung des Vermögens. a) Die Früchte des letzten Jahres. Nach Art. 1571 werden die Früchte des letzten Jahres aus dem Dotalvermögen unter Mann und Frau oder beider Erben geteilt und zwar im Verhältnis zur Zeit, während welcher die Ehe im letzten Jahre gedauert hat. Das Jahr beginnt mit dem Tage, an welchem die Ehe geschlossen wurde.

In bezug auf das Gemeinschaftsvermögen dagegen ist zu sagen, daß die Früchte, die zur Zeit der Auflösung der Ehe noch am Baume hängen oder festgewurzelt sind, dem Ehemann gehören, allerdings mit der Verpflichtung der Vergütung. Die Gemeinschaft behält dagegen für sich die Früchte, die sie schon bezogen hat. Diese Regel ist anwendbar in bezug auf die Sondergüter des Mannes, wenn die société d'acquêts dem Dotalrecht beigefügt wurde. Für die Dotalgüter findet aber Art. 1571 Anwendung.

b) Zurückgabe des Eigenvermögens der Frau. Unter dem Güterstande der Gütergemeinschaft muß der Ehemann das Eigenvermögen der Frau ohne Verzug an sie zurückgeben. Wenn dagegen nach Art. 1865 das Heiratsgut in einer Summe Geldes besteht oder in Fahrnis, welche zufolge der erfolgten Schätzung Eigentum des Mannes wurde, so kann die Rückgabe erst nach einem Jahre nach der Auflösung verlangt werden.

Diese besondere Norm des Dotalrechtes ist weiterhin anzuwenden, obgleich eine société d'acquêts (Errungenschaftsgemeinschaft) besteht.

c) Rechte der Witwe. Es besteht ein Unterschied zwischen den Rechten der Witwe, die in Gütergemeinschaft lebte (Art. 1465) und dem Rechte der Witwe, die das Dotalrecht angenommen hatte (Art. 1570).

Hier kommt die für das Dotalrecht vorgeschriebene Regel von Art. 1570 zur Anwendung (s. oben S. 169, 170).

Dritter Teil.

Erbrecht; successions.

Erster Abschnitt.

Terminologie und Übersicht.

I. Terminologie. Die Erbschaft, die Erbfolge, heißt la succession, l'héritage; der Erbe: l'héritier, le successeur; erben: hériter, weniger häufig succéder; der Übergang der Erbschaft: la dévolution (transmission) de la succession; das Vermächtnis inbegriffen die Erbeneinsetzung durch Testament: le legs; die Teilung: le partage. Der Erblasser wird in der Gesetzes- und der Rechtssprache oft „le de cujus" genannt (is de cujus successione agitur), aber auch „der Verstorbene": le défunt.

II. Die Erben. Wenn kein Testament (testament) vorliegt, so sind die vom Gesetz bestimmten Personen zur Erbschaft berufen. Sie sind die gesetzlichen Erben (ohne daß das französische Recht den Ausdruck gesetzliche Erben kennt). Es kommen folgende Verwandtengruppen in Betracht, wobei regelmäßig die dem Erblasser näher stehende die spätere von der Erbschaft ausschließt:

1. Blutsverwandte (eheliche und uneheliche); sie werden héritiers légitimes oder einfach héritiers genannt

a) die Kinder und Nachkommen, les descendants,

b) Vater und Mutter, man nennt sie ascendants privilégiés (vorzugsberechtigte Aszendenten),

c) die Geschwister und ihre Nachkommen, les collatéraux privilégiés (vorzugsberechtigte Seitenverwandte),

d) die übrigen Aszendenten (Großeltern, Urgroßeltern); sie sind les ascendants ordinaires, gewöhnliche Aszendenten,

e) die übrigen Seitenverwandten, mit der Bezeichnung les collatéraux ordinaires, gewöhnliche Seitenverwandte bis und mit dem sechsten Grade, ausnahmsweise bis und mit dem 12. Grade.

2. Les successeurs irréguliers;

darunter fallen:

a) der überlebende Ehegatte, Mann oder Frau, le conjoint survivant.

Der überlebende Ehegatte (Mann oder Frau) ist ebenfalls zur Erbschaft berufen, regelmäßig gleichzeitig mit Blutsverwandten;

b) der Staat; er erbt, wenn keine andern Erben vorhanden sind.

III. Héritiers und successeurs irréguliers. Obgleich grundsätzlich kein Unterschied zwischen den oben erwähnten gesetzlichen Erben besteht, da alle als Erben berufen sein können, so bezeichnet das Gesetz den überlebenden Ehegatten und den Staat nicht als „héritiers", sondern als „successeurs irréguliers" und nur die andern Erbengruppen als „héritiers" oder „héritiers légitimes".

Der Unterschied ist bloß formeller Natur. Während der überlebende Ehegatte und der Staat nach dem Tode des Erblassers beim Gerichte das Verlangen stellen müssen, in den Besitz des Vermögens eingewiesen zu werden, fällt die Erbschaft den übrigen Erben ohne solche Besitzanweisung zu; sie können sofort ohne gerichtliche Erlaubnis darüber verfügen.

IV. Vermächtnisse und letztwillige Verfügungen. Alles, was der Erblasser durch Testament einer Person zuwendet, ist nach französischem Recht immer „un legs", ein Vermächtnis.

Nach dem Umfang des zugewendeten Vermögens wird unterschieden zwischen

a) Sondervermächtnis, oder vielleicht besser gesagt Stückvermächtnis (le legs particulier), wenn nur einzelne bestimmte Vermögensobjekte, z. B. eine Geldsumme, ein Haus, vermacht werden;

b) Universalvermächtnis (le legs universel), wenn jemandem das ganze Vermögen zugewiesen wird, und

c) das Vermächtnis à titre universel, le legs à titre universel, wenn einer Person eine Quote des ganzen Vermögens zugewiesen wird (z. B. ein Drittel eines Vermögens).

Das französische Recht kennt das Institut der Erbeneinsetzung nicht. Es gibt danach neben den gesetzlichen Erben keine testamentarischen Erben, wenn auch tatsächlich das Universalvermächtnis und das Vermächtnis à titre universel doch Erbeneinsetzungen sind, besonders weil diese Vermächtnisnehmer auch für die Schulden haften.

Nur in einem besondern Fall ist nach französischem Recht eine Erbeneinsetzung gegeben, aber nicht durch Testament, sondern durch Vertrag. Ein Ehegatte oder ein Dritter können einem überlebenden Ehegatten (Mann oder Frau) im Ehevertrag oder durch eine öffentliche Urkunde ein ganzes Vermögen oder einen Vermögensteil auf den Todesfall zuweisen. Man nennt eine solche Vereinbarung „institution contractuelle". Siehe weiter unten.

Im übrigen kennt das französische Recht keine Erbverträge.

V. Pflichtteilsberechtigte Erben, héritiers réservataires. Als solche kommen in Betracht:

a) die ehelichen Nachkommen, inbegriffen das legitimierte Kind (Art. 913),

b) die anerkannten unehelichen Kinder (Art. 913 u. 915),

c) die legitimen Aszendenten (Art. 914 u. 915).

Weder der überlebende Ehegatte noch auch die Geschwister haben einen Pflichtteil, ebensowenig wie uneheliche Väter und uneheliche Mütter.

Näheres über den Pflichtteil s. unten S. 263 ff.

Hier sei nur zur Übersicht auf folgende grundsätzliche Verschiedenheiten der Berechnung des Pflichtteils des französischen Rechtes von demjenigen anderer Rechte (z. B. des schweizerischen und des deutschen) aufmerksam gemacht.

Die Höhe des Pflichtteils, also der Teil, auf welchen diese Erben Anspruch haben, la reserve genannt, ist nicht eine Quote des sog. gesetzlichen Erbteils (also dessen, was ein gesetzlicher Erbe ohne Testament erhalten würde). Es ist aber auch nicht eine Quote des vorhandenen reinen Aktivvermögens, das der Erblasser hinterläßt. Das französische Recht stellt sich vielmehr auf den Standpunkt, daß der Erblasser schon zu seinen Lebzeiten durch Schenkungen unter Lebenden nur über einen beschränkten Teil des Vermögens verfügen darf, über die quotité disponible, und daß das, was über diesen verfügbaren Teil seines Vermögens hinausgeht, den nächsten nach dem Gesetz berufenen Erben vorbehalten, reserviert bleiben muß. Dieser Vorbehalt ist ihre „réserve", der Pflichtteil, und die pflichtteilsberechtigten Erben heißen „les héritiers réservataires". Der Pflichtteil ist zufolgedessen ein Teil eines Vermögens, das sich zusammensetzt aus dem tatsächlichen, beim Tode des Erblassers vorhandenen Aktivvermögen plus den vom Erblasser schon während seines Lebens gemachten unentgeltlichen Zuwendungen an Dritte, oder auch an Erben, inbegriffen testamentarische Zuwendungen, soweit diese von ihm schon zu Lebzeiten und auf den Todesfall den verfügbaren Teil seines Vermögens, die quotité disponible, übersteigen. Der Umfang dieses verfügbaren Teiles kann aber erst nach seinem Tode festgestellt werden, d. h. also zu einer Zeit, da Art und Zahl der gesetzlich zur Erbschaft berufenen Erben bekannt sind und die Summe ihrer Pflichtteilsquoten bestimmbar ist. Diese Summe ist von der oben erwähnten „Berechnungsmasse" abzuziehen; was verbleibt ist der verfügbare Teil des Erblassers, seine quotité disponible, über die er verfügen konnte, ohne die Pflichtteile zu verletzen. Soweit die zu Lebzeiten gemachten unentgeltlichen Zuwendungen mit den Vermächtnissen zusammen über seinen verfügbaren Teil hinausgehen, verletzen sie das Pflichtteilsrecht, und der Pflichtteilsberechtigte kann deren Reduktion verlangen. Ist gar kein verfügbares Vermögen vorhanden, so fallen alle Schenkungen und Vermächtnisse auf Verlangen der pflichtteilsberechtigten Erben dahin. Die Vermächtnisnehmer erhalten gar nichts, und die zu Lebzeiten des Erblassers Beschenkten müssen ihre Geschenke zurückgeben.

VI. Das droit de retour, das Rückfallrecht. Als Erbrecht wird im französischen Recht auch das droit de retour behandelt, das gesetzliche Wiederanfallrecht, das gewissen Personen zusteht an Gegenständen, die sie zu Lebzeiten des Erblassers diesem geschenkt haben (s. darüber unten S. 201).

Diese Personen werden als successeurs anomaux bezeichnet.

Zweiter Abschnitt.

Eröffnung der Erbschaft und Berufung zur Erbfolge.

Erstes Kapitel.

Ort der Eröffnung; maßgebendes Recht.

I. Das Recht des Wohnsitzes. Die Erbschaft wird am letzten Wohnsitz des Erblassers eröffnet. Die Eröffnung fällt auf den Todestag des Erblassers. Für die Beurteilung aller mit der Erbschaft im Zusammenhang stehenden Fragen, sei es bei der Eröffnung, zur Anordnung von Sicherungsmaßnahmen, sei es in bezug auf den Übergang von Aktiven und Passiven, sowie zur Beurteilung aller Erbschaftsklagen, ist das Zivilgericht erster Instanz an diesem Wohnsitz zuständig (Art. 59 al. 6. Code pr. civ.).

Dahin gehören

a) die Klagen unter den Erben bis zur definitiven Teilung,

b) die Klagen der Gläubiger des Erblassers in der Zeit vor der Teilung,

c) Klagen in bezug auf die Vollstreckung der letztwilligen Verfügungen.

Es ist danach das Recht des letzten Wohnsitzes für alle formellen und materiellen Fragen der Erbfolge maßgebend.

Für den Nachlaß einer verheirateten Frau ist das letzte Domizil des Mannes entscheidend, selbst wenn die Frau tatsächlich (also nicht zufolge eines Urteils) getrennt von ihrem Manne gelebt hat.

Die Erbschaft über das Vermögen des Entmündigten wird am Wohnort des Vormundes eröffnet.

II. Erbrecht des Ausländers. Für die Eröffnung der Erbschaft eines Ausländers ist ebenfalls sein Domizil in Frankreich (domicile de fait) maßgebend, wie auch das französische Recht auf das weitere Verfahren und das materielle Recht anwendbar erklärt wird, es sei denn, daß Staatsverträge etwas anderes bestimmen (Paris 19. Juni 1894, D. P. 94. 2. 513. u. 1. Juli 1895, D. P. 96. 1. 344).

Konflikte entstehen, wenn der Staat, dem der Ausländer angehört, für seine Angehörigen das Verfahren und das materielle Recht die Gesetze der Heimat anwendbar erklärt.

Durch Staatsverträge mit Frankreich haben verschiedene Staaten die Fragen des internationalen Erbrechtes geordnet.

So bestimmt der Staatsvertrag zwischen Frankreich und der Schweiz über die Urteilsvollziehung, „Gerichtsstandsvertrag" genannt, vom 15. Juni 1869 in Art. 1, daß der Nachlaß eines in Frankreich gestorbenen Schweizers an seinem Heimatort eröffnet wird. Es soll gleich gehalten werden wie wenn der Erblasser in der Schweiz wohnhaft gewesen wäre.

Wie Anliker (Die erbrechtlichen Verhältnisse der Schweizer im Ausland und der Ausländer in der Schweiz, Verlag Sauerländer 1933, S. 61 ff.) ausführt, verlangen die Franzosen gleichwohl in mancher Beziehung doch die Beachtung ihrer Vorschriften, namentlich wenn zum Nachlaß Grundstücke gehören, die in Frankreich liegen.

Der Gerichtsstandsvertrag ist unklar und hat zu vielen Meinungsdifferenzen zwischen Frankreich und der Schweiz geführt. Nach der schweizerischen Auffassung wurde der Staatsvertrag geschlossen, um einen einheitlichen Gerichtsstand zu schaffen, so daß in allen Erbschaftsfragen, ob es sich nun um bewegliche Sachen oder um Grundstücke handelt, der Richter der Heimat ausschließlich zuständig sein sollte.

Nach der französischen Praxis lassen die Gerichte und Behörden bei Grundstücken, die dem Nachlaß angehören, nur den Gerichtsstand der gelegenen Sache zu, beanspruchen also die ausschließliche Zuständigkeit des französischen Richters, da nach Art. 3 Abs. 2 des Code civ. die Grundstücke dem französischen Rechte unterstehen, auch wenn sie Ausländern gehören. Das führt dazu, daß in der Praxis für die Grundstücke, welche Schweizern gehören, die aber in Frankreich gelegen sind, auch nach deren Tod das französische materielle und Prozeßrecht maßgebend ist, während für Mobilien das schweizerische Recht und der schweizerische Richter.

In der Praxis wird auf alle Fälle das in Frankreich liegende Erbschaftsvermögen durch einen französischen Notar oder den Testamentsvollstrecker liquidiert und den Erben ausgehändigt, sobald sie sich über ihre Erbberechtigung ausgewiesen haben.

Zur Sicherung des in Frankreich liegenden Vermögens sind die französischen Behörden zuständig.

Um die Entsiegelung zu erwirken muß ein Erbe, wenn er nicht persönlich beim Friedensrichter das Gesuch stellt, einen französischen Notar oder Anwalt bevollmächtigen, und es sind diesem die nötigen Erbenausweise (oder wenigstens die Ausweise über die gesetzlichen Erben) zuzustellen.

Die Entsiegelung muß möglichst rasch erfolgen, schon damit die Steuerbehörde ihr Inventar bald erhält und die Erbschaftssteuer festsetzen kann. Wird diese nicht innerhalb sechs Monaten seit Eröffnung des Nachlasses bezahlt, so wird der Steuerbetrag strafweise erhöht.

Das Testament ist grundsätzlich durch die zuständigen Behörden des Heimatortes zu eröffnen. Hiervon wird vielfach abgesehen, wenn der Erblasser ein Testament in Frankreich hinterlassen hat. Wenn aber mit der Möglichkeit von Erbschaftsstreitigkeiten zu rechnen ist, so ist das Testament doch noch in der Schweiz zu eröffnen, zu welchem Zweck vom französischen Notar, der die letztwillige Verfügung verwahrt, eine Abschrift oder Photographie verlangt wird. Die Eröffnung in der Schweiz ist nötig zur Berechnung der Fristen für die allfälligen Erbschaftsklagen beim Richter des Heimatkantons.

Nach Auffassung des schweizerischen Bundesgerichtes ist die Behörde des Heimatortes zur Aufnahme des öffentlichen Inventars zuständig (Bundesgerichtliche Entscheidungen Bd. 54. I. 219).

Wenn die Erben wünschen, daß das öffentliche Inventar auch in Frankreich gelte, so haben sie es dem französischen Notar mitzuteilen, und dieser wird dann über das dortige Vermögen ein Inventar aufnehmen.

Die Annahmeerklärung unter Inventarvorbehalt und die Ausschlagserklärung hat der Erbe dem zuständigen Gerichtsschreiber in Frankreich persönlich abzugeben, oder einen französischen Notar oder Anwalt zu bevollmächtigen, damit dieser an seiner Stelle die Erklärung abgibt. Es genügt nicht, daß der in der Schweiz wohnende Erbe dem Gerichtsschreiber eine schriftliche Erklärung schickt. Es empfiehlt sich, die Ausschlagserklärung auch der zuständigen Behörde in der Schweiz einzureichen.

In mancher Beziehung sind indessen die Bestimmungen des schweizerischen Rechtes anwendbar, was oft übersehen wird. So richtet sich die elterliche Gewalt und die Vormundschaft gemäß Art. 10 des schweizerisch-französischen Gerichtsstandsvertrages nach Heimatrecht.

Besteht der Nachlaß aus beweglichen Sachen, so gelingt es der schweizerischen Gesandtschaft in Paris und den schweizerischen Konsuln in Frankreich oft, je nach den Umständen, die französischen Behörden zu überzeugen, daß dort die Siegelung, das notarielle Inventar, die Einweisung in die Erbschaft, die Versteigerung der beweglichen Sachen und die Zuziehung eines Notars bei der Teilung usw. vermieden werden können. In diesen Fällen kann das Inventar in der Schweiz errichtet und auch hier die Teilung durchgeführt werden. Müßten alle vom französischen Recht vorgeschriebenen Formalitäten erfüllt werden, so würden kleinere Erbschaften zum größten Teil durch die Kosten aufgezehrt.

Mit der Sicherstellung, Liquidation und Teilung des in der Schweiz befindlichen Nachlasses haben sich die französischen Behörden oder Notare von Amts wegen nicht zu befassen. Wollen sie aber eine Teilung durchführen, so müssen sie doch über das ganze Vermögen unterrichtet sein.

Wenn der Erblasser in Frankreich wohnte und Werte in der Schweiz dem französischen Notar bekannt sind, so ist auch dafür die französische Erbschaftssteuer zu bezahlen, für Werttitel auch die französische Stempelsteuer. Hat der Erblasser keinen Wohnsitz in Frankreich, so wird die Steuer bloß von dem in Frankreich gelegenen Vermögen erhoben [1].

Über die von den französischen Behörden verlangten Erbausweise s. Anliker S. 63 und unten Ziff. III.

III. Beweis der Erbenqualität, Erbenausweis. Es fehlt an Bestimmungen über den Beweis der Erbenqualität. Die Praxis hat als Ausweis der Erben den sog. acte de notoriété ausgebildet, eine vor einem Notar durch Bekannte des Erblassers und der Erben abgegebene Erklärung, durch welche die Eigenschaft einer Person als Erbe bezeugt wird. Dieser acte de notoriété schafft nur eine Vermutung, welche widerlegbar ist.

Die französischen Behörden stellen sehr strenge Anforderungen an den Erbenausweis, insbesondere, wenn sich Ausländer als Erben melden. Nötig sind in der Regel, und zwar auch bei testamentarischer Erbfolge, eine Erbenbescheinigung über die gesetzlichen Erben, eine Vollmacht der Berechtigten und eine Bescheinigung über allfällige Vormundschaften oder Beistandschaften. Dazu kommt noch ein „Certificat de coutume", worin die im einzelnen Falle anwendbaren Bestimmungen des in Frage kommenden ausländischen (z. B. schweizerischen) Rechtes und die Erbquoten angegeben werden. Für Schweizer sind zur Ausstellung solcher Zeugnisse nur die Schweizerische Gesandtschaft in Paris und die schweizerischen Konsulate in Frankreich zuständig.

Ausländern ist zu empfehlen, bei Geltendmachung ihrer Ansprüche an Hinterlassenschaften in Frankreich sich mit den diplomatischen und Konsularvertretern ihres Landes in Verbindung zu setzen und deren Rat und Dienste zur Wahrung ihrer Interessen zu erbitten. Es ist dies um so nötiger, als die Praxis in der Behandlung ausländischer Interessen nicht immer mit den geschriebenen Vorschriften übereinstimmt, die Konsularvertreter am Platze aber über die jeweilige Praxis in der Behandlung der Ansprüche ihrer Landsleute am besten orientiert sind.

Anliker gibt in seinem Buche die von der schweizerischen Gesandtschaft in Paris und von der eidgenössischen Justizabteilung verfaßte Anleitung zur Geltendmachung von Erbansprüchen mit Musterformularen bekannt. Es seien hier davon die Anleitung und eine Erbenbescheinigung

---

[1] Nach Anliker: a. a. O.

wiedergegeben. Soweit die tatsächlichen Verhältnisse eines konkreten Falles anders liegen, muß der Erbenausweis entsprechend abgeändert werden.

In bezug auf die Form von Erklärungen, ausgestellt durch Vormundschaftsbehörden und die Vollmacht an Vertreter, sei auf ANLIKER verwiesen, der auch diesbezügliche Musterformulare gibt.

IV. Anleitung für die Ausstellung der Erbenausweise für Frankreich.

Die öffentlichen und privaten Verwaltungen in Frankreich sind hinsichtlich der Form und des Wortlautes der Erbenausweise äußerst streng.

Radierungen oder Streichungen dürfen nicht vorkommen, es sei denn, daß sie ausdrücklich und unterschriftlich als solche bezeichnet werden.

Die in einem Schriftstück enthaltenen Angaben oder Bescheinigungen, insbesondere wenn es sich um Personen handelt, müssen immer so umfassend und so genau als möglich sein.

I. Die *Erbenbescheinigung* ist nach dem unten (S. 184) gegebenen Musterformular zu erstellen. Dabei ist folgendes zu beachten:

a) Die Urkunde ist in *französischer Sprache* abzufassen.

b) Es muß ausdrücklich gesagt werden, daß die Personen X, Y und Z gemäß dem schweizerischen Zivilgesetzbuch[1] die einzigen gesetzlichen Erben („les seuls héritiers légaux") sind (wenn nur ein Erbe vorhanden ist, so kann gesagt werden „seul et unique héritier").

c) Über den Verstorbenen und jeden Erben müssen die folgenden vollständigen Angaben gemacht werden:
   1. *Name* und *Vorname* (in der gleichen Reihenfolge und in der gleichen Schreibweise wie im Geburtsschein);
   2. *Ort* und *Datum der Geburt:* (né à........ le........);
   3. *Heimatort* (Gemeinde, Kanton[1]; man verwendet vorzugsweise den Ausdruck „ressortissant de........" anstatt „originaire de........");
   4. *Beruf;*
   5. *Wohnort* (Gemeinde, Kanton[1]; Adresse so genau als möglich angeben);
   6. *Zivilstand* (Gatte oder Gattin von.. ...; Witwer oder Witwe von.......; geschieden von......; ledig).

d) Bei *Frauen* ist auch der Mädchenname anzugeben; ebenso der Name, der Beruf und der Heimatort des Ehemannes. Der Heimatort ist ebenfalls zu erwähnen, wenn die Ehe durch Tod oder Scheidung aufgelöst wurde.

e) Wenn *Geschwister* Erben sind, so ist zu bemerken, ob sie vollbürtige („nés du même père et de la même mère") oder halbbürtige („nés du même père" oder „nés de la même mère") sind.

f) Der Erbe, dessen *Aufenthaltsort unbekannt* ist, ist in der Bescheinigung als „absent sans domicile connu" zu bezeichnen, und es ist für ihn gemäß Schweizer. Zivilgesetzbuch Art. 393 Ziff. 1[1] ein Beistand zu ernennen, der in der Bescheinigung ebenfalls zu erwähnen ist („........, représenté par son curateur....").

g) Steht ein Erbe unter *elterlicher Gewalt* oder *Vormundschaft*, so ist der gesetzliche Vertreter oder der Vormund in der Bescheinigung ebenfalls zu erwähnen („..... sous la puissance paternelle de son père........" oder „........de sa mère ...." oder „sous la tutelle de........").

---

[1] Ist für Angehörige anderer Länder entsprechend zu ändern.

II. Wenn ein Erbe einen Beistand oder einen Vormund hat, so ist eine *Urkunde über die Ernennung des Beistandes oder Vormundes* beizulegen, aus welcher hervorgeht, daß dieser durch die Vormundschaftsbehörde sowie deren Aufsichtsbehörde ermächtigt ist, die Erbschaft in Empfang zu nehmen.

Hat ein unmündiger Erbe einen *gesetzlichen Vertreter* (Vater oder Mutter), so ist eine solche Urkunde nicht nötig. Es genügt, wenn in der Erbenbescheinigung gesagt wird: „sous la puissance paternelle de son père........“ oder „........ sa mère........“.

III. *Wenn in den Mitteilungen aus Frankreich nichts Gegenteiliges gesagt ist, so ist der Erbenausweis in letzter Linie durch das zuständige französische Konsulat beglaubigen zu lassen.* Die Beglaubigung muß sich auf einen bestimmten Namen beziehen („Vu pour légalisation de la signature de M........ X........“) und soll, wenn möglich, in französischer Sprache abgefaßt sein.

V. Erbenausweis.

Confédération Suisse
Canton de ....

Certificat d'hérédité

Le Conseil communal

{ oder andere zuständige Behörde: municipalité, juge de paix du cercle, usw. } de........

Certifie par les présentes:

Que M..... (Name und Vorname des Erblassers) .... fils de .... et de ...., né à .... le ...., ressortissant de ...., en son vivant (profession:) ...., demeurant à ....

{ époux / veuf / divorcé } de M........, est décédé à .... le ....

Qu'il laisse pour seuls héritiers légaux, en vertu des dispositions du code civil suisse qui régissent la succession:

I. Sa veuve M........, née à........ le ...., (profession:) ...., demeurant à ....

a) Wenn Nachkommen vorhanden sind

II. Ses descendants, issus de son mariage avec son épouse susnommée, savoir:

1. son fils M........, né à ...... le ......, ressortissant de ......, (profession:) .... demeurant à ....

2. sa fille M......, née à ...... le ..... { épouse / veuve / divorcée } de M......, ressortissant de ...., (profession:) ...., demeurant á.......

3. Par représentation de son fils M........, décédé à .... le ....: les enfants de celui-ci, issus de son mariage avec M......., décédée à .... le ....:

a) M........, né à .... le ...., ressortissant de ...., actuellement absent sans domicile connu, représenté par son curateur M........, (profession:) .... demeurant à ....

b) M........, né à .... le ...., ressortissant de ...., mineur sous la tutelle de M........, (profession:) ...., demeurant à ....

b) Wenn der Erblasser die Eltern oder ihre Nachkommen hinterlassen hat

II. Sa mère, M........., née à .... le ...., {épouse / veuve / divorcée} de M......., (profession:) ...., demeurant à .....

III. Par représentation de son père M........, décédé à........ le ......:

1. sa soeur M........., née du même père et de la même mère à .... le ....,
{épouse / veuve / divorcée} de M........, ressortissant de ...., (profession:) ...., demeurant à ....

2. sa soeur M......, née du même père et de la même mère à ...... le ...., (profession:) ...., demeurant à ...., célibataire.

3. son frère M........, né du même père et de la même mère à .... le ...., ressortissant de ...., demeurant à ...., interdit, sous la tutelle de M........, (profession:) ...., demeurant à ....

4. par représentation de son frère M........, né du même père et de la même mère, décédé à .... le ...., les enfants de celui-ci, issus de son mariage avec M........:
   a) M........, né à .... le ...., demeurant à..........
   b) M........, né à .... le ...., demeurant à..........
   c) M........, né à .... le ...., demeurant à.........,
   ressortissants de ...., tous mineurs, sous la puissance paternelle de leur mère susnommée, demeurant à ....

5. son frère M........, né à .... le .... d'un premier mariage de son père avec M........, ressortissant de ...., demeurant à ....

Ainsi fait et signé à........ le ....

(Stempel) (Unterschriften)

Zweites Kapitel.

Die Berufung der Erben; die Blutsverwandten.

I. Allgemeines. Ob eine Person als gesetzlicher Erbe zur Erbschaft berufen ist, hängt von der Nähe der Verwandtschaft mit dem Erblasser ab. Für die Berufung kommt in Betracht, welcher Reihe (ordre) von Verwandten der Erbe angehört, ferner der Unterschied zwischen väterlicher und mütterlicher Linie und die Nähe des Grades der Verwandtschaft.

An Stelle einer Person, die zur Erbschaft berufen war, die aber vor dem Erblasser starb, kommen ihre Kinder als Repräsentanten in Betracht, die für sie eintreten.

Weiter ist für die Berufung mitbestimmend die Tatsache, ob der männliche Erblasser eine Ehefrau oder die weibliche Erblasserin einen Ehemann hinterlassen hat.

II. Verwandtenreihen. Es bestehen folgende Reihen (ordres) von Blutsverwandten, die zur Erbschaft berufen sein können:

1. die Kinder und Nachkommen,
2. Vater und Mutter (ascendants privilégiés),
3. Geschwister und ihre Nachkommen (collatéraux privilégiés),
4. die übrigen Aszendenten (ascendants ordinaires),
5. die übrigen Seitenverwandten (collatéraux ordinaires).

Grundsätzlich schließt eine näher liegende Reihe die später folgenden aus. Doch wird dieser Grundsatz etwa unterbrochen, so wenn Vater und Mutter oder beide Eltern mit Geschwistern zusammen erben.

III. Väterliche und mütterliche Linie, ligne paternelle et ligne maternelle.

Hat der Erblasser keine Nachkommen, so kommen Aszendenten und Seitenverwandte an die Reihe. Dann teilt sich die Erbschaft in zwei Hälften, die eine geht an die väterliche, die andere an die mütterliche Linie (Art. 733, al. 1).

Die halbbürtigen Verwandten werden durch die vollbürtigen nicht ausgeschlossen, aber sie nehmen nur in ihrer Linie teil, vorbehaltlich der in Art. 752 enthaltenen Bestimmung (s. unten).

Vollbürtige Verwandte nehmen an beiden Linien teil (Art. 733, al. 2).

Ein Anfall von der einen Linie an die andere geschieht nur dann, wenn in der einen der beiden Linien weder ein Aszendent, noch ein Seitenverwandter vorhanden ist (Art. 733 al. 3).

Die Regel, wonach eine entferntere Verwandtenreihe erst dann zur Erbschaft gelangt, wenn kein Angehöriger der frühern Reihe mehr vorhanden ist, wird durch die Vorschriften von Art. 751 u. 752 durchbrochen. Sie lauten:

Ist ein Erblasser ohne Nachkommen gestorben, wird er aber von seinen Eltern überlebt, so erhalten die Eltern nur die Hälfte und die Geschwister die andere Hälfte. Lebt nur noch ein Elternteil (Vater oder Mutter), so erhält dieser nur einen Viertel, während drei Viertel auf die Geschwister entfallen (Art. 751).

Der den Geschwistern zugefallene Anteil kommt ihnen zu gleichen Teilen zu, wenn sie alle aus derselben Ehe stammen. Stammen sie aber aus verschiedenen Ehen, so geschieht die Teilung so, daß die eine Hälfte auf die väterliche und die andere auf die mütterliche Linie des Erblassers entfällt. Die vollbürtigen Geschwister erhalten in beiden Linien ihren Anteil, die halbbürtigen nur in ihrer Linie. Sind nur Geschwister von der einen Seite vorhanden, so erben sie das Ganze mit Ausschließung aller übrigen Verwandten der andern Linie (Art. 752).

Sind keine Geschwister oder Nachkommen von solchen vorhanden, und fehlen in einer Linie auch die Aszendenten, so fällt die Erbschaft zur

Hälfte den überlebenden Aszendenten und zur Hälfte den nächsten Verwandten der andern Linie zu (Art. 753, al. 1).

Treffen Seitenverwandte gleichen Grades zusammen, so teilen sie nach Köpfen (Art. 753, al. 2).

In diesen Fällen, da der Erblasser keine Nachkommen und auch keine Geschwister oder Nachkommen derselben hinterließ, hat der überlebende Vater oder die überlebende Mutter die Nutznießung an einem Drittel desjenigen Vermögens, das sie nicht zu Eigentum erben (Art. 754).

Fehlt es an Nachkommen oder Erben des Erblassers, so erben die nächsten Verwandten des großelterlichen oder urgroßelterlichen Stammes.

Abgesehen von Nachkommen der Geschwister des Erblassers sind Seitenverwandte, die über den sechsten Grad hinaus mit dem Erblasser verwandt sind, von der Erbschaft ausgeschlossen, also nicht mehr dazu berufen (Art. 755 al. 1).

Eine Ausnahme macht das Gesetz nur, wenn der Erblasser nicht fähig war, ein Testament zu errichten, also nicht in der Lage war, auch entferntere Verwandte zu berufen, in welchem Falle die Seitenverwandten bis zum 12. Grade erben. Diese Ausnahme fällt aber dahin, wenn die Unfähigkeit zu testieren auf einer „interdiction légale" beruht (wegen einer peine afflictive et infamante) (Art. 755, al. 2).

Sind in einer Linie keine Seitenverwandte in erbfähigem Grade und kein überlebender Ehegatte vorhanden, so erben die Verwandten der andern Linie das Ganze (Art. 755, al. 3).

Hat aber der Erblasser in diesem Falle einen Ehegatten hinterlassen, so erhält dieser den Teil, der auf die ausgefallene erbenlose Linie gefallen wäre. Ausgeschlossen hiervon ist nur der Ehegatte, welcher von Tisch und Bett getrennt ist.

Dieses Recht des überlebenden Ehegatten besteht erst zufolge eines Gesetzes vom 3. Dezember 1930 und ergänzt die übrigen Bestimmungen der Art. 755 u. 767.

IV. Erbfolge nach Graden. Unter den Erben einer zur Erbschaft berufenen Reihe (ordre) ist derjenige Verwandte berufen, der dem Erblasser am nächsten verwandt ist.

Der nähere Grad schließt den entfernteren aus.

Unter den Erben des gleichen Grades findet Teilung nach Köpfen statt (Art. 734).

V. Die Erbenvertretung (la réprésentation). Die Regel, daß innerhalb einer Erbenreihe (ordre) der Gradnächste die Gradferneren ausschließt, hätte unbillige Folgen, wenn das Gesetz nicht die Erbenvertretung (la représentation) zuließe, d. h. das Recht, daß an Stelle des nächstberufenen, aber vor dem Erblasser verstorbenen Erben, dessen Kinder und Nachkommen treten könnten.

Die Repräsentation hat zur Folge, daß bei Deszendenten und bei Geschwistern des Erblassers — nicht aber bei entfernteren Seitenverwandten — die Nachkommen in die Rechte ihrer vorverstorbenen Eltern eintreten, falls diese, wenn sie den Tod des Erblassers erlebt hätten, sich mit andern Verwandten gleichen Grades in die Erbschaft geteilt haben würden.

Die Repräsentation tritt nur ein, wenn folgende Bedingungen erfüllt sind:

a) Der Vertretene muß, sei er ein Nachkomme, ein Bruder oder eine Schwester des Erblassers, vor dem Erblasser gestorben sein (Art. 744, al. 1),

b) er mußte, wenn er den Todesfall erlebt hätte, selbst zur Erbfolge die erforderlichen Rechte gehabt haben, also erbfähig gewesen sein,

c) der Vertreter muß ein eheliches Kind des Vertretenen sein,

d) der Vertreter muß selbst aus eigenem Recht auf den Nachlaß des Erblassers berufen sein. Das schließt die unehelichen Großkinder von der Repräsentation gegenüber dem Nachlaß der Großeltern wie auch von Oheim und Tante aus, ebenso wie das Adoptivkind von der Hinterlassenschaft der Aszendenten und Geschwister des Adoptivvaters.

Diese gesetzliche Ordnung der Repräsentation ist mangelhaft und unbillig, da ein berufener Erbe auch wegfallen kann, nicht weil er vorverstorben ist, sondern weil er die Erbschaft ausschlug oder erbunwürdig ist. Trotzdem findet nach dem Gesetz in diesen Fällen keine Repräsentation statt, und die Kinder des in Wegfall gekommenen in erster Linie Berufenen gehen daher leer aus.

Ebenso sind selbst bei Wegfall eines nächstberufenen Erben zufolge seines Todes dessen anerkannte uneheliche Kinder als Repräsentanten von der Erbschaft ausgeschlossen, obwohl sie sonst zu dessen Beerbung berufen sind.

Auch dem Adoptivkind kommt das Recht auf Repräsentation nicht zu, weil diese Rechte nur das eheliche Kind hat.

VI. Folgen der Repräsentation. a) Der Vertreter tritt in den Grad des vorverstorbenen Vertretenen ein und übt dessen Rechte aus, wie wenn dieser den Tod des Erblassers noch erlebt hätte und sie selbst ausüben könnte (Art. 739).

b) Sind mehrere Nachkommen als Repräsentanten berufen, so geschieht die Teilung nach Stämmen (par souche).

Sind einem Stamme mehrere Zweige entsprossen, so erfolgt die Teilung in jedem Zweige gleichfalls nach Stämmen; die Glieder eines und desselben Zweiges teilen unter sich nach Köpfen (Art. 743).

VII. Die Nachkommen (les descendants). Hinterläßt ein Erblasser Kinder oder Nachkommen von ihnen, so beerben diese ihre Eltern oder Großeltern oder übrigen Aszendenten, ohne Unterschied des Geschlechts oder der Erstgeburt (Art. 745, al. 1).

Sie erben zu gleichen Teilen und nach Köpfen, wenn sie alle im ersten Grade verwandt sind (also die Kinder) und vermöge eigenen Rechtes berufen sind. Sie erben nach Stämmen, wenn sie alle oder ein Teil zufolge Erbenvertretung, Repräsentation, zur Erbschaft gelangen (Art. 745, al. 2).

Wenn Kinder des Erblassers die Erbschaft ausgeschlagen haben, oder wenn sie unwürdig sind, so treten an ihre Stelle ihre Kinder.

Gleichberechtigt wie die ehelichen Kinder sind die legitimierten Kinder (Art. 333), das Adoptivkind und seine legitimen Nachkommen (Art. 357).

Über das Erbrecht der unehelichen Kinder ist auf S. 191 zu verweisen.

VIII. Geschwister und Eltern. Wenn der Erblasser keine Nachkommen hinterlassen hat und ein Elternteil oder beide Elternteile gestorben sind, so treten die Geschwister an Stelle des verstorbenen Elternteils oder beider verstorbenen Eltern.

a) Die Geschwister (bei deren Wegfall deren Kinder) erben das ganze Vermögen des Erblassers, wenn dieser keine Nachkommen hinterlassen hat und auch beide Eltern gestorben sind. Alle übrigen Verwandten, auch die Aszendenten (Großeltern), sind von der Erbschaft ausgeschlossen.

Hinterläßt der Erblasser nur einen einzigen Bruder, selbst wenn dies auch nur ein Halbbruder ist, so bekommt dieser die ganze Erbschaft. Sie ist also in diesen Fällen nicht in zwei Hälften zu spalten, von welchen die eine Hälfte auf die väterliche und die andere auf die mütterliche Linie fiele (Art. 750).

b) Hinterläßt der Erblasser außer seinen Geschwistern (oder Nachkommen der Geschwister) die beiden Eltern oder einen Elternteil (Vater oder Mutter), so haben der Vater und die Mutter das Recht auf je einen Viertel der Erbschaft. Die Geschwister erben eine Hälfte der Hinterlassenschaft, wenn noch beide Eltern leben, und drei Viertel, wenn nur noch ein Elternteil lebt.

Sind mehrere Geschwister vorhanden, so ist zu unterscheiden, ob sie die Eltern gemeinsam haben oder nicht. Im erstern Falle wird der auf sie entfallende Teil, die Hälfte oder der vierte Teil, nach Köpfen verteilt. Sind sie aber Halbgeschwister, so findet die Teilung zu zwei Hälften statt. Die eine Hälfte entfällt auf die väterliche Seite, die andere auf die mütterliche Seite, wobei vollbürtige Geschwister an beiden Linien, Halbgeschwister nur an der einen Linie teilnehmen, eben derjenigen, welche sie mit dem Verstorbenen gemeinsam haben (Art. 752).

IX. Aszendenten. Unter den Aszendenten ist zwischen den Eltern als bevorzugten Aszendenten (ascendants privilégiés) und den entferntern Aszendenten (Großeltern und Urgroßeltern), den ascendants ordinaires zu unterscheiden.

Vater und Mutter erhalten beim Vorhandensein von Geschwistern des Erblassers je einen Viertel der Erbschaft.

Wenn der Erblasser weder Nachkommen noch Geschwister (noch Nachkommen von ihnen) hinterlassen hat, so wird die Hinterlassenschaft unter die Aszendenten der väterlichen und diejenigen der mütterlichen Linie in zwei gleiche Teile geteilt. Der dem Grade nach nächste Aszendent einer Linie erhält die seiner Linie zufallende Hälfte ganz, mit Ausschließung aller weitern Verwandten dieser Linie. Aszendenten des nämlichen Grades erben nach Köpfen. Wenn also Vater und Mutter zusammen den Erblasser überleben, erhält jeder dieser Aszendenten die Hälfte der Hinterlassenschaft (Art. 746).

Sind keine Geschwister vorhanden, so schließen darnach Vater und Mutter, jeder Elternteil in seiner Linie, alle andern Blutsverwandten aus, seien es Aszendenten oder Seitenverwandte.

Sind keine Nachkommen des Erblassers und keine Geschwister vorhanden, und ist nur noch *ein* Elternteil am Leben, sei es der Vater oder die Mutter, und sind von der andern Linie (der väterlichen oder mütterlichen) nur noch entferntere Seitenverwandte vorhanden (also nicht Geschwister und weitere Aszendenten), so hat der überlebende Elternteil die Nutznießung an einem Drittel desjenigen Vermögens, das er nicht zu Eigentum erbt (Art. 754).

Das Eigentum an dem mit Nutznießung belasteten Vermögensteil steht den entfernteren Seitenverwandten (Onkel und Tante, wenn sie vorverstorben sind deren Kindern) zu.

Der Vater oder die Mutter erhält also in diesem Fall drei Sechstel zu Eigentum und einen Sechstel zur Nutznießung, während die Seitenverwandten der andern Linie zwei Sechstel zu vollem Eigentum erhalten und ein Sechstel mit Nutznießung belastet.

Hat es in der andern Linie keinen Seitenverwandten mehr, der erbfähig wäre, so fällt der dieser Seitenlinie nach Gesetz zugedachte Teil dem überlebenden Ehegatten des Erblassers zu, sofern er nicht von Tisch und Bett getrennt lebt.

Bekommt der überlebende Ehegatte den erwähnten Teil, so fällt sein Nutznießungsrecht dahin.

Die Großeltern werden durch die Nachkommen und die Geschwister des Erblassers von der Berufung zur Erbschaft ausgeschlossen. Dagegen schließen sie ihrerseits in ihrer Linie alle übrigen Seitenverwandten, welche mit dem Erblasser entfernter verwandt sind als die Geschwister (also Onkel, Tante, Nichte, Neffen) von der Erbschaft aus.

Das Gesetz gewährt Großvater und Großmutter keine Nutznießung an dem Vermögen, das den Seitenverwandten der andern Linie zufällt.

In ihrer Linie erbt der nächste Aszendent, ohne daß für ihn Repräsentation eintritt.

Die Aszendenten des gleichen Grades erben nach Köpfen (Art. 746 al. 3).

X. Entferntere Seitenverwandte, welche nicht Geschwister (oder deren Nachkommen) sind, ob sie nun der väterlichen oder der mütterlichen

Linie angehören, heißen collatéraux ordinaires. Sie gelangen in ihrer Linie zur Erbschaft, wenn der Erblasser weder Nachkommen noch Geschwister (oder deren Nachkommen), noch auch Aszendenten (Eltern, Großeltern) in der einen oder andern Linie hinterlassen hat.

In jeder Linie schließt der im Grade dem Erblasser nähere Verwandte den entfernteren aus. Bei gleichem Grade findet Teilung nach Köpfen statt.

Bei diesen Seitenverwandten ist keine Repräsentation zulässig (Art. 753).

Die Berufung zur Erbschaft der Seitenverwandten hört in der Regel mit dem sechsten Grade auf. Keine Begrenzung besteht indessen für die Nachkommen der Geschwister.

War der Erblasser nicht fähig, ein Testament zu errichten, und war er nicht zufolge Gesetz entmündigt (zufolge Verurteilung zu einer peine afflictive et infamante), so erben die Seitenverwandten bis zum 12. Grade.

XI. Das uneheliche Kind als Erbe. Nach französischem Recht ist ein uneheliches Kind gesetzlicher Erbe von folgenden Erblassern:

1. seiner ehelichen Kinder und Nachkommen aus seiner Ehe,
2. seiner eigenen unehelichen Kinder,
3. der Mutter, wenn sie das Kind anerkannt hat,
4. des Vaters, wenn er das Kind anerkannt hat.

Der Nachlaß des ohne Nachkommen verstorbenen unehelichen Kindes fällt demjenigen Elternteil zu, der es anerkannt hat, oder beiden Eltern, wenn die Anerkennung von beiden erfolgt war (Art. 765);

5. seiner unehelichen Brüder und Schwestern.

Nach Art. 766 gehen die Güter, die ein uneheliches Kind, das zur Zeit seines Todes weder Nachkommen noch Eltern hinterläßt, auf seine unehelichen Geschwister.

Die unehelichen Kinder haben kein Erbrecht, wohl aber bestimmt Art. 766, daß, soweit in der Hinterlassenschaft des unehelichen Kindes noch Güter in natura vorhanden sind, die es von seinen Eltern erhalten hat, sie an die ehelichen Geschwister zurückgegeben werden müssen, ebenso wie der noch ausstehende Preis von verkauften Gütern. Im übrigen sind die unehelichen Geschwister oder deren Nachkommen Erben der verstorbenen unehelichen Kinder.

Der Erbteil des Kindes beträgt in diesen Fällen:

a) wenn der Vater oder die Mutter eheliche Nachkommen hat: die Hälfte des Erbteils eines ehelichen Kindes (Art. 758);

b) wenn der Vater oder die Mutter keine ehelichen Nachkommen hinterlassen hat, wohl aber Aszendenten oder Geschwister oder deren eheliche Nachkommen: drei Viertel der ganzen Hinterlassenschaft (Art. 759);

c) wenn der Vater oder die Mutter keine der unter a und b erwähnten Verwandten hinterläßt: das ganze Vermögen. Das ist der Fall, wenn der

Vater oder die Mutter nur entferntere Verwandte als Geschwister oder aber keine Blutsverwandte hinterließ (Art. 760).

d) Wenn das uneheliche Kind vor der Mutter (die es anerkannt hatte) oder vor dem Vater (der es anerkannt hatte) stirbt, so treten an seine Stelle seine eigenen legitimen Nachkommen. Dagegen können seine eigenen unehelichen Kinder aus dieser Abstammung gegenüber der Hinterlassenschaft ihres Vaters oder ihrer Mutter keinerlei Rechte ableiten (Art. 757 lautet: Das Gesetz gewährt den unehelichen Kindern keine Rechte auf das Vermögen der Verwandten ihres Vaters oder ihrer Mutter).

e) Die im Ehebruch oder in Blutschande erzeugten Kinder sind in diesen Fällen von der Erbschaft ganz ausgeschlossen. Doch gewährt ihnen das Gesetz einen Unterhalt aus der Verlassenschaft des Vaters und der Mutter, unter Berücksichtigung der Vermögensverhältnisse von Vater und Mutter, sowie der Zahl und Eigenschaft der gesetzlichen Erben (Art. 762, 763).

Hat der Vater oder die Mutter ein solches Kind einen Beruf erlernen lassen, oder hat ein Elternteil den Unterhalt für das Kind bei Lebzeiten gesichert, so hat das Kind keinen weitern Anspruch auf Unterhalt (Art. 764).

f) Schenkungen der Eltern an das anerkannte uneheliche Kind sind verboten soweit sie den gesetzlichen Erbteil des unehelichen Kindes übersteigen. Jedoch können ihm die Eltern durch das Testament einen Teil oder sogar das Ganze ihrer quotité disponible, d. h. was nicht den Pflichtteilsberechtigten zufallen muß (s. S. 266) zuhalten, immerhin höchstens soviel, als dasjenige eheliche Kind erhält, das am wenigsten bekommt (Art. 908).

XII. Uneheliche Kinder, die von der Erbschaft ausgeschlossen sind. Die anerkannten unehelichen Kinder sind in zwei Fällen ganz von der Erbschaft ausgeschlossen:

a) Nach Art. 337 darf die Anerkennung eines unehelichen Kindes, das ein Ehegatte vor der Verheiratung mit einer andern Person als seinem Ehegefährten hatte, weder diesem letzteren, noch auch den aus dieser Ehe geborenen Kindern zum Nachteil gereichen.

Daraus folgt, daß wenn eheliche Kinder aus der Ehe hervorgegangen sind, während welcher das uneheliche Kind anerkannt wurde, die ehelichen Kinder die ganze Erbschaft beider Eltern erhalten, das natürliche Kind aber nichts, nicht einmal Unterhaltsansprüche.

Gleiches ist der Fall, wenn die Ehe des anerkennenden Elternteils kinderlos ist, der anerkennende Vater aber einen Ehegenossen hinterläßt. Dieser erhält die ganze Erbschaft.

Sind dagegen keine Kinder aus der Ehe vorhanden, noch auch ein überlebender Ehegatte, so ist das uneheliche Kind zur Erbschaft berufen, denn die Vorschrift von Art. 337 trifft hier nicht zu, da sie nur den überlebenden Ehegatten und die aus der Ehe hervorgegangenen Kinder schützen will. Gleiches ist der Fall, wenn der Erblasser keine ehelichen Kinder, sondern nur seinen Ehegatten und andere Erben (Seitenverwandte oder Aszendenten) hinterläßt. Dann kann das natürliche Kind seine Erbrechte soweit ausüben als dadurch nicht die Quote (in Nutznießung) des überlebenden Ehegatten geschmälert wird.

b) Kinder, die im Ehebruch oder in Blutschande erzeugt wurden, sind von der Erbschaft ganz ausgeschlossen. Ein solches Kind hat nur ein Recht auf Unterhalt und ist dafür bloßer Gläubiger der Hinterlassenschaft (Art. 762 u. 763).

XIII. Das uneheliche Kind als Erblasser; seine Erben. Das uneheliche Kind wird beerbt:

1. von seinen ehelichen Nachkommen und seinen unehelichen Kindern, wenn sie anerkannt sind (Art. 756),
2. von seinem Vater, wenn er es anerkannt hat (Art. 765),
3. von seiner Mutter, wenn sie es anerkannt hat (Art. 765),
4. von seinen unehelichen Geschwistern (nicht aber von den ehelichen Geschwistern) Art. 766.

In erster Linie sind als Erben die ehelichen und unehelichen Kinder berufen, letztere aber nur, wenn sie anerkannt wurden.

Sind keine Kinder vorhanden, so fällt der Nachlaß demjenigen Elternteil zu, der anerkannt hat. Liegt die Anerkennung nur von einem Elternteil (Vater oder Mutter) vor, so erhält dieser Teil das ganze Nachlaßvermögen.

Haben beide Eltern die Anerkennung erklärt, so erben sie je zur Hälfte (Art. 765).

Fehlt es an einem anerkennenden Elternteil, so geht der Nachlaß an die unehelichen Geschwister über (Art. 766).

Fehlen auch solche, so erbt der Staat.

Weitere Aszendenten, wie auch die ehelichen Geschwister des unehelichen Erblassers, sind nicht zur Erbschaft berufen.

Dagegen haben diese ehelichen Geschwister das in Art. 766 festgesetzte Rückfallsrecht (droit de retour). Es ist dies ein Fall der succession anomal.

Dieses Recht besteht darin, daß, wenn das uneheliche Kind ohne Nachkommen stirbt, die Vermögensgegenstände, die es von seinen Eltern erhalten hat, aber nur diese, auf die ehelichen Geschwister fallen (Art. 766; vgl. S. 201).

Dieses Recht steht aber nur den Geschwistern selbst zu, nicht auch deren Nachkommen in deren Vertretung.

Drittes Kapitel.

Erbrecht des überlebenden Ehegatten (Mann oder Frau).

I. Berufung zur Erbschaft. Der hinterlassene Ehegatte (Mann oder Frau) ist Erbe des verstorbenen. Im Gegensatz zu den Blutsverwandten gehört er zu den successeurs irréguliers, zu den héritiers dépourvus de la saisine.

Die einzige Folge dieses Unterschiedes besteht darin, daß während die Blutsverwandten, die héritiers (légitimes), ohne weiteres mit dem Tode des Erblassers in dessen Rechte und Pflichten eintreten, m. a. W. die „saisine" ausüben, der überlebende Ehegatte (Mann oder Frau) in den Besitz erst eingewiesen werden muß, ebenso wie der Staat, der schließlich zuletzt als Erbe berufen ist.

Die Regel ist, daß der überlebende Ehegatte Erbe des verstorbenen wird. Ausgenommen von der Erbfolge sind lediglich die rechtskräftig geschiedenen Eheleute, ferner im Falle der gerichtlichen Trennung von Tisch und Bett derjenige Teil, der schuldig erklärt wurde. Ist z. B. die Trennung von Tisch und Bett nicht gegen die Frau, sondern gegen den Mann ausgesprochen worden, so bleibt sie Erbin des Mannes, und umgekehrt. Es ergibt sich dies aus der neuen Fassung von Art. 767 al. 1 u. 2. Selbstverständlich fällt die Erbschaft dahin, wenn die Ehe nichtig erklärt wurde.

Liegt ein Fall von Putativehe vor (s. oben S. 36), so kann ein Ehegatte den andern ebenfalls nicht beerben, wenn zur Zeit des Todes des einen Teiles ein rechtskräftiges Urteil vorliegt, das die Ehe annulliert. Ist indessen ein Ehegatte in der Zeit vor der Rechtskraft des Urteils gestorben, so erbt der überlebende, wenn er die Ehe in gutem Glauben abgeschlossen hatte, und zwar in gleicher Weise wie ein Ehegatte, der bis zum Tode in rechtmäßiger Ehe mit dem andern gelebt hat (vgl. Art. 202).

II. Anteil des überlebenden Ehegatten. Dieser Anteil ist verschieden, nämlich:

1. Hat der Erblasser weder Blutsverwandte in erbfähigem Grade (s. oben S. 185 ff.), noch auch uneheliche Kinder hinterlassen, so kommt das ganze Vermögen auf den überlebenden Ehegatten (Art. 767, al. 1).

2. Hinterläßt der Ehegatte nur erbfähige Verwandte einer Linie (der väterlichen oder mütterlichen), so erhält der überlebende Ehegatte den Teil, der auf die fehlende Linie entfallen wäre (Art. 767, neuer Absatz nach dem Gesetz vom 3. Dezember 1930).

3. Hinterläßt der Ehegatte eheliche oder uneheliche Verwandte, die zur Erbschaft berufen sind, so hat der überlebende Ehegatte nur die Nutznießung, deren Größe verschieden ist nach dem Grade der Verwandtschaft der mit ihm erbenden Blutsverwandten (Art. 767, al. 2):

a) Wenn der Erblasser eines oder mehrere Kinder (oder Kinder von solchen) aus der gemeinsamen Ehe hinterläßt, so beträgt die Nutznießung des überlebenden Ehegatten einen Viertel. Gleich ist der Fall zu beurteilen, wenn Erben des Erblassers legitimierte oder Adoptivkinder sind (vgl. Art. 333 u. 357).

b) Hat der Erblasser Kinder aus einer frühern Ehe, so hat der überlebende Ehegatte Nutznießung in der Höhe des Anteils eines Kindes, das am wenigsten erhalten hat. Doch darf dieser Anteil einen Viertel der Hinterlassenschaft nicht übersteigen (Art. 767).

c) Hinterläßt der Erblasser anerkannte uneheliche Kinder (oder eheliche Nachkommen von solchen, Geschwister (oder Nachkommen von solchen) oder Aszendenten, so geht die Nutznießung des überlebenden Ehegatten auf die Hälfte des Nachlasses.

d) Neben allen anderen gesetzlichen Erben hat der überlebende Ehegatte die Nutznießung am ganzen Nachlaß des Erblassers (Gesetz vom 29. April 1925, neue Fassung von Art. 767). Dies ist z. B. der Fall, wenn nur gewöhnliche (entferntere) Seitenverwandte vorhanden sind, also Seitenverwandte, welche nicht Geschwister (oder deren Nachkommen) sind.

e) Für den Fall, daß gemeinsame Kinder neben Kindern einer frühern Ehe vorhanden sind, gibt das Gesetz besondere Vorschriften. Entsprechend Art. 767 wird in diesem Falle aber die Nutznießung nur bis auf die Höhe der Quote eines ehelichen Kindes gehen, das am wenigsten erhalten hat, nie aber mehr als über einen Viertel des Nachlasses.

III. Berechnung des Nutznießungsanteils. Art. 767 bestimmt den Umfang der Erbmasse, der für die Berechnung des Nutznießungsanteils des überlebenden Ehegatten zugrunde zu legen ist, mit den Worten:

„Die Berechnung erfolgt aus einer Masse, die gebildet wird aus dem ganzen beim Tode des Erblassers vorhandenen Vermögen, dem fiktiv das hinzugefügt wird, worüber er, sei es durch Rechtsgeschäfte unter Lebenden, sei es durch Testament zugunsten von Erbfähigen ohne Entbindung der Einwerfungspflicht verfügt hat. (Über die Einwerfungspflicht s. S. 185 ff.) Der überlebende Ehegatte kann jedoch sein Recht nur in bezug auf dasjenige Vermögen ausüben, über das der vorverstorbene weder durch Rechtsgeschäft unter Lebenden, noch durch Testament verfügt hat, und nur ohne Beeinträchtigung der Pflichtteils- und Einwerfungsrechte."

Beispiel: Der Erblasser hat als Heiratsgut einem jeden seiner beiden Kinder 25 000 Franken gegeben ohne sie der Einwerfungspflicht zu entbinden. Die Verlassenschaft beträgt, von diesem Vermögen abgesehen, nur 10 000 Franken. Der überlebende Ehegatte hat das Recht auf Nutznießung von einem Viertel von 60 000 Franken, also auf 15 000 Franken, er kann aber sein Recht nur auf den Betrag der tatsächlich beim Tode des Erblassers vorhandenen 10 000 Franken ausüben.

Ein Pflichtteil (la réserve) darf ebenfalls nicht angegriffen werden, unterliegt also keiner Nutznießung.

Beispiel: Ein Erblasser hinterläßt seinen Vater, seine Mutter und einen Bruder. Die Hinterlassenschaft kommt zur Hälfte an seinen Bruder, zu einem Viertel an den Vater und zu einem Viertel an die Mutter. Die beiden Viertel, die an die Eltern fallen, sind ihr Pflichtteil (Art. 914, al. 1). Zufolge dessen kann der überlebende Ehegatte sein Nutznießungsrecht nur an der dem Bruder zugekommenen Hälfte ausüben.

Auch an einem Vermögensteil, der dem droit de retour unterliegt, also an Sachen, die mit der Pflicht zur Rückerstattung an eine bestimmte Person belastet sind (s. unten 201), kann die Nutznießung nicht ausgeübt werden.

Beispiel: Der Erblasser hat von einem Aszendenten ein Grundstück erhalten. Er stirbt ohne Nachkommen. Durch die Erbschaft gelangt dieses Grundstück wieder an den Aszendenten zurück, der es geschenkt hatte (Art. 747). Auch an diesem Grundstück besteht keine Nutznießung.

IV. Rechte und Pflichten des überlebenden Ehegatten. a) Rechte. Aus Art. 767 ergibt sich, daß der überlebende Ehegatte Erbe ist, ob er nun das Recht auf die ganze Hinterlassenschaft des verstorbenen Ehegenossen hat oder nur auf einen Teil, oder auch nur auf Nutznießung. Er hat das Recht eines Erben. Er kann deshalb seinen Anteil in natura zurückverlangen, soweit dieses Recht einem Erben zukommt. Er beteiligt sich an der Liquidation und an der Teilung und kann seine Quote, wenn nötig gerichtlich, feststellen lassen. Liegen in der Hinterlassenschaft Grundstücke, die unteilbar sind, an denen er einen Anteil hat, so ist er berechtigt, deren Versteigerung zu verlangen. Anderseits übernimmt er auch die Verpflichtungen aus der Erbschaft. Die Schulden gehen ganz oder teilweise auf ihn über, wenn er die ganze Hinterlassenschaft oder einen Teil davon erhält.

b) Besitzeinweisung (l'envoi en possession). Da der überlebende Ehegatte nicht ein héritier, sondern ein successeur irrégulier ist, so hat er nicht die „saisine", d.h. der Besitz an der Hinterlassenschaft, Aktiven und Passiven, geht nicht ohne weiteres mit dem Tode des Erblassers auf ihn über; der erbende Ehegatte muß vielmehr beim Gericht das Begehren auf Besitzeinweisung stellen (Art. 770).

Erhält der überlebende Ehegatte nur die Nutznießung, so hat er das Begehren auf Besitzeinweisung an die übrigen Erben, die héritiers légitimes, zu richten. Zuständig ist das Gericht erster Instanz, in dessen Bezirk die Erbschaft eröffnet ist. Das Gericht kann über das Gesuch auf Besitzeinweisung erst nach dreimaliger öffentlicher Bekanntgabe und dreimaligem Anschlag in der üblichen Form und nach Anerkennung des Staatsanwaltes erkennen.

c) Schulden. Der Ehegatte, der das Ganze oder einen Teil der Hinterlassenschaft zu Eigentum erhält, haftet wie jeder andere Erbe für die

Schulden. Doch ist seine Haftung auf einen verhältnismäßigen Teil beschränkt, wenn er nur die Nutznießung erhält. Dann findet Art. 612 Anwendung, der sich auf die Schulden bezieht, die ein Nutznießer im allgemeinen zu tragen hat. Man schätzt den Wert des dem Nießbrauch unterworfenen Vermögens und bestimmt darauf nach Verhältnis dieses Wertes den Beitrag zu den Schulden.

d) Kein Pflichtteilsrecht, aber evtl. eine Forderung auf Unterhalt. Der überlebende Ehegatte hat keinen Pflichtteil (réserve). Zufolgedessen kann er enterbt werden, sei es indirekt, indem der Erblasser die verfügbare Quote schenkungsweise oder als Vermächtnis andern Personen zuwendet, oder direkt durch eine bezügliche Erklärung in seinem Testament.

Um in einem solchen Falle die Interessen des überlebenden Ehegatten gegen die Gefahren einer Enterbung zu schützen, hat ihm das Gesetz in Art. 205 eine Forderung auf Unterhalt aus der Hinterlassenschaft gegeben. Die Frist, diesen Anspruch zu erheben, beträgt ein Jahr vom Todestage an, und erstreckt sich im Falle einer Teilung bis zu deren Beendigung. Die Unterhaltsrente wird aus der Erbschaft vorweggenommen. Sie fällt zunächst zu Lasten aller Erben, und wenn das ihnen zugekommene Vermögen nicht hinreicht, auch zu Lasten aller Stückvermächtnisnehmer im Verhältnis des ihnen zugekommenen Vermögensbetrages.

Voraussetzung für das Recht auf Unterhalt ist aber, daß der überlebende Ehegatte einen solchen Unterhalt nötig hat, sei es daß er vollständig enterbt wurde, sei es, daß die ihm zugewiesene Nutznießung für seinen Lebensunterhalt nicht genügt (Art. 767).

V. Verwirkung des Erbrechts des Ehegatten. Der überlebende Ehegatte verliert sein Erbrecht, wenn er von dem verstorbenen Freigebigkeiten (libéralités, Schenkungen), wenn auch zum Voraus und ohne Anrechnungspflicht empfangen hat, deren Betrag den Wert der Rechte erreicht, die ihm das Gesetz als Erbschaftsquote zuerkennt.

Wenn der Wert der frühern unentgeltlichen Zuwendungen größer ist als das, was dem überlebenden Ehegatten nach Gesetz als Erbe zukommt, so kann er nur eine Ergänzung seiner Nutznießung verlangen (Art. 767).

Während ein Erblasser sonst verfügen kann, daß sein voraussichtlicher Erbe davon dispensiert wird, die schon zu Lebzeiten des Erblassers erhaltenen Vermögenswerte in die Erbschaft einzuwerfen, ist dies nach Art. 767 zugunsten des überlebenden Ehegatten nicht zulässig. Dieser hat zwar das Recht, die Geschenke, die er vom Erblasser erhielt, für sich zu behalten, jedoch unter der Bedingung, daß sie ihm bei der Liquidation der Erbschaft angerechnet werden. Er muß die geschenkten Gegenstände nicht in natura zurückgeben wie ein anderer Erbe (s. unten S. 271, 272).

VI. Umwandlung des Nießbrauches in eine Leibrente. In der Zeit vor der endgültigen Teilung, aber nicht nachher, können die Erben gegen genügende Sicherheit verlangen, daß der Nießbrauch des überlebenden Ehegatten in eine gleichwertige Leibrente umgewandelt werde. Sind sie darüber nicht einig, so steht die Umwandlung im Ermessen des Gerichts (Art. 767 am Schluß).

Dieses Recht auf Umwandlung des Nießbrauches in eine Leibrente steht nur den übrigen Erben (héritiers légitimes und légateurs universels) zu. Der überlebende Ehegatte selbst kann die Umwandlung nicht verlangen. Wird die Umwandlung gewährt, so wird die Leibrente eine Schuld der Erben, welche sie verlangt haben. Die Erben müssen aber die vom Gericht festgesetzten Sicherheiten leisten.

Anders verhält es sich, wenn ein Ehegatte gestützt auf Art. 205 eine Leibrente verlangt, indem er nachweist, daß der Nießbrauch, auf welchen er Anspruch hat, ungenügend ist. Eine solche Leibrente wird von der Hinterlassenschaft geschuldet (s. oben S. 197).

Viertes Kapitel.

Übersicht über die Erbfolge der Blutsverwandten und des Ehegatten.

I. Die Blutsverwandten erben nach den oben angeführten Bestimmungen wie folgt:

a) wenn der Erblasser Nachkommen hinterläßt:

die Nachkommen erben das ganze Vermögen (Art. 745);

b) wenn der Erblasser Eltern und Geschwister hinterläßt:

die Eltern erhalten die Hälfte des Vermögens, während die andere Hälfte an die Geschwister oder deren Nachkommen fällt (Art. 748),

c) wenn der Erblasser nur den Vater (oder nur die Mutter) und Geschwister hinterlassen hat:

der überlebende Elternteil erhält einen Viertel, die Geschwister erhalten drei Viertel (Art. 748, 749, 751);

d) wenn der Erblasser nur Geschwister oder deren Nachkommen hinterläßt (also keine Eltern):

die Geschwister oder deren Nachkommen erben alles (Art. 750);

e) wenn der Erblasser nur die Eltern hinterlassen hat, weder Geschwister noch deren Nachkommen:

die Eltern erben zu gleichen Teilen das Ganze;

f) wenn der Erblasser nur einen Elternteil (Vater oder Mutter) hinterlassen hat, also weder Geschwister noch deren Nachkommen:

die eine Hälfte fällt zu Eigentum auf die Verwandten des verstorbenen Elternteils und die andere Hälfte an den überlebenden Elternteil (Art.

746, 753), welcher überdies die ganze Nutznießung an der andern Hälfte hat (Art. 754).

g) Fehlen Nachkommen oder Erben des elterlichen Stammes, so erben die nächsten Verwandten des großelterlichen oder urgroßelterlichen Stammes. Von diesen sind die Seitenverwandten nur bis zum 6. Grade erbberechtigt, nur ausnahmsweise bis zum 12. Grade, nämlich dann, wenn der Erblasser verfügungsunfähig, d. h. nicht fähig war, ein Testament zu errichten, ohne gerichtlich entmündigt zu sein (diese Bestimmung wurde durch Gesetz vom 31. Dezember 1917 eingeführt, vorher ging die gesetzliche Erbberechtigung ohne Ausnahme bis zum 12. Grade, Art. 755).

h) Sind in einer Linie (der väterlichen oder mütterlichen) keine Seitenverwandte in erbfähigem Grade vorhanden, so erben die Verwandten der andern Linie das Ganze.

i) Volljährige Geschwister

erhalten gleiche Quoten. Stammen die Geschwister aus verschiedenen Ehen, so fällt die eine Hälfte des Nachlasses an die Nachkommen des Vaters und die andere Hälfte an die Nachkommen der Mutter. Sind nur Geschwister auf einer Seite vorhanden, so erben sie den ganzen Nachlaß (Art. 752).

k) Das außereheliche Kind

beerbt Vater und Mutter, sofern es anerkannt wurde (Art. 756 s. oben S. 58); gegenüber den Verwandten der Eltern ist es nicht erbberechtigt (Art. 757).

Der Anerkennung ist die gerichtliche Zusprechung gleichgestellt (s. oben S. 60).

Neben ehelichen Nachkommen hat das außereheliche Kind Anspruch auf die Hälfte des Erbteiles, den es als eheliches erhalten hätte (Art. 758). Hat der Vater oder die Mutter Aszendenten oder Geschwister oder eheliche Nachkommen von Geschwistern hinterlassen, so erhält das anerkannte außereheliche Kind drei Viertel des Nachlasses (Art. 759).

Fehlen auch solche Erben, so bekommt es die ganze Hinterlassenschaft (Art. 760).

An die Stelle des vorverstorbenen außerehelichen Kindes treten seine ehelichen Nachkommen (Art. 761).

l. Der Nachlaß eines außerehelichen Erblassers, der keine Nachkommen und keinen Ehegatten hinterläßt,

fällt zu gleichen Teilen an Vater und Mutter, sofern eine Anerkennung erfolgte (Art. 765).

Hat nur ein Elternteil das Kind anerkannt, so ist er Alleinerbe.

An Stelle von Vater oder Mutter treten die außerehelichen Geschwister oder ihre Nachkommen. Die ehelichen Geschwister sind nicht eigentliche Erben und haben bloß Anspruch auf das Vermögen, das von Vater oder Mutter herrührt (Art. 766).

II. Der überlebende Ehegatte (Mann oder Frau) erhält nach Art. 767 (sofern die Ehe nicht gerichtlich getrennt war): a) neben gemeinsamen Nachkommen:

die Nutznießung an einem Viertel des Nachlasses;

b) neben Nachkommen aus früherer Ehe:

die Nutznießung an einem Kindesteil, höchstens aber an einem Viertel des Nachlasses;

c) neben anerkannten außerehelichen Kindern (oder ehelichen Nachkommen von solchen), Geschwistern (oder Nachkommen von solchen) oder Aszendenten:

die Nutznießung der Hälfte des Nachlasses;

d) neben andern Erben:

die Nutznießung am ganzen Nachlaß;

e) fehlen gesetzliche Erben:

der überlebende Ehegatte erhält den ganzen Nachlaß zu Eigentum.

Die Ansprüche unter a bis c kann der überlebende Ehegatte nur geltend machen am Vermögen, über das der Erblasser nicht unter Lebenden oder letztwillig verfügt hat, da der überlebende Eheteil, sei es nun der Mann oder die Frau, keinen Pflichtteil hat.

Die erwähnten Ansprüche bestehen auch nur, wenn der Erblasser dem Ehegatten nicht schon Zuwendungen (liberalités) im Werte des Nutznießungs- oder Eigentumsanspruches gemacht hat (z. B. durch eine Lebensversicherung im Kapitalwert des erbrechtlichen Anspruches). Vorteile auf Grund des Güterrechtes fallen dabei nicht in Betracht.

f) Wenn nur Erben auf der väterlichen oder mütterlichen Seite des Erblassers vorhanden sind:

so bekommt der überlebende Ehegatte den auf den andern Stamm fallenden Teil, also die Hälfte des Nachlasses, zu vollem Eigentum (Art. 767, letzter Absatz in der Fassung des Gesetzes vom 3. Dezember 1930); an der andern Hälfte hat er kein Nutznießungsrecht. Der oben erwähnte Vorbehalt in bezug auf die unentgeltlichen Zuwendungen gilt auch hier[1].

Fünftes Kapitel.

Der Staat als Erbe.

Der Staat gehört nach Art. 768 zu den successeurs irréguliers. Er ist zur Erbschaft berufen „in Ermangelung eines überlebenden Ehegatten“. Das bedeutet, daß der Staat Erbe wird, wenn weder ein anderer erbfähiger Erbe, noch auch ein überlebender Ehegatte vorhanden ist.

---

[1] Edouard Levy, Commentaire de la loi du 3 décembre 1930 relative aux proits successoraux de l'époux survivant. Extrait des „Lois Nouvelles“ (Paris 1931), S. 63.

Sechstes Kapitel.

Das Rückfallrecht (le droit de retour).

I. Begriff. Eine besondere Art von Erbrecht des Code civil ist das droit de retour, das gesetzliche Rückfallrecht. Es ist das Erbrecht bestimmter Personen an Gegenständen, die sie dem Erblasser (oder seinen Nachkommen) zu dessen Lebzeiten geschenkt haben. Gewisse Geschenke sind ganz persönlicher Natur und haben nur den Zweck, ausschließlich der beschenkten Person zu dienen. Der Beschenkte wünscht deshalb nicht, daß beim Tode des Beschenkten der Gegenstand des Geschenkes in die Hände eines fremden Dritten falle. Der Schenkgeber kann sich ein solches Rückfallrecht vertraglich anläßlich der Übergabe des Geschenkes ausbedingen. Dann liegt ein vertragsgemäßes Rückfallrecht vor. Mit diesem hat sich das Erbrecht nicht zu befassen.

Dagegen kennt das Gesetz selbst einige Fälle des Rückfallrechtes als Erbrecht gegenüber der Verlassenschaft eines verstorbenen Beschenkten und zugunsten des Schenkgebers oder seiner Nachkommen, ohne daß in bezug auf den Rückfall eine vertragliche Vereinbarung besteht. Dieses Rückfallrecht (droit de retour) ist das gesetzliche Rückfallrecht. Es handelt sich dabei auch um eine Erbfolge, eine succession, welche man deshalb, weil sie von der normalen Form der Erbfolge verschieden ist, „succession anomale" nennt. Sie ist insofern anormal, als sie nicht die gesamte Hinterlassenschaft oder eine Quote davon ergreift, sondern nur bestimmte einzelne Vermögensobjekte. Sie verlangt deshalb auch besondere gesetzliche Vorschriften.

II. Fälle. Das gesetzliche Rückfallrecht kommt in drei Fällen vor:

a) Ein Aszendent (Vater, Mutter, Großvater usw.) hat ein bestimmtes Vermögensobjekt dem Kinde oder einem Nachkommen geschenkt, und die beschenkte Person ist vor dem Geschenkgeber gestorben, ohne selbst Nachkommen zu hinterlassen. Dieses Rückfallrecht ruht auf der Vermutung, daß der Schenkgeber nur seine Nachkommen beschenken wollte.

b) Ein Adoptivvater (oder eine Adoptivmutter) hat dem Adoptivkind Vermögensobjekte gegeben, die sich in natura in der Hinterlassenschaft des Adoptivkindes oder seiner Nachkommen vorfinden. Der Adoptivvater und seine legitimen Nachkommen haben ein Rückfallrecht auf diese Sachen (Art. 358, 359). Die Vermutung spricht dafür, daß Adoptiveltern, die ihr Adoptivkind beschenkt haben, nur dieses (evtl. seine Nachkommen) beschenken wollten, nicht aber dritte, fremde Personen.

c) Das Rückfallrecht, welches eheliche Geschwister eines außerehelichen Kindes an Geschenken haben, die sie diesem gemacht haben, wenn das außereheliche Kind, anerkannt von seinem Vater oder seiner Mutter, eine Schenkung oder auch ein Vermächtnis erhalten hat oder auch einen Teil der Hinterlassenschaft. Sofern dieses Kind ohne Nachkommen stirbt, gehen diese Vermögensstücke an die legitimen Kinder des Vaters oder der Mutter, also an seine Geschwister. Dieses Rückfallrecht fällt dahin, wenn ein Elternteil, der das Kind anerkannt hat, es überlebt, denn dann erbt dieser anerkennende Elternteil die ganze Erbschaft des Kindes inbegriffen die Sachen mit Rückfallrecht (Art. 765).

III. Rechtliche Natur des Rückfallrechtes. Es ist ein eigentliches Erbrecht. Nach dem Tode des Beschenkten gibt es zwei Erbschaftsmassen (deux successions), einmal die gewöhnliche allgemeine, sodann die besondere, wobei die geschenkten Vermögensobjekte, an welchen das Rückfallrecht besteht, die besondere Masse bilden, deren Übergang an die Erben andern Regeln folgt als die allgemeine Masse. Sie können auch an verschiedene Personen übergehen. Wenn z. B. der Erblasser Geschwister und einen Großvater hinterläßt, der ihm eine Schenkung gemacht hat, so sind die Geschwister zur Erbschaft in die allgemeine Masse berufen, während der Großvater den Geschenkgegenstand „erbt".

Aber selbst wenn die beiden Massen auf dieselbe Person fallen würden, was oft vorkommt, so könnte dieser einzige Erbe, z. B. der Aszendent, welcher Schenker war, die eine Masse ausschlagen und die andere annehmen.

Es ergeben sich aus der Verschiedenheit besondere Folgen:

1. der Erbe mit Rückfallrecht muß an die Schulden des Erblassers im Verhältnis des Wertes der geschenkten Gegenstände zu der übrigen Hinterlassenschaft beitragen;

2. der Vermögensteil mit Rückfallrecht wird bei der Berechnung der verfügbaren Quote nicht herangezogen, wenn der Erblasser pflichtteilsberechtigte Erben hinterläßt;

3. das an ein Rückfallrecht gebundene Vermögen eines ohne Nachkommen verstorbenen Ehegatten ist nicht in der Masse inbegriffen, nach welcher sich der Nießbrauch des überlebenden Ehegatten berechnet.

Diese Erbfolge zufolge des droit de retour ist abnormal, indem sie vom gewöhnlichen Erbrecht insbesondere in drei Punkten verschieden ist.

a) Der Grund zur Berufung ist ein anderer. Er ist ganz unabhängig von dem Verwandtschaftsgrade, der Verwandtschaftsreihe und von der Linie, also von der Nähe der Verwandtschaft.

b) Während bei der gewöhnlichen Erbfolge die Herkunft der einzelnen Vermögensgegenstände gar nicht in Frage kommt, so ist sie bei der Erbschaft von Rückfallvermögen entscheidend.

c) Das gesetzliche Rückfallrecht ist ein Erbrecht, das auf bestimmte Vermögensgegenstände beschränkt ist, während beim Erbrecht im allgemeinen der Erbe das Gesamtvermögen oder eine Quote davon erbt.

4. Vom vertraglichen Rückfallrecht unterscheidet sich das gesetzliche (erbrechtliche) davon, daß letzteres wegfällt, wenn sich in der Hinterlassenschaft des verstorbenen Beschenkten die geschenkten Gegenstände

nicht mehr vorfinden, weil sie z. B. vom Erblasser verkauft oder verschenkt worden sind.

Beim vertraglichen Rückfall dagegen hat der Beschenkte kein Recht zur Veräußerung. Der Schenkgeber kann sie deshalb von jedem Dritten, der sie gekauft hat, vindizieren.

Aus den gleichen Gründen erlöschen beim vertragsmäßigen Rückfall bei der Rücknahme durch den Schenkgeber alle Verpflichtungen (Servitute, Pfandrechte, Nießbrauch usw.), die der Beschenkte auf dem fraglichen Vermögensobjekt (z. B. einem Grundstück) aufgenommen hat (Art. 2125), während sie beim gesetzlichen Rückfall bestehen bleiben.

Während der gesetzlich auf den Rückfall Berechtigte an die Schulden des Erblassers beizutragen hat, erhält der Schenkgeber des vertraglich vereinbarten Rückfalls den geschenkten Gegenstand ohne solche Beitragspflicht an die Schulden des Beschenkten zurück.

Beim vertragsmäßigen Rückfall kann der Schenkgeber nach freiem Ermessen alle wünschenswerten Bedingungen festsetzen, z. B. über die Zeit und den Ort der Rückgabe.

Die Folgen des gesetzlichen Rückfalles können dagegen nicht nach dem Willen der Beteiligten geändert werden, weil Vereinbarungen über zukünftige Erbschaften untersagt sind.

Es ist indessen dem schenkenden Aszendenten nicht verwehrt, seine gesetzlichen Rückfallrechte an Grundstücke durch einen Eintrag zu sichern, was ihm ermöglicht, die geschenkten Sachen selbst dann an sich zu nehmen, wenn sie durch den Beschenkten verkauft worden sind, und zwar frei von allen Belastungen, die der Beschenkte aufgenommen hatte.

IV. Forderung statt Rückfall. Ausgenommen von der Regel, daß das Rückfallrecht nicht ausgeübt werden kann, wenn die Gegenstände beim Tode des beschenkten Erblassers nicht mehr vorhanden sind, ist der Fall da die Gegenstände zur Zeit des Todes schon verkauft waren, der Kaufpreis aber noch geschuldet ist. In diesem Fall hat der successeur anomal (der Schenkgeber) eine Forderung auf den Kaufpreis (Art. 747).

Hat der Beschenkte eine Klage auf Rückgabe der von ihm veräußerten Sache eingereicht, so tritt der Rückfallsberechtigte in diese Klage ein.

Siebentes Kapitel.

Erbfähigkeit; Erbunwürdigkeit.

I. Erbfähigkeit. Um erben zu können, müssen folgende Bedingungen erfüllt sein:

1. Eine Person muß bei der Eröffnung der Erbschaft am Leben sein. Nicht erbfähig (incapable de succéder) sind daher:

a) ein Kind, das noch nicht empfangen ist (pas encore conçu), und

b) das Kind, das nicht lebensfähig geboren ist.

Im Zweifel hat darüber der Richter zu entscheiden.

2. Eine Person darf nicht erbunwürdig sein; ist sie „frappé d'indignité“, so fällt sie als Erbe außer Betracht.

II. Erbunwürdigkeit. Unwürdig zu erben und daher von der Erbschaft ausgeschlossen sind (Art. 727):

1. derjenige, welcher wegen Tötung oder versuchter Tötung des Erblassers verurteilt worden ist,

2. derjenige, welcher gegen den Erblasser die Anschuldigung erhoben hat, ein mit Todesstrafe bedrohtes Verbrechen begangen zu haben, welche Anschuldigung durch Urteil als verleumderisch erklärt worden ist,

3. der volljährige Erbe, der in Kenntnis von der Ermordung des Erblassers, diese nicht angezeigt hat.

Ausnahmen davon statuiert Art. 728, nämlich dann, wenn der Erbe in solch naher Verwandtschaft mit dem Schuldigen steht, daß die Unterlassung einer Denunziation gesetzlich entschuldbar ist. Art. 728 lautet: „Die Unterlassung einer Denunziation kann jedoch weder den Aszendenten und Nachkommen des Mörders, noch den mit ihm in demselben Grad Verschwägerten, noch seinem Ehegatten, seinen Geschwistern, seinen Oheimen und Tanten, seinen Neffen und Nichten entgegengesetzt werden.“

III. Folgen der Unwürdigkeit. Der Erbunwürdige fällt als Erbe weg, und zur Erbschaft sind die Erben berufen, die dazu berufen wären, wenn der Erbunwürdige vor dem Erblasser gestorben wäre. Er muß deshalb auch alles herausgeben, was er seit Eröffnung der Erbschaft aus Früchten und Erträgnissen bezogen hat. Die Frage, ob Geschäfte, welche der Erbunwürdige über Erbschaftsvermögen in der Zeit vor dem Urteil über die Erbunwürdigkeit mit Dritten abschloß, ungültig sind, ist von den Gerichten dahin entschieden worden, daß solche Geschäfte gültig sind, wenn die Dritten in gutem Glauben waren (Poitiers 25. 6. 1856. D. P. 56. 2. 195).

In bezug auf die Kinder des Erbunwürdigen bestimmt Art. 730: „Kinder des Unwürdigen, die aus eigenem Recht, und ohne die Hilfe der Erbvertretung (représentation) zur Erbfolge gelangen, werden durch die Schuld ihres Vaters nicht ausgeschlossen. Doch kann dieser in keinem Falle an dem zu dieser Erbschaft gehörenden Vermögen den Nießbrauch in Anspruch nehmen, den das Gesetz am Vermögen ihrer Kinder gewährt.“

Dritter Abschnitt.

Der Übergang der Erbschaft.

Erstes Kapitel.

Saisine, Einweisung und Siegelung.

I. Saisine und Einweisung in den Besitz. Die Erbschaft wird mit dem Tode des Erblassers eröffnet. Das hinterlassene Vermögen mit Aktiven und Passiven geht ohne weiteres mit dem Todestag an die berufenen Erben über. Aber nicht alle können sofort Besitz davon ergreifen. Einige, wie die Ehefrau, müssen an das Gericht das Begehren stellen, in den Besitz eingewiesen zu werden.

Zu den Erben, die einer solchen Besitzeinweisung nicht bedürfen, sondern von Rechts wegen und ohne weiteres in das Vermögen und in die Rechte des Verstorbenen eintreten mit der Verpflichtung alle Lasten der Erbschaft zu tragen, gehören:

a) die héritiers légitimes et naturels (Art. 724), also die Blutsverwandten;

b) die successeurs anomaux (s. oben S. 201) in bezug auf die Gegenstände, die dem Rückfallrecht unterliegen;

c) die légataires universels (s. unten), aber nur wenn es keine pflichtteilsberechtigten Erben gibt, Art. 1006;

d) diejenigen, denen Vermögen zufolge einer institution contractuelle zukommt (Art. 1082, 1093) (s. unten);

e) die Testamentsvollstrecker, aber nur dann, wenn gemäß Art. 1026 der Erblasser bestimmt, daß sein ganzes bewegliches Vermögen oder nur ein Teil in ihren Besitz übergehen soll. Dieser Besitz kann aber nicht länger als ein Jahr von seinem Tode an dauern.

Das Recht des unmittelbaren Eintrittes des Erben in das Vermögen des Erblassers heißt „la saisine".

Davon verschieden ist der Eintritt in die Rechte für die successeurs irréguliers, d. h. für den überlebenden Ehegatten und den Staat, die sich an das Gericht wenden müssen, damit dieses sie in die Erbschaft einweist. Aber auch für den Ehegatten und den Staat übt der Anfall der Erbschaft die gleiche Wirkung aus wie für die übrigen Erben, d. h. vom Todestag des Erblassers an.

Praktische Bedeutung kommt diesem einzigen Unterschied zwischen den „héritiers légitimes" und den „successeurs irréguliers" nicht zu, da sie im übrigen nach denselben Vorschriften des Gesetzes erben, ohne daß eine weitere Verschiedenheit besteht.

Gerade deshalb ist nicht zu verstehen, warum der überlebende Ehegatte keinen sofortigen Anspruch auf die „saisine" haben soll, sondern genötigt ist, vom Gericht noch eine besondere Besitzeinweisung zu verlangen.

Vor der Einweisung ist der Ehegatte nicht berechtigt, sich in den Besitz der Erbschaft zu setzen, er kann auch nicht für die Erbschaft klagen, noch auch verklagt werden. Nach der Einweisung stehen ihm aber diese Rechte wie den übrigen Erben zu.

Wenn nach den gesetzlichen Bestimmungen der Ehegatte nur Anspruch auf Nutznießung am Vermögen hat, das andern Erben zugekommen ist, so wird er von diesen Erben Auslieferung des Nutznießungsgegenstandes begehren. Im Fall der Verweigerung verlangt der Ehegatte Zuweisung durch das Gericht.

Wenn der Ehegatte aber der alleinige Erbe ist (dies gilt übrigens auch für den Staat als Erben), so hat der Ehegatte an das Gericht zu gelangen mit dem Nachweis, daß außer ihm kein bekannter Erbe vorhanden ist, und das Gericht wird durch dreimalige Bekanntmachung in üblicher Form allfälligen weiteren Interessenten Gelegenheit geben, ihre Ansprüche auf die Erbschaft anzumelden (Art. 770).

Gleichzeitig ist der überlebende Ehegatte verpflichtet, die Siegel an die Erbschaft anlegen (s. unten) und ein Inventar errichten zu lassen, und zwar in der Form, welche für die Annahme einer Erbschaft unter der Rechtswohltat des Inventars vorgeschrieben ist (Art. 770).

Der überlebende Ehegatte hat ferner die Pflicht, bewegliche Werte anzulegen oder hinreichende Bürgschaft zu stellen für den Fall, daß sich innerhalb drei Jahren andere Erben des Verstorbenen melden (Art. 774).

II. Siegelung der Hinterlassenschaft. Eine Einschränkung des Rechts auf sofortige Verfügung über das Vermögen, das die „saisine" den blutsverwandten Erben, den héritiers légitimes, gibt, liegt in der Möglichkeit der Siegelung der Verlassenschaft, welche von Miterben und andern Personen (z. B. auch Gläubigern) verlangt werden kann, die ein Interesse an der Hinterlassenschaft haben.

Die Versiegelung findet so statt, daß ein Beamter einen auf einem Papierstreifen befestigten amtlichen Stempel an der Türe zu einer Wohnung, einem Zimmer oder auch an einzelnen Möbeln in der Weise anbringt, daß über versiegelte Räume und Gegenstände nicht verfügt werden kann, ohne daß das gerichtliche Band zerrissen wird. Wer das Band wegreißt, kann mit Gefängnis und Buße bestraft werden.

Die Siegelung muß in einzelnen Fällen von Gesetzes wegen vorgenommen werden. In andern Fällen erfolgt sie auf Verlangen einer interessierten Person. So kann ein jeder, der ein Recht an der Erbschaft behauptet, die Siegelung begehren (Art. 909 code de proc. civ.).

Art. 819 Code civil schreibt vor: Sind alle Erben gegenwärtig und volljährig, so ist die Anlegung der Siegel auf die Sachen der Erbschaft nicht notwendig und die Teilung kann in einer Form und Weise geschehen, wie sie den Beteiligten angemessen erscheint. Sind nicht alle Erben anwesend, sind unter ihnen Minderjährige oder Entmündigte, so sind die Siegel in kürzester Frist, sei es auf Betreiben des Staatsanwaltes beim Gerichte erster Instanz, oder von Amts wegen durch den Friedensrichter anzulegen, in dessen Bezirk die Erbschaft eröffnet ist.

Art. 820: Auch die Gläubiger können kraft eines vollstreckbaren Titels oder einer gerichtlichen Erlaubnis die Anlegung der Siegel beantragen.

Art. 821: Die Formalitäten, die bei Abnahme der Siegel und Errichtung des Inventars zu beachten sind, werden durch die Prozeßgesetze bestimmt (vgl. C. proc. civ. Art. 907—940).

Zweites Kapitel.

Annahme oder Ausschlagung der Erbschaft.

I. Fristen. Wenn auch der berufene Erbe mit dem Tode des Erblassers rechtlicher Inhaber seines Vermögens und seiner Rechte wird, so ist ihm doch eine Frist gegeben, innerhalb welcher er sich zur Annahme oder zur Ausschlagung der Erbschaft entscheiden kann.

Nach Art. 795 hat der Erbe eine Frist von drei Monaten, vom Tage der Eröffnung der Erbschaft an gerechnet, um ein Inventar zu errichten und darauf eine weitere Frist von 40 Tagen zur Überlegung, ob er die Erbschaft annehmen oder ausschlagen will. Diese 40 Tage beginnen vom Tage an zu laufen, da die erste Frist von drei Monaten zu Ende ist, oder, wenn das Inventar schon vorher fertiggestellt ist, vom Abschluß des Inventars an.

Vor Ablauf dieser Fristen kann der Erbe nicht zu einer Erklärung genötigt werden, und es kann gegen ihn auch kein Urteil erwirkt werden (Art. 797).

Wenn ein Erbe keine Erklärung über Annahme oder Ausschlagung abgibt, so darf er nicht ohne weiteres für annehmend oder ausschlagend vermutet werden, denn sein Wahlrecht hört erst mit dem Ablauf der Verjährungsfrist von 30 Jahren auf. Tatsächlich muß er natürlich schon früher Stellung nehmen, denn sobald ein Gläubiger gegen die Erbschaft eine Klage geltend macht, kann der Erbe einer Verurteilung nur entgehen, wenn er auf der Stelle ausschlägt oder die Erbschaft nur mit dem Vorbehalt der Rechtswohltat des Inventars annimmt.

Nach Ablauf dieser Fristen ist es möglich, daß das Gericht eine neue Frist gewährt, namentlich dann, wenn gegen den Erben eine Klage eingereicht ist. Das Gericht, das die Klage behandelt, kann eine neue Frist einräumen, wenn sie nach Umständen angezeigt erscheint (Art. 798).

Die Kosten des Verfahrens dieser neuen Fristsetzung fallen der Erbschaft zur Last, wenn der Erbe nachweist, daß er vom Sterbefall keine Kenntnis hatte, oder daß wegen der Lage des Vermögens oder wegen eingetretener Bestreitungen die Fristen unzulänglich gewesen sind. Weist er dies nicht nach, so fallen die Kosten ihm persönlich zur Last (Art. 799).

II. Die Annahme. *1. Form.* Die Annahme kann ausdrücklich oder stillschweigend erfolgen (Art. 778).

a) Ausdrückliche Annahme geschieht nach Art. 778 dadurch, daß der Erbe in einer öffentlichen oder privaten Urkunde den Namen und die Eigenschaft eines Erben annimmt.

b) Stillschweigende Annahme liegt vor, wenn der Erbe eine Zahlung vornimmt, die seine Absicht, die Erbschaft anzunehmen, notwendig voraussetzt, und die er nur in der Eigenschaft eines Erben vorzunehmen das Recht hat (Art. 778).

Handlungen, die bloß die Erhaltung des Vermögens bezwecken oder zur Aufsicht und einstweiligen Verwaltung gehören, sind nicht Handlungen, die als Annahme gedeutet werden, wenn man dabei nicht den Namen oder die Eigenschaft eines Erben angenommen hat (Art. 779).

Dagegen liegtAnnahme vor in der Schenkung, dem Verkauf oder der Übertragung, wodurch einer der Miterben seine Erbrechte einem Fremden oder Miterben überläßt (Art. 780, al. 1).

Dasselbe gilt von dem Verzicht eines Erben zum Vorteil eines oder mehrerer seiner Miterben, selbst wenn der Verzicht unentgeltlich erfolgt, ferner von dem Verzicht, welchen er selbst zum Vorteil aller seiner Miterben zusammen erklärt, falls er dafür eine Vergütung erhält (Art. 780, al. 2 u. 3).

2. Unfähig, die Annahme oder Ausschlagung zu erklären, sind:

a) der Minderjährige und der Entmündigte (Art. 776, al. 2). An ihrer Stelle hat die Erklärung abzugeben, und zwar mit vorausgegangener Ermächtigung des Familienrates entweder der Vormund, wenn der Erbe ein nicht emanzipierter Minderjähriger ist, oder der Minderjährige selbst, wenn er emanzipiert ist (Art. 461 u. 484).

b) Die verheiratete Frau, es sei denn, daß sie von Tisch und Bett getrennt ist, kann die ihr zugefallene Erbschaft nur mit Ermächtigung des Mannes oder des Gerichtes annehmen (Art. 776, al. 1).

Dagegen bedürfen der Verschwender (le prodigue) und der Geistesschwache (le faible d'ésprit), welche einen conseil judiciaire haben, keineswegs der Zustimmung dieses Beistandes.

3. Verwirkung des Rechtes auf Ausschlagung. Die Erben, welche Erbschaftswerte unterschlagen oder verheimlicht haben, gehen des Rechtes verlustig, auf sie zu verzichten. Sie bleiben ungeachtet ihres Verzichtes ohne Vorbehalt Erben, können jedoch keinen Teil der entwendeten oder verheimlichten Sachen verlangen (Art. 792).

4. Folgen der Annahme. Die Annahme ist unbedingt und unteilbar, sie bezieht sich auf das ganze Annehmen oder das ganze Ausschlagen. Die Annahme kann auch nicht an Bedingungen geknüpft werden.

Nur wenn es verschiedene Massen der Hinterlassenschaft gibt, wie beim gesetzlichen Rückfallsrecht, das sich nur auf ein bestimmtes (das geschenkte) Vermögensobjekt bezieht, während daneben noch die allgemeine Hinterlassenschaft besteht (s. oben S. 201), kann sich die Annahme auf Alles oder bloß auf die eine „Masse“ beziehen, während die andere ausgeschlagen wird.

5. Annahme und Ungültigkeitserklärung. Die Annahme ist unwiderruflich. Eine Anfechtung der Annahmeerklärung mit der Folge ihrer Annullierung wird möglich sein, wenn eine Person, die unfähig ist, allein eine Annahme zu erklären, dies dennoch getan hat, wie z. B. eine verheiratete Frau ohne Zustimmung ihres Mannes oder ein unfähiger Minderjähriger. Zur Anfechtung legitimiert ist der gesetzliche Vertreter des Unfähigen, und die zur Zeit der Annahmeerklärung unfähig gewesene Person selbst, sobald sie annahmefähig geworden ist, wie z. B die verheiratet gewesene Frau nach Auflösung ihrer Ehe. Ein Volljähriger wird die Annahme widerrufen und anfechten, wenn die Annahme die Folge eines gegen ihn verübten Betruges gewesen ist oder wenn erst nachträglich ein Testament entdeckt wird und zufolgedessen die Erbschaft ganz durch die im Testament bedachten andern Personen beansprucht werden kann, oder doch im Werte über die Hälfte vermindert sein sollte (Art. 783).

III. Die Ausschlagung. *1. Form.* Die Ausschlagung wird nicht vermutet. Sie kann nur mit Beachtung der im Gesetz vorgeschriebenen Formen geschehen. Sie muß vor dem Gerichtsschreiber des Gerichtes erster Instanz des Bezirkes der Erbschaftseröffnung in einem besondern zu diesem Zweck geführten Register erfolgen, damit die Beteiligten, die nachfolgenden Erben und die Gläubiger, in unzweifelhafter Weise erfahren, an was sie sich zu halten haben.

Die Ausschlagung erfolgt also nicht stillschweigend, es sei denn durch die Tatsache, daß der Erbe 30 Jahre hindurch, also während der Verjährungsfrist, keine Erklärung abgegeben hat.

2. Folgen. Der Erbe, der verzichtet, wird so behandelt als wäre er nie Erbe gewesen (Art. 785).

a) Hat der ausschlagende Erbe Miterben, so wächst sein Anteil seinen Miterben zu (Art. 786). Keineswegs bekommen dabei aber alle Miterben das Ganze oder einen Teil der ausgeschlagenen Quote, sondern nur diejenigen, welche durch die Ausschlagung nicht geschädigt werden dürfen. Dabei ist zu unterscheiden zwischen der Teilung nach Stämmen und der Teilung nach Köpfen.

α) *Teilung nicht nach Köpfen,* sondern nach Stämmen. Hatte der Erblasser zwei Kinder, von welchen das eine vor ihm gestorben ist, welches aber selbst wieder zwei Kinder hatte, von welchen das eine die Erbschaft ausschlägt, so wächst der Teil des ausschlagenden Großvaters, dem gleichen Stamme zu, nicht etwa dem andern.

β) *Teilung der Linien.* Von dem erwähnten Fall ist der zu unterscheiden, bei welchem die Erbschaft unter zwei Linien (die väterliche und die mütterliche) zu verteilen ist. Gehört der ausschlagende Erbe einer dieser Linien an, so fällt sein ausgeschlagener Teil, nicht den Miterben der andern Linie an, vielmehr kommt er an die nachfolgenden zunächst berufenen Erben derselben Linie, welcher der ausschlagende Teil angehört. Nach Art. 733, al. 3 ist ein Übergang von einer Linie auf die andere nur möglich, wenn in einer Linie weder ein Aszendent noch ein Seitenverwandter vorhanden ist (Art. 733, al. 3).

γ) Wenn die Erbschaft an die Eltern und an die Geschwister fällt, so daß jeder Elternteil einen Viertel und die Geschwister eine Hälfte erhalten, gilt folgendes:

Der Vater oder die Mutter schlagen aus: die so frei gewordene Quote des Vaters fällt nicht an alle Miterben, sondern nur an die Geschwister des Erblassers, so daß diese Anspruch auf drei Viertel haben. Es wird also gleich gehalten, wie wenn der Vater schon vor der Mutter gestorben wäre, entsprechend den Vorschriften von Art. 749.

b) Wenn der ausschlagende Erbe *einzig berufener* Erbe war (also ohne Miterben), so fällt sein Anteil an den ihm zunächst folgenden Grad. So lautet Art. 786. Doch ist dies nicht ganz richtig, da die Möglichkeit besteht, daß der nächstfolgende Grad ebenfalls ausschlägt, so daß dann der zweitfolgende Grad an die Reihe kommt.

Wenn z.B. der Erblasser seinen Vater, seine Mutter und ein Kind hinterläßt, und das Kind verzichtet, hat aber selbst Kinder, so erhalten diese die ausgeschlagene Quote, und nicht etwa der Vater und die Mutter des Erblassers.

3. Widerruf der Ausschlagung. Im Gegensatz zur Annahme ist die Ausschlagung keineswegs unwiderruflich. Art. 790 gestattet dem Erben, der verzichtet hat, zu widerrufen, und nachträglich die Annahme zu erklären.

Diese Möglichkeit des Widerrufes ist aber an zwei Bedingungen geknüpft, nämlich

a) die Erbschaft selbst darf nicht von andern Erben angenommen sein, und

b) es darf noch keine Verjährung eingetreten sein, d. h. es dürfen noch nicht dreißig Jahre seit der Eröffnung der Erbschaft verflossen sein.

Im Widerruf der Ausschlagung liegt eine Annahme durch concludente Handlung.

Ein solcher Widerruf kann die Rechte Dritter an dem Erbschaftsvermögen, welche diese durch Ersitzung oder Verjährung erworben haben, nicht schädigen (Art. 790). Es ergibt sich das auch aus Art. 2258, al. 2.

Ebensowenig sind Rechte Dritter anfechtbar, welche mit dem Sachwalter der ledigen Erbschaft (s. S. 213) abgeschlossen wurden (Art. 790).

4. Ungültigerklärung der Ausschlagung. a) Der Erbe selbst kann die Ausschlagung in folgenden Fällen ungültig erklären:

α) unter Berufung auf den Mangel der vom Gesetze verlangten Form;

β) wenn er incapable ist und die Formvorschriften des Gesetzes für die Gültigkeit des Verzichtes nicht beachtet wurden (s. Art. 461 für den Minderjährigen und den Entmündigten);

γ) wenn er durch Zwang oder Betrug zum Verzicht bewogen wurde. Dagegen bildet keinen Anfechtungsgrund die Tatsache, daß der Erbe sich über den Wert der Erbschaft geirrt hat.

b) Anfechtung der Ausschlagung durch Gläubiger des Erben. Nach Art. 788, al. 1 können die Gläubiger desjenigen, der zum Nachteil ihrer Rechte die Ausschlagung erklärt hat, sich gerichtlich ermächtigen lassen, im Namen ihres Schuldners und statt seiner die Erbschaft anzunehmen. In diesem Falle wird der Verzicht nur zugunsten der Gläubiger und nur bis zum Betrag ihrer Forderungen aufgehoben, jedoch nicht zum Vorteil des Erben, der verzichtet hat.

Drittes Kapitel.

Rechtswohltat des Inventars (bénéfice d'inventaire).

I. Begriff. Um den Erben vor der Gefahr, daß die Erbschaftsschulden die Aktiven übersteigen, zu schützen, kennt auch das französische Recht die Rechtswohltat des Inventars (le bénéfice d'inventaire). Der Erbe kann die Annahme gestützt auf ein Inventar der Aktiven und Passiven der Hinterlassenschaft erklären, so daß er den Gläubigern nur bis auf die Höhe des hinterlassenen Vermögens haftet. Man spricht von acceptation sous l'inventaire, Annahme unter der Rechtswohltat des Inventars.

Doch handelt es sich dabei nicht um ein Inventar, das auf das Begehren des Erben durch das Gericht oder durch einen vom Gericht ernannten Beamten oder sonst einem sachverständigen Mann errichtet wird. Vielmehr ist es der Erbe selbst, der das Inventar errichten läßt, auf das er sich gegenüber den Gläubigern des Erblassers beruft.

Der Erbe, der die Rechtswohltat des Inventars wünscht, hat eine Erklärung vor dem Gerichtsschreiber des Bezirkes erster Instanz, in dessen Bezirk die Erbschaft eröffnet wurde, abzugeben. Sie muß in das für Ausschlagungen bestimmte Register eingetragen werden (Art. 793).

II. Fristen zur Annahmeerklärung unter Inventar. Eine Annahmeerklärung hat nur dann rechtliche Wirkung, wenn vorher ein genaues Inventar in der durch die Prozeßgesetze vorgeschriebenen Form errichtet wird, sei dies nun schon zur Zeit der Annahmeerklärung unter Inventar oder erst nachher (Art. 794).

Art. 795 gewährt den Erben eine Frist von drei Monaten vom Tage der Eröffnung der Erbschaft an gerechnet, um das Inventar zu errichten. Er hat außerdem, um die Frage der Annahme unter Inventar zu überlegen, eine weitere „Überlegungsfrist" von 40 Tagen, beginnend am Ende der ersten dreimonatlichen Frist oder, wenn das Inventar schon vorher abgeschlossen wurde, vom Tage des Abschlusses des Inventars an.

Nach Art. 798 kann der Erbe indessen auch nach Ablauf der erwähnten Fristen vom Richter eine neue Frist eingeräumt erhalten, wenn eine Klage gegen ihn eingereicht worden ist und der zuständige Richter eine Nachfrist für angemessen erachtet.

Hat der Erbe noch keinerlei Handlung vorgenommen, welche als Annahmeerklärung gedeutet werden muß, und liegt auch nicht ein rechtsgültiges Urteil gegen ihn in seiner Eigenschaft als Erbe vor, so behält der Erbe auch nach Ablauf aller oben erwähnten Fristen nachträglich noch das Recht, das Inventar zu errichten und die Annahme unter Inventar zu erklären (Art. 800).

III. Form des Inventars. Die Vorschriften über das Verfahren und den Inhalt des Inventars sind in den Art. 941—944 der Zivilprozeßordnung (C. proc. civ.) wiedergegeben. Es wird in Gegenwart der beteiligten Erben, des überlebenden Ehegatten, des Testamentsvollstreckers und eines Notars für die abwesenden Interessenten (ernannt vom Gericht) aufgenommen. Aktiven und Passiven müssen genau angegeben werden. Das Protokoll über die Inventaraufnahme hat den Formen zu entsprechen, die für alle notariellen Akte gesetzlich vorgeschrieben sind.

IV. Form der Annahmeerklärung. Wie eine Ausschlagung der Erbschaft (s. oben S. 209), so muß auch eine Annahme unter Inventar vor dem Gerichtsschreiber erklärt werden, und es hat die Eintragung darüber im Register stattzufinden, das die Ausschlagungen enthält, da die Annahmeerklärung unter Inventar eine teilweise Ausschlagung ist.

V. Inventar obligatorisch. Nach dem Gesetz gibt es Erbschaften, die nur mit der Rechtswohltat des Inventars angenommen werden dürfen:

a) Bei minderjährigen Erben steht dem Familienrat nur die Wahl zu zwischen Ausschlagung und Annahme unter Inventar (Art. 461).

b) Wenn ein berufener Erbe gestorben ist, ohne sich über Annahme oder Ausschlagung erklärt zu haben, so geht dieses Recht auf seine eigenen Erben über (Art. 781). Sind diese nicht einig, so kann die Erbschaft nur unter Inventar angenommen werden (Art. 782).

VI. Die Annahme unter Inventar ist ausgeschlossen: a) wenn der Erbe während 30 Jahren seit der Eröffnung der Erbschaft keine Erklärung abgegeben hat. Art. 789 sagt: „Die Befugnis, eine Erbschaft anzunehmen oder nicht, verjährt durch Ablauf der Zeit, welche zur längsten Verjährung von Immobilienrechten (30 Jahre) gefordert wird."

Der Erbe wird in diesem Falle nach Ablauf der Frist für ausschlagend angenommen. Dies ist die herrschende Ansicht der Rechtsprechung, obwohl es wohl vernünftiger wäre, ihn als annehmend zu beurteilen.

b) Hat der Erbe einmal ausgeschlagen, widerruft er aber seine Ausschlagung später, so kann er nicht mehr unter Inventar annehmen.

Anders ist zu entscheiden, wenn ein Erbe, der zunächst angenommen hat, nachträglich widerruft. Es ist ihm gestattet (sofern einer der möglichen Fälle einer Widerrufung der Annahme vorliegt, s. oben S. 210), nachträglich noch die Rechtswohltat des Inventars zu begehren.

VII. Verwirkung des durch Inventar gewährten Vorzugsrechts. a) Die Rechtswohltat, die das Inventar gibt, fällt dahin, wenn der Erbe sich einer Verheimlichung von Vermögen schuldig gemacht hat, oder wissentlich in bösem Glauben es unterließ, Erbschaftssachen in das Inventar aufzunehmen (Art. 801).

b) Ein Erbe verliert auch das Recht, sich auf das Inventar zu berufen, d.h. er wird nur wie ein anderer Erbe behandelt, der vorbehaltlos angenommen hat, wenn er Grundstücke der Hinterlassenschaft verkauft hat, ohne die vom Gesetz vorgeschriebenen Formen zu beachten (Art. 988 u. 989 C. proc. civ.). Desgleichen, wenn er Gegenstände, die zur Hinterlassenschaft gehörten, verschenkt hat.

VIII. Folgen der Annahme unter Inventar. Hat ein Erbe mit der Rechtswohltat des Inventars angenommen, so haftet er den Gläubigern der Erbschaft nur bis auf die Höhe der Aktiven der Erbschaft, nicht aber mit seinem persönlichen Vermögen, wie das der Fall wäre, wenn er ohne Inventar angenommen hätte.

Die Verwaltung und Liquidation der Erbschaft ist Sache des Erben. Im eigenen Interesse wird er dafür sorgen, daß das Erbschaftsvermögen und sein persönliches Vermögen scharf voneinander getrennt bleiben, damit die Gläubiger nicht Vermögen des Erben beanspruchen, das nicht zur Erbschaftsmasse gehört.

IX. Kritik. Im Vergleich zu dem Rechte anderer Länder, z.B. der Schweiz, erscheint diese Ordnung der Dinge bei Anrufung des Inventars recht mangelhaft. Es wäre wohl besser, das Inventar durch einen vom Gericht bestellten Vertreter aufzunehmen und vorzuschreiben, daß die Gläubiger öffentlich eingeladen werden müßten, innerhalb bestimmter Frist ihre Forderungen anzumelden, ansonst sie als verwirkt gelten, sofern sie sich nicht aus den Büchern des Erblassers oder aus öffentlichen Büchern ergeben.

Viertes Kapitel.

Ledige Erbschaften (successions vacantes).

Wenn nach Ablauf der für die Errichtung und als Überlegungszeit gewährten Fristen sich niemand meldet, der die Erbschaft in Anspruch nimmt, auch kein bekannter Erbe vorhanden ist, oder die bekannten Erben verzichtet haben, so wird die Erbschaft als ledig betrachtet (la succession est réputée vacante). Das Gericht ernennt auf Gesuch der Beteiligten oder des Staatsanwaltes einen Sachwalter (curateur) (Art. 811).

Dieser hat über die Erbschaft ein Inventar zu errichten und die Erbschaft zu verwalten und zu liquidieren und schließlich den Überschuß der Aktiven über die Passiven hinaus der Staatskasse, der Caisse des Dépots et Consignations, abzuliefern (Art. 813 u. 814).

Vierter Abschnitt.

Liquidation und Teilung der Erbschaft.

Erstes Kapitel.

Teilungsbegehren und Art der Teilung.

I. Das Teilungsbegehren. Wenn mehrere Miterben vorhanden sind, so kann jeder jederzeit die Teilung verlangen.

Art. 815, al. 1 sagt: „Niemand kann gezwungen werden, in der Gemeinschaft zu bleiben, und jederzeit kann die Teilung verlangt werden, ungeachtet entgegenstehender Verbote und Verträge."

Art. 815, al. 2: „Man kann indessen vereinbaren, die Teilung während einer begrenzten Zeit aufzuschieben. Diese Verabredung ist aber nicht über fünf Jahre hinaus verbindlich, doch kann sie erneuert werden."

Hat ein Erbe keine oder nur beschränkte Handlungsfähigkeit, so muß an seiner Stelle sein gesetzlicher Vertreter die Teilung verlangen, wie z. B. der Vormund für den nicht emanzipierten Minderjährigen und für den Entmündigten. Der mineur émancipé bedarf der Zustimmung seines curateur (Art. 840). Hat ein Erbe einen conseil judiciaire, so bedarf er dessen Zustimmung nur, wenn es sich um eine gerichtliche Teilung handelt.

In bezug auf die verheiratete Frau gibt Art. 818 folgende Vorschrift: Der Ehemann kann allein, ohne Mitwirkung der Frau, die Teilung des ihr angefallenen Vermögens verlangen, wenn dieses in die Gütergemeinschaft fällt.

Leben die Ehegatten im Güterstand des Dotalrechtes, und gehört die Erbschaft zum Dotalvermögen, so kann der Ehemann ebenfalls ohne Mitwirkung der Frau das Begehren auf Teilung stellen, da ihm Art. 1549 das Recht gibt, in bezug auf Dotalvermögen der Frau selbständig zu klagen.

Verlangen die Miterben der Frau die Teilung, so müssen sie gegen den Mann und die Frau Klage erheben (Art. 818, al. 2).

II. Art der Teilung. Die Teilung ist entweder eine gütliche außergerichtliche (partage amiable) oder eine gerichtliche (partage judiciaire).

Die außergerichtliche Teilung wird nur möglich sein, wenn die verschiedenen Erben sich gütlich einigen.

Art. 819 lautet: Sind alle Erben gegenwärtig und volljährig, so ist die Anlegung der Siegel nicht notwendig, und die Teilung kann in jeder Form und jeder Weise geschehen, wie sie den Beteiligten angemessen erscheint.

III. Gerichtliche Teilung. Eine gerichtliche Teilung ist in folgenden Fällen nötig:

1. Wenn die Erben sich über eine gütliche Teilung nicht einigen können, genügt es, daß einer von ihnen die gerichtliche Teilung verlangt.

2. Wenn ein Miterbe abwesend ist, oder wenn einer minderjährig oder entmündigt ist, so muß die gerichtliche Teilung vor sich gehen (Art. 838, ebenso Art. 984 C. pro. civ.).

Die strenge Vorschrift auf gerichtliche Teilung, die oft unangemessen erscheint, wird durch die Praxis dadurch gemildert, daß im Interesse einer bessern Teilung das Gericht diese auf fünf Jahre verschiebt, entsprechend Art. 815, al. 2. Das ist insbesondere dann empfehlenswert, wenn der Minderjährige bald volljährig wird. Auch sucht das Gericht durch seine Intervention doch noch eine gütliche Teilung herbeizuführen.

3. *Verfahren.* Das Gericht ordnet die Siegelung der Erbschaft an (s. darüber oben) (Art. 819, al. 2 bis 821, und C. proc. civ., Art. 907—940).

Ferner wird ein Inventar durch einen Notar aufgenommen (Art. 941 bis 944, C. proc. civ.), der durch die Parteien oder vom Gericht gewählt wird.

Das Gericht beauftragt einen Richter, der sich besonders mit diesem Falle zu befassen hat (un juge commissaire) (Art. 823 C. c. sowie proc. civ. Art. 769 u. 970).

Es wird eine Schätzung des Vermögens durch einen Experten angeordnet (Art. 466, 824, 825 C. c. und ferner proc. civ. Art. 971).

Schließlich verfügt das Gericht den Verkauf der Mobilien und Immobilien, wenn die Teilung in natura nicht möglich erscheint. Der Verkauf erfolgt auf öffentlicher Versteigerung (Art. 972, 973 C. proc. civ.).

Der Verkauf des Mobiliars muß in folgenden Fällen geschehen: wenn Gläubiger das Vermögen gepfändet haben, oder wenn die Mehrheit der Erben es für nötig hält, um die Schulden der Erbschaft zu bezahlen.

Schließlich wird zur eigentlichen Teilung geschritten, nachdem zuvor die Verteilungsmasse genau festgestellt ist.

Das Gericht entscheidet dabei endgültig über die Teilung und insbesondere darüber, welchen Teil jeder Erbe erhält.

Zweites Kapitel.

Teilungsmasse und Einwerfung (rapport).

I. Begriff. Bei der Teilung der Erbmasse spielt eine große Rolle die Pflicht zur Einwerfung von Vermögen, das ein Erbe schon zu Lebzeiten des Erblassers von ihm erhalten hat.

Von dieser Pflicht zur Einwerfung handelt Art. 843.

Danach ist der Erbe verpflichtet, alles das in die gemeinsame Erbmasse einzuwerfen, was er von dem Erblasser zu seinen Lebzeiten geschenkt erhalten hat. Er kann die vom Erblasser gemachten Geschenke nicht zurückbehalten, es sei denn, daß sie ihm ausdrücklich als Vorempfang (préciput) und außerhalb des ihm zustehenden Erbteiles (hors part) oder unter ausdrücklicher Befreiung von der Einwerfungspflicht zugewendet worden sind.

Die einem Erben gemachten Vermächtnisse sind als Vorempfang und außerhalb des Erbteiles zugewendet zu behandeln, es sei denn, daß der Erblasser ausdrücklich das Gegenteil bestimmt hat, in welchem Falle der Bedachte das Vermächtnis nur unter Abzug dessen beanspruchen kann, was er schon vorher erhielt (Art. 843, al. 2).

II. Das einzuwerfende Vermögen. Einwerfungspflichtig sind alle Schenkungen. Dazu gehört auch das, was zur Ausstattung gegeben wurde, das Heiratsgut, und das zum Ankauf eines Geschäftes gegebene Geld, ferner was zur Tilgung von Schulden des Erben bezahlt wurde.

Einzuwerfen ist auch der Vermögenswert einer Schuld, die der Erblasser dem Erben erlassen hat.

Es muß aber nur das eingeworfen werden, um was das Vermögen des Erblassers wirklich verkleinert worden ist.

Deshalb ist eine Lebensversicherungssumme nicht einwerfungspflichtig, da sie nicht zum Vermögen des Verstorbenen gehörte. Es wird dies übrigens ausdrücklich im Gesetz über den Versicherungsvertrag vom 13. Juli 1930 gesagt (Art. 67 u. 68). Dieses Gesetz entbindet auch die bezahlten Prämien der Pflicht zur Einwerfung, es sei denn, daß sie im Verhältnis zu der Vermögenslage des Erblassers übertrieben hoch waren (Art. 68, al. 2 des erwähnten Gesetzes).

III. Die einwerfungspflichtigen Personen. Jeder Intestaterbe, der eine Erbschaft annimmt, auch wenn dies mit der Rechtswohltat des Inventars geschieht, hat die Pflicht zur Einwerfung (Art. 843).

Ein Vermächtnisnehmer, selbst der Universallegatar, der sonst fast die gleiche Stellung wie der Erbe hat, ist zur Einwerfung nicht einmal dann verpflichtet, wenn er ohne das Testament als Intestaterbe berufen gewesen wäre (D. P. 95. 1. 86).

Doch kann bei der Schenkung die Einwerfungspflicht dem künftigen Universallegatar auferlegt werden (D. P. 1906. 1. 425).

Wenn der Erbe die Erbschaft ausschlägt, so muß er nicht einwerfen. Er kann also die Geschenke für sich beanspruchen, allerdings nur bis zum Betrag des verfügbaren Vermögensteils (Art. 845).

In manchen Fällen wird sich deshalb ein solcher Erbe besser stellen wenn er ausschlägt, da er bei der Ausschlagung ja nicht für die Schulden haftet.

IV. Der Berechtigte, welcher die Einwerfung verlangen kann. Die Einwerfungspflicht besteht nur zugunsten der Miterben. Die Vermächtnisnehmer und Erbschaftsgläubiger haben kein Recht, die Einwerfung zu verlangen (Art. 857).

V. Befreiung von der Einwerfung. Der Erblasser kann durch ausdrückliche Erklärung den Erben von der Pflicht zur Einwerfung entbinden (Art. 843). Es geschieht dies sehr oft.

Dieses „ausdrücklich" bedeutet aber nach der Rechtsprechung nicht, daß eine besondere schriftliche Erklärung erforderlich ist. Es genügt vielmehr, daß die Absicht des Erblassers irgendwie zum Ausdruck kommt (D. P. 94. 2. 71, 97. 1. 473, 99. 2. 73, 85. 1. 27, 1909. 1. 83).

Die Befreiungsabsicht kann also auch aus den Umständen geschlossen werden, auch aus der von dem Erblasser gewählten Form einer verschleierten Schenkung (D. P. 55. 1. 433, 63. 144, 97. 1. 473, 99. 2. 73).

Die Befreiung kann sowohl beim Schenkungsakt selbst, als auch später, und zwar unter Lebenden nur in Form einer Schenkung, ferner testamentarisch angeordnet werden (Art. 919, al. 2).

Für das Vermächtnis wird eine Befreiung von der Einwerfungspflicht durch das Gesetz selbst vermutet (s. oben). In bezug auf Schenkungen unter Lebenden muß die Befreiung ausdrücklich zugestanden sein (s. ob.).

Die Geschenke an Angehörige des Erben. Vermächtnisse und Geschenke an den Sohn, an die Ehefrau oder an den Vater des Erben unterliegen nicht der Einwerfungspflicht (Art. 847, 849).

Ist der Vater zur Erbschaft des Schenkers gelangt, so ist er zu deren Einwerfung nicht verpflichtet (Art. 847, al. 2). Fällt aber dem Sohn als Repräsentant an Stelle eines vorverstorbenen Vaters die Erbschaft zu, auf welche dieser zuerst berufen gewesen wäre, so hat der Sohn die Pflicht, das, was der Vater geschenkt bekommen hat, einzuwerfen, und zwar selbst dann, wenn er die Erbschaft ausgeschlagen hat. Dagegen ist der Sohn, der kraft eigenen Rechtes, also nicht als Repräsentant, zur Erbschaft des Schenkers gelangt, zur Einwerfung des seinem Vater gemachten Geschenkes nicht verpflichtet, selbst wenn er die Erbschaft dieses letztern angenommen hat (Art. 848).

Von der Einwerfung frei sind nach Gesetzesvorschrift:

a) die Kosten der Ernährung, des Unterhaltes, der Erziehung, der Ausbildung, die gewöhnlichen Kosten der militärischen Ausrüstung, sowie Hochzeits- und andere gebräuchliche Geschenke (Art. 852);

b) Schenkungen und Vermächtnisse an den Ehegatten eines Erbberechtigten (Art. 749);

c) der Gewinn, den der Erbe aus Verträgen mit dem Erblasser gezogen hat, soweit diese Verträge zur Zeit ihrer Eingehung nicht eine mittelbare Begünstigung enthielten (Art. 853);

d) Vorteile, die der Erbe aus Gesellschaftsverträgen mit dem Erblasser hatte, doch nur unter der Bedingung, daß diese Vereinbarungen nicht eine indirekte Begünstigung enthielten, und unter der weiteren Bedingung, daß der Vertrag in einer öffentlichen Urkunde abgeschlossen war (Art. 854);

e) Früchte und Zinsen der Sachen, die der Einwerfung unterliegen, werden erst vom Tage der Eröffnung der Erbschaft an geschuldet; die früheren Erträgnisse sind also nicht einzuwerfen.

VI. Das Verfahren der Einwerfung. Die Einwerfung erfolgt entweder in natura oder dadurch, daß der Erbe weniger als seinen Erbteil erhält (en moins prenant) (Art. 858), also in Anrechnung auf den Erbteil.

Grundsätzlich muß eine geschenkte Liegenschaft in natura eingeworfen werden (Art. 859). Eine Ausnahme besteht nur für den Fall, daß das Grundstück vom Beschenkten veräußert worden ist, und wenn sich in der Erbschaft Grundstücke von gleicher Art, Güte und Wert befinden, aus welchen man ungefähr gleiche Lose für die übrigen Miterben machen könnte.

Hat der Erbe das Grundstück vor dem Tode des Erblassers veräußert, so schuldet er den Wert des Grundstückes am Todestage (Art. 860).

Die notwendigen Aufwendungen, die der Beschenkte zur Erhaltung der Sache gemacht hat, sind ihm in Anrechnung zu bringen (Art. 862). Dagegen muß er sich Beschädigungen und Verschlechterungen anrechnen lassen, die den Wert des Grundstückes zufolge seiner Handlungen und seiner Nachlässigkeit vermindert haben (Art. 863).

Wenn der Erblasser dem Erben mit Befreiung von der Einwerfungspflicht ein Grundstück geschenkt hat, dessen Wert sein verfügbares Vermögen (die quotité disponible) überschreitet, so muß der Überschuß in natura eingeworfen werden, falls eine Abtrennung dieses Überschusses leicht möglich ist (Art. 866).

Besteht aber diese Möglichkeit nicht, so hat der Erbe die ganze Liegenschaft einzuwerfen, wenn der Überschuß den halben Wert des Grundstückes übersteigt, wobei ihm das Recht vorbehalten bleibt, den Wert des verfügbaren Vermögensteiles aus der Masse vorwegzunehmen.

Übersteigt indessen der verfügbare Teil den halben Wert des Grundstückes, so kann er entweder das Grundstück ganz für sich behalten, erhält aber weniger aus der Masse, oder er hat die Miterben mit Geld oder in anderer Weise zu entschädigen (Art. 866 al. 2).

Was das bewegliche Vermögen betrifft, das der Erbe erhalten hat, so erfolgt die Einwerfung dadurch, daß er weniger aus der Masse erhält. Maßgebend ist dabei der Wert, den die Gegenstände zur Zeit der Schenkung haben, sei es nun, daß eine Schätzung in der Schenkungsurkunde angegeben war, oder sei es, daß ein Sachverständiger den erwähnten Wert festgestellt hat (Art. 869).

Die Einwerfung geschenkten Geldes geschieht dadurch, daß der Erbe weniger bares Geld aus der Erbschaft erhält. Wenn nicht genügend bares Geld zur Verfügung steht, so befreit er sich von der Einwerfungspflicht dadurch, daß er im Werte des in Frage stehenden Betrages auf bewegliches Vermögen aus der Erbschaft und, in deren Ermangelung, auf Grundstücke der Erbschaft verzichtet (Art. 869).

VII. Wirkung der Einwerfung eines Grundstückes auf die Rechte Dritter. Art. 865 bestimmt, daß bei Einwerfung in natura die eingeworfenen Vermögensstücke von allen Lasten frei werden, mit welchen sie der Beschenkte beschwert hat. Die Grundstücke werden also von allen Grundlasten, die der beschenkte Erbe darauf errichtet hat, Hypotheken, Servituten usw., frei. Die einzige Garantie, welche das Gesetz den Dritten, zu deren Gunsten Hypotheken aufgenommen wurden, gibt, ist das ihnen eingeräumte Recht, bei der Teilung zu intervenieren und Einspruch dagegen einzulegen, daß die Einwerfung zu ihrem Nachteil erfolge. Eine solche Benachteiligung läge vor, wenn die Miterben das Grundstück bei der Teilung einem andern Erben zuweisen würden als dem, der die Hypothek errichtet hat.

Diese gesetzliche Vorschrift widerspricht jeder Billigkeit.

VIII. Einwerfung des Heiratsgutes. Der Einwerfung unterliegt auch das Heiratsgut.

Haben Vater und Mutter zusammen der Tochter ein Heiratsgut bestellt, so muß sie beim Tode eines Elternteils die Hälfte einwerfen.

Wenn die Eltern in Gütergemeinschaft leben, und das Heiratsgut aus der Gemeinschaft bestellt wurde, so schuldet ein jeder Elternteil der Gemeinschaft die Hälfte, so daß bei Auflösung der Gemeinschaft von jedem Teil eine Vergütung (une récompense) auf die Hälfte an die Gemeinschaft geschuldet wird (Art. 1438 u. 1469).

Wie komplizierte, zum Teil recht unbillige Verhältnisse beim Einwerfen und bei der Teilung nach französischem Recht entstehen, ergibt sich aus folgender wörtlicher Übersetzung der Ausführungen von Colin und Capitant (s. auch Précis Dalloz [de droit civil] III, num. 595).

Um möglichste Gleichheit in der Behandlung der Kinder zu erzielen und gleichzeitig die Interessen des überlebenden Eheteiles zu schützen, wird in den Eheverträgen oft eine besondere Bestimmung aufgenommen, wonach vom Kinde das ganze Heiratsgut in die Erbschaft desjenigen Elternteiles einzuwerfen ist, der vor dem andern stirbt, also so wie wenn die ganze Dos vom vorverstorbenen Elternteil allein gegeben worden wäre. Daraus ergibt sich die Folge, daß die Hinterlassenschaft dieses verstorbenen Elternteiles der gemeinsamen ehelichen Gütermasse die ganze Vergütung (récompense) für das daraus entnommene Heiratsgut zu zahlen hat.

Diese Klausel ist dazu angetan, das dotierte Kind eines Teils seines Heiratsgutes zu berauben, denn es ist möglich, daß der von ihm geschuldete Einwerfungsbetrag den Kindeserbteil übersteigt. Das würde sich namentlich dann bemerkbar machen, wenn der gestorbene Elternteil selbst kein weiteres Vermögen hinterläßt und seine Erbschaftsmasse nur aus den Werten des eingetragenen Heiratsgutes besteht.

Um diese Unbilligkeit zu vermeiden, fügt man den Eheverträgen der eben erwähnten Bestimmung noch eine Klausel bei „que la dot s'imputera successivement, s'il y a lieu sur la succession du survivant“. Danach hat das dotierte Kind sein ganzes Heiratsgut in die Erbmasse des verstorbenen Elternteils einzuwerfen. Ist aber der Teil, den es aus dieser Hinterlassenschaft erhält, kleiner als der Einwerfungsbetrag, so hat es das Recht, vom überlebenden Elternteil die sofortige Auszahlung des Überschusses zu verlangen. Der überlebende Teil ist ja auch Garant für das Heiratsgut gemäß Art. 1440 und 1547, da er Besteller des Heiratsgutes war, d. h. im Umfange des Teiles, dessen das Kind beraubt ist (s. Civ. 28. Febr. 1922, D. P 1924. 33).

IX. Einwerfung der Schulden (le rapport des dettes). Der Erbe, der dem Erblasser Geld schuldet, muß die Summen einwerfen, die er erhalten hat, gleichgültig, ob diese Summen Geschenke waren, oder ob sie aus irgendeinem andern Grunde geschuldet werden (Art. 829).

Der Schuldner-Erbe macht seine Einwerfung, indem er weniger bekommt (Art. 869). Er wird also nicht zahlungspflichtiger Schuldner der Hinterlassenschaft — wenigstens soweit seine Schuld durch seinen Erbschaftsanteil gedeckt ist —, sondern tilgt seine Schuld durch Einwerfen. Das hat den großen Vorteil für die Miterben, daß sie zunächst ihre ganze Erbquote in der gemeinsamen Erbmasse geltend machen und beziehen können (wenigstens soweit der Schuldbetrag die Erbquote des Einwerfenden nicht übersteigt), daß sie vor allem bei Zahlungsunfähigkeit des Schuldners geschützt sind. Ungünstiger wäre ihre Lage, wenn der Schuldner-Erbe nicht einwerfungspflichtig wäre, sondern bloßer, zur Zahlung verpflichteter Schuldner. Die Miterben hätten dann unter seiner Zahlungsunfähigkeit schwer zu leiden. Die Masse hätte wie ein dritter Gläubiger gegen den Schuldner-Erben vorzugehen, und zwar in Konkurrenz mit dritten Gläubigern, und diese könnten sich auch in die Erbteilung einmischen. Das alles wird durch die Einwerfung vermieden.

Da die Einwerfung gemäß Art. 169 en moins prenant (durch Minderempfang) geschieht, so findet sie nur statt, soweit der Erbteil des Schuldner-Erben reicht. Für die darüber hinausgehende Schuld bleibt er gewöhnlicher Nachlaßschuldner zu den ursprünglichen Bedingungen der Schuld (D. P. 93. 1. 168).

Der Grundsatz des rapport de dettes findet auch Anwendung auf die Auseinandersetzung bei andern Gemeinschaften als der Erbengemeinschaft, so bei der Auseinandersetzung zwischen Gesellschaftern (D. P. 82. 1. 317; 85. 2. 25), bei der Liquidation der ehelichen Gütergemeinschaft, und zwischen dem Erben und dem Ehegatten des Erblassers (D. P. 87. 1. 193).

Dem rapport des dettes, der Einwerfung der Schulden, unterliegt nicht nur der Intestatserbe, sondern auch der Universallegatar und der légataire à titre universel, sowie der institué contractuel, im Gegensatz zur Einwerfung von Schenkungen und Vermächtnissen, zu welchen nur der Intestaterbe verpflichtet ist.

Der Schuldner-Erbe ist in seiner Eigenschaft als Miterbe zur Einwerfung verhalten. Daraus ergibt sich, daß, wenn er die Erbschaft ausschlägt, er gewöhnlicher Schuldner wird, und als solcher von den Erben, welche die Erbschaft angenommen haben, verfolgt werden kann.

Drittes Kapitel.

Retrait successoral, Eintrittsrecht.

Es ist möglich, daß ein Miterbe sein Erbrecht an einen Miterben entgeltlich veräußert hat. Alle übrigen Miterben, aber auch ein einzelner unter ihnen, haben das Recht, den dritten Erwerber von der Erbschaftsteilung auszuschließen, indem dem Dritten der Preis zurückvergütet wird, welchen er für die Abtretung des Erbrechtes bezahlt hat. Der Miterbe tritt damit an die Stelle des Dritten. Dieses Eintrittsrecht heißt retrait successoral.

Der Miterbe, der das Eintrittsrecht ausübt, heißt retrayant, der fremde Erwerber, demgegenüber es ausgeübt wird, retrayé.

Es soll durch dieses Eintrittsrecht vermieden werden, daß sich dritte Personen, welche nicht zur Erbschaft berufen sind, in die Erbschaft einmischen.

Zu den Personen, die das Eintrittsrecht ausüben können, gehören die eigentlichen Erben (légitimes ou naturels), die Universallegatare, der Legatar à titre universel und die institués contractuels. Dagegen ist der bloße Sonderlegatar (légataire particulier) davon ausgeschlossen, da er nicht an der Erbschaftsteilung beteiligt ist. Gleich verhält es sich mit dem successeur anomal (s. oben S. 201) oder mit dem Teilhaber einer ehelichen oder sonstigen Gemeinschaft (D.P. 95.1.286; 1909.1.45).

Es muß die Veräußerung eines Rechtes vorliegen, nicht bloß einzelner Gegenstände. Die Veräußerung muß auch entgeltlich sein; das Eintrittsrecht hat nur den Zweck, zu vermeiden, daß sich ein Dritter mit spekulativer Absicht in die Erbschaftsteilung einmischt.

Viertes Kapitel.

Folgen der Teilung. Gewährleistung unter den Miterben. Anfechtungsklage.

I. Allgemeines. Wenn die Teilung des aktiven Vermögens erfolgt ist, also jeder dem einzelnen Erben zukommende Anteil, sein Los (le lot), bestimmt ist, so bleiben sich die Miterben gegenseitig durch die Pflicht zur Gewährleistung verbunden. Ist ein Erbe in bezug auf die ihm zugeteilten Vermögensstücke Störungen und Entwährungen (évictions) ausgesetzt, deren Ursache in der Zeit vor der Teilung liegt, so sind die übrigen Miterben verpflichtet, den benachteiligten Erben zu entschädigen (Art. 884, al. 1).

Die Gewährleistung ist nur dann ausgeschlossen, wenn dies ausdrücklich in der Teilungsurkunde festgesetzt wurde, oder wenn der Erbe die Entwährung durch eigenes Verschulden erleidet (Art. 884 al. 2).

Ein Recht, von den Miterben Entschädigung zu verlangen, liegt z. B. vor, wenn ein Dritter mit Erfolg ein Eigentumsrecht geltend macht oder wenn er eine Hypothek auf dem Grundstück hat, welche vorher nicht bekannt war.

Unter „Miterben", die geschädigt werden können, und den „Miterben", welche Ersatz leisten müssen, sind die Erben im weiteren Sinne zu verstehen, also auch der überlebende Ehegatte, der Staat, der Universallegatar und der Legatar à titre universel.

Tritt ein Fall der Entwährung (éviction) ein, so ist jeder Erbe persönlich verpflichtet, im Verhältnis seines Anteils den Miterben für den Verlust zu entschädigen. Ist er nicht zahlungsfähig, so ist der auf ihn entfallende Teil unter alle übrigen Miterben (inbegriffen den geschädigten) gleichmäßig zu verteilen (Art. 885).

II. Besondere Gewähr für zugeteilte Forderungen. Von besonderer Art ist die Gewährleistung von Forderungen, die einem Miterben zugeteilt wurden. Haftet im allgemeinen bei einer gewöhnlichen Forderungsabtretung der Abtretende nur für die Existenz der Forderung (Art. 1693, 1694), so haftet der Erbe bei Zuteilung einer Forderung an seinen Miterben auch im Falle der Zahlungsunfähigkeit eines Schuldners, wenn diese schon vor der Teilung bestanden hat (Art. 886).

Besondere Gewährleistung liegt auch im Falle der Zuteilung einer Rente vor, soweit sie sich auf die Zahlungsfähigkeit des Rentenschuldners bezieht. In diesem Falle dauert die Garantiepflicht der Miterben nur fünf Jahre vom Datum der Teilung an (Art. 886). Es entspricht dies der Verjährungsfrist für Renten im allgemeinen (Art. 2277).

III. Anfechtung der Teilung. 1. Es gibt drei Klagen auf Anfechtung der Teilung:

a) eine Klage auf gänzliche Ungültigkeit der Teilung,

b) eine Klage auf Ergänzung des einem Erben zugeteilten Teiles,

c) eine Klage auf Aufhebung von Rechtsgeschäften, zufolge welcher ein Erbe um mehr als einen Viertel seines Anspruches verkürzt wurde.

2. Es gibt zwei Gründe, die ganze Teilung ungültig erklären zu lassen:

a) die Handlungsunfähigkeit eines Erben, die ihn unfähig machte, am Teilungsakt teilzunehmen (s. oben S. 208),

b) Zwang und Betrug, wenn die Zustimmung eines Erben nur durch Zwang und Betrug der Miterben erlangt wurde.

Dagegen ist bloßer Irrtum kein Anfechtungsgrund.

3. Ist ein Erbe verkürzt worden, weil über den Wert zugeteilter Vermögensgegenstände Irrtum vorlag, so geht die Klage nicht auf Ungültigkeitserklärung des Aktes, sondern nur auf Ergänzung (Art. 887).

4. Klage auf Aufhebung eines Teilungsgeschäftes wegen Benachteiligung eines Erben über mehr als einen Viertel des Anteils, den er beanspruchen konnte. Der Erbe, der beweisen kann, daß er weniger als drei

Viertel des ihm rechtmäßig zukommenden Erbteiles erhalten hat, daß er also um mehr als einen Viertel in seinen Rechten verkürzt wurde, kann Aufhebung der Teilung verlangen (Art. 887 al. 2).

Die bloße Auslassung (omission) einer Sache der Erbschaft begründet aber noch nicht eine Klage auf Aufhebung der Teilung, sondern nur auf eine Ergänzung der Teilung.

Handelt es sich um eine Besitzesstörung durch Eviktion oder um Geltendmachung anderer Rechte durch einen Dritten, so hat der benachteiligte Erbe eine Klage auf Entschädigung, gestützt auf die Garantiepflicht der Miterben (s. oben).

Um festzustellen, ob die Behauptung des Klägers, er sei um mehr als einen Viertel gekürzt worden, richtig ist, werden die Vermögensgegenstände nach dem Werte geschätzt, den sie zur Zeit der Verteilung hatten (Art. 890).

Die Verletzung ist zu berechnen unter Berücksichtigung des ganzen Anteils, nicht bloß in bezug auf einzelne Gegenstände, denn der Verlust auf einen Gegenstand kann, z. B. bei der Teilung von Grundstücken, durch den Gewinn auf andern Gegenständen, z. B. bei der Teilung des beweglichen Vermögens oder der Wertpapiere, ausgeglichen sein.

Es ist möglich, daß in einem konkreten Fall bei Verletzung der Rechte eines Erben dieser sowohl eine Klage aus Gewährleistung, als auch eine Klage auf Aufhebung der Teilung hat, nämlich dann, wenn eine Eviktion einen Verlust von mehr als einem Viertel des Erbteiles zur Folge hatte.

Der Erbe wird die Klage wählen, die seinen Interessen besser dient. Dabei ist in Betracht zu ziehen, daß die Klage aus der Gewährspflicht in 30 Jahren verjährt, ausgenommen den Fall der Zahlungsunfähigkeit eines Rentenschuldners mit der Verjährungsfrist von bloß fünf Jahren (Art. 886). Eine Klage auf Aufhebung der Teilung ist aber schon in zehn Jahren verjährt (Art. 1304).

Mit der Gewährschaftsklage wird nur eine Entschädigung in Geld verlangt, so daß keine neue Teilung stattfindet, während die andere Klage auf eine ganz neue Teilung ausgeht.

Bei der Gewährschaftsklage ist der Wert des Vermögens zur Zeit der Eviktion (Art. 885 al. 1) maßgebend, bei der Aufhebungsklage der Wert zur Zeit der Teilung (Art. 890).

5. Während diese Klage aus Gewährleistung ausgeschlossen ist, wenn sie durch eine besondere Bestimmung in der Teilungsurkunde wegbedungen wurde (Art. 884 al. 2), wird eine Wegbedingung der Haft für die Fälle der Aufhebungsklage nicht zugelassen. Es kann auf das Anfechtungsrecht nicht zum voraus wirksam verzichtet werden, da die Gleichheit der Anteile die Grundregel für die Teilung bildet (D. P. 97. 1. 384).

6. Geschäfte, gegen welche die Aufhebungsklage gerichtet ist. Art. 888 sagt, daß die Klage auf Aufhebung gegen jedes Rechtsgeschäft

zugelassen wird, welches die Beendigung der Gemeinschaft unter den Miterben zum Gegenstand hat, mag es auch als Verkauf, Tausch oder Vergleich oder auf irgendeine andere Weise bezeichnet worden sein.

Die Anfechtungsklage ist also nicht nur gegeben gegen eigentliche Teilungsgeschäfte, oder solche, die unter anderer Bezeichnung in Wirklichkeit reine Teilungsgeschäfte sein sollen, sondern auch gegen alle selbst ernsthaft gemeinte andere Geschäfte, sofern sie nur die Aufhebung der ungeteilten Gemeinschaft bezwecken.

Davon gibt es zwei Ausnahmen:

a) Nach Art. 889 kann die Klage nicht erhoben werden wegen des Verkaufs eines Erbrechtes, welcher an einen Miterben auf dessen eigene Gefahr von seiten der übrigen oder eines von ihnen ohne Betrug geschehen ist.

b) Ebenso ist ein Vergleich unter den Miterben in zwei Fällen nicht anfechtbar:

α) wenn der Vergleich für einen andern Zweck als den der Beendigung der Gemeinschaft erfolgte, z. B. um den Streit über die Gültigkeit eines legs préciputaire oder über die Quote eines der Erben aus der Welt zu schaffen (Art. 888 al. 1 à contrario);

β) wenn der Vergleich über die Schwierigkeiten abgeschlossen wurde, welche die Teilung darbot, wenn es auch deshalb nicht zu einem Prozeß gekommen ist (Art. 888, al. 2).

7. Die Klage auf Aufhebung der Teilung verjährt in zehn Jahren (Art. 1304). Sie beginnt im Falle der Handlungsunfähigkeit erst vom Tage an, da die Unfähigkeit aufhörte, und bei Zwang vom Tage an, da dieser aufhörte, und bei Betrug vom Tage der Entdeckung an.

Ferner hört das Klagerecht auf, wenn der Benachteiligte nachträglich den anfechtbaren Akt anerkennt (Art. 1338).

Eine besondere stillschweigende Anerkennung liegt nach Art. 892 vor, wenn ein Miterbe sein Los ganz oder teilweise veräußert hat, nachdem der Zwang aufgehört hatte, oder nachdem er den Betrug entdeckt hatte.

Der Beklagte kann die Klage auf Aufhebung der Teilung hemmen und eine neue Teilung verhindern, wenn er dem Kläger die Ergänzung seines Erbteiles in barem Gelde oder in natura anbietet und leistet (Art. 891).

Natürlich muß die Klage auch abgewiesen werden, wenn der Beklagte den Nachweis leistet, daß der klagende Erbe auf sein Klagerecht verzichtet hat, indem er die Teilung nachträglich anerkannte.

Fünftes Kapitel.

Liquidation der Schulden der Erbschaft.

I. Übergang der Schulden auf die Erben. Die Schulden der Hinterlassenschaft fallen in zwei Gruppen:

1. die Schulden des Erblassers, und

2. die Schulden, die seit dem Tode des Erblassers zu Lasten der Hinterlassenschaft gehen: die Vermächtnisse, die Beerdigungskosten, die Liquidationskosten (droit de mutation) zufolge des Todes.

Die Schulden der Erbschaft sind von allen Personen zu tragen, welche in die Rechte des Erblassers à titre universel folgen, d.h. diejenigen, welche nicht genau bestimmte einzelne Sachen erhalten, sondern einen Teil des Vermögens, eine Quote (une quote-part). Wie sie einen Teil der Aktiven erhalten, so müssen sie auch zur Tilgung eines Teiles der Passiven beitragen. Deshalb fallen die Schulden zu Lasten aller Erben im weiteren Sinne an die héritiers légitimes ou naturels (Blutsverwandte), successeurs irréguliers (Ehegatte, Staat), wie auch an die légataires ou institués universels oder à titre universel (vgl. Art. 870, 871 u. 875 am Anfang).

Dagegen übernehmen die légataires oder institués à titre particulier keine Erbschaftspassiven (Art. 871). In bezug auf letztere ist indessen folgendes zu sagen:

1. Wenn auch der einfache Vermächtnisnehmer (le légataire particulier, der Stückvermächtnisnehmer) oder der institué à titre particulier im allgemeinen nichts mit der Schuldenliquidation zu tun haben, so sind die Erbschaftsschulden doch nicht ohne Einfluß auf ihre Rechte, indem Stückvermächtnisse erst nach Tilgung der Schulden ausbezahlt werden dürfen.

2. Wenn der einfache Vermächtnisnehmer ein Grundstück erhält, welches mit einer Hypothek zur Sicherung einer Schuld des Erblassers belastet ist, so kann der Vermächtnisnehmer gezwungen werden, die Schuld zu zahlen (Art. 871). In diesem Fall hat er aber ein Rückgriffsrecht auf die Erben.

3. Ausnahmsweise sind auch zwei successeurs irréguliers verpflichtet, an den Schulden der Erbschaft beizutragen; nämlich

a) der successeur anomal, der ein Rückfallrecht hat; und

b) der überlebende Ehegatte (Mann oder Frau) gleichzeitig mit den übrigen Erben, welcher einen Teil der Erbschaft zum Nießbrauch erhält, natürlich nur im Umfang dieses Rechtes.

II. Grundsätze. Nach französischem Recht haben die Erben nicht als Gesamtschuldner für die Erfüllung der Nachlaßverbindlichkeiten einzustehen. Die Schuld geht zwar „de plein droit“ auf die gesamten Erben über (Erben im engeren Sinne und Universallegatare), aber die einzelnen Erben sind gegenüber dem Gläubiger nur zu Teilleistungen verpflichtet, und zwar im Verhältnis der Teile, die auf sie übergegangen sind. Dies ergibt sich aus Art. 1220. Im gleichen Verhältnis übernehmen die Erben auch die Forderungen des Erblassers, und jeder einzelne kann seinen Verhältnisteil gegenüber jedem Schuldner des Erblassers geltend machen.

Die Folge davon ist, daß Schulden nicht zur ungeteilten Erbmasse gehören, sondern daß sie im Verhältnis des Anteils auf jeden einzelnen

Erben gleich mit dem Tode des Erblassers übergehen, und jeder Erbe für seinen Teil dem Gläubiger haftet.

Angenommen, der Erblasser hinterlasse ein eheliches und ein uneheliches Kind, die Erbschaft habe 8000 Fr. Schulden, und zwar an zwei Gläubiger von je 4000 Fr. Dann wird das uneheliche Kind Schuldner von je 1000 Fr. (d. h. eines Viertels) gegenüber jedem der beiden Gläubiger. Das eheliche Kind wird Schuldner von je 3000 Fr. (d. h. von drei Viertel) gegenüber jedem der beiden Gläubiger.

Diese Verteilung der Schulden steht im Gegensatz zu andern Rechten, wie z. B. dem schweizerischen Zivilgesetzbuch (Art. 603), nach welchem die Erben solidarisch für die ganze Schuld haften und ein zahlungsfähiger Erbe Gefahr läuft, die ganze Schuld bezahlen zu müssen, bei der Ausübung seines Rückgriffsrechts gegen Miterben, die zahlungsunfähig sind, aber nichts zu bekommen. Nach dem französischen System verteilt sich der Verlust zufolge der Zahlungsunfähigkeit eines Erben auf alle Gläubiger, und die Miterben des zahlungsunfähigen Erben haben nichts an diesem Verlust zu tragen.

Im Gegensatz dazu sind die Vermächtnisnehmer besser gestellt, welche an den Schulden nichts beizutragen haben, sondern sogar noch durch eine gesetzliche Hypothek auf die Grundstücke der Hinterlassenschaft gesichert sind (Art. 1017).

III. Schutz des Gläubigers gegen die Zahlungsunfähigkeit eines Erben.

Um sich gegen die Gefahr der Zahlungsunfähigkeit eines Erben zu schützen, stehen dem Gläubiger zwei Mittel zur Verfügung:

a) Er hat ein Recht auf Trennung der Vermögen (la séparation de biens). Will er dieses Recht ausüben, so hat ein Nachlaßgläubiger gegenüber den persönlichen Gläubigern ein Vorzugsrecht in bezug auf den Vermögensteil, der diesem zufällt. Das nützt ihm allerdings nichts, wenn zufolge der Einwerfung dieser Erbe nichts erhält.

b) Die Gläubiger können für die Gesamtheit ihrer Forderungen die ungeteilte Erbmasse belangen, solange sie nicht geteilt ist.

Dieses Recht wird übrigens bestritten. Man hat auf Art. 2205 hingewiesen, welcher die Pfändung des nicht verteilten Anteils der Miterben an Grundstücken verbietet. Darauf ist aber zu antworten, daß dieses Verbot nur die persönlichen Forderungen gegen einzelne Erben im Auge hat. Man hat auch gesagt, daß jeder Miterbe, indem er das Recht hat, einen Teil an die Schuld zu zahlen, die Gläubiger hindern könne, seinen ungeteilten Anteil zu pfänden, weil er dann nicht mehr ihr Schuldner sei. Die Gläubiger können darauf antworten, daß sie gleichwohl die unverteilten Anteile der andern Gläubiger pfänden dürfen, was nicht gegen den Art. 2205 verstößt.

Art. 2205 lautet: „Der einem Miterben in ungeteilter Gemeinschaft zustehende Anteil an den Liegenschaften der Erbschaft kann von seinen persönlichen Gläubigern nicht zum Verkauf gebracht werden, ehe die Teilung oder die Versteigerung stattgefunden hat. Sie können sie allerdings provozieren und haben auch ein Recht zu intervenieren, wenn Gefahr besteht, daß eine Teilung absichtlich zu ihrem Nachteil erfolgt (vgl. auch Art. 882).

IV. Verteilung der Schulden unter die Miterben, Anspruch der Gläubiger gegenüber jedem Miterben.

Es ist zu unterscheiden zwischen der Verteilung der Schulden unter die Erben und der Festsetzung des Teiles, welchen jeder Gläubiger von jedem Erben verlangen kann.

Maßgebend ist Art. 1220. Es ist darin klar ausgesprochen, daß der einzelne Erbe nur verpflichtet ist, im Verhältnis seines Erbanteils zu zahlen.

Der Betrag, den der Erbe dem Gläubiger bezahlen muß und das Recht des Gläubigers auf die Betreibung des Erben sind proportionell. Es kommt dabei nicht darauf an, wieviel jeder Erbe tatsächlich als Erbe erhält, vielmehr ist der Berechnung der Quote, für welche der Erbe haftet, der Erbanteil zugrunde zu legen, wie er durch die gesetzliche Berufung bestimmt ist. Die Bedeutung dieser Regel ergibt sich aus folgenden Fällen:

1. Ein Erbe kann seines Anteils an bestimmten Vermögensstücken verlustig gehen, weil er versucht hat, sie auf die Seite zu schaffen oder zu verheimlichen (Art. 792). Sein Anteil an den Passiven wird dadurch nicht kleiner.

2. Ein Erbe kann verpflichtet sein, eine bestimmte Schuld allein im ganzen Umfange zu zahlen, oder bestimmte Vermächtnisse zu entrichten. Das ist der Fall, wenn der Schuldtitel die Erfüllung einer Schuld einem der Erben allein auferlegt (Art. 1221 al. 4). Durch diese Verpflichtung wird sein Anteil zur Zahlung der Schulden nicht reduziert.

3. Ein Schuldner kann als Voraus (à titre de préciput) vom Erblasser eine Schenkung oder ein Vermächtnis erhalten haben. Sobald diese Zuwendung den Charakter einer Freigebigkeit (libéralité à titre particulier) hat, wird der Anteil des Erben an der Schuld nicht vergrößert, denn er erhält diese Zuwendung nicht als Erbe, sondern als Beschenkter oder Vermächtnisnehmer.

Es gibt indessen Ausnahmen von der Regel, daß ein Erbe nur im Verhältnis zu seiner Erbquote Schulden bezahlen muß. In einigen Fällen kann ein Miterbe gezwungen werden, die ganze Schuld zu bezahlen, unbeschadet allerdings seines Rechtes auf Rückgriff gegen die Miterben. In folgenden Fällen lastet die Gefahr der Zahlungsunfähigkeit eines Miterben auf demjenigen, dem das Gesetz die Pflicht zur Vorauszahlung der ganzen Schuld auferlegt:

1. Der Miterbe, der ein Grundstück mit einer Hypothek zugeteilt erhält, kann vom Gläubiger auf die ganze Schuld belangt werden. Art. 873

sagt, daß er in diesem Falle hypothekarisch für das Ganze verpflichtet ist.

Art. 873 lautet: „Die Erben haften für die Schulden und Lasten der Erbschaft persönlich nach dem Verhältnis ihres Anteils und ihrer Virilportion (portion virile) und hypothekarisch für das Ganze, vorbehaltlich ihres Rückgriffs gegen die Miterben und die Universallegatare mit Bezug auf den Anteil, für welchen diese beizutragen haben."

2. Wenn die Schuld unteilbar ist, so kann der Gläubiger für seine ganze Forderung irgendeinen der Miterben belangen (Art. 1221, Ziff. 3).

3. Wenn es unmöglich ist, von vornherein die Größe des Erbanteils der einzelnen Erben und deshalb auch die Quote ihres Anteils an der Schuldentilgung zu bestimmen, nämlich

a) im Falle der succession anomal (dem Rückfallsrecht). Der successeur anomal kann auf den ihm zukommenden Vermögensteil belangt werden.

b) Das Vermachen „aller Grundstücke" oder „alles Mobiliarvermögens" oder einer „Quote der Grundstücke" (z. B. die Hälfte, ein Drittel der Grundstücke) oder einer Quote des beweglichen Vermögens wird als ein Vermächtnis à titre universel (Erbteil-Vermächtnis) beurteilt (Art. 1010). Deshalb ist der Vermächtnisnehmer in diesem Falle verpflichtet, an die Schulden der Hinterlassenschaft beizutragen. Da es aber unmöglich ist, das Verhältnis von vornherein zu bestimmen, so muß zugelassen werden, daß die Gläubiger den Vermächtnisnehmer auf den ihm vermachten Teil belangen.

4. Wenn der überlebende Ehegatte nur ein Recht auf Nießbrauch erbt, und neben ihm noch andere Erben vorhanden sind, so muß er mit den Erben, welchen das Eigentum am hinterlassenen Vermögen zufällt, auf folgende Weise an der Tilgung der Schulden beitragen:

Man schätzt den Wert des dem Nießbrauch unterworfenen Vermögensobjektes und bestimmt danach im Verhältnis zu diesem Wert den Beitrag an die Schulden (s. die bezügliche Regelung in Art. 612). Nach Colin und Capitant hat der Gläubiger kein Recht gegen die überlebende Frau vorzugehen.

V. Rückgriffsrecht des Erben. Der Erbe, der über das Verhältnis seines Erbanteils hinaus den Gläubiger bezahlte, hat gegen seine Miterben eine Klage auf Rückforderung (un recours, action récursoire).

Art. 875 regelt den besonderen Fall, da ein Miterbe mehr als seinen Anteil an der gemeinschaftlichen Schuld dem Hypothekengläubiger bezahlen mußte. Es wird hier bestimmt, daß er ein Rückgriffsrecht gegen seine Miterben nur für den Anteil hat, welchen jeder derselben persönlich dazu beitragen muß. Es gilt dies auch dann, wenn der Miterbe, der die Schuld tilgte, sich in die Rechte des Gläubigers einsetzen ließ. Dieser Rückgriff darf auch nicht die Rechte eines Miterben beeinträchtigen, welche dieser dadurch erlangt hat, daß er die Rechtswohltat des Inventars angerufen hatte, und zufolgedessen das Recht erhielt, wie jeder andere Gläubiger seine persönliche Forderung geltend zu machen.

Einen weitern besonderen Fall der Schuldentilgung ordnet Art. 872. Es handelt sich dabei um ein Grundstück der Erbschaft, das mit einer Hypothek belastet ist, um die Zahlung einer Rente zu sichern. In diesem Fall kann jeder Miterbe verlangen, daß bevor zur Bildung der Lose geschritten wird, die Rente abgelöst und das Grundstück frei gemacht wird.

Wenn die Erben die Rente aber nicht ablösen, so wird das belastete Grundstück geschätzt, das Kapital der Rente wird von dem ganzen Wert abgezogen, und der Erbe, in dessen Los das Grundstück fällt, bleibt allein mit der Entrichtung der Rente beschwert und hat den Miterben dafür Gewähr zu leisten.

Gleichwohl behält der Rentengläubiger das Recht, gegen jeden der Miterben vorzugehen. Doch wird er natürlich vorziehen, sich nur an denjenigen zu halten, welcher Eigentümer des Grundstückes ist, da ihm dieses zur Sicherheit dient.

Sechstes Kapitel.

Liquidation bei Rechtswohltat des Inventars.

I. Vorteile. Der Erbe, der die Annahme der Erbschaft nur mit der Rechtswohltat des Inventars erklärt hat (s. oben S. 211), genießt folgende Vorteile (Art. 802):

a) er haftet für die Bezahlung der Erbschaftsschulden nur bis zum Betrage der erhaltenen Aktiven;

b) er kann sich von der Bezahlung der Schulden ganz befreien, indem er den Gläubigern und Vermächtnisnehmern die ganze Erbschaftsmasse überläßt; man spricht von abandon de biens;

c) er verhindert, daß sein persönliches Vermögen mit der Erbschaft vermischt wird;

d) er behält gegen die Erbmasse das Recht, die Zahlung seiner persönlichen Forderungen gegenüber der Erbschaft zu verlangen.

II. Abandon de biens. Das Gesetz enthält keine Vorschrift darüber, wie die Überlassung der Erbschaftsmasse an die Gläubiger (l'abandon de biens) erfolgen soll.

Dem Erben stehen aber dafür zwei Wege offen:

Entweder wendet er sich direkt an die Interessenten, an die Gläubiger und Vermächtnisnehmer, mit der Bekanntgabe, daß er ihnen die Erbschaft überlasse;

oder er gelangt an den Gerichtsschreiber des Gerichtes erster Instanz, in dessen Bezirk die Erbschaft eröffnet wurde, und dieser erläßt die erforderlichen Bekanntmachungen, entsprechend den Bekanntmachungen bei Ausschlagung einer Erbschaft.

Die Personen, welchen die Erbschaft überlassen wird, müssen vom Gericht einen Verwalter ernennen lassen.

Die Überlassung der Erbschaft ist keine Ausschlagung der Erbschaft, sondern eine besondere Art der Liquidation. Der Erbe überläßt den Gläubigern und Vermächtnisnehmern lediglich den Besitz und die Verwaltung des Vermögens. Der Erbe hat deshalb auch in diesem Falle Geschenke und Vermächtnisse, die er erhielt, wie bei einer andern Art der Liquidation, einzuwerfen. Bleibt nach durchgeführter Liquidation durch die Gläubiger und nach ihrer Befriedigung noch ein Überschuß, so gehört er dem Erben.

III. Trennung des Erbschaftsvermögens vom persönlichen Vermögen. Da bei der Annahme unter Inventar nur die Aktiven der Erbschaft den Gläubigern haften, nicht aber das persönliche Vermögen des Erben, so zieht die Rechtswohltat des Inventars ohne weiteres die Trennung der beiden Vermögen nach sich.

Das hat den Vorteil, daß Forderungen, die der Erbe gegen die Erbschaftsmasse hat, und diejenigen, welche die Erbschaftsmasse gegen ihn hat, nicht durch Vermischung untergehen. Ebenso ist es mit andern gegenseitigen Rechten.

Der Erbe, der eine Forderung gegen die Hinterlassenschaft hat, wird sie auf dem Wege der Klage gegen die Miterben geltend machen können. Hat er keine Miterben, so muß das Gericht einen Kurator ernennen, der die Erbschaft ihm gegenüber vertritt, und von welchem er Zahlung seiner persönlichen Forderung verlangt (Art. 996 Cod. proc. civ.).

Ein Erbe hat namentlich dann eine Forderung gegen die Miterben, wenn er aus seinem persönlichen Vermögen Erbschaftsgläubiger befriedigt hat. Das Gesetz gestattet ihm dann, ganz in die Rechte des befriedigten Gläubigers einzutreten (Art. 1251 Ziff. 4).

Dem Erben, der die Rechtswohltat des Inventars genießt, gewährt das Gesetz einen Stillstand der Verjährung (Art. 2258, al. 1), während die übrigen Erbschaftsgläubiger einer solchen Unterbrechung nicht teilhaftig werden.

IV. Verpflichtungen des Benefiziarerben. *1. Übersicht.* Der Erbe, der unter Inventar annimmt, hat folgende Pflichten:

a) Gegenüber seinen Miterben hat er wie jeder andere Miterbe dieselben Rechte und Pflichten;

b) dem Staat muß er die droits de mutation bezahlen;

c) den Gläubigern der Erbschaftsmasse und den Vermächtnisnehmern hat er Bürgen zu stellen, Rechnung abzulegen und beim Verkauf von Vermögen bestimmte Formen zu beachten.

2. Die Stellung von Bürgen (Art. 807). Wenn die Gläubiger oder andere beteiligte Personen (die Vermächtnisnehmer) es verlangen, muß der Erbe Bürgen stellen, und zwar für den Wert der im Inventar enthaltenen beweglichen Sachen und für den Teil des Preises von Grundstücken, welcher den Hypothekargläubigern noch nicht angewiesen worden ist.

Wenn der Benefiziarerbe keine Bürgen stellt, so werden die beweglichen Sachen verkauft, und der Kaufpreis, sowie der nichtangewiesene Teil des Preises des Grundstückes müssen bei einer öffentlichen Kasse deponiert werden, um zur Zahlung der Erbschaftslasten zu dienen.

3. Rechnungsstellung. Der Benefiziarerbe hat die Güter der Erbschaft zu verwalten und über die Verwaltung des Erbschaftsvermögens den Gläubigern und Vermächtnisnehmern Rechnung abzulegen (Art. 803 al. 1 C. c.; Art. 995 Code proc. civ.). Der Grund dafür liegt darin, daß die beteiligten Personen wissen müssen, ob der Erbe die Verwaltung und Liquidation des Vermögens ordnungsgemäß besorgt, und vor allem das Erbschaftsvermögen mit seinem persönlichen Vermögen nicht vermischt.

Solange er seine Pflicht gewissenhaft erfüllt, können die Erbschaftsgläubiger und Vermächtnisnehmer nicht gegen ihn persönlich vorgehen. Nach Art. 803 ist der Benefiziarerbe solange der Gefahr der persönlichen Betreibung durch die Gläubiger ausgesetzt, als er nicht beweisen kann, daß die Aktiven der Hinterlassenschaft durch Zahlung der ihm bekannten Erbschaftsgläubiger und Vermächtnisnehmer und der besondern Verwaltungsgebühren (Siegelung, Inventar, Rechnungsstellung) erschöpft sind.

Sein persönliches Vermögen kann erst dann angegriffen werden, wenn der Erbe mit der Rechnungsstellung in Verzug gesetzt wurde und seiner Pflicht nicht nachgekommen ist.

Wurde die Rechnungstellung anerkannt, so darf das persönliche Vermögen nur bis zum Betrage derjenigen Summe angegriffen werden, bezüglich deren der Erbe mit der Zahlung im Rückstand ist (Art. 803 al. 3).

4. Form des Vermögensverkaufs. Der Benefiziarerbe ist zwar nicht genötigt, Aktiven zu verkaufen, tut er es aber, so muß der Verkauf unter Beachtung der in Art. 805 u. 806 des Code civil und 945 ff., 989 des Code de proc. civ. vorgeschriebenen Formen erfolgen.

Bewegliche Sachen muß der Erbe durch einen öffentlichen Beamten in einer Versteigerung verkaufen lassen, nachdem die üblichen Bekanntmachungen vorausgegangen sind (Art. 805 Code civil und Art. 945 Code de proc. civile).

Stellt er sie in natura zur Verfügung, so haftet er nur für die durch seine Nachlässigkeit verursachte Wertverminderung oder Verschlechterung (Art. 805 al. 2).

Auch die Grundstücke dürfen nur auf die im Prozeßgesetz vorgeschriebene Weise verkauft werden. Der Code de proc. civ. schreibt gleiches Verfahren vor, wie für den Verkauf von Mobiliar von Minderjährigen.

Hält sich der Benefiziarerbe nicht an diese Formen, so wird er schadenersatzpflichtig, und er verwirkt die Rechtswohltat des Inventars (Art. 988, 989 des Code de proc. civ.).

Für den Verkauf von Wertpapieren bestehen keine besonderen Vorschriften. Nach der Rechtsprechung wird dafür ebenfalls gerichtliche Ermächtigung vorgeschrieben (D. P. 81. 141).

5. Zahlung der Erbschaftsschulden. Geldbeträge, die aus dem Verkauf von Grundstücken herrühren, muß der Benefiziarerbe den bekannten Hypothekargläubigern anweisen (Art. 806). Der Käufer des Grundstückes darf nicht an den Erben auszahlen; er muß den Kaufpreis direkt unter die Gläubiger verteilen.

In Bezug auf Geld, das anderer Herkunft ist, sei es aus dem Verkauf von Fahrnis oder hypothekenfreien Grundstücken, aus der Eintreibung von ausstehenden Forderungen der Erbmasse, oder sei es Bargeld, das in der Erbmasse liegt, unterscheidet das Gesetz (Art. 808 u. 809) zwischen den beiden Fällen, da der Gläubiger dem Erben bekannt ist oder nicht. Das Gesetz selbst drückt den Unterschied dadurch aus, daß es unterscheidet zwischen créanciers opposants und créanciers non opposants, erstere sind bekannt, letztere unbekannt.

Ist der Gläubiger bekannt, so kann der Benefiziarerbe nur in der Weise zahlen, wie es das Gesetz anordnet. Ist der Gläubiger aber nicht bekannt, so bezahlt er die Gläubiger und Vermächtnisnehmer in der Reihenfolge wie sie sich melden (Art. 808).

Als „opposition“ gilt jede Handlung, durch welche der Gläubiger seine Forderung zur Kenntnis der Erben bringt (D. 94. 2. 374; 94. 2. 184). Die Anmeldung der Forderung beim Erben ist „opposition“.

Damit der Gläubiger als opposant anerkannt werden muß, genügt, daß der Erbe selbst z. B. durch eine Anzahlung an die Forderung (D. P. 73. 1. 256; 92. 1. 481) seine Kenntnis von der Forderung bezeugt hat.

Die „opposition“ liegt auch im Inventar, im Testament des Erblassers, wenn sich aus diesen Urkunden ergibt, daß der Erbe die Existenz der Forderung und den Willen des Gläubigers auf Zahlung kennen mußte.

Der deutsche Text des Code civil in den Zivilgesetzen der Gegenwart (Frankreich) übersetzt das Wort opposition von Art. 808 mit „Einsprache“, das doch den Sinn von Widerspruch, Nicht-einverstanden-sein z. B. mit den Handlungen des Benefiziarerben, hat. Eine solche Übersetzung ist aber geeignet, zu irriger Auffassung zu führen. Die Worte „s'il-y-a des créanciers opposants“ werden viel richtiger übersetzt mit: „wenn Gläubiger vorhanden sind, deren Forderungen bekannt sind“; es ist dies allerdings eine freie Übersetzung, sie entspricht aber dem Gesetz, der Rechtsprechung und Praxis.

Der Richter, der beim Bekanntsein von Gläubigern interveniert, wird die verhältnismäßige Teilung unter den „créanciers opposants“ anordnen, wenn nicht genügendes Vermögen zur vollständigen Befriedigung aller Gläubiger vorhanden ist.

Der Erbe hat jedenfalls ein großes Interesse daran, sobald ihm ein Gläubiger bekannt ist, an das Gericht zu gelangen, und zwar bevor er anderweitige Zahlung leistet, da er sonst der Gefahr ausgesetzt ist, daß einzelne Gläubiger ihn persönlich auf Schadenersatz belangen.

Der Richter, der sich mit der Frage der Bezahlung der Gläubiger befaßt, wird anordnen, wie liquidiert werden soll, und welche Dividende die Erben (im Falle ungenügenden Erbschaftsvermögens) an die Gläubiger zu zahlen haben.

Die Vermächtnisnehmer werden erst Zahlung erhalten, nachdem die Gläubiger gänzlich befriedigt worden sind.

Wenn keine Gläubiger dem Erben bekannt sind, ist kein Grund zu gerichtlicher Intervention gegeben. Der Benefiziarerbe bezahlt die Gläubiger und Vermächtnisnehmer nach der Reihenfolge wie sie sich melden.

Dann ist zweierlei möglich:

Der eine Fall ist gegeben, wenn der Erbe nach und nach bezahlt und ihm noch ein Rest verbleibt, der ihm gehört. Dann hat er niemandem Rechnung abzulegen.

Hat aber der Erbe so bezahlt, daß schließlich alle Aktiven aufgebraucht sind, so kann er den Gläubigern und Vermächtnisnehmern, die sich erst später melden, erklären, er verweigere weitere Zahlungen, da das zur Verfügung gestandene Vermögen des Erblassers durch frühere Zahlungen an andere Gläubiger aufgezehrt sei. Das muß er aber beweisen können, und deshalb haben die später kommenden Gläubiger das Recht der Rechnungsablegung.

Ein Gläubiger hat wegen des Verlustes kein Rückgriffsrecht gegen die Gläubiger, welche früher bezahlt wurden. Dagegen steht ihm ein Rückgriffsrecht gegen die Vermächtnisnehmer zu, soweit sie Zahlung erhalten haben. Dieses Rückgriffsrecht verjährt schon in drei Jahren von dem Rechnungsabschluß und der Auszahlung des Restbetrages an (Art. 809).

Das Rückgriffsrecht steht nur den Gläubigern zu, keineswegs den Vermächtnisnehmern, welche zu spät bekannt geworden sind, und deshalb gar nicht oder nur ungenügend bezahlt wurden. Sie haben kein Rückgriffsrecht gegenüber Vermächtnisnehmern, die früher bezahlt wurden.

6. Kritik.

Es kann kein Zweifel darüber bestehen, daß dieses ganze Verfahren des französischen Rechtes in bezug auf die Rechtswohltat des Inventars für die heutigen Wirtschaftsverhältnisse absolut unbefriedigend und ungenügend ist. Man braucht dabei nur zum Vergleich die Vorschriften des Schweizerischen Zivilgesetzbuches heranzuziehen, die eine Lösung bieten, die im Interesse aller Beteiligten, des Erben, der das amtliche Inventar angerufen hat, der Miterben, der Vermächtnisnehmer, aber auch der Gläubiger liegt. Im Gegensatz zum französischen Recht bietet das schweizerische große Vorteile: Durch öffentliche Bekanntgabe werden alle Gläubiger eingeladen, ihre Forderungen anzumelden, unter Androhung der Verwirkung ihres Rechtes, wenn die Anmeldung nicht binnen festgesetzter Frist erfolgt. Gerichtlich wird das für alle Beteiligten maßgebende Inventar über das Nachlaßvermögen aufgesetzt. Nimmt darauf der Erbe an, so haftet er persönlich nur den Gläubigern, deren Rechte im Inventar verzeichnet sind. Schlägt er aber aus, so steht nur das Nachlaßvermögen den Gläubigern zur Verfügung. Ist es ungenügend zur Zahlung aller Schulden, so bricht darüber der Konkurs aus und alle Gläubiger haben nur verhältnismäßige Befriedigung daraus.

Siebentes Kapitel.

Absonderung des Vermögens (séparation des patrimoines).

I. Begriff. Das Gesetz räumt den Gläubigern des Nachlasses das Recht ein, die Absonderung des Erbschaftsvermögens vom persönlichen Vermögen des Erben zu verlangen, so daß sie die Sicherheit haben, in erster Linie aus diesem Vermögen bezahlt zu werden.

Diese Rechtswohltat steht nicht nur den Gläubigern der Erbschaft zu (Art. 878), sondern auch den légataires particuliers, d.h. den Vermächtnisnehmern, soweit sie das Recht haben, in Geld bezahlt zu werden.

Was die Vermächtnisnehmer betrifft, die eine bestimmte körperliche Sache vermacht erhalten, werden sie Eigentümer dieser Sache, ohne die Konkurrenz der persönlichen Gläubiger der Erben befürchten zu müssen.

Das Recht auf Absonderung des französischen Code civil steht im Gegensatz zur separatio bonorum des römischen Rechts.

Es handelt sich bei letzterer um die Überlassung der ganzen Erbschaft an sämtliche Erbschaftsgläubiger, um sich aus dem Nachlaßvermögen ohne Konkurrenz der persönlichen Gläubiger des Erben befriedigen zu können. Die separatio bonorum hatte den Charakter der heutigen konkursrechtlichen Liquidation. Der Rest aus der Liquidation gehörte dem Erben. Trat ein Verlust ein, so konnten die Erbschaftsgläubiger nicht mehr gegen den Erben persönlich vorgehen. Im französischen Recht ist alles anders. Die Vermögensabsonderung ist eine ganz individuelle Maßnahme. Selbst wenn mehrere Miterben vorhanden sind, so kann sie gegen einen der Erben allein verlangt werden. Es ist auch nicht nötig, daß alle Gläubiger zusammen auf Absonderung antragen. Auf das Verhältnis der Gläubiger unter sich, namentlich in bezug auf ihre Befriedigung aus dem Nachlaß, spielt dies keine Rolle. Es kann die Absonderung nur einer Sache, z.B. eines Grundstückes, verlangt werden, während das übrige Nachlaßvermögen nicht abgesondert wird. Die Absonderung ändert auch in keiner Weise die Rechte der Gläubiger gegen den einzelnen Erben persönlich. Sie können, wenn er nicht die Rechtswohltat des Inventars genießt, auch gegen ihn persönlich vorgehen und sich aus dem persönlichen Vermögen bezahlt machen.

In einzelnen Fällen hat allerdings auch die französische Absonderung den Charakter der separatio bonorum des römischen Rechts, so daß tatsächlich das ganze Erbschaftsvermögen vom ganzen persönlichen Vermögen der Erben abgesondert wird und alle Gläubiger und Vermächtnisnehmer das Vorrecht genießen, aus der Hinterlassenschaft bezahlt zu werden, bevor die persönlichen Gläubiger des Erben daraus Zahlung erlangen.

II. Verfahren. Um die Vermögensabsonderung zu erhalten, ist es nicht nötig, daß die Gläubiger an das Gericht gelangen. Sie können dieses Recht stets ausüben, wenn sich ein Bedürfnis dazu einstellt. So z. B. wenn ein Grundstück der Erbschaft von einem persönlichen Gläubiger des Erben gepfändet wird. Dann werden die Gläubiger das Begehren auf Absonderung an den juge-commissaire stellen, indem sie verlangen, daß sie bei einer Versteigerung des Grundstückes das Vorrecht auf den Kaufpreis ausüben können.

III. Gesetzlicher Zwang zur Güterabsonderung. Ohne daß Gläubiger oder Vermächtnisnehmer ein besonderes Begehren zu stellen brauchen, tritt die Güterabsonderung in folgenden Fällen ipso jure ein:

a) bei der Annahme der Erbschaft mit der Rechtswohltat des Inventars (s. oben S. 211, 229).

Wenn der Erbe der Rechtswohltat des Inventars nachträglich verlustig geht (s. oben S. 212) oder nachträglich darauf verzichtet, bleibt die Vermögensabsonderung doch weiter bestehen.

Wenn beim Vorhandensein von mehreren Miterben auch nur einer die Rechtswohltat des Inventars angerufen hat, so tritt die Absonderung der Vermögen mit Wirkung für die persönlichen Gläubiger aller Erben ein, und nicht nur mit Wirkung für die Gläubiger des einen Erben, der unter Inventar die Annahme erklärt hat.

b) Eine Vermögensabsonderung erfolgt ebenso ispo jure im Falle einer ledigen Erbschaft, einer vacance de succession, wenn zunächst kein Erbe da ist. Für den zur Verwaltung und Liquidation bestellten Verwalter kommt nur das ungeteilte Erbschaftsvermögen in Betracht.

c) Wenn über den Erblasser nach seinem Tode der Konkurs eröffnet wird, erfolgt in der Praxis ebenfalls ohne weiteres die Güterabsonderung.

IV. Voraussetzungen der Geltendmachung des Absonderungsrechtes. Das Recht auf Absonderung von sämtlichen beweglichen Vermögensstücken kann nur während drei Jahren geltend gemacht werden (Art. 880, al. 1). Doch tritt die Verjährung im Falle der Annahme der Erbschaft mit der Rechtswohltat des Inventars nicht ein, da in diesem Falle eine Vermischung der persönlichen Güter des Erben mit denjenigen der Verlassenschaft nicht möglich ist (Art. 802).

Bei Grundstücken ist eine Vermischung kaum möglich, da sich die Eigentumsverhältnisse aus den Urkunden ergeben. Deshalb kann auch die Absonderung von Grundstücken nur solange verlangt werden, als sie in der Hand des Erben sind (Art. 880 al. 2). Sind sie aber vom Erben verkauft worden, so ist eine Absonderung nicht mehr möglich, und sie bilden für Erbschaftsgläubiger und Vermächtnisnehmer keine Sicherheit mehr.

Wurde die Erbschaft ohne Inventar angetreten, so können die Erbschaftsgläubiger und Vermächtnisnehmer ihr Vorzugsrecht nur dann erhalten, wenn sie auf jedes der Grundstücke eine Einschreibung vornehmen (Art. 2111). Dies hat aber in den ersten sechs Monaten nach dem Tode des Erblassers zu geschehen.

Vor Ablauf dieser Frist ist es den Erben untersagt, eine wirksame Hypothek auf diese Grundstücke zum Nachteil der Erbschaftsgläubiger oder Vermächtnisnehmer zu bestellen.

Das so eingetragene Absonderungsrecht macht es auch gegenüber dem Erwerber des Grundstückes verfolgbar (D. P. 95. 2. 273).

Der noch nicht bezahlte Kaufpreis tritt an Stelle des veräußerten Grundstückes (D. P. 60. 1. 506; 54. 2. 206; 67. 2. 213).

Wurde die Erbschaft mit der Rechtswohltat des Inventars angenommen, so können die Gläubiger und Vermächtnisnehmer von der Einschreibung absehen, da ja bei der Rechtswohltat des Inventars ipso jure die Güterabsonderung eintritt.

V. Folgen der Vermögensabsonderung. a) *Vorzugsrecht des Gläubigers.* Die Gläubiger, welche die Absonderung verlangten, haben ein Vorzugsrecht gegenüber den persönlichen Gläubigern des Erben auf die Güter der Hinterlassenschaft.

b) *Wirkung gegenüber den Erben.* Die Absonderung von Vermögen ändert nichts an den Erbfolgerechten.

α) Die Schuldenverteilung bleibt die gleiche. Auch der Gläubiger, der die Absonderung verlangt hat, kann von jedem einzelnen Miterben nur seinen Teil an der Schuld verlangen, selbst wenn nach Bezahlung dieses Teiles dem Miterben noch ein Überschuß an Erbschaftsvermögen bleibt.

β) Trotz der Absonderung bleiben die Gläubiger, welche die Absonderung verlangt haben, auch persönliche Gläubiger des Erben. Sie können ihn persönlich betreiben, wenn das Erbschaftsvermögen nicht hinreicht, um sie voll zu befriedigen. Sie brauchen nicht einmal die Liquidation der Erbschaft abzuwarten, sondern können jedesmal, wenn beim Erben gepfändet wird, in Konkurrenz mit den persönlichen Gläubigern des Gepfändeten am Ergebnis der Zwangsvollstreckung teilhaben.

Wenn auch die Lage der Erben nicht geändert wird, und insbesondere der Erbe das volle Verfügungsrecht über das Erbschaftsvermögen behält, so wird es doch als zulässig erklärt, daß die Gläubiger, welche die Absonderung verlangt haben, zur Vermeidung einer Vermischung des Vermögens des Erblassers mit dem Vermögen des Erben bestimmte Vorsichtsmaßnahmen verlangen können, so die Anlegung der Siegel, Errichtung eines Inventars und die Sequestrierung der Erbschaftsgüter, sowie die Beschlagnahme der Erbschaftsforderungen.

γ) Die Rechte der übrigen Erbschaftsgläubiger und der Vermächtnisnehmer, die keine Absonderung begehrt haben, bleiben durch die Absonderung unberührt. Den Gläubigern, welche die Absonderung verlangt haben, stehen gegen die übrigen Gläubiger keine Vorzugsrechte zu. Alle nehmen in gleichem Rang an dem Erlöse eines verkauften Grundstückes teil, ob sie nun eine Eintragung verlangt haben oder nicht.

VI. Beendigung der Absonderung. Die Gründe für die Beendigung des Rechtes der Absonderung sind folgende:

a) Der Verkauf der Vermögensstücke. Aus Art. 880 al. 2 ergibt sich, daß wenn Grundstücke vom Erben verkauft wurden, die Klage auf Absonderung dieser Grundstücke nicht mehr geltend gemacht werden kann.

b) Was die beweglichen Sachen betrifft, so hört das Recht auf Absonderung mit dem Ablauf von drei Jahren auf. Es findet aber seine Beendigung auch mit der Tatsache, daß Erbschaftsvermögen und persönliches Vermögen vermischt wurden. Auch die Veräußerung von beweglichem Vermögen setzt der Absonderung ein Ende.

c) Die Gläubiger können ausdrücklich oder stillschweigend auf die Absonderung verzichten.

Fünfter Abschnitt.

Die letztwilligen Verfügungen.

Erstes Kapitel.

Das Testament.

I. Begriff. Art. 895 gibt folgende Definition des Begriffes „Testament“:

„Das Testament ist ein Rechtsgeschäft, durch welches der Testator für die Zeit, da er nicht mehr am Leben sein wird, über sein ganzes Vermögen oder einen Teil desselben verfügt, und welches er widerrufen kann.“

Nach römischem Rechte war der Hauptzweck des Testamentes die Erbeneinsetzung (l'institution d'un héritier). Nach französischem Recht ist dies nicht der Fall. Hier ist der Zweck des Testaments in erster Linie die Verfügung über das Vermögen, so daß die Person, die vom Erblasser sein ganzes Vermögen zugewiesen erhält, nicht ein Erbe im Sinne des römischen Rechtes ist, sondern Universalvermächtnisnehmer (légataire universel). Das Vermögen, das der Erblasser auf den Fall seines Todes einer bestimmten Person durch das Testament zuhält, ist nach dem Code civil ein Vermächtnis (un legs), und die bedachte Person ist der Vermächtnisnehmer (le légataire). Das Testament ist nach dem Code civil nur dazu da, um durch Vermächtnisse über das Vermögen zu verfügen.

Tatsächlich wird dadurch allerdings an den Verhältnissen nichts geändert, da der légataire universel und der légataire à titre universel in der Hauptsache wie Erben behandelt werden.

Man unterscheidet auch nicht zwischen Testament und Codizill. Sieht sich der Erblasser veranlaßt, seine Verfügung durch eine Ergänzungsurkunde zu ergänzen oder zu ändern, so ist diese zweite Urkunde ein zweites Testament, aber rechtlich kein Kodizill, wenn es auch oft Kodizill genannt wird.

Natürlich kann das Testament auch andere als Vermögensverfügungen treffen, wie z. B. die Anerkennung eines unehelichen Kindes (im öffentlichen Testament), die Ernennung eines Rechtsbeistandes für eine überlebende Frau, eines Vormundes für minderjährige Kinder, die Ernennung eines Testamentsvollstreckers.

Die Verfügungen des Testamentes werden erst mit dem Tode des Erblassers wirksam; bis zum Tode können sie widerrufen werden, ob es nun einzelne Verfügungen seien oder das ganze Testament.

II. Formen des Testamentes. Nach französischem Recht gibt es folgende Formen:

1. das eigenhändige Testament (le testament olographe),
2. das öffentliche Testament (le testament authentique),
3. das mystische oder geheime Testament (le testament mystique),
4. das privilegierte Testament (le testament privilégié).

III. Das eigenhändige Testament (le testament olographe). a) Strenge Formvorschrift ist, daß das Testament vom Testator mit eigener Hand (nicht mit der Schreibmaschine) in bezug auf seinen ganzen Inhalt geschrieben, datiert und unterschrieben sein muß. Irgendeiner andern Form ist es nicht unterworfen.

Gleichgültig ist es, ob es mit Tinte oder mit Bleistift geschrieben ist (nicht mit der Schreibmaschine) und ob Papier oder eine andere Schreibunterlage (z. B. Holz) benutzt wurde. Die letztwillige Verfügung kann auch in einem Briefe enthalten sein, wenn sie nur eigenhändig geschrieben, datiert und unterschrieben ist.

Es ist auch keineswegs Stempelpapier vorgeschrieben.

b) Auch das Datum muß eigenhändig geschrieben sein, und zwar vollständig mit Angabe von Tag, Monat und Jahr.

c) Das Erfordernis der eigenhändigen Unterschrift (signature) wird nach der Praxis als gegeben erachtet, wenn ein Schauspieler oder Schriftsteller sein Pseudonym schreibt, oder ein Bischof nur seinen Vornamen in Initialen, gefolgt von einem Kreuz und der Angabe der Diözese.

Gleichgültig ist es auch, ob die Unterschrift am Ende des Testamentes oder im Kontext steht. Immerhin ist eine Anbringung des Namens mitten im Testament nicht zu empfehlen, da der Wille des Testators, übereinstimmend mit dem ganzen Testament am sichersten doch durch die Zeichnung seines Namens am Fuße des Testamentes feststeht.

d) *Keine Hinterlegung des Testamentes.* Nicht gefordert ist das Deponieren des Testaments bei einer Amtsstelle, z. B. bei einem Notar. Natürlich steht nichts im Wege, daß es sicherheitshalber bei einem Notar hinterlegt wird, was in der Praxis sehr oft geschieht. Der Notar wird einen Empfangsschein ausstellen, aus dem sich ergibt, daß er das Testament erhalten hat. Er muß darüber auch ein Protokoll aufnehmen. Die Unterschrift des Testators bedarf keiner Beglaubigung. Es bedarf auch keiner Zeugen.

e) Das eigenhändige Testament ist eine Privaturkunde (un acte sous seing privé). Die Erben können es deshalb anfechten, wenn sie die Unterschrift und die Schrift des Textes nicht als diejenige des Erblassers anerkennen. Das Gericht entscheidet darüber, ob diese Bestreitung begründet ist oder nicht. Die Beweislast liegt bei der Person, die das Testament anficht.

f) *Übergabe des Testamentes zur Eröffnung an den Gerichtspräsidenten.* Art. 1007 schreibt vor: Jedes eigenhändige Testament muß, ehe es zum Vollzug kommt, dem Vorsitzenden des Gerichtes erster Instanz des Bezirkes, wo die Erbschaft eröffnet ist, vorgelegt werden.

Ist das Testament versiegelt, so muß es geöffnet werden. Der Gerichtspräsident nimmt über das Vorlegen, die Eröffnung und die Beschaffenheit des Testamentes ein Protokoll auf und ordnet seine Hinterlegung in die Hände eines von ihm beauftragten Notars an (Art. 1007 al. 1).

IV. Das öffentliche Testament (testament par acte public). *1. Allgemeines.* Art. 971. Das öffentliche Testament, das unter Mitwirkung von Notaren und Zeugen errichtet wird, kommt immer mehr außer Gebrauch, obgleich es seine Vorteile hat, z. B. in bezug auf die Feststellung des wahren Willens des Testators und auf die Richtigkeit des Datums.

Es ist die Testamentform für Personen, die nicht schreiben können, sei es weil sie Analphabeten sind, oder weil körperliches Gebrechen sie hindert, ein eigenhändiges Testament zu verfassen.

2. Formvorschriften. Art. 971, 972. Das öffentliche Testament wird in einer Urkunde aufgenommen, und zwar entweder:

a) von zwei Notaren in Gegenwart von zwei Zeugen, oder

b) von einem Notar in Gegenwart von vier Zeugen.

In beiden Fällen muß es vom Testator diktiert und von einem Notar niedergeschrieben werden, und zwar so wie es diktiert wird.

Es ist dem Testator in Gegenwart der Zeugen vorzulesen. Im Testament muß von allen diesen Vorgängen ausdrücklich Erwähnung getan werden, und der Testator hat es zu unterschreiben. Erklärt der

Testator, des Schreibens unkundig oder sonst außer Stand zu sein, zu schreiben, so ist von dieser Erklärung und der Ursache ausdrücklich in der Urkunde Vormerk zu nehmen (Art. 974).

Die Zeugen müssen das Testament ebenfalls unterschreiben. Auf dem Lande genügt die Unterschrift eines der beiden Zeugen, wenn das Testament von zwei Notaren aufgenommen wird. Die Unterschriften von zwei Zeugen genügen bei Anwesenheit von vier Zeugen, wenn es von einem Notar aufgenommen wird (Art. 974). Die Zeugen, welche mitwirken, müssen volljährige Franzosen sein. Auch Frauen werden als Zeugen zugelassen. Dagegen können beide Ehegatten nie gleichzeitig als Zeugen tätig sein (Art. 980).

Nicht als Zeugen zugelassen sind die Vermächtnisnehmer und deren Verwandte bis zum vierten Grad einschließlich, noch auch die Schreiber der Notare, welche die Urkunde aufnehmen.

Das Testament muß vom Notar selbst in einem einzigen Kontext unterzeichnet und datiert sein. Das öffentliche Testament ist in französischer Sprache aufzusetzen.

Ein Notar darf bei einem Testament, bei welchem er selbst Testator oder Vermächtnisnehmer ist, nicht als Notar mitwirken, ebensowenig seine Verwandten oder Verschwägerten in direkter Linie oder in der Seitenlinie bis auf den Grad von Onkel und Neffen inbegriffen. Dagegen kann der Notar Testamentsvollstrecker sein, wenn das Testament keine Vergütung für ihn aussetzt.

V. Mystisches oder geheimes Testament (testament mystique). Art. 976—979. Das mystische Testament besteht in einer Urkunde, die der Testator selbst oder eine andere Person geschrieben hat, und welche der Testator verschlossen und versiegelt in Gegenwart von mindestens sechs Zeugen mit der Erklärung, sie enthalte sein Testament, dem Notar übergibt, der darüber eine Aufschriftsurkunde zu schreiben hat, die von ihm und den Zeugen unterschrieben wird.

Das Testament mystique ist aus dem Codex Justinianus (c. 21 C. de testam. VI. 23) stammend in das droit écrit und von dort in die ordonnance von 1735 aufgenommen worden.

Es wird wohl kaum mehr vorkommen, da regelmäßig die Form des eigenhändigen Testamentes gewählt wird, wenn keine dritte Person vor dem Tode des Erblassers Kenntnis davon erhalten soll. Nur Personen, die selbst nicht schreiben können, werden vielleicht das mystische Testament wählen. Wer aber bürgt ihnen dafür, daß der Dritte, der es schrieb, wirklich den Willen des Erblassers wiedergegeben hat?

VI. Privilegierte Testamente (testaments privilégiés). Diese Testamentformen verdanken ihren Ursprung den außerordentlichen Umständen, in denen sich der Testator zur Zeit der Errichtung des Testamentes befindet, und sind dazu bestimmt, ihn entsprechend dieser Umstände von den strengen Vorschriften der andern Testamentsformen zu entbinden.

Ihnen allen gemeinsam ist, daß sie von einem Vertreter des Staates, einem officier public, aufgenommen werden müssen.

Es gibt fünf privilegierte Testamente, nämlich:

a) das Militärtestament (le testament militaire), nach den Gesetzen vom 8. Juni 1893 und 17. Mai 1900;

b) das Testament, das in Pest-Zeiten gemacht werden kann (Art. 985 al. 1 u. 2);

c) das Testament errichtet auf einer Insel ohne Verbindung mit dem Kontinent (Art. 986, abgeändert durch das Gesetz vom 28. Juli 1915);

d) das Testament, das auf einer Seereise errichtet wird (Art. 988—995);

e) das Testament, errichtet vor französischen Konsuln und diplomatischen Agenten im Ausland (Art. 999).

Testament im Ausland errichtet. Nach Art. 999 kann ein Franzose, der sich im Ausland aufhält, das Testament entweder in der Form eines eigenhändigen Testamentes errichten, oder aber in einer öffentlichen Urkunde in der Form, wie sie am Orte der Errichtung der Urkunde vorgeschrieben ist. Das eigenhändige Testament ist formgerecht, wenn es den Formvorschriften entweder des französischen oder des am Errichtungsort geltenden Rechtes entspricht. Das öffentliche Testament muß dagegen den Formen des Errichtungsortes genügen. D. P. 98. 1. 377, 1911. 1. 185.

Das von einem Ausländer in Frankreich errichtete Testament ist dagegen nur gültig, wenn es in einer vom französischen Recht vorgeschriebenen Form errichtet ist. D. P. 99 2. 177. —

VII. Auslegung der Testamente. Der französische Richter ist in der Auslegung von Testamenten liberal. Maßgebend ist, daß der Wille des Testators kundgetan ist, mag er dabei auch Ausdrücke gebrauchen, die rechtlich nicht zutreffend sind. So z. B. wenn er, um jemand mit einem Vermächtnis zu bedenken, diese Person nicht als Vermächtnisnehmer (légataire) bezeichnet und statt des Ausdruckes „legs“ den Ausdruck „institution d'héritier“ oder „donation“ oder „donation à cause de mort“ wählt.

Ein Vermächtnis kann sich auch unmittelbar ergeben aus der Enterbung (exhérédation) einzelner Personen, ohne daß dies ausdrücklich gesagt ist. So bedeutet die Enterbung des nächststehenden Erben ein legs universel (ein Universalvermächtnis) zugunsten der nachfolgenden Erben, und die Enterbung aller Erben ein Universalvermächtnis zugunsten des Staates.

VIII. Benennung des Vermächtnisnehmers. a) Vermächtnis zugunsten einer bestimmten Person.

Der Vermächtnisnehmer muß im Testament genau bestimmt sein. Unbestimmte Bezeichnung liegt z. B. vor, wenn gesagt wird, daß ein bestimmter Vermögensteil „en bonnes oeuvres“ vermacht sei. Doch wird es genügen, wenn die bedachte Person bestimmbar ist, wenn sie auch nicht mit ihrem Namen genannt wurde, wie z. B. ein Vermächtnis zugunsten der Person, welche zum erstenmal in der Stratosphäre mit dem Flugzeug von Europa nach Amerika fliegt.

b) Der Testator selbst muß den Vermächtnisnehmer bezeichnen. Es ist nicht zulässig, daß er die Wahl des Vermächtnisnehmers einer andern Person überläßt, wie z. B. eine Zuweisung an einen Spital macht, es aber einer dritten Person überläßt, diesen Spital auszuwählen. Doch kann der gleiche Zweck durch Gründung einer Stiftung erreicht werden.

IX. Arten der Vermächtnisse. Es gibt drei Arten:

a) das universale Vermächtnis (le legs universel), das Vermächtnis auf das ganze hinterlassene Vermögen;

b) das Vermächtnis à titre universel, le legs à titre universel, das Vermächtnis auf eine Quote der Hinterlassenschaft (ein Drittel, ein Viertel usw.);

c) das Sondervermächtnis oder Stückvermächtnis (le legs particulier); es bezieht sich nur auf ein bestimmtes Vermögensstück (z. B. ein Haus, ein Gemälde, eine bestimmte Geldsumme).

Der Unterschied zwischen diesen verschiedenen Gruppen liegt im Umfang der Vermögenszuwendung und in der Schuldenhaftung.

Das Universalvermächtnis umfaßt die Erbschaft als Ganzes, deshalb der Name legs universel. Das legs particulier bezieht sich nur auf Zuwendung eines bestimmten Vermögensstückes, es ist ein Sonderlegat, ein Stückvermächtnis, während die Zuwendung eines Bruchteils der Hinterlassenschaft eine legs à titre universel, ein Erbteil-Vermächtnis begründet.

Da die légataires particuliers und die légataires à titre universel nur einen Vermögensteil erhalten, so haben sie keinen Anspruch auf die „saisine“ (s. oben S. 204). Sie können nur die Auslieferung ihres Anteils verlangen. Dagegen kommt den légataires universels die „saisine“ zu, sofern wenigstens keine Pflichtteilsberechtigte vorhanden sind (Art. 1004).

Die Universallegatare und die légataires à titre universel haben vom Todestage des Erblassers an das Recht auf die Früchte und Erträgnisse, wenn sie, soweit es nötig ist, binnen eines Jahres vom Todestag des Erblassers an, die Auslieferung verlangt haben (Art. 1014).

Da die Universalvermächtnisnehmer und die Erbteilvermächtnisnehmer doch eher den Charakter von wirklichen Erben haben, so haften sie in dem vom Gesetz bestimmten Umfang auch für die Erbschaftsschulden, was bei den bloßen légataires particuliers nicht der Fall ist.

Bei Unterschlagung und Verheimlichung von Vermächtnisaktiven werden die ersteren auch gleich behandelt wie die eigentlichen Erben, die héritiers (Art. 792, s. oben S. 208), während die Sondervermächtnisnehmer in einem solchen Falle nur den privat- und strafrechtlichen Folgen des gewöhnlichen Rechtes ausgesetzt sind.

X. Einfache und bedingte Vermächtnisse. Man unterscheidet einfache Vermächtnisse (legs purs et simples) und bedingte Vermächtnisse (legs avec modalité). Bei erstern wird die bedachte Person mit dem Tode des Erblassers sofort Eigentümer des Vermächtnisses, während die letzteren an Bedingungen gebunden sind.

Handelt es sich um eine Resolutivbedingung (condition résolutoire), so geht das Eigentum sofort auf den Vermächtnisnehmer über. Geht die Bedingung in Erfüllung, so fällt das Vermächtnis dahin.

Ist das Vermächtnis an eine Suspensivbedingung gebunden, so wird es erst wirksam mit dem Eintritt des bedingten Ereignisses. Wenn der Vermächtnisnehmer vorher stirbt, so fällt es dahin, und auch die Erben des Bedachten haben keinen Anspruch darauf (Art. 1040).

Solange die Bedingung schwebt, ist der Vermächtnisnehmer berechtigt, die zur Erhaltung des ihm zugedachten Vermögensteiles zustehenden Rechte auszuüben.

XI. Annahme und Ausschlagung des Vermächtnisses. Der Vermächtnisnehmer hat die Wahl, das Vermächtnis anzunehmen oder auszuschlagen. Die Rechtsprechung ist in bezug auf das Verfahren und die Folgen der Ausschlagung schwankend.

In den meisten Fällen wird angenommen, daß der Universallegatar, dem die ganze Hinterlassenschaft zufällt, und der deshalb tatsächlich dem Erben gleichsteht, berechtigt ist, auch die Rechtswohltat des Inventars anzurufen. Schlägt er aus, so werden seine Gläubiger, ebenso wie bei der Ausschlagung eines Erben, berechtigt sein, mit Ermächtigung des Gerichts statt seiner das Vermächtnis gestützt auf Art. 788ff. anzunehmen. Das Universalvermächtnis wird danach analog der Erbschaft des Blutsverwandten behandelt.

Zweites Kapitel.

Das Universalvermächtnis (legs universel).

I. Begriff. Grundlegend ist Art. 1003: „Ein Universalvermächtnis ist diejenige testamentarische Verfügung, durch welche der Erblasser einer oder mehreren Personen die Gesamtheit (l'universalité) des Vermögens gibt, das er bei seinem Tode hinterläßt."

Diese Definition entspricht nicht ganz dem Wesen des Universalvermächtnisses, da sie die Ansicht aufkommen läßt, der Bedachte erhalte tatsächlich den Gesamtnachlaß. Richtig ist vielmehr nur, daß die Möglichkeit besteht, alles zu erhalten, aber nur wenn andere, die ein Recht auf den Nachlaß haben, wegfallen, wie z. B. Sondervermächtnisnehmer, blutsverwandte pflichtteilsberechtigte Erben, der Ehegatte. Es ist sogar möglich, daß der Erblasser mehrere Universalvermächtnisse macht, wobei mehrere Bedachte die Möglichkeit haben, das Ganze zu bekommen, aber eben nur unter der Bedingung, daß andere Berechtigte, darunter auch die andern Universallegatare, wegfallen, sei es z. B. durch Tod, Verzicht, Unwürdigkeit.

Das Wesen des Universallegates besteht demnach darin, daß der Bedachte den Gesamtnachlaß beim Wegfall oder Fehlen anderer Berechtigter erhalten soll (D. P. 92. 2. 270; 94. 1. 232). Es liegt also eine eventuelle Berufung auf die Totalität der Hinterlassenschaft vor.

Daher wird dem Universalvermächtnis sein Charakter nicht genommen, wenn der ganze Nachlaß durch Sondervermächtnisse erschöpft ist (D. P. 89. 1. 24; 95. 2. 438), denn beim Wegfall dieser Sondervermächtnisse würde die ganze Hinterlassenschaft dem Universallegatar zufallen. Es wäre nicht ausgeschlossen, in einem solchen Falle, da die zum Universallegataren eingesetzte Person verpflichtet ist, Sondervermächtnisse auszuzahlen, sie als Testamentsvollstrecker zu beurteilen, der auch bei vorbehaltloser Annahme nicht mit seinem eigenen Vermögen haftet (D. P. 99. 1. 472).

Das Vermächtnis ist also universal, ein legs universel, wenn die eingesetzte Person das Ganze erhalten *kann.*

Deshalb ist ein universelles Vermächtnis auch das Vermächtnis auf die verfügbare Quote (le legs de la quotité disponible), ebenso wie das Vermächtnis auf alle beweglichen und unbeweglichen Sachen.

Zum legs universel wird auch das nackte Eigentum am ganzen Vermögen (das nackte, d. h. mit Ausschluß der Erträgnisse) gezählt, denn beim Hinfall der Nutznießung des Dritten fällt das ganze Vermögen ohne Einschränkung dem Vermächtnisnehmer zu.

Sind mehrere Universallegatare ernannt, so nehmen diese zu gleichen Teilen an der Hinterlassenschaft teil, d. h. an dem, was einem Universalvermächtnisnehmer zufallen kann. Immerhin kann der Erblasser verschiedene Größe der Teile anordnen, wobei aber jeder Vermächtnisnehmer seine Berechtigung auf das Ganze behält, d. h. für den Fall, daß seine Kollegen wegfallen.

II. Übergang des Vermögens. Für die Frage, in welcher Weise der Universalvermächtnisnehmer in den Besitz des Vermögens gelangt, ist zu unterscheiden zwischen den Fällen, wo pflichtteilsberechtigte Erben vorhanden sind und den Fällen, wo dies nicht zutrifft.

a) Pflichtteilsberechtigten Erben steht das Recht zu auf unmittelbare Besitzergreifung nach dem Tode des Erblassers, auf die „saisine". Der Vermächtnisnehmer muß von ihnen die Auslieferung des ihm daraus zustehenden Vermögensteiles verlangen (Art. 1004). Erst diese Auslieferung, wenn nötig mit gerichtlicher Hilfe, gibt ihm das Recht, davon Besitz zu nehmen und die Erträgnisse zu beanspruchen.

b) Wenn kein Pflichtteilsberechtigter vorhanden ist, so kommt der durch ein öffentliches Testament (testament authentique) eingesetzte Vermächtnisnehmer ipso jure in den Besitz des Vermögens. Er hat die „saisine". Er wird also wie ein „héritier" behandelt.

Liegt nur ein eigenhändiges Testament oder ein mystisches Testament vor, so bedarf es zur Besitzeinweisung einer Verfügung des Gerichtspräsidenten (Art. 1008). Doch wird der Legatar auch schon vorher Maßnahmen zum Schutz und zur Erhaltung des Vermögens treffen können.

Der Gerichtspräsident kann die Einweisung verweigern, wenn Verdachtgründe gegen die Person des Gesuchstellers oder in bezug auf die Gültigkeit des Testaments bestehen.

Der Genuß des Vermögens (der Erträgnisse) beginnt für den mit öffentlichem Testament eingesetzten Universallegataren mit dem Tode des Erblassers, bei anderer Testamentsart erst vom Tage an, da er die Klage auf Auslieferung gestellt hat, oder von dem Tage an, da die Auslieferung freiwillig zugestanden wurde (Art. 1005).

III. Pflichten des Vermächtnisnehmers. In bezug auf die Tilgung der Schulden der Hinterlassenschaft hat der Universallegatar, auch wenn ein Pflichtteilsberechtigter da ist, dieselben Pflichten wie ein Miterbe. Er haftet für die Schulden und Lasten der Erbschaft des Testators persönlich nach Verhältnis seines Anteils und hypothekarisch für das Ganze. Er ist verpflichtet, alle Vermächtnisse auszurichten, vorbehaltlich des Falles der Minderung, wie dies in den Art. 926 u. 927 bestimmt ist (Art. 1009).

Ist z. B. neben dem Universalvermächtnisnehmer einziger Erbe der einzige Sohn des Erblassers, der bis auf die Hälfte einen Pflichtteil hat, so haftet der Vermächtnisnehmer für die Hälfte der Schulden der Hinterlassenschaft.

Die Haftbarkeit ist eine unbeschränkte, d. h. sie geht nicht etwa bloß auf die Höhe dessen, was der Universallegatar tatsächlich aus der Erbschaft erhält, er hat auch persönlich ultra vires emolumenti zu zahlen.

IV. Pflicht zur Auszahlung der Sondervermächtnisse (legs particuliers). Nach der Rechtsprechung haftet der Universallegatar grundsätzlich für die volle Auszahlung der Sondervermächtnisse, wenn er die „saisine" hat. Mußte er sich aber in den Besitz einweisen lassen, so haftet er nur bis auf den Betrag der zu seiner Verfügung stehenden Erbschaftsmasse, sofern er ein Inventar errichtet hat.

Maßgebend sind die Art. 873 und 1009, wonach der Universallegetar verpflichtet ist, alle Sondervermächtnisse im ganzen Umfange zu entrichten. Dagegen ist der neben ihm vorhandene pflichtteilsberechtigte Erbe dafür nicht haftbar, da sein Pflichtteil nicht geschmälert werden darf, die Vermächtnisse vielmehr nur aus der quotité disponible zu bezahlen sind, also aus dem nach Abzug der Pflichterbe noch zur Verfügung stehenden Teil der Hinterlassenschaft.

Soweit dieser Teil nicht zur vollständigen Bezahlung der Vermächtnisse genügt, kann der Universallegatar eine Reduktion vornehmen und zwar in der Weise, daß die sämtlichen Vermächtnisnehmer (der Universalvermächtnisnehmer inbegriffen) nur eine verhältnismäßige Quote davon erhalten. Es wäre anders, wenn der Erblasser im Testament erklärt hätte, daß alle oder einzelne Sondervermächtnisse vor dem Universalvermächtnis den Vorzug haben (Art. 927).

Ist z. B. ein pflichtteilsberechtigter Aszendent neben dem Universallegatar zur Erbschaft berufen, so hat der Pflichtteilsberechtigte von vornherein Anspruch auf seinen gesetzlichen Viertel, während für die Vermächtnisnehmer nur drei Viertel der Hinterlassenschaft zur Verfügung stehen.

Drittes Kapitel.

Das Vermächtnis à titre universel.

I. Begriff. Ein Vermächtnis à titre universel, also ein Erb-Teilvermächtnis, liegt vor, wenn der Bedachte nicht mit dem (eventuellen) Rechte auf die Gesamtheit des Vermögens eingesetzt ist, sondern zu einer Teilquote (z. B. einem Drittel, einem Fünftel) des Vermögens, das der Erblasser hinterläßt.

Z. B. Ich vermache dem X einen Viertel, die Hälfte, den zehnten Teil meines Vermögens.

Die légataires à titre universel haben keine „saisine", sie müssen vielmehr Besitzeinweisung verlangen.

Die Verschiedenheiten zwischen dem legs universel (dem Universalvermächtnis) und dem legs à titre universel sind folgende:

a) Der Universalvermächtnisnehmer hat eine eventuelle Berufung auf die Gesamtheit des Vermögens, der Vermächtnisnehmer à titre universel nicht. Zufolgedessen wird bei Vorhandensein mehrerer bedachter légataires universels bei Wegfall des einen der Vorteil daraus den andern Universallegataren zuwachsen, während der Hinfall eines legs à titre universel keine Vergrößerung anderer Vermächtnisse der gleichen Klasse zur Folge hat.

b) Der légataire universel hat zuweilen die „saisine".

Das ist der Fall, wenn neben ihm kein pflichtteilsberechtigter Erbe vorhanden ist. Der légataire à titre universel hat sie nie und muß deshalb, um in den Besitz des Vermächtnisses zu kommen, dessen Auslieferung verlangen.

II. Arten der Vermächtnisse à titre universel. Es gibt nach Art. 1010 verschiedene solcher Vermächtnisse je nachdem die Verfügung des Testators lautet, sei es

a) auf einen Bruchteil des ganzen Vermögens, z. B. den vierten Teil, den zweiten Teil usw.,

b) auf alle Grundstücke,
c) auf alles bewegliche Vermögen,
d) auf einen bestimmten Teil aller Grundstücke,
e) auf einen bestimmten Teil aller beweglichen Sachen.

Art. 1110 fügt hinzu: Jedes andere Vermächtnis ist nur ein Sondervermächtnis, ein legs particulier.

Nach der herrschenden Ansicht ist ein Vermächtnis à titre universel auch bei Zuweisung des Nießbrauchs am ganzen Nachlaß oder einem Bruchteil desselben gegeben (D. P. 1911. 1. 49).

III. Rechte und Pflichten des Vermächtnisnehmers. Um in den Besitz des Vermächtnisses zu gelangen, hat der Vermächtnisnehmer à titre universel ein Begehren auf Herausgabe zu stellen.

Wenn ein gesetzlicher Erbe auf die Erbschaft berufen ist, so ist das Verlangen an ihn zu richten. Hat ein Universallegatar vom Recht der „saisine" Gebrauch gemacht, an diesen.

Wenn Erbe und Universallegatar zusammen in Frage kommen, so muß der Vermächtnisnehmer à titre universel die Herausgabe von demjenigen verlangen, der im Besitz ist. Fehlt es an Erben, welche blutsverwandt sind, so ist das Begehren an den successeur irrégulier zu richten (d.h. den überlebenden Gatten oder den Staat).

Nach der Rechtsprechung hat der Vermächtnisnehmer à titre universel unter den Voraussetzungen von Art. 1005 das Recht auf die Erträgnisse vom Todestage an, wie der Universallegatar, vorausgesetzt, daß er das Begehren innerhalb Jahresfrist stellt.

Für die Schulden des Nachlasses (eingeschlossen die Vermächtnisse) haftet der légataire à titre universel wie der Universallegatar.

Art. 1012 lautet: „Der Vermächtnisnehmer à titre universel haftet wie der légataire universel für die Schulden und Lasten der Erbschaft des Testators persönlich nach Verhältnis seines Anteils, und hypothekarisch für das Ganze. Seine Haftung ist aber auf die Höhe des Betrages beschränkt, welcher ihm tatsächlich zufällt."

IV. Pflicht zur Auszahlung von Sondervermächtnissen. Sie trifft den légataire à titre universel wie folgt:

a) Fehlt es an einem pflichtteilsberechtigten Erben, so besteht die Pflicht in entsprechender Weise wie gegenüber Gläubigern gemäß Art. 1012 (siehe oben).

b) Ist ein einziger pflichtteilsberechtigter Erbe vorhanden, so ist der Vermächtnisnehmer à titre universel verpflichtet, die Sondervermächtnisse auszuzahlen, aber nur bis auf die Höhe der Quote, die ihm selbst tatsächlich zukommt, und die Sondervermächtnisse müssen sich eine verhältnismäßige Reduktion gefallen lassen; entsprechend Art. 926.

c) Hat der Erblasser nur über einen Teil des verfügbaren Vermögensteiles mittels eines Vermächtnisses à titre universel verfügt, so ist der

Vermächtnisnehmer verpflichtet, unter verhältnismäßiger Beteiligung mit den gesetzlichen Erben die Sondervermächtnisse auszurichten (Art. 1013).

Viertes Kapitel.

Sondervermächtnis (legs particulier).

I. Begriff. Nach Art. 1010 al. 2 ist ein Sondervermächtnis (legs particulier) die testamentarische Zuwendung von Vermögensobjekten in einer Form, die nicht Universalvermächtnis, noch auch ein Vermächtnis à titre universel ist (vgl. oben S. 242).

Ein solches Vermächtnis kann aus Grundstücken, aus Fahrnis, aber auch aus Wertpapieren, aus der Abtretung einer Forderung bestehen. Auch bei Zuwendung von Geldbeträgen handelt es sich um Sondervermächtnisse.

Der Sonderlegatar muß die Herausgabe der vermachten Sache verlangen, und zwar selbst dann, wenn er schon in deren Besitz ist (Art. 1014 al. 2). Das ist erforderlich, weil die Herausgabe des Vermächtnisses nicht bloß den Zweck hat, ihn in den materiellen Besitz der Sache zu versetzen, sondern weil sie auf seiten des Erben eine Anerkennung des Vermächtnisses bedeutet.

II. Geldvermächtnisse. Besteht das Vermächtnis in einer Summe Geldes, so wird der Vermächtnisnehmer Gläubiger des Erben oder des Universalvermächtnisnehmers. Schuldner werden alle Personen, die nach dem Gesetz für die Herausgabe der Vermächtnisse haften, die blutsverwandten Erben, die successeurs irréguliers (überlebender Ehegatte, Staat), die Universalvermächtnisnehmer und die Vermächtnisnehmer à titre universel. Ein jeder von ihnen haftet im Verhältnis des Anteils, welchen er aus der Erbschaft erhält (Art. 1017 al. 1). Soweit eine der haftenden Personen nicht zahlen kann, fällt der Verlust zu Lasten des Vermächtnisnehmers, es sei denn, daß der Erblasser im Testament ausdrücklich erklärt hätte, daß die Haftung der Erben, Universallegatare und légataires à titre universel eine solidarische sein soll.

III. Gesetzliche Hypothek zugunsten der Vermächtnisnehmer. Sind die zur Entrichtung des Vermächtnisses Verpflichteten im Besitz von Grundstücken, so haften sie hypothekarisch bis zum Betrag des Wertes des Grundstückes der Erbschaft (Art. 1017 al. 2).

Die gesetzliche Hypothek gibt den Vermächtnisnehmern ein Vorzugsrecht vor andern Gläubigern.

IV. Zinsen und Früchte der vermachten Sache gehören dem Vermächtnisnehmer vom Sterbetage an, und ohne daß er Klage angehoben hat, in folgenden Fällen:

a) wenn der Erblasser dies im Testament ausdrücklich gesagt hatte,

b) wenn eine Leibrente oder ein Jahresgehalt (une pension) zum Zweck des Unterhalts vermacht worden ist.

V. Pflichten des Vermächtnisnehmers. Nach Art. 1024 haftet der Sondervermächtnisnehmer nicht für die Schulden der Erbschaft. Dagegen ist er der Reduktion des Vermächtnisses ausgesetzt, wenn die Summe der Vermächtnisse das reine Aktivvermögen der Erbschaft übersteigt.

Zufolgedessen können die Vermächtnisnehmer auch erst nach Tilgung der Erbschaftsschulden bezahlt werden.

Reicht das Aktivvermögen nicht aus, so werden die Vermächtnisse verhältnismäßig reduziert.

Besteht das Vermächtnis in einem Grundstück, auf welchem eine Hypothek lastet, so haftet der Vermächtnisnehmer für die Pfandschuld. Er hat aber ein Rückgriffsrecht gegen die Erben, welche persönlich für die Schuld haften.

Fünftes Kapitel.

Der Testamentsvollstrecker (exécuteur testamentaire). (Art. 1055 ff.)

I. Berufung und Aufgaben. Der Erblasser kann einen oder mehrere Testamentsvollstrecker ernennen. Die Aufgabe des Testamentsvollstreckers besteht darin, für Vollstreckung des Testaments zu sorgen. Er hat deshalb im Falle eines Streites über die Vollziehung zu intervenieren und für seine Gültigkeit einzutreten (Art. 1031 al. 4).

Testamentsvollstrecker kann nur eine voll handlungsfähige Person sein (Art. 1028), eine Ehefrau nur mit Zustimmung des Ehemannes. Wenn sie in Gütertrennung lebt und der Mann seine Zustimmung verweigert, so kann sie gerichtliche Ermächtigung nachsuchen (Art. 1029 al. 2).

Einzelne Aufgaben des Testamentsvollstreckers sind: Erhaltung des Vermögens, Anlegung der Siegel, wenn Minderjährige, Entmündigte oder Abwesende zu den Erben gehören (Art. 1031 al. 1), Aufnahme eines Nachlaßinventars in Gegenwart des Erben (Art. 1031 al. 2), Verkauf des Mobiliarvermögens, wenn nicht genügend Bargeld zur Zahlung der Vermächtnisse vorhanden ist (Art. 1031 al. 3), Rechnungstellung am Ende eines Jahres.

Schulden darf der Testator nur mit Zustimmung des Erben bezahlen.

Der Testamentsvollstrecker hat nur die Verfügung über das bewegliche Vermögen, nicht aber über Grundstücke.

Der Erblasser kann die Vollmachten des Vollstreckers beschränken, so daß er auch nur über einen Teil des beweglichen Vermögens verfügen darf (Art. 1026), und daß z. B. Wertpapiere unmittelbar dem Erben oder dem Universalvermächtnisnehmer übergeben werden müssen. Dagegen können die vom Gesetz gegebenen Vollmachten durch das Testament nicht erweitert werden. So wäre es nicht zulässig, dem Testamentsvollstrecker das freie Verfügungsrecht über Grundstücke zu geben.

Art. 1026 überläßt dem Testamentsvollstrecker den Besitz des beweglichen Vermögens nur auf die Dauer von einem Jahr. Der Gesetzgeber wollte verhüten, daß dieser Besitz allzu lange daure. Gleichwohl wird im übrigen auch nach Ablauf eines Jahres der Testamentsvollstrecker, wenn es nötig ist, seine Arbeit fortsetzen.

Sein Besitz nimmt aber schon vorher ein Ende, wenn der Erblasser es so angeordnet hat, ferner wenn der Testamentsvollstrecker vorher schon seine Arbeit beendet hat, weiterhin, wenn der Erbe dem Testamentsvollstrecker eine genügende Barsumme zur Zahlung der Vermächtnisse anbietet oder die erfolgte Zahlung nachweist (Art. 1027).

Eine besondere Aufgabe des Testamentsvollstreckers besteht darin, die Entrichtung der Vermächtnisse sicher zu stellen. Ist nicht genügend Geld vorhanden, so haben die Vermächtnisnehmer den Verkauf der beweglichen Güter zu veranlassen (Art. 1031 al. 3).

Der Testamentsvollstrecker muß auch ausstehende Forderungen eintreiben.

II. Beendigung des Amtes. Sie erfolgt wegen des Todes des Testamentsvollstreckers; ferner zufolge Erledigung des ihm durch das Testament erteilten Auftrages; zufolge Rücktritts, wenn er sich in die Unmöglichkeit versetzt sieht, die Aufgabe zu erfüllen.

Der Testamentsvollstrecker kann aber auch seines Amtes auf Klage der Erben oder Universallegatare entsetzt werden, wenn er sich unfähig erweist oder untreu ist.

Natürlich setzt auch die Nichtigkeitserklärung eines Testaments seiner Arbeit ein vorzeitiges Ende.

Sechstes Kapitel.

Widerruf und Hinfall letztwilliger Verfügungen.

Der Erblasser kann sein Testament jederzeit widerrufen oder abändern. Dies kann ausdrücklich oder stillschweigend geschehen.

I. Ausdrücklicher Widerruf ist nach Art. 1035 nur möglich durch ein späteres Testament oder durch eine Notariatsurkunde. Der in einem späteren Testament erklärte Widerruf ist gültig, wenn die Formvorschriften beachtet wurden, selbst wenn die übrigen Bestimmungen nicht ausführbar sind, wie z. B. wenn ein eingesetzter Erbe oder Vermächtnisnehmer erbunfähig ist oder die Annahme verweigert (Art. 1037).

Erfolgt der Widerruf durch eine Notariatsurkunde, so sind hierfür nicht die Formen des Testamentes anwendbar, wohl aber die Formvorschriften für Notariatsurkunden. Der Widerruf muß also vor einem Notar in Anwesenheit eines zweiten Notars oder zweier Zeugen erfolgen.

II. Stillschweigender Widerruf ist in folgenden Fällen anzunehmen: a) Wenn der Erblasser die Testamentsurkunde in einen solchen Zustand gebracht hat, daß man nicht mehr weiter annehmen kann, daß sie die Erklärung seines letzten Willens sein soll, so z.B. wenn er die Urkunde zerrissen hat, oder das Geschriebene durchstrichen ist. Das Gesetz sagt zwar nichts darüber. Es entspricht aber der Praxis.

b) Ein stillschweigender Widerruf liegt auch darin, daß der Testator in einem späteren Testament Verfügungen getroffen hat, die mit dem ersten unvereinbar sind oder im Widerspruch stehen (Art. 1036).

c) Stillschweigender, d.h. aus dem Verhalten des Testators sich ergebender Widerruf, liegt auch vor, wenn der Erblasser eine vermachte Sache ganz oder teilweise veräußert, und zwar selbst, wenn es sich um einen Verkauf unter Vorbehalt des Rückkaufes, oder um einen Tausch handelt. Das ist ausdrücklich gesagt in Art. 1038, mit der Bemerkung, daß der Widerruf in bezug auf eine Sache auch dann weiter besteht, wenn die Veräußerung nichtig ist und die veräußerte Sache wieder in die Hände des Testators zurückgelangt ist.

III. Hinfall der Vermächtnisse (caducité des legs) zufolge Gesetz: Die Vermächtnisse fallen in folgenden Fällen ohne weiteres dahin:

a) durch Tod des bedachten Vermächtnisnehmers vor dem Tode des Erblassers (Art. 1039);

b) bei Nichterfüllung einer Suspensivbedingung, d.h. wenn das Vermächtnis dem Bedachten nur bei Eintritt einer bestimmten Bedingung zufallen sollte, diese Bedingung aber nicht eintritt;

c) bei Unfähigkeit des Vermächtnisnehmers (Art. 1043): wenn der eingesetzte Erbe oder Vermächtnisnehmer sich in der Unfähigkeit befindet, das Vermächtnis zu erwerben. Dieser Fall ist nur denkbar, wenn die bedachte Person zu einer Kriminalstrafe verurteilt wurde, die ihren zivilen Tod zur Folge hat, und damit auch ihre Fähigkeit aufhört, Liberalitäten zu empfangen (Gesetz vom 31. Februar 1854);

d) bei Ausschlagung des Vermächtnisses durch den Bedachten (Art. 1043);

e) bei gänzlichem Untergang des Vermächtnisgegenstandes vor dem Tode des Erblassers (Art. 1042).

IV. Widerruf der Vermächtnisse durch Gerichtsurteil. Nach dem Code civil (Art. 954 u. Art. 955) kann eine vollzogene Schenkung wegen Nichterfüllung der dem Beschenkten auferlegten Lasten und wegen seines Undankes gegenüber dem Schenkgeber widerrufen werden. Entsprechend diesen Vorschriften ist es nach Art. 1046 auch möglich, nach dem Tod des Testators Vermächtnisse wegen Undanks aufzuheben, jedoch nur in folgenden Fällen:

a) wenn der Bedachte einen Angriff auf das Leben des Erblassers unternommen hatte (Art. 955 Ziff. 1);

b) wenn er sich gegen ihn einer Gewalttätigkeit, eines Vergehens oder einer schweren Beleidigung schuldig gemacht hat (Art. 955 Ziff. 2);

c) wenn er das Andenken des Verstorbenen beschimpft hat (Art. 1047).

V. Anfall des Vermächtnisses an andere Personen. Im allgemeinen wird der durch Hinfall eines Vermächtnisses freie Vermögensteil an den Erben oder an den Universallegatar zurückfallen, der es auszurichten hatte.

Nur in zwei Fällen trifft dies nicht zu, nämlich:

a) Hat der Erblasser im Testament bestimmt, daß das durch Wegfall eines Vermächtnisnehmers frei gewordene Vermögensstück einer andern bestimmten Person zukommen soll, so ist diese Willensäußerung des Testators maßgebend.

b) Wenn ein Vermächtnis mehreren Personen zugewendet ist, so wächst der Teil einer in Wegfall kommenden Person den andern Mitbedachten zu (Art. 1044). Voraussetzung ist, daß das Vermächtnis in einer und derselben Verfügung bestimmt wurde und der Erblasser nicht einem jeden einzelnen der Vermächtnisnehmer seinen Teil an der vermachten Sache angewiesen hat (Art. 1044 al. 2).

Eine Sache wird als mehreren Personen zusammen zugewendet angesehen, wenn sie sich ohne Wertverminderung nicht teilen läßt, selbst wenn sie in derselben Urkunde mehreren Personen, wenn auch einer jeden besonders, vermacht worden ist (Art. 1045).

Siebentes Kapitel.

Teilung des elterlichen Vermögens unter die Kinder.

I. Begriff. Vater und Mutter und andere Aszendenten haben das Recht, die Verteilung ihres Vermögens unter die Kinder selbst vorzunehmen, d. h. den Erbteil, das Los (la lot) eines jeden von ihnen genau zu bestimmen (Art. 1075).

Diese Teilung kann entweder durch das Testament vorgenommen werden (testament-partage) oder aber durch Rechtsgeschäft unter Lebenden (donation-partage).

Es sind die Formvorschriften, Bedingungen und Regeln zu beobachten, die das Gesetz für Schenkungen unter Lebenden und für Testamente vorschreibt (Art. 1076 al. 2).

Teilungen unter Lebenden können nur das zur Zeit der Teilung vorhandene Vermögen zum Gegenstand haben (Art. 1076 al. 2).

Die Teilung unter Lebenden findet in der Praxis weit mehr Anwendung als diejenige durch Testament, namentlich auf dem Lande. Eltern und Großeltern, die alt geworden sind, wollen sich von der Verwaltung ihrer Güter und der Arbeit auf dem Felde zurückziehen. Deshalb überlassen sie ihr Vermögen oder einen Teil davon ihren Kindern oder Großkindern, verteilen es aber gleichzeitig so, daß die Kinder nach dem Tode der Schenkgeber nicht nochmals teilen müssen.

II. Die Teilung unter Lebenden (donation-partage). Das Gesetz ist in bezug auf die donation-partage sehr lückenhaft, was Anlaß zu vielen Prozessen gegeben hat, so daß die Rechtsprechung die Lücken auszufüllen hatte.

Die Teilung des Vermögens der Eltern ist nur zulässig, wenn die Teilung unter alle Nachkommen geschieht, welche der Aszendent bei seinem Tode hinterläßt, mithin unter seine sämtlichen ihn überlebenden Kinder, inbegriffen seine anerkannten unehelichen und seine Adoptivkinder (Art. 1078). Die gültige Teilung kann nicht angefochten werden, weil ein darin bedachtes Kind vor dem Erblasser gestorben ist.

Ist die Teilung nicht unter alle zur Zeit des Todes lebenden Kinder und Nachkommen geschehen, so ist die Teilung im Ganzen nichtig, und eine neue in gesetzlicher Form kann sowohl von den Kindern und Nachkommen, die keinen Anteil erhielten, als auch selbst von denjenigen verlangt werden, unter welchen die Teilung erfolgt ist (Art. 1078).

Ist nicht das ganze Vermögen, das ein Aszendent hinterlassen hat, in die Teilung einbezogen worden, so wird das nicht darin begriffene Vermögen dem Gesetz gemäß verteilt (Art. 1078).

Die Teilung kann wegen einer Verletzung von mehr als einem Viertel angefochten werden. Anfechtung ist ferner möglich, wenn aus der Teilung und aus Verfügungen, nach welchen etwas zum Voraus gegeben wird, hervorgeht, daß einer der Beteiligten einen größeren Vorteil erhalten hat, als das Gesetz erlaubt (Art. 1079).

III. Testamentarische Teilung (testament-partage). Die von den Eltern im Testament vorgenommene Teilung stößt auf weniger Schwierigkeiten als diejenige unter Lebenden. Der Aszendent hat das Recht, einen oder mehrere seiner Nachkommen zu bevorzugen, soweit dies innerhalb der Schranken der verfügbaren Quote geschieht.

1. Die Form des Testamentes. Jede zulässige Form des Testamentes kann gewählt werden, auch ein eigenhändiges Testament. Der Erblasser muß die Teilung nicht in bezug auf das ganze Vermögen vornehmen. Er kann sich z. B. damit begnügen, die Grundstücke den einzelnen Erben zuzuteilen, während er es den Erben überläßt, die Teilung des übrigen Vermögens vorzunehmen. Es ist auch zulässig, die Teilung in mehreren Testamenten vorzunehmen.

Nicht erlaubt ist, daß die beiden Eltern, Vater und Mutter, die Teilung in einem gemeinsamen Testament anordnen. Es ist dies nicht einmal dann zulässig, wenn die beiden Ehegatten in Gütergemeinschaft leben. Jeder Elternteil muß seinen Willen in einem besonderen Testament erklären.

2. Inhalt. Das Testament muß alle Kinder umfassen, die am Todestage zur Erbfolge berufen sind und die Erbschaft annehmen (Art. 1078). Fehlt es an diesem Erfordernis, so kann die ganze Teilung angefochten werden. Das wäre z. B. auch der Fall, wenn nach Errichtung des Testaments der Erblasser den ganzen Vermögensteil, der einem Kinde zusteht, vor seinem Tode veräußern würde.

Stirbt ein Kind vor seinen Geschwistern, so fällt sein Teil diesen zu.

Für die Bildung der Lose sind die Art. 826 u. 832 maßgebend.

Jeder Miterbe kann seinen Anteil an Fahrnis und Grundstücken des Nachlasses in natura verlangen. Sind jedoch Gläubiger vorhanden, welche gepfändet, oder ihre Forderungen angemeldet haben, oder hält die Mehrheit der Miterben den Verkauf für nötig, um die Schulden und Lasten des Nachlasses zu tilgen, so wird das bewegliche Vermögen öffentlich versteigert (Art. 826).

Bei der Bildung und Zusammensetzung der Lose ist, wenn immer möglich, die Zerstückelung der Grundstücke und die Trennung der Bewirtschaftung zu vermeiden, und in angemessener Weise, wenn immer möglich, jedem Los eine gleiche Menge an Fahrnissen, Grundstücken, Rechten oder Forderungen von gleicher Art und gleichem Wert zuzuteilen (Art. 832).

Der Erblasser hat darauf zu sehen, daß ein Kind keinen größeren Vorteil erhält, als das Gesetz es erlaubt, namentlich auch mit Rücksicht auf das, was ein Kind zum Voraus schon bekommen hat (Art. 1079).

Die Kinder können bei Verletzung ihrer Rechte die Teilung innerhalb 30 Jahren anfechten.

3. Wirkung. Da es sich um testamentarische Verfügungen handelt, können sie vom Erblasser jederzeit widerrufen und abgeändert werden in der Form wie es bei Testamenten zulässig ist. Die Kinder bleiben Erben, und trotz der testamentarischen Zuteilung werden sie keineswegs Vermächtnisnehmer. Sie sind nach wie vor zur Erbschaft berufen. Gegenüber anderen Testamenten bezieht sich die besondere Willensäußerung der elterlichen Teilung nur auf die Art der Teilung, insbesondere mit dem Zweck, Streitigkeiten über die Verteilung unter den Kindern zu verhüten. Die Kinder sind denn auch an die elterliche Teilung gebunden, soweit sie wenigstens nicht die gesetzlichen Vorschriften verletzen.

Achtes Kapitel.

Einsetzung von Nacherben (Nachvermächtnisnehmern); la substitution.

I. Begriff; Historisches; Verbot. In der französischen Rechtsprechung liegt eine substitution fideicommissaire vor, wenn ein Geschenk oder ein Vermächtnis gegeben wird mit der Auflage, daß der Beschenkte oder Vermächtnisnehmer verpflichtet ist, das ihm zugewiesene Vermögensstück während seines ganzen Lebens so zu erhalten, wie er es bekommen hat, es also vor allem nicht zu veräußern, nicht zu verkaufen, noch es zu belasten, und mit der weitern Auflage, dieses Gut für den Fall seines Todes einer andern bestimmten Person zuzuhalten. Es handelt sich also um ein legs grevé de substitution. Die weitere Person, welche nach dem Tode der erst bedachten das vermachte Vermögen erhalten soll, ist der appelé (l'appelé à bénéficier de la substitution).

Nicht nötig ist, daß die zweitbedachte Person zur Zeit der Verfügung schon am Leben ist. Gewöhnlich handelt es sich um das Kind oder weitere Nachkommen des ersten Vermächtnisnehmers. Auf diese Weise ist es möglich, ein Vermögen den verschiedenen Generationen derselben Familie zu erhalten, da in demselben Testament die Auflage dahin gehen kann, daß auch die zweitnächst bedachte Person, z. B. das Großkind des Testators seinerseits wieder verpflichtet ist, seinem Kinde das Vermögen zuzuhalten und so weiter.

Die Revolutionsregierung hat durch Dekret vom 14. November 1792 eine substitution, d. h. die Einsetzung von Nacherben und Nachvermächtnisnehmern aus politischen Gründen verboten. Napoleon hat sie wieder zugelassen durch die Schaffung von Majoraten zugunsten seiner Generäle und der neuen Aristokratie, so daß die Vermögen zusammen mit einem Adelstitel von Generation zu Generation dauernd den Adelsfamilien erhalten bleiben sollten.

Unter Louis-Philippe wurde durch Gesetz vom 12. Mai 1835 die Bildung neuer Majorate verboten.

Erst zufolge eines Gesetzes vom 22. April 1905 gestützt auf eine Konvention zwischen dem Staat und den letzten Inhabern der Majorate fielen die Institution der alten Majorate und mit ihr die damit verbundenen Substitutionen dahin.

Die gewöhnlichen Substitutionen wurden im Jahre 1826 wieder gestattet, durch Gesetz vom 11. Mai 1849 neue Substitutionen aber gänzlich verboten.

Dieses Verbot findet seinen Ausdruck in Art. 896 des Code civil mit dem Wortlaut: „Substitutionen sind verboten. Jede Verfügung, durch welche dem Beschenkten, dem eingesetzten Erben oder dem Vermächtnisnehmer die Erhaltung und Herausgabe an einen Dritten auferlegt wird, ist nichtig, selbst in bezug auf den Beschenkten, den eingesetzten Erben oder den Vermächtnisnehmer.“

II. Ausnahmen und Umgehung des Verbotes. Trotz des zum Schlagwort gewordenen Gebotes „Substitutionen sind verboten“, werden sie in einem beschränkten Umfange doch zugelassen, wenn auch nicht unter diesem Namen. Die vorkommenden Fälle sind:

1. Die Vulgarsubstitution (la substitution vulgaire) (Art. 898). Das ist die freiwillige Verfügung zugunsten eines Ersatzmannes für den Fall, daß der in erster Linie Bedachte, sei es nun zu Lebzeiten durch Geschenk, oder auf den Todesfall als Erbe oder Vermächtnisnehmer, das ihm zugedachte Vermögensobjekt nicht erhalten sollte.

Eine solche Verfügung enthält keine doppelte aufeinanderfolgende freigebige Zuwendung, sondern bezeichnet nur eine zweite Person als bedacht für den Fall, daß die erste Person aus irgendeinem Grunde nicht annimmt, z.B. wegen Tod, wegen Ausschlagung usw. Deshalb ist sie durch das Gesetz erlaubt.

2. Umgehungen. Die Juristen haben es in ausgeklügelter Weise verstanden, das Verbot dadurch zu umgehen, daß sie der Verfügung andere Formen gegeben haben. Die Rechtsprechung hat solche Umgehung sanktioniert. Dazu gehören folgende Formen:

a) *Das bedingte Doppelvermächtnis* (*double legs conditionnel*). Es handelt sich dabei um zwei Vermächtnisse, welche beide bedingt sind, das Vermächtnis zugunsten des Erstbedachten mit einer Resolutivbedingung, das zweite zugunsten des Zweitbedachten mit einer Suspensivbedingung.

Beispiel: Ein Erblasser setzt seinen Sohn als Universallegataren ein, unter der Bedingung, daß er selbst wieder einen Sohn hat (erstes Vermächtnis mit Resolutivbedingung); für den Fall, daß er keinen Sohn hat, fügt der Erblasser bei, soll das Vermögen an seine Schwester, oder an die Kinder seiner Schwester gehen zweites Vermächtnis mit Suspensivbedingung).

Diese Form wird als zulässig anerkannt, weil es sich nicht um zwei freigebige Zuwendungen im Sinne der verbotenen Substitution handelt, da ja die zweitbedachte Person, wenn sie das Vermächtnis erhalten hat, es nicht als Nachfolgerin der erstbedachten Person erhielt, denn diese ist ja überhaupt nie Erbe geworden.

Voraussetzung ist nur, daß (im Gegensatz zu der verbotenen Einsetzung eines Nacherben oder Vermächtnisnehmers) die zweitbedachte Person zur Zeit des Todes des Erblassers lebt, sei es auch nur im Mutterleibe.

b) *Legs de residuo oder legs de eo quod supererit.* Als wesentliches Element der verbotenen Substitution gilt das in ihm enthaltene Verbot zu Lasten des Erstbedachten das ihm zugewiesene Vermögen so zu erhalten, wie er es empfangen hat, also mit dem Verbot der Veräußerung und Belastung.

Es wird deshalb nicht als eine Verletzung des Verbotes der Substitution, der Einsetzung eines Nacherben, betrachtet, wenn der Erblasser zwar gleichzeitig zwei Personen in der Weise Vermögen zuwendet, daß die erstbedachte Person volle Verfügungsfreiheit darüber haben soll, daß aber das Eigentum an diesem Vermögen nach ihrem Tode, wenn sie ohne Nachkommen sterben sollte, an eine andere bestimmte Person zu Eigentum übergehen soll, die zur Zeit des Todes des Erblassers lebt.

Man sagt, es liege hier keine verbotene Substitution oder Nacherbeneinsetzung vor, weil die erstbedachte Person nicht verpflichtet sei, das Vermögen in dem ihr zugekommenen Zustande zu bewahren, sondern volle Verfügungsfreiheit darüber habe, und weil ferner die zweitbedachte Person nur das erhalte, was davon am Todestage des Erstbedachten übrig bleibe.

Die Rechtsprechung hält dafür, daß eine solche Verfügung selbst dann zulässig wäre, wenn der Testator dem erstbedachten Vermächtnisnehmer oder eingesetzten Erben untersagen würde, durch Testament oder sonst freigebig über das Erhaltene zu verfügen, weil auch in diesem Falle das Vermögen nicht mit einem eigentlichen Verbot der Veräußerung belastet wäre, da ja die zunächst bedachte Person doch entgeltlich darüber verfügen dürfe.

c) *Zuhaltung vor dem Tode.* Da ein weiteres wesentliches Merkmal der verbotenen Substitution in der Verpflichtung besteht, das Vermögen im Moment des Todes einer dann lebenden oder in Zukunft lebenden dritten Person zu überlassen, werden auch letztwillige Verfügungen in Testamenten als zulässig erachtet, die

α) bloß eine Empfehlung, eine Bitte, an die erstbedachte Person enthalten, nach ihrem Tode das Vermögen einer bestimmten anderen zu überlassen;

β) ferner Verfügungen dahingehend, daß die erstbedachte Person den erhaltenen Vermögensteil zu einer andern Zeit als dem Todestage, d. h. schon an einem bestimmten Tage vorher, z. B. bei Eintritt eines bestimmten Ereignisses, einer andern bestimmten Person übergeben soll.

III. Erlaubte Substitution im Testament der Eltern. *1. Die Gesetzesvorschrift.* Die Art. 1048 u. 1049 gestatten, daß ein Vater oder eine Mutter den Kindern oder Geschwistern ein Vermögen zuwendet (sei es zu Lebzeiten durch Schenkung oder auf den Todesfall durch Testament) mit der Verpflichtung, es bei ihrem eigenen Tode den eigenen Kindern (also den Enkeln oder Geschwisterkindern des Testators) zu überlassen. Diese Substitution oder Einsetzung von Nacherben ist aber nach zwei Richtungen beschränkt:

Es haben nur die Eltern das Recht, eine solche Verfügung zu treffen, und als in zweiter Linie Bedachte (beim Testament also als Nacherben oder Vermächtnisnehmer) können nur Enkel und Geschwisterkinder eingesetzt werden.

Es handelt sich also nur um eine einfache Substitution. Durch diese Einschränkung soll vermieden werden, daß ein Vermögen auf Generationen hindurch stets dem erstgeborenen Sohn zukommt, wie es früher in Adelsfamilien der Fall war.

Nicht nötig ist, daß zur Zeit des Todes des Testators das in zweiter Linie berufene Großkind oder Geschwisterkind schon lebe.

Ist der ersteingesetzte Erbe zur Zeit des Todes des Testators schon gestorben, so erben an seiner Stelle seine Kinder, und wenn diese ebenfalls schon gestorben sind, deren Kinder (Art. 1051).

Wenn der erstbedachte Erbe (ein Kind oder eine Schwester oder ein Bruder des Testators) mehrere Kinder hinterläßt, so muß die Wiederabtretung an alle diese Kinder ohne Ausnahme und ohne Vorzug des Alters oder Geschlechtes erfolgen (Art. 1050).

Durch diese Bestimmung soll verhütet werden, daß das Substitutionsrecht männliche Majoratsrechte schafft, wie sie die alten Adelsfamilien hatten.

Vater und Mutter können in dieser Weise über ihr Vermögen nur verfügen, soweit ihnen eine quotité disponible, also das freie Verfügungsrecht überhaupt zusteht, d. h. der Pflichtteil des eigenen Kindes nicht verletzt wird.

Soweit eine Benachteiligung des Pflichtteils eintreten würde, muß die Substitution auf die verfügungsfreie Quote reduziert werden. Es ergibt sich dies aus Art. 1048.

2. Rechtliche Folgen. Das erstbedachte Kind wird bei der Zuwendung durch Testament im Zeitpunkt des Todes des Erblassers Eigentümer des Vermögens. Es hat nicht nur das Recht, die Erträgnisse nach freiem Ermessen zu genießen, sondern kann die einzelnen Vermögensstücke auch veräußern. Seine Gläubiger haben das Recht, sie zu pfänden.

Der in zweiter Linie berufene Erbe (l'appelé), der Nacherbe, hat nur ein eventuelles Recht, das ihm gestattet, die zur Erhaltung des Vermögens dienenden Handlungen vorzunehmen, z. B. eine Verjährung zu unterbrechen. Er ist aber nicht berechtigt, sich irgendwie in das Verfügungsrecht des erstbedachten Erben einzumischen, wenn z. B. dieser Vermögensstücke verkauft oder wenn sie gepfändet werden. In diesem Falle kann der Nacherbe auch keinerlei Rechte, Vindikationsrechte, gegen den dritten Erwerber oder den Gläubiger geltend machen, für welchen gepfändet wurde.

Erst nach dem Tode des Vorerben ist dessen Eigentum am Vermögen erloschen, sofern er Kinder hinterläßt, und der Nacherbe wird als Eigentümer des Vermögens betrachtet, wie wenn er daran immer das Eigentum gehabt hätte.

Daraus folgt:

a) Eine vom Vorerben auf das Grundstück aufgenommene Hypothek bleibt rechtsbeständig.

b) Dagegen sind Verkäufe und die Errichtung von dinglichen Belastungen des Vermögens nichtig. Gleiches ist der Fall mit Bezug auf die Zuweisung von Vermögen im Pfändungsverfahren an die Gläubiger des Vorerben.

Doch bestehen von dieser Regel Ausnahmen, nämlich:

α) Damit der Nacherbe verlangen kann, daß die erwähnten Rechtsgeschäfte des Vorerben ungültig erklärt werden, muß er entweder die Erbschaft ablehnen oder sie mit der Rechtswohltat des Inventars annehmen.

β) Die Rechtsgeschäfte des Vorerben, die sich auf die Verwaltung des Vermögens beziehen, bleiben gültig, wenn sie nicht als betrügerische Handlungen beurteilt werden müssen.

γ) Auch die gesetzliche Hypothek der Ehefrau des Vorerben, die zwar grundsätzlich in Wegfall kommt, bleibt unter gewissen Bedingungen bestehen, nämlich dann, wenn dies der Testator ausdrücklich angeordnet hat, ferner wenn das freie Vermögen des Vorerben ungenügend ist, um die Schulden der Frau zu decken; und ferner, wenn die durch die Hypothek geschützte Forderung der Frau ausschließlich ihr Anspruch auf die Rückgabe ihres Heiratsgutes (dot) ist (Art. 1054).

δ) Der Nacherbe hat bei Eintritt der Substitution kein Recht, gegen dritte Erwerber körperlicher Sachen oder von Werttiteln auf den Inhaber vorzugehen.

3. Schutzmaßnahmen im Interesse des Nacherben. a) *Bestellung eines Vormundes.* Zur Vollziehung seiner Verfügung der Substitution kann der Testator im Testament oder in einer späteren öffentlichen Urkunde einen Vormund ernennen, der zu überwachen hat, ob der Vorerbe seine Rechte nicht mißbraucht, und ob er die Verpflichtungen erfüllt, welche ihm die Einsetzung von Nacherben auferlegt.

Hat der Testator keinen Vormund bezeichnet, so muß der Vorerbe innerhalb eines Monats vom Todestag des Erblassers an einen Vormund ernennen lassen, und wenn er minderjährig ist, so hat an seiner Stelle sein eigener Vormund dafür zu sorgen (Art. 1056).

Die Wahl erfolgt durch den Familienrat.

Unterläßt der Vorerbe den Antrag auf Ernennung eines Vormundes, so kann die Bestellung eines Vormundes für die Substitution durch den Nacherben selbst oder durch seinen gewöhnlichen Vormund oder Sachwalter (curateur) oder durch irgendeinen Verwalter oder den Staatsanwalt veranlaßt werden (Art. 1056).

b) *Errichtung eines Inventars.* Nach dem Tode des Testators hat der Vorerbe die Pflicht, in Gegenwart des Vormundes ein Inventar über das ganze zum Nachlaß gehörende Vermögen aufzunehmen. Das Inventar muß eine Schätzung der Fahrnisstücke und beweglichen Werte zum richtigen Preise enthalten (Art. 1058).

c) *Verkauf der Fahrnis.* Der Vorerbe hat alle in dem beschwerten Vermögen inbegriffenen beweglichen Sachen und Werte in öffentlicher Versteigerung verkaufen zu lassen. Ausgenommen sind nur das Vieh und Gerätschaften, die zur Bewirtschaftung der Feldgrundstücke dienen, da diese Zugehör zu den Grundstücken sind. Doch müssen sie geschätzt werden, um bei der Wiederabtretung an den Nacherben im gleichen Werte erstattet zu werden (Art. 1064).

Ausgenommen vom vorgeschriebenen Verkauf sind auch das Hausgerät und andere bewegliche Sachen, die im Testament unter der ausdrücklichen Bedingung aufgenommen wurden, in natura aufbewahrt zu werden. Sie sollen an den Nacherben in dem Zustande übergehen, in welchem sie sich zur Zeit des Eintrittes der Substitution befinden (Art. 1063).

d) *Anlage von Bargeld.* Das Bargeld, der Preis der verkauften Fahrnisstücke und beweglichen Werte und das etwa aus den Aktivwerten empfangene Geld muß der Vorerbe innerhalb von sechs Monaten, nachdem das Inventar abgeschlossen wurde, fest anlegen (Art. 1065).

Gleiches ist vorgeschrieben in bezug auf eingehende Gelder aus ausstehenden Forderungen und zufolge Ablösung von Renten, für deren Anlage aber eine Frist von drei Monaten vorgeschrieben ist (Art. 1066).

Die Anlage muß in Gegenwart und auf Betreiben des besonders ernannten Vormundes geschehen (Art. 1068), und zwar entweder so wie es der Testator vorgeschrieben hat, und mangels einer solchen Anordnung, in Grundstücken oder mit Vorzugsrecht auf Grundstücke (Art. 1067) oder, wie immer in derartigen Fällen, in französischen Staatsrenten oder in Bons oder Obligationen der nationalen Verteidigung.

4. Publikation. Zum Schutze der Interessen Dritter müssen die Substitutionen, seien es nun solche durch Rechtsgeschäfte unter Lebenden oder testamentarische Verfügungen, auf Betreiben des Vorbedachten (des Vorerben), sei es auf Verlangen des Vormundes, öffentlich bekanntgegeben werden, und zwar in bezug auf Grundstücke durch Eintragung der Urkunden in die Register des Hypothekenamtes am Ort, wo das Grundstück liegt, und in bezug auf die Geldbeträge, die mit Vorzugsrecht auf Grundstücke angelegt werden, durch Eintragung auf die mit dem Vorzugsrecht beschwerten Grundstücke (Art. 1069).

5. Übergang des Vermögens auf den Nacherben. a) Das Vermögen geht beim Tod des Vorerben auf den Nacherben über.

b) Früherer Übergang findet indessen statt, wenn der Vorerbe schon vor seinem Tode zugunsten des in zweiter Linie nach ihm Berufenen, des Nacherben, das Vermögen abtritt.

Auf die Rechte von Drittpersonen hat eine solche Überlassung des Vermögens durch den Erstbedachten an seinen Nachfolger keinen Einfluß.

Diese vorzeitige Überlassung des Vermögens an den Nacherben darf in keiner Weise die Rechte noch nicht geborener Nacherben beeinträchtigen. Mit Rücksicht darauf ist der Nacherbe, welcher das Vermögen noch zu Lebzeiten des Vorerben erhält, verpflichtet, allen zur Zeit des Todes des Vorerben lebenden, in zweiter Linie zur Erbschaft berufenen Personen gleiche Teile zur Verfügung zu halten, ob sie nun im Zeitpunkt des Überganges des Vermögens auf ihn schon gelebt haben oder nicht.

Auch auf die Rechtsnachfolger des „Vorerben" hat dessen vorzeitige Anweisung des Vermögens an den „Nacherben" keinen Einfluß. Dritte Erwerber behalten deshalb provisorisch bis zum Tode des „Vorerben" die Vermögensstücke, die er ihnen übergeben hat. Seine persönlichen Gläubiger können auch weiterhin die Erträgnisse der dem „Nacherben" abgetretenen Güter pfänden (Art. 1053 am Ende), ebenso wie diese Güter selbst unter dem Vorbehalt der Verwirkung ihrer bezüglichen Rechte, wenn der „Nacherbe" den „Vorerben" überlebt. Stirbt aber der „Nacherbe" vor dem „Vorerben" und fällt die Substitution dahin, so werden die Rechte Dritter wieder vollwertig.

c) *Hinfall der Rechte des Vorerben.* Ein vorzeitiger Eintritt des Substitutionsfalles kann auch erfolgen, wenn der Vorerbe seines Rechtes auf das zugedachte Vermögen verlustig erklärt wird, sei es zufolge Unwürdigkeit (s. oben S. 204) oder gestützt auf Art. 1057, weil er es unterlassen hat, für die Substitution einen Vormund zu ernennen.

Neuntes Kapitel.

Institution contractuelle; vertragliche Erbeneinsetzung.

Außer durch Testament können Ehegatten unter sich oder Drittpersonen zu Gunsten der Ehegatten auch durch die institution contractuelle, die vertragliche Erbeneinsetzung, auf den Todesfall über ihr Vermögen verfügen. Es ist ein Vertrag, durch welchen eine Person einer andern verspricht, ihr das ganze Vermögen oder einen Teil davon, oder bestimmte Vermögensstücke auf den Todesfall zu überlassen (Art. 1082).

Vom Vermächtnis ist diese Erbeneinsetzung dadurch verschieden, daß der versprechende Vertragsteil fest gebunden wird, so daß ein Widerruf ausgeschlossen ist, es sei denn, daß ein solcher im Vertrag ausdrücklich ausbedungen wurde.

Ausgenommen davon ist der Fall der institution contractuelle zwischen Ehegatten, da auch hier die zugesicherten Zuwendungen jederzeit widerrufen werden können, wie dies bei Geschenken unter Ehegatten stets möglich ist (Art. 1096 al. 1).

Die vertragliche Erbeneinsetzung ist nach dem Code civil nur in zwei Fällen erlaubt:

a) im Ehevertrag zugunsten eines Ehegatten; und

b) unter den Ehegatten während der Ehe.

Erfolgt die institution contractuelle im Ehevertrag, so ist es zulässig, daß ein Dritter die Zuwendung zugunsten der künftigen Ehegatten oder der aus ihrer Ehe hervorgegangenen Kinder macht, oder daß ein Ehegatte dem andern die Zuwendung verspricht. Ist die Ehe abgeschlossen, so kann die Einsetzung des Erben durch einen notariellen Akt geschehen.

Die Vereinbarung im Ehekontrakt ist unwiderruflich.

Ist aber die Einsetzung als Erbe erst während der Ehe geschehen, so ist sie widerruflich.

Die Einsetzung eines Ehegatten im Ehevertrag ist deshalb von absoluter Sicherheit und bietet ihm volle Gewähr auf das versprochene Vermögen nach dem Tode des andern.

In bezug auf den Inhalt ist zu sagen, daß in der Praxis der eine Ehegatte dem andern gewöhnlich sein ganzes Vermögen oder die Nutznießung daran für den Fall des Überlebens zusichert. Dieser Bedingung wird regelmäßig beigefügt, daß die Schenkung auf die Hälfte oder einen Viertel reduziert wird, falls Kinder aus der Ehe hervorgehen.

Wenn ein Dritter einem Ehegatten Vermögen durch diese institution contractuelle zuwendet, so hat diese Zuwendung gegenüber dem testamentarischen Vermächtnis den Vorteil, daß sie auch den Kindern des eingesetzten Ehegatten zukommt, d.h. auf sie übergeht, wenn die bedachte Person vor derjenigen sterben sollte, die das Vermögen versprochen hat, während ein Vermächtnis nicht übergehen würde, weil es immer mit dem Tode des Beschenkten in der Zeit vor dem Tode des Schenkgebers dahinfällt (Art. 1039).

Obgleich auch die institution contractuelle, die während der Ehe unter den Ehegatten zustande kam, auf Widerruf hinfällig wird, ist sie doch noch kein Vermächtnis. Das zeigt sich dann, wenn im Falle des Todes des Ehegatten, der die Zuwendung gemacht hat, zufolge Verletzung eines Pflichtteilsrechtes Reduktion auf die quotité disponible stattzufinden hat. Vermächtnisse müssen im Verhältnis reduziert werden, wogegen Schenkungen unter Lebenden (zu welchen die institution contractuelle gerechnet wird) einer Reduktion erst unterliegen, nachdem die zeitlich später erfolgten Schenkungen reduziert worden sind (s. unten S. 270).

Sechster Abschnitt.

Beschränkung der Verfügungsfreiheit.

Das französische Recht gewährt Deszendenten und Aszendenten einen Pflichtteil an dem Vermögen des Erblassers, über welchen dieser nicht verfügen darf.

Über diese quotité disponible und die Berechnung der Pflichtteilsquote s. S. 267 und 263.

Das Gesetz nennt diesen Pflichtteil „la réserve", das Vorbehaltsvermögen, die pflichtteilsberechtigten Erben „héritiers réservataires".

Alles übrige Vermögen des Erblassers, das außerhalb der Pflichtteile liegt, ist derjenige Vermögensteil, über den er frei verfügen kann, die quotité disponible.

Eine weitere Beschränkung der freien Verfügung besteht in besonderen gesetzlichen Vorschriften zugunsten der Kinder einer früheren Ehe, wenn sich ein überlebender Elternteil wieder verheiratet hat. Durch diese Vorschriften soll verhindert werden, daß der überlebende Erblasser zum Nachteil der Kinder aus früherer Ehe den Ehegefährten der nachfolgenden Ehe bevorzugt.

Erstes Kapitel.

Der Pflichtteil (la réserve).

I. Pflichtteilsberechtigte Erben (héritiers réservataires) sind

a) die ehelichen Nachkommen (Art. 913),

b) die anerkannten unehelichen Kinder (Art. 913 u. 915),

c) die ehelichen Aszendenten (Art. 914 u. 915).

Es haben also weder der überlebende Ehegatte, noch auch Geschwister einen Pflichtteil, ebensowenig wie der außereheliche Vater und die außereheliche Mutter.

Dem überlebenden Ehegatten gibt das Gesetz nur im Falle der Bedürftigkeit eine Unterhaltsklage gegen die Hinterlassenschaft des verstorbenen Lebensgefährten (Art. 205).

II. Höhe des Pflichtteils. Der Pflichtteil ist nach dem Grade der Verwandtschaft und nach der Zahl der berufenen Erben verschieden groß. In bezug auf die Berechnung des Pflichtteils und das für diese Quote maßgebende Vermögen ist auf S. 267 zu verweisen.

Er beträgt nach Art. 913:

a) wenn der Erblasser nur ein Kind hinterläßt: die Hälfte der Hinterlassenschaft;

b) wenn der Erblasser zwei Kinder hinterläßt: für diese beiden Kinder zusammen zwei Drittel der Hinterlassenschaft;

c) wenn er drei oder mehrere Kinder hinterläßt: für alle Kinder zusammen drei Viertel der Hinterlassenschaft.

An Stelle eines wegfallenden pflichtteilsberechtigten Erben (zufolge Todes, Ausschlagung, Unwürdigkeit) treten seine Kinder, eventuell Enkelkinder.

Ist z. B. der einzige Sohn des Erblassers vorverstorben mit Hinterlassung von drei Kindern, so steht ihnen zusammen der Pflichtteil des Vorverstorbenen auf die Hälfte zu.

Maßgebend für die Höhe des gesamten Pflichtteils bei Vorhandensein mehrerer Kinder ist die Zahl der Kinder zur Zeit des Todes des Erblassers und zwar selbst dann, wenn eines die Erbschaft nicht antritt, z. B. weil es die Erbschaft ausschlägt, oder weil es erbunwürdig ist.

Sind drei Kinder vorhanden, und eines ist unwürdig, so haben die beiden andern zusammen das Recht auf den Pflichtteil von drei Viertel.

III. Der Pflichtteil des unehelichen Kindes (Art. 913 al. 2, 915). Auch das anerkannte uneheliche Kind hat einen Pflichtteil. Er ist verschieden je nachdem gleichzeitig noch eheliche Nachkommen, Geschwister und weitere Seitenverwandte zur Erbschaft berufen sind, oder nur Aszendenten.

a) Sind keine ehelichen Kinder, noch auch Geschwister des Erblassers vorhanden, so haben die unehelichen Kinder den gleichen Pflichtteil wie eheliche Kinder (Art. 760), nämlich:

α) wenn nur ein uneheliches Kind da ist, beträgt der Pflichtteil die Hälfte der Hinterlassenschaft;

β) wenn zwei uneheliche Kinder da sind, beträgt er für beide zusammen zwei Drittel, für eines also einen Drittel des hinterlassenen Vermögens;

γ) sind drei oder mehr uneheliche Kinder da, so beträgt der Pflichtteil für alle zusammen drei Viertel, bei drei unehelichen Kindern für jedes also einen Viertel.

b) Hat der Erblasser (Vater oder Mutter) neben unehelichen Kindern keine anderen Nachkommen, wohl aber Aszendenten oder Geschwister (oder deren Nachkommen) hinterlassen, so erben die unehelichen Kinder beim Fehlen eines Testamentes zusammen drei Viertel der Erbschaft (Art. 759).

Da ein eheliches Kind ein Pflichtteilsrecht auf die Hälfte der Hinterlassenschaft hat, so erbt zufolgedessen das einzige uneheliche Kind drei Viertel von der Hälfte, also drei Achtel der ganzen Hinterlassenschaft.

Zwei eheliche Kinder hätten zusammen einen Pflichtteil von zwei Drittel, also erben zwei uneheliche Kinder zusammen drei Viertel von zwei Drittel, also die Hälfte, und von diesen zwei unehelichen Kindern jedes einzelne einen Viertel.

c) Hat der Erblasser (Vater oder Mutter) noch eheliche Nachkommen hinterlassen, so haben die unehelichen Kinder (wenn kein Testament vorliegt), das Recht auf die Hälfte des Erbteils, welchen sie erhalten hätten, wenn sie ehelich wären (Art. 759); entsprechend reduziert ist auch ihr Pflichtteil auf die Hälfte des Pflichtteils des ehelichen Kindes.

Zunächst ist deshalb der Pflichtteil des ehelichen Kindes auszurechnen und daraus dann die Hälfte dem unehelichen zuzuteilen.

α) Hinterläßt der Erblasser ein uneheliches Kind und ein eheliches Kind, so ist zu rechnen: zwei eheliche Kinder sind pflichtteilsberechtigt auf zwei Drittel, also das eine eheliche Kind auf ein Drittel und das uneheliche auf ein Sechstel.

β) Hinterläßt der Erblasser ein uneheliches und zwei eheliche Kinder, so ist zu rechnen, daß drei eheliche Kinder zusammen drei Viertel Pflichtteil haben, also im gegebenen Fall jedes der beiden ehelichen Kinder einen Viertel und das uneheliche einen Achtel.

γ) Das uneheliche Kind erbt mit Aszendeten, die ebenfalls pflichtteilsberechtigt sind. Die unter c gegebene Rechnungsart ist in diesem Falle nicht möglich, da sich die beiden Pflichtteile absorbieren könnten. Deshalb bestimmt das Gesetz, daß der frei verfügbare Vermögensteil des Erblassers wie im Falle des Vorhandenseins von nur legitimen Kindern festgesetzt wird und zwar auf die Hälfte des Vermögens, wenn nur ein uneheliches Kind da ist, auf ein Drittel wenn zwei uneheliche Kinder vorhanden sind und auf einen Viertel wenn drei oder mehr vorhanden sind. Der verbleibende Vermögensteil bildet die gemeinsame Pflichtteilsquote aller unehelichen Kinder und der pflichtteilsberechtigten Aszendenten zusammen. Es ergibt sich dies aus Art. 915, welcher ferner bestimmt, daß von diesem verbleibenden Vermögen den Aszendenten ein Achtel und den unehelichen Kindern ein Achtel zufallen sollen.

Ist daher ein einziges uneheliches Kind da, so ist sein Pflichtteil $^1/_2$ minus $^1/_8$ der ganzen Hinterlassenschaft.

Sind zwei uneheliche Kinder da, so ist ihr Pflichtteil zusammen $^2/_3$ minus $^1/_8$, also $^{13}/_{24}$.

IV. Pflichtteil der ehelichen Aszendenten. Alle ehelichen Aszendenten, nicht nur Vater und Mutter, sondern auch Großeltern und Urgroßeltern, sind pflichtteilsberechtigt. Dagegen gewährt das Gesetz dem Adoptivvater keinen Pflichtteil, denn er ist nicht Erbe des Adoptivkindes; er hat nur ein Rückfallsrecht auf das Vermögen, das er ihm gegeben hat.

Das Gesetz gibt auch dem unehelichen Vater und der unehelichen Mutter keinen Pflichtteil.

Den Pflichtteil des legitimen Aszendenten hat das Gesetz unveränderlich festgesetzt und zwar auf einen Viertel der Hinterlassenschaft für jede Linie, väterliche und mütterliche, gleichgültig welches auch die Zahl der Aszendenten ist, die zur Erbschaft berufen sind (Art. 914 al. 1).

Wenn z. B. der Erblasser vier Urgroßeltern in mütterlicher Linie hinterläßt, und nur einen Vater in väterlicher Linie, so wird der Pflichtteil für eine jede Linie ein Viertel sein.

Da der Pflichtteil ein Teil der Erbschaft ist, so haben die Aszendenten nur ein Recht darauf, wenn sie durch das Gesetz zur Erbschaft berufen sind, sei es allein oder mit Seitenverwandten.

Daraus folgt:

a) Der Pflichtteil kommt an die Aszendenten in der Reihenfolge wie sie das Gesetz zur Erbschaft beruft (Art. 914 al. 3). So erhalten Vater und Mutter mit Ausschluß der andern Aszendenten den Pflichtteil, der ihrer Linie vorbehalten ist.

b) Die übrigen Aszendenten (also nicht Vater und Mutter), welche durch die Geschwister und die legitimen Nachkommen der Geschwister ausgeschlossen sind (Art. 758) können keinen Pflichtteil beanspruchen, wenn noch solche Seitenverwandte da sind.

Erben Aszendenten mit Seitenverwandten, und hat der Erblasser an Drittpersonen die ganze oder einen Teil der frei verfügbaren Quote vermacht, so wird der Pflichtteil vom Teil der Seitenverwandten entnommen, wenn die Teilung unter diesen und den Aszendenten diesen letzteren nicht den Vermögensteil gibt, der nötig ist, um ihren Pflichtteil auszuzahlen (Art. 914 al. 2).

Beispiel: Wenn der Erblasser seinen Vater und einen Bruder hinterläßt und sein Hinterlassenschaftsvermögen 40 000 Franken beträgt, über welches er durch verschiedene Vermächtnisse bis auf den Betrag von 30 000 Franken verfügt hat, so erhält der Vater die verbleibenden 10 000 Franken und die Vermächtnisnehmer erhalten zusammen den Rest von 10 000 Franken. Der Bruder bekommt demnach nichts.

V. Frei verfügbarer Vermögensteil unter den Ehegatten. Es sind verschiedene Fälle zu unterscheiden:

1. Ein verstorbener Ehegatte hat als Erben hinterlassen seinen ihn überlebenden Ehegatten und Kinder aus einer frühern Ehe.

In diesem Falle wird sein frei verfügbarer Vermögensteil reduziert, indem die dem überlebenden Ehegatten gemachten freigebigen Zuwendungen weder den Teil des ehelichen Kindes, das am wenigsten erhält, noch auch den vierten Teil des ganzen Vermögens übersteigen dürfen (Art. 1098).

2. Der überlebende Ehegatte erbt mit den Kindern der eigenen Ehe, und mit deren Nachkommen.

Art. 1094 al. 2 bestimmt in diesem Falle, daß ein Ehegatte seinem Lebensgefährten entweder einen Viertel zu Eigentum und einen Viertel zur Nutznießung geben kann, oder die Hälfte an der Nutznießung des ganzen Vermögens.

Der frei verfügbare Teil zugunsten des überlebenden Ehegatten ist also unveränderlich, wie groß auch die Zahl der Pflichtteilsberechtigten sei.

Das Gesetz bestimmt diesen Anteil mit Rücksicht auf die Bedürfnisse des überlebenden Ehegatten, Bedürfnisse, die unabhängig sind von der Zahl der Kinder. Es erlaubt dem vorverstorbenen Ehegatten dem überlebenden in allen Fällen das zu hinterlassen, was nötig ist, um diesem eine Lage zu verschaffen, die derjenigen während der Ehe entspricht.

3. Der überlebende Ehegatte erbt mit Aszendenten.

Hat ein Ehegatte keine Kinder oder Nachkommen hinterlassen, so kann er dem überlebenden Ehegatten, sei es durch Ehevertrag, sei es während der Ehe, das Eigentum an seinem Vermögen soweit zuweisen, als er darüber zugunsten eines Fremden verfügen könnte und überdies über das nackte Eigentum des Pflichtteils, der nach Art. 914 den Aszendenten zukommt (Art. 1094 al. 1).

Zweites Kapitel.

Berechnung des Pflichtteils.

I. Die Berechnungsmasse[1]. Nach französischem Recht bemessen sich der Pflichtteil, der dem pflichtteilsberechtigten Erben vorbehalten ist, und der Vermögensteil, über welchen der Erblasser verfügen kann, nicht nach dem zur Zeit seines Todes tatsächlich vorhandenen Vermögen, sondern nach diesem Vermögen, vermehrt um die freigebigen Zuwendungen jeder Art zu Lebzeiten, seien es nun Zuwendungen an Erben, weitere Familienangehörige, oder an fremde Personen. Es wird deshalb zur Ausrechnung der Pflichtteile eine fiktive Vermögensmasse gebildet, die sich aus dem tatsächlichen am Todestage vorhandenen Vermögen und der Summe der Schenkungen vor seinem Tode zusammensetzt. Von dieser Vermögensmasse müssen noch die Schulden abgezogen werden, und der sich ergebende Schlußwert ist das gesamte Vermögen, das für die Verrechnung der Pflichtteile zugrunde zu legen ist. Der Pflichtteil ist eine bestimmte Quote dieses Vermögens. Er bemißt sich also nicht nach dem Betrag des Nachlasses wie er am Todestag des Erblassers vorliegt, sondern nach der Summe dieses Nachlasses plus der vor seinem Tode verschenkten Güter des Erblassers.

Dieser Summe steht die Summe aller Quoten der zur Zeit des Todes des Erblassers zur Erbschaft berufenen Pflichtteilsberechtigten gegenüber, und diese Quoten des Berechnungsvermögens bilden den Vorbehalt der Pflichtteilsberechtigten, ihre réserve. Diese heißen deshalb auch héritiers réservataires.

Nur über den außerhalb diesem den pflichtteilsberechtigten Personen reservierten Teil seines Vermögens durfte der Erblasser frei verfügen. Nur dies war seine verfügbare Quote, seine quotité disponible. Allerdings gab es vor seinem Tode keine Möglichkeit, freigebige Verfügungen, die darüber hinaus gingen, anzufechten. Stellt sich nun aber bei seinem Tode heraus, daß er über einen größeren Teil verfügt hat, wodurch die Pflichtteilsberechtigten in ihren Rechten verletzt wurden, so müssen die Schenkungen und Vermächtnisse auf den Betrag der quotité disponible reduziert werden.

Art. 920 spricht den Grundsatz aus, daß Schenkungen und Vermächtnisse, soweit sie über die quotité disponible hinaus gehen, bis auf deren Betrag zu ermäßigen sind.

---

[1] Über die Berechnung des Pflichtteils siehe auch oben S. 178.

Die auf Art. 920 folgenden Artikel regeln die Art der Durchführung dieser Ermäßigung, Minderung, französisch „réduction" genannt.

Zur Vermögensmasse, welche der Berechnung des dem Erblasser zustehenden verfügbaren Teils seines Vermögens und der Pflichtteile zu Grunde liegt, müssen alle Schenkungen ohne Ausnahme zugezogen werden, auch diejenigen die einem Erben gemacht wurden, selbst wenn der Erblasser eine solche Schenkung von der Einwerfung (s. oben S. 217) befreit haben sollte.

Auf der Seite gelassen werden können nur die in Art. 852 aufgezählten Vermögenswerte, nämlich die Kosten der Ernährung, des Unterhaltes, der Erziehung und Ausbildung der Kinder, die gewöhnlichen Kosten der militärischen Ausbildung, Hochzeits- und andere übliche Geschenke.

Nicht in die Berechnungsmasse fallen Vermögenswerte, die mit dem Tode des Erblassers erlöschen, z. B. eine Leibrente, ferner Vermögen, das dem Rückfallrecht unterliegt, Geschenke, die zurückzugeben sind, ferner nicht Forderungen, die nicht einbringlich sind, auch nicht eine Versicherungssumme aus einem Vertrag des Erblassers zugunsten einer dritten Person, die am Todestage fällig wurde.

Wenn der Erblasser bei seinen Lebzeiten Vermögensstücke à fonds perdu veräußert hat, lediglich gegen Genußvorteile, insbesondere gegen Überlassung des Nießbrauchs oder gegen eine Leibrente, so stellt Art. 918 eine Vermutung auf. Erfolgte eine solche Veräußerung an einen voraussichtlichen Erben der geraden Linie, so wird unter Ausschluß des Gegenbeweises vermutet, daß der Erblasser ihn vor seinen Miterben begünstigen wollte, das Geschäft also eine Freigebigkeit zugunsten des Empfängers darstellt. Deshalb ist auch der ganze Wert dieses Vermögensstückes nach Anleitung von Art. 922 in die Masse einzurechnen, und zwar zunächst auf den disponiblen Vermögensteil (weil der Erblasser diesen verschenken konnte, wie er wollte). Ist der disponible Teil aber (sei es durch frühere Schenkungen oder einen Teil der hier in Frage kommenden Zuwendung) erschöpft, so unterliegt der Vertrag (ganz oder teilweise) als Freigebigkeit der Reduktion.

II. Schätzung des Vermögens. Alle Vermögensstücke der Masse müssen genau geschätzt werden, sowohl das tatsächliche am Todestag vorhandene Vermögen als auch die zu Lebzeiten erfolgten Schenkungen.

Der Code civil hat darüber besondere Regeln aufgestellt, welche indessen den Bedürfnissen der Gegenwart nicht mehr entsprechen. So werden in Art. 922 nur die körperlichen Sachen in Betracht gezogen, während heute im Gegensatz zur Zeit der Einführung des Code Napoléon die Wertpapiere eine Hauptrolle spielen, während damals Grundstückbesitz für die Vermögensanlage vorherrschend war. Sollen nun die Wertpapiere auch wie „körperliche Sachen“ nach dem Zustand „in welchem sie sich zur Zeit der Schenkung befinden, und nach dem Wert, den sie beim Tode des Erblassers haben“ der Berechnungsmasse zugerechnet werden?

Es ist jedenfalls oft sehr schwierig, den Wert der Wertpapiere am Tage der Schenkung festzulegen und den Wert am Todestage, um den Vermögensteil festzusetzen, über welchen der Erblasser frei verfügen konnte, und entsprechend danach die Höhe der Pflichtteile.

III. Zweifelhafte Fälle. Es gibt Fälle, bei welchen es zweifelhaft ist, ob unentgeltliche Zuwendungen an pflichtteilsberechtigte Erben in ihren Pflichtteil fallen oder in die quotité disponible des Erblassers. Ein solcher Fall liegt vor, wenn der Erblasser einem oder mehreren Pflichtteilsberechtigten eine Schenkung oder ein Vermächtnis gemacht hat, z. B. einem seiner Kinder oder seinen Eltern.

Hat der bedachte pflichtteilsberechtigte Erbe auf seine Erbschaft verzichtet, so fällt auch sein Pflichtteilsrecht dahin. Deshalb ist die freigebige Zuwendung an ihn ein Geschenk, welches der quotité disponible zuzuteilen und der Reduktion unterworfen ist, wenn sie die verfügbare Quote übersteigt.

Gleich ist es zu halten, wenn der Pflichtteilsberechtigte die Erbschaft annimmt und die Zuwendung als préciput (als Voraus) oder hors part erfolgte (Art. 844 u. 919, al. 1). Ist aber die Zuwendung en simple avancement d'hoirie gemacht worden, so ist sie dem Pflichtteil anzurechnen, also nicht der Einwerfung unterworfen.

Diese Lösung ergibt sich daraus, daß im ersten Falle die libéralités préciputaires ein Vorteil sind, welchen der Erblasser dem Erben außerhalb des Pflichtteils zuwenden wollte. Der Erblasser kann einen Pflichtteilsberechtigten nur aus seiner quotité disponible bevorzugen.

Hat der Erblasser ein Kind beschenkt, so ist anzunehmen, daß er es nicht zum Nachteil eines anderen bevorzugen wollte. Er hat ihm nur zum Voraus einen Teil von demjenigen geben wollen, was ihm aus der Hinterlassenschaft zukommt. Deshalb ist diese avance nicht der quotité disponible zuzurechnen, sondern dem Pflichtteil anzurechnen.

Zu den unentgeltlichen Zuwendungen, die sehr schwer zu schätzen sind, gehören ein Nießbrauch und eine Leibrente. Es kann darüber leicht zum Streit kommen, wenn deren periodischer Ertrag oder Betrag die Einkünfte des disponiblen Vermögens aus demselben Zeitraum übersteigt. Um die unter Umständen schwierige Berechnung zu vermeiden, verfügt Art. 917 für diesen Fall, daß keine Reduktion des etwa festgestellten Übermaßes der Freigebigkeit stattfindet, sondern daß den pflichtteilsberechtigten Erben das Recht zusteht, nach freier Wahl entweder die Verfügung des Erblassers ungeschmälert zu vollziehen, oder dem Eigentum am verfügbaren Vermögensteil zu entsagen.

IV. Verfahren der Reduktion von Schenkungen und Vermächtnissen. (Art. 921). *1. Klageberechtigte Personen.* Die Klage auf Reduktion von Schenkungen und Vermächtnissen steht den pflichtteilsberechtigten Erben zu, deren Erben und Rechtsnachfolgern. Der bedachten Person, der beschenkten Person, steht sie nicht zu. Diese hat auch kein Interesse daran. Aber auch die Gläubiger des Verstorbenen sind von dieser Klage durch Art. 921 ausdrücklich ausgeschlossen.

Außer den Pflichtteilsberechtigten werden zu dieser Klage auch deren Rechtsnachfolger zugelassen, also ihre eigenen Erben, aber auch die Personen, an welche sie ihr Erbrecht abgetreten haben, sowie ihre persönlichen Gläubiger. Was die Gläubiger des Erblassers betrifft, so wird man unterscheiden müssen zwischen den Fällen, da ein pflichtteilsberechtigter Erbe die Erbschaft mit oder ohne Rechtswohltat des Inventars angetreten hat. Erfolgte die Annahme unter Inventar, so sind die Gläubiger von der Klage ausgeschlossen. Im andern Falle steht die Klage auf Reduktion auch den Gläubigern des Erblassers zu. Sie klagen im Namen des pflichtteilsberechtigten Erben.

2. Die Reihenfolge, in welcher die Reduktionen zu erfolgen haben, ist durch die Art. 923, 925, 926 u. 927 bestimmt. Kommen Schenkungen unter Lebenden und Vermächtnisse für die Reduktion in Frage, die zusammen die frei verfügbare Quote des Erblassers überschreiten, so sind zunächst die Verfügungen des Testamentes zu reduzieren. Wenn der Wert der Zuwendungen die disponible Quote übersteigt oder dieser gleichkommt, so sind alle testamentarischen Verfügungen hinfällig (Art. 925).

Wenn keine Schenkungen gemacht wurden, oder wenn sie die verfügbare Quote nicht erschöpfen, so verkürzt man die testamentarischen Vermächtnisse, wenn sie über die verfügbare freie Quote hinausgehen oder den verfügbaren Rest, der nach Abzug der Schenkungen unter Lebenden verblieben ist (Art. 926).

Diese Reduktion der Vermächtnisse wird verhältnismäßig zu geschehen haben, ohne daß irgendein Unterschied gemacht wird zwischen Universallegat und Sonderlegat (Art. 926). Doch kann der Testator in der letztwilligen Verfügung anders bestimmen und anordnen, daß ein Vermächtnis vor dem andern befriedigt werden soll. Hat er dies getan, so wird sein Wert nur soweit vermindert, als der Wert der übrigen den gesetzlichen Pflichtteil nicht erreicht (Art. 927).

Kommt es zur Reduktion der Schenkungen, so geht diese so vor sich, daß man bei der zeitlich letzten Schenkung beginnt und stufenweise von der jüngern zur ältern geschritten wird (Art. 923).

Es wird also hier von der verhältnismäßigen Verkürzung abgesehen, und zwar deshalb, weil die älteren Schenkungen noch gemacht sein konnten zu einer Zeit als die verfügbare Quote noch unangegriffen war. Erst von dem Zeitpunkt an, da die quotité disponible erschöpft war, hat der Erblasser durch weitere Geschenke sein freies Verfügungsrecht überschritten und konnten diese weitern Geschenke nicht mehr aus der verfügbaren Quote bezahlt werden. Die Regel von Art. 923 bezieht sich nicht nur auf unwiderrufliche Schenkungen, sondern nach Art. 1096 al. 1 auch auf Schenkungen unter den Ehegatten, die jederzeit widerruflich sind.

Eine Lebensversicherung auf den Todesfall des Erblassers zugunsten einer Drittperson ist ebenfalls als Schenkung, aber nicht als Schenkung der Versicherungssumme zu beurteilen, sondern nur als Schenkung der Summe der bezahlten Prämien, und nur dieser Betrag unterliegt der Reduktion. Maßgebend ist dabei der Zeitpunkt, an welchem der Vertrag eingegangen wurde.

Wenn eine Person, welche beschenkt wurde, von der Reduktion getroffen wird, aber zahlungsunfähig ist, so fällt die Zahlungsunfähigkeit nicht zu Lasten der pflichtteilsberechtigten Erben, sondern zu Lasten der früher Beschenkten.

3. Die Folgen der Reduktion sind verschieden, je nachdem es sich um testamentarische Verfügungen oder Schenkungen unter Lebenden handelt.

Die Verminderung bei testamentarischen Zuwendungen hat die Hinfälligkeit der Vermächtnisse zur Folge, sei es in ihrem ganzen Umfang (Art. 925) oder nur auf einen Teil (Art. 926), je nach dem Maße, in welchem die Schenkungen die quotité disponible in Anspruch nehmen.

Schenkungen unter Lebenden, welche durch die Reduktion angegriffen werden, sind ganz oder teilweise nichtig.

Die Folge davon ist, daß der Beschenkte so zu beurteilen ist, als ob er nie beschenkt worden wäre, wenigstens soweit seine Schenkung reduziert werden muß. Zufolge dessen ist der Beschenkte verpflichtet, das Geschenk in natura zurückzuerstatten; die von ihm veranlaßten Belastungen des geschenkten Vermögens fallen dahin. Ebenso sind Verkäufe geschenkter Güter ungültig.

Aus Billigkeitsgründen gestattet indessen das Gesetz, daß der Beschenkte bis zu seinem Tode, oder selbst bis zum Tage, da die Reduktion verlangt wird, die Erträgnisse behält.

Das Gesetz bestimmt auch die Vergütungen, welche anzurechnen sind im Falle von Verbesserung oder Verschlechterung, die innerhalb der Zeit der Hingabe des Geschenkes und der Reduktion erfolgt sind.

4. Rückerstattung in natura. Das Geschenk ist in natura zurückzugeben. Die pflichtteilsberechtigten Erben haben ein Recht dazu, diese Rückgabe in natura zu fordern, sei es nun des ganzen Geschenkes oder des Teiles, durch welchen das Vermögen des Erblassers, über das er gesetzlich verfügen durfte, seine „quotité disponible“, angegriffen wurde.

In drei Fällen müssen sie sich indessen mit Geldzahlungen begnügen:

a) wenn die Sache durch Verschulden des Beschenkten untergegangen ist, so muß er den Geldwert zurückerstatten. Ging sie aus Zufall (par cas fortuit) unter, so ist er von seiner Pflicht befreit;

b) wenn die Sache von dem Beschenkten veräußert wurde, so müssen die pflichtteilsberechtigten Erben sich zunächst an den Beschenkten halten, bevor sie gegen den dritten Erwerber vorgehen können (Art. 930). Ist er zahlungsfähig, so werden die pflichtteilsberechtigten Erben in Geld entschädigt;

c) wenn der Beschenkte, der sich eine Reduktion gefallen lassen muß, selbst ein pflichtteilsberechtigter Erbe ist, wenn er z. B. schon eine Schenkung par préciput et hors part empfangen hat, so findet die Reduktion nicht immer in natura statt. Aus der Verbindung der beiden Art. 866 u. 924 folgt, daß der bedachte pflichtteilsberechtigte Erbe sich seiner Pflicht auf Reduktion dadurch entledigen kann, daß er in zwei Fällen weniger Vermögen aus der Verlassenschaft empfängt. Zunächst, wenn in der Hinterlassenschaft Vermögensstücke von gleicher Natur sind, aus welchen man für die andern Erben fast gleiche Lose bilden kann. Dann in den weitern Fällen, da der Teil, der zurückzuerstatten ist, kleiner ist als der halbe Wert des Grundstückes.

5. *Untergang von Belastungen und Schulden*, mit welchen der Schenkgeber die Geschenke belastet hat.

Art. 929 bestimmt, daß solche Grundstücke, die zufolge der Reduktion zurückzuerstatten sind, frei von allen Schulden oder Hypotheken zurückfallen, mit denen sie der Beschenkte belastet hat. Diese Vorschrift wird von der Praxis dahin erweitert, daß auch andere Lasten der Sache, Vorrechte zugunsten Dritter, gesetzliche Hypotheken und solche, welche gerichtlicher Verfügung ihre Begründung verdanken, dahinfallen.

Soweit es sich aber um Belastungen handelt, welche ihren Ursprung in der Person des Pflichtteilsberechtigten haben, der zufolge der Reduktion das Grundstück übernimmt, so belasten sie das Grundstück, wie wenn der Pflichtteilsberechtigte es am Todestag übernommen hätte. Deshalb belastet auch die gesetzliche Hypothek seiner Frau ein solches Grundstück mit Rangwirkung vom Todestag des Erblassers an.

6. *Einfluß auf Veräußerungen.* Hat der Beschenkte ein Grundstück, das er geschenkt erhalten hat, an eine dritte Person veräußert, so kann nach Art. 930 der pflichtteilsberechtigte Erbe auch gegen den Dritten eine Klage auf Reduktion oder Rückgabe der Liegenschaft erheben. Doch ist er dazu erst berechtigt, nachdem er zunächst gegen den Beschenkten selbst auf Zahlung aus dessen persönlichem Vermögen geklagt hatte, dieser aber zufolge Zahlungsunfähigkeit nicht oder nur einen Teil des Wertes des Grundstückes bezahlen konnte. Der Dritte wird übrigens von der Pflicht der Rückgabe in natura befreit, wenn er den Wert zurückbezahlt (Art. 930).

Hat der Beschenkte nacheinander mehrere Parzellen des Grundstückes veräußert, so ist die Reduktion nach der zeitlichen Reihenfolge der einzelnen Veräußerungen vorzunehmen, und die Klage hat sich dementsprechend zunächst gegen die jüngste Veräußerung zu richten (Art. 930 am Ende).

7. Klage gegen Dritte bei beweglichen Sachen. Wenn auch Art. 930, der das Klagerecht gegen den dritten Erwerber eines Grundstückes gibt, nur von Grundstücken spricht, so wird dieses Recht doch auch bei Veräußerung von beweglichen Sachen gelten, soweit sie nicht der Regel unterliegen „en fait de meubles, possession vaut titre". Das trifft zu bei einer gewöhnlichen Forderung und einer Forderung, die sich aus einem Namenpapier ergibt.

8. Rechte des Beschenkten auf die Erträgnisse. Wenn auch der Beschenkte zufolge der Reduktion das Eigentum verliert, so hat er die Früchte und Erträgnisse, die er bis zum Todestage des Erblassers bezogen hat, nicht zurückzuerstatten. Was die seit dem Todestag bezogenen Früchte betrifft, so sind auch diese nur der Reduktionspflicht unterworfen, wenn die Klage auf Reduktion binnen Jahresfrist erhoben wird; ist dies nicht der Fall, erst vom Tage der Klage an (Art. 928).

Ist die Klage gegen den dritten Erwerber gerichtet, so hat dieser die Früchte ebenfalls erst vom Tage der Klage an zurückzugeben.

9. Verbesserungen und Wertminderung. Aus Art. 922 ergibt sich, daß die geschenkten Vermögensstücke in dem Zustand zurückzugeben sind, in welchem sie zur Zeit der Schenkung waren, und nach dem Wert, den sie beim Tode des Erblassers hatten.

Steht also das zurückgegebene Vermögensobjekt zufolge Verbesserung in höherem Wert, so haben die Pflichtteilsberechtigten die Differenz des Wertes zu vergüten. Umgekehrt geht die Differenz bei Minderung des Wertes zufolge Verschlechterung zu Lasten des Beschenkten, und er hat dafür die Pflichtteilsberechtigten zu entschädigen.

V. Besondere Vorschriften in bezug auf Schenkungen unter Ehegatten, welche den verfügbaren Teil übersteigen. Das Gesetz gibt Vorschriften, die den Zweck haben zu verhüten, daß die Ehegatten unentgeltliche Zuwendungen verheimlichen, sei es, daß sie dieselben an eine Mittelsperson ausrichten, oder durch ein unentgeltliches Rechtsgeschäft zu verdecken suchen.

1. Zuwendungen an vorgeschobene Personen.

Um gegen den Willen des Gesetzes verstoßenden Handlungen einen Riegel vorzuschieben sind nach Art. 1100 ohne weiteres als vorgeschobene Personen (Strohmänner) zu beurteilen, und zwar ohne daß ein Gegenbeweis zugelassen wird:

a) die Kinder eines Ehegatten aus früherer Ehe. Jede unentgeltliche Zuwendung des neuen Ehegatten an solche Kinder wird dahin beurteilt, daß sie zugunsten des andern Ehegatten gemacht wurde. Es muß also nicht bewiesen werden, daß diese Kinder nur vorgeschobene Personen sind;

b) die Eltern eines der Ehegatten, wenn dieser am Tage der Schenkung voraussichtlicher Erbe ist, gelten ebenfalls als vorgeschobene Personen. Würde ein Ehegatte seine Schwiegereltern beschenken, so käme das geschenkte Vermögen auf dem Wege der Erbfolge an den Ehegenossen des Schenkenden.

2. Strafe.

Art. 1099 al. 2 bestimmt, daß jedes Geschenk unter Ehegatten, das verschleiert wurde, indem es eine vorgeschobene Person erhielt, nichtig ist. Dies trifft die ganze Schenkung und nicht etwa bloß den Teil, der die quotité disponible verletzt.

Im übrigen sind die Schenkungen unter Ehegatten oder überhaupt unentgeltliche Zuwendungen (wie z. B. auch der unentgeltliche Erlaß einer Schuld) der Reduktion unterworfen wie Schenkungen an Drittpersonen (s. oben S. 267 ff. 270).

Drittes Kapitel.

Schutz der Kinder aus früherer Ehe gegen Zuwendungen ihres Elternteils an den zweiten Ehegatten.

Art. 767 unterscheidet zwischen den Fällen, da der überlebende Ehegatte nur Kinder aus der eigenen Ehe mit dem Verstorbenen hat, und den Fällen, da der verstorbene Lebensgefährte auch noch Kinder aus einer frühern Ehe hinterläßt. Der überlebende Ehegatte erhält:

a) den Nießbrauch an dem Viertel der Hinterlassenschaft beim Vorhandensein von Kindern aus der Ehe mit dem Verstorbenen;

b) den Nießbrauch an einem Kindesteil desjenigen Kindes, das am wenigsten erhalten hat, jedoch höchstens an einem Viertel der Hinterlassenschaft in dem Falle, da der Verstorbene Kinder aus einer frühern Ehe hinterließ;

c) den Nießbrauch an der Hälfte, wenn der Erblasser an Blutsverwandten hinterläßt:

α) uneheliche Kinder oder deren Nachkommen, oder

β) Geschwister oder deren Nachkommen, oder

γ) Aszendenten.

Art. 1098 beschränkt sodann die Schenkungen unter Lebenden oder auf den Todesfall (durch Vermächtnis) dahin, daß eine Person, welche wieder heiratet, dem neuen Ehegenossen nicht mehr schenken darf als bis zur Höhe des Erbteils des ehelichen Kindes, das am wenigsten erhält, und höchstens einen Viertel der Verlassenschaft.

Während die pekuniären Vorteile, welche die Annahme der Gütergemeinschaft einem der Ehegatten verschafft, nicht als Schenkungen betrachtet werden, und zwar weder gegenüber den Kindern aus dieser Ehe, noch gegenüber Aszendenten, werden diese Vorteile als Schenkungen beurteilt, sobald einer der Ehegatten Kinder aus einer früheren Ehe hinterläßt. Sie sind dann zugunsten dieser Kinder der Reduktion unterworfen, wenn sie die quotité disponible des Erblassers übersteigen.

Die Vorschriften, die den Schutz von Kindern aus früherer Ehe bezwecken (Art.1098, 1496, 1527) gelten auch zugunsten der ehelichen und legitimierten Kinder aus der zweiten Ehe, ebenso zugunsten der Großkinder eines ehelichen oder legitimierten Kindes, nicht aber zugunsten von Adoptivkindern. Der Pflichtteil der letzteren ist festgesetzt in Art. 913 al. 2.

Der Reduktion unterworfen sind:

a) alle Schenkungen und Vermächtnisse des Erblassers an seinen Ehegatten im Erbvertrag, ebenso Schenkungen in separater Urkunde, sowie testamentarische Zuwendungen, welche auf den Eheabschluß hin gemacht wurden, die gegenseitigen Geschenke, Zuwendungen, die für den Fall des Überlebens im Ehevertrag vereinbart wurden, sowie Geschenke des zum zweiten Male verheirateten Ehemannes an seinen neuen Lebensgefährten;

b) die vermögensrechtlichen Vorteile, die der Güterstand der gesetzlichen oder durch Ehevertrag vereinbarten Gütergemeinschaft dem neuen Ehegatten zufallen läßt; so z.B.

α) wenn das Vermögen, das der andere Ehegatte eingebracht hat, kleiner war als dasjenige des schon früher verheiratet gewesenen Ehegatten;

β) wenn es mit höheren Schulden belastet ist, als das des bereits verheiratet gewesenen Ehegatten;

γ) wenn dieser früher verheiratet gewesene Ehegefährte während der Ehe Mobiliarvermögen als Erbe oder Vermächtnisnehmer erhielt, und dieses in die Gemeinschaft fiel;

c) wenn irgendeine Bestimmung des Ehevertrages dazu führte, daß der zweite Ehegatte zu Lasten des Vermögens des andern, der schon in früherer Ehe gelebt hatte, bereichert wurde, so wird eine solche Bereicherung als eine der Reduktion zu unterwerfende Zuwendung angesehen.

Es bestehen davon zwei Ausnahmen (Art. 1527 am Schluß):

α) die Ersparnisse, die aus dem Einkommen der Ehegatten gemacht wurden, selbst wenn sie ungleich sind;

β) der Gewinn aus gemeinsamer Arbeit der Ehegatten.

Die Personen, welche die Reduktion verlangen können, sind die Kinder der frühern Ehe, welche die Erbschaft des verstorbenen Elternteils angenommen haben (Art. 1496).

Die Reduktion kann erst nach dem Tode des Erblassers verlangt werden.

Sachverzeichnis.

Druck von Julius Beltz in Langensalza.

GPSR Compliance

The European Union's (EU) General Product Safety Regulation (GPSR) is a set of rules that requires consumer products to be safe and our obligations to ensure this.

If you have any concerns about our products, you can contact us on ProductSafety@springernature.com

In case Publisher is established outside the EU, the EU authorized representative is:

Springer Nature Customer Service Center GmbH
Europaplatz 3
69115 Heidelberg, Germany

Batch number: 10844669

Printed by Printforce, the Netherlands